극단의 시대:
20세기 역사
상

에릭 홉스봄
이용우 옮김

까치

AGE OF EXTREMES
THE SHORT TWENTIETH CENTURY, 1914−1991

by Eric Hobsbawm

Copyright © Bruce Hunter and Christopher Wrigley, 1994
All rights reserved.
Korean translation copyright © 2006 by Kachi Publishing Co., Ltd.
Korean translation rights arranged with David Higham Associates Limited, through EYA(Eric Yang Agency).

이 책의 한국어판 저작권은 EYA(Eric Yang Agency)를 통한 David Higham Associates Limited사와의 독점계약에 의해서 까치글방에 있습니다. 저작권법에 의하여 한국 내에서 보호를 받는 저작물이므로 무단전재 및 무단복제를 금합니다.

역자 이용우(李龍雨)
서울대학교 서양사학과를 졸업하고 같은 대학원에서 프랑스사 전공으로 박사학위를 취득했다. 현재 동덕여자대학교 국사학과 교수로 재직 중이다. 저서로『프랑스의 과거사 청산─숙청과 기억의 역사, 1944-2004』(2008),『20세기 프랑스 대파업 연구』(2005) 등이 있다.

극단의 시대 : 20세기 역사(上)

저자 / 에릭 홉스봄
역자 / 이용우
발행처 / 까치글방
발행인 / 박후영
주소 / 서울시 용산구 서빙고로 67, 파크타워 103동 1003호
전화 / 02 · 735 · 8998, 736 · 7768
팩시밀리 / 02 · 723 · 4591
홈페이지 / www.kachibooks.co.kr
전자우편 / kachibooks@gmail.com
등록번호 / 1-528
등록일 / 1977. 8. 5
초판 1쇄 발행일 / 1997. 7. 25
　　21쇄 발행일 / 2023. 9. 20
값 / 뒤표지에 쓰여 있음

ISBN 978-89-7291-463-1　04900
　　　978-89-7291-462-4　(전2권)

극단의 시대 : 20세기 역사

차례

머리말 및 감사의 말   7
20세기: 개관   13

제1부   파국의 시대
  제1장   총력전의 시대   37
  제2장   세계혁명   82
  제3장   경제적 심연 속으로   124
  제4장   자유주의의 몰락   156
  제5장   공동의 적에 대항하여   203
  제6장   1914-45년의 예술   252
  제7장   제국들의 종식   282

제2부   황금시대
  제8장   냉전   317
  제9장   황금시대   359

머리말 및 감사의 말

어느 누구도 20세기의 역사를 다른 시대의 역사처럼 쓸 수는 없을 것이다. 어느 누구도 자신의 생애에 대해서, 오직 간접적, 재간접적으로밖에는 알 수 없게 된 시기, 즉 당시의 사료나 이후 역사가들의 저작을 통해서만 알 수 있는 시기에 대해서 쓸 수 있듯이(써야 하듯이) 쓸 수는 없다는 이유만으로도 그렇다. 나 자신의 생애는 이 책이 다루는 시기 대부분과 일치하며, 나는 그 시기 대부분 동안, 그러니까 십대 초반부터 현재까지, 공적인 사건들을 의식해왔다. 바꿔 말해서 나는 학자로서보다는 오히려 동시대인으로서 이 시기에 대해서 견해와 편견을 쌓아온 셈이다. 바로 이것이 내가 나의 생애 대부분 동안 1914년 이후의 시대에 대해서 다른 자격으로서는 쓰기를 삼가지 않았지만, 역사가라는 직업상의 자격으로서는 연구하기를 피했던 한 가지 이유이다. 흔히들 말하는 직업상의 '나의 시기'는 19세기이다. 1914년부터 소비에트 시대의 종식까지라는 단기(短期) 20세기를 일정한 역사적 전망 속에서 바라보는 것이 이제는 가능해졌다고 생각하지만, 나는 극히 적은 양의 문서고 사료에 대한 지식은 물론이고, 엄청나게 많은 수의 20세기 역사가들이 축적해온 학문적 문헌에 대한 지식도 없이 단기 20세기에 접근했다.

물론 어떤 한 사람이 금세기의 역사서술 —— 한 가지 주요 언어로 쓰어진 것만이라도 —— 에 대해서, 이를테면 고전고대나 비잔틴 제국을 연구하는 역사가가 그러한 긴 시기에 쓰어진 것과 그 시기에 대해서 쓰어진 것을 알고 있듯이 알기란 전혀 불가능하다. 그럼에도 불구하고 현대사 분야의 역사학적 학식이라는 기준에서 보더라도 나 자신의 지식은 정연하지 않고 고르지 못하다. 내가 할 수 있었던 일은 기껏해야, 이 책에서 표명된 견해가 전문적 연구에 의해서도 유지될 수 있다는 데에 자신을 가질 수 있도록, 특히 까다롭고 논쟁적인 문제들 —— 이를테면 냉전의 역사나 1930년대의 역사 —— 에 관한 문헌을 대충 조사해보는 것이었다. 물론 나는 성공할 수 없었다. 나는 몇몇 문제들에 대해서 논의의 여지가 있는 견해뿐만 아니라 무지 또한 드러내야 했다.

그러므로 이 책은 지독히 불균등한 토대에 근거하고 있다. 나는 꽤 여러 해 동안의 폭넓고 잡다한 독서 —— 신사회연구원(New School for Social Research)의 학생들에게 20세기사를 강의하는 데에 필요했던 독서로 보충된 —— 에 의존했을 뿐만 아니라 단기 20세기를 살아온 한 사람으로서, 즉 사회인류학자들이 말하는 '참여관찰자'로서 또는 단순히 주의 깊은 여행자로서 또는 나의 선조들이 참견꾼(kibbitzer : 체스나 카드놀이에 참견하는 구경꾼, 훈수꾼/역주)이라고 불렀을 사람으로서 꽤 많은 나라들에서 쌓아온 지식과 기억과 의견에 의존했다. 그러한 경험의 역사적 가치는 역사적인 대사건이 벌어질 때 그 자리에 있었는가라든가, 저명한 정치가들이나 역사를 만들어간 사람들을 알거나 심지어는 만났는가에 달려 있지 않다. 사실상 주로 라틴 아메리카에서 때때로 저널리스트로서 이 나라 저 나라를 조사했던 나의 경험에 비추어볼 때 대통령이나 여타 정책결정자들과의 대담은, 그런 사람들의 말 대부분이 공적인 기록을 위한 것이라는 명백한 이유 때문에 대체로 성과가 없었다. 실질적으로 도움이 된 사람들은 오히려 중요한 업무를 전혀 맡고 있지 않지만 자유롭게 말할 수 있거나 자유롭게 말하기를 원하는 사람들이었다. 그럼에도 불구하고 사람들과 장소들을 알게 된 것은, 부득이하게 부분적이었고 그릇된 인상을 주기도 했지만, 내게 큰 도움이 되었다. 그것은 단지, 동일한 도시 —— 발렌시아나 팔레르모 —— 를 30년의 간격을 두고 본 것에 불과한 것일 수도 있다. 그렇게 보는 것만으로도 금세기의 3/4분기에 일어난 사회적 변혁의 속도와 규모를 뼈저리게 느끼게 해준다. 또한 단순히, 오래 전의 대담에서 이야기되었던 것으로서 때때로 분명치 않은 이유로 장래의 사용을 위해서 저장되었던 무언가에 대한 기억에 불과한 것일 수도 있다. 역사가가 금세기를 약간이나마 이해할 수 있다면 이는 대부분, 보고 들은 것 때문이다. 내가 보고 들음으로써 알게 된 것의 일부나마 독자들에게 전달되었으면 한다.

이 책은 또한 부득이하게 동료들과 학생들 그리고 이 책을 쓰는 동안에 붙들고 길게 이야기했던 그밖의 모든 사람들로부터 얻은 정보에 의거한 것이다. 내가 진 빚은 어떤 경우에는 제도상의 것이다. 과학에 관한 장(章)은 나의 친구인 왕립협회 회원 앨런 맥케이 —— 결정학자(結晶學者)일 뿐만 아니라 백과사전 편집자인 —— 와 존 매덕스의 의견에 따랐

머리말 및 감사의 말 9

다. 경제적 발전에 대해서 내가 쓴 것의 일부는 신사회연구원의 동료교수이자 전에 MIT에 있었던 랜스 테일러가 읽어주었고, 훨씬 더 많은 것은, 헬싱키에 있는 유엔 대학(UNU)의 세계경제발전연구소(WIDER) —— 이곳이 랄 자야와르데네 박사의 주도로 연구 및 토론의 주된 국제적 중심지로 변모되었을 때 —— 에서 열린, 다양한 거시경제학적 문제들에 관한 회의들 동안에 논문들을 읽고 토론을 듣고 전반적으로 경청한 것에 근거했다. 대체로, 이 감탄할 만한 연구소에서 맥도넬 더글러스 객원연구원의 자격으로 보낼 수 있었던 몇 번의 여름은, 특히 그 연구소가 마지막 몇 년 동안의 소련과 지리적으로 가까웠고 그곳에 지적인 관심을 보였기 때문에, 내게 너무도 귀중했다. 나는 자문을 구했던 사람들의 조언을 항상 받아들이지는 않았고, 그것을 받아들인 경우에도 잘못된 점은 순전히 나 자신의 몫이다. 나는 학자들이 대체로 서로의 지혜를 빌릴 목적으로 자신의 동료들을 만나는 데에 많은 시간을 보내는 회의와 세미나들로부터 많은 이득을 얻었다. 나는 아무리 해도 공식적, 비공식적으로 내가 은혜를 입거나 나의 틀린 점을 바로 잡아준 모든 동료들에게 감사의 말을 전할 수는 없을 것이다. 운좋게도 신사회연구원에서 특히 국제적인 구성을 보인 학생들을 가르침으로써 우연히 얻게 된 모든 정보에 대해서도 감사의 말을 전할 수가 없을 것이다. 그러나 페르단 에르구트와 알렉스 줄카가 쓴 학기말 논문들 덕분에 터키 혁명과 제3세계의 이민 및 사회적 이동에 관하여 알게 된 것에 대해서는 특별히 감사를 표해야 한다고 생각한다. 나는 또한 APRA(Alianza Popular Revolucionaria Americana, 아메리카 민중혁명동맹 : 노동자, 농민을 주된 지지기반으로 하고 광범한 사회개혁을 주장하는 페루의 정당/역주)와 1932년의 트루히요 봉기에 관해서 나의 제자 마가리타 기제케가 쓴 박사학위 논문의 덕을 보았다.

20세기사가는 현재에 가까운 시기를 다룰수록 두 가지 유형의 사료에 더욱 의존하게 된다. 일간지 등의 정기간행물이 그중 하나이고, 다른 하나는 각국 정부와 국제기구들이 내는 정기적 보고서, 경제 등에 대한 조사보고서, 통계자료, 기타 출판물이다. 런던「가디언(*Guardian*)」지,「파이낸셜 타임스(*Financial Times*)」지,「뉴욕 타임스(*New York Times*)」지 같은 신문들에 진 빚은 너무나도 명백하다. 국제연합 및 그것의 다양한 기구들과 세계은행이 낸 너무도 귀중한 출판물들에 대한 빚은 참고문헌에 기록했다. 그 단체들의 전신인 국제연맹도 잊어서는 안 된다. 그 기구는 실제로는 거의 전면적인 실패작이었지만, 1945년에 나온 선구적인 「산업화와 세계무역(*Industrialisation and World Trade*)」으로 정점에 달했던, 국제연맹의 감탄할 만한 경제 조사 및 분석은 감사의 말을 받을 만하다. 금세기의 경제적, 사회적, 문화적 변화에 대한 어떠한 역사도 이러한 사료들 없이는 씌어질 수 없었다.

내가 이 책에서 쓴 것의 대부분은 저자의 명백히 개인적인 판단을 제외하고는 독자들이 그대로 믿어야 할 것이다. 이와 같은 책에 방대한 참조장치나, 박식함을 드러내는 여타의 표시들을 너무 많이 싣는 것은 무의미하다. 나는 직접인용의 출처, 통계 및 여타 수량적 데이터의 출처(때때로 상이한 출처가 상이한 수치를 제시한다), 독자들이 유별나고 생소하거나 의외라고 생각할지 모르는 말에 대한 이따금씩의 증거, 논의의 여지가 있는 저자의 견해가 약간의 지지를 필요로 하는 몇 가지 점들에 한해서 참조를 달고자 했다. 이러한 참조들은 본문에서 둥근 괄호 안에 넣었다. 출처의 완전한 제목은 이 책의 맨 끝에서 볼 수 있다. 이 참고문헌은 본문에서 실제로 인용되거나 언급된 모든 자료의 완전한 목록에 불과하다. 그것은 그 이상의 독서에 대한 체계적인 안내는 **아니다**. 그 이상의 독서에 대한 간략한 지침은 따로 마련했다. 이와 같은 참조장치는 또한 단순히 본문을 부연설명하거나 수식하는 각주와도 별개의 것이다.

그럼에도 불구하고 내가 아주 많이 의존했거나 특별히 빚진 몇몇 저작들을 지적하는 것이 도리일 것이다. 나는 그러한 저작들의 저자들이 답례를 받지 않았다고 느끼기를 원하지 않는다. 대체로 두 친구, 즉 경제사가이자 지칠 줄 모르는 수량적 데이터 편찬자인 폴 바이로크와 헝가리 과학 아카데미의 전(前) 소장인 이반 베렌드 —— 내가 단기 20세기라는 개념을 빚진 —— 의 저작에 많은 것을 빚졌다. 제2차 세계대전 이후 세계의 전반적인 정치사에 대해서는 P. 칼보코레시(「1945년 이후의 세계정치(*World Politics Since 1945*)」)가 믿을 만하고 때때로 —— 당연히도 —— 신랄한 안내자였다. 제2차 세계대전에 대해서는 앨런 밀워드의 뛰어난 「전쟁, 경제, 사회 : 1939-45년(*War, Ecomomy and Society 1939-45*)」에 많이 빚겼고, 1945년 이후의 경제에 대해서는 허먼 반 데어 비의 「번영과 격변 : 1945-80년의 세계경제(*Prosperity and Upheaval : The World*

Economy 1945-1980)」와 필립 암스트롱, 앤드류 글린, 존 해리슨의 「1945년 이후의 자본주의(*Capitalism Since 1945*)」가 매우 유익하다고 생각한다. 마틴 워커의 「냉전(*The Cold War*)」은 대부분의 미온적인 평론가들이 내린 것보다 훨씬 더 나은 평가를 받을 만하다. 제2차 세계대전 이후 좌파의 역사에 대해서는 런던 대학의 퀸 메리 앤드 웨스트필드 칼리지의 도널드 사순 박사에게 크게 빚졌다. 그는 친절하게도 이 주제에 관한, 자신의 아직 완성되지 않은 폭넓고 통찰력 있는 연구성과를 내게 보여주었다. 소련사에 대해서는 특히 모셰 레빈, 알렉 노브, R. W. 데이비스, 실러 피츠패트릭의 저작들에 빚졌다. 중국에 관해서는 벤야민 슈바르츠와 스튜어트 슈램의 저작들에, 이슬람 세계에 대해서는 이라 라피두스와 니키 케디에게 빚졌다. 예술에 관한 나의 견해는 바이마르 문화에 대한 존 빌레트의 저작들(및 그와의 대화)과 프랜시스 해스켈에게 많은 것을 빚졌다. 제6장에서는 명백히 린 개러폴러의 「디아길레프(*Diaghilev*)」에 빚을 졌다.

또한 이 책을 준비하는 것을 실제로 도와준 사람들에게 특별히 감사드린다. 우선, 나의 연구조교인 런던의 조애너 베드포드와 뉴욕의 리즈 그란데에게 감사드린다. 특히, 비범한 그란데 씨에게 진 빚을 강조하고 싶다. 그녀가 없었더라면 나의 지식상의 커다란 빈틈을 도저히 채울 수 없었을 것이며, 반쯤만 기억나는 사실들과 참조들을 검증할 수 없었을 것이다. 나의 초안을 타자로 쳐준 루스 사이어즈와, 이 책을 받고 현대세계에 보통의 관심을 지닌 비전문적 독자의 관점에서 여러 장을 읽어준 마를린 홉스봄에게도 크게 빚졌다.

나의 생각과 해석을 공식적으로 표현하고자 한 강의를 들었던 신사회연구원의 학생들에게 진 빚은 앞서 이미 지적했다. 그들에게 이 책을 바친다.

1993-94년 런던-뉴욕에서
에릭 홉스봄

20세기 : 개관

열두 사람의 20세기관

아이제이어 벌린(철학자, 영국) : "나는 20세기 대부분을 개인적인 어려움을 겪지 않은 채 살아왔다고 덧붙일 수밖에 없다. 20세기는 서양사에서 가장 끔찍한 세기로밖에 기억되지 않는다."

훌리오 카로 바로하(인류학자, 스페인) : "나 자신의 인생경험―― 어린 시절과 청년시절과 노년시절은 조용히, 큰 모험 없이 지나갔 다 ―― 은 20세기의 사실들……인류가 겪어온 끔찍한 사건들과 명백한 모순을 보이고 있다."

프리모 레비(작가, 이탈리아) : "수용소에서 살아남은 우리는 진정한 목격자가 아니다. 이는 다른 생존자들이 쓴 것을 읽었을 때나, 나 자신이 쓴 것을 몇 년이 흐른 뒤 다시 읽었을 때 내가 점차 받아들이게 된 언짢은 생각이다. 우리 생존자들은 소수일 뿐만 아니라 이례적인 소수이다. 우리는 발뺌이나 기술이나 운 덕분에, 밑바닥에 닿아본 적이 없는 사람들이다. 고르곤(Gorgon : 머리카락이 모두 뱀으로 된 그리스 신화상의 괴물로서, 이것을 본 사람은 겁에 질려 이내 돌로 변했다고 한다/역주)의 얼굴을 가졌거나 그 얼굴을 보았던 사람들은 돌아오지 않았거나 말없이 돌아왔다."

르네 뒤몽(농학자, 생태학자, 프랑스) : "그것은 학살과 전쟁의 세기로밖에 보이지 않는다."

리타 레비 몬탈치니(노벨상 수상자, 과학자, 이탈리아) : "모든 사실에도 불구하고 20세기에는 더 나은 것을 위한 혁명들이 일어났고,……제4신분이 부상했으며, 여성들이 수세기의 억압에서 벗어났다."

윌리엄 골딩(노벨상 수상자, 작가, 영국) : "나는 20세기가 인류사에서 가장 폭력적인 세기였다고 생각하지 않을 수 없다."

에른스트 곰브리치(미술사가, 영국) : "20세기의 주된 특징은 세계 인구의 가공할 만한 증가이다. 그것은 파국이며 재난이다. 우리는 그것에 관해서 무엇을 해야 할지를 모른다."

예후디 메뉴인(음악가, 영국) : "20세기를 요약해야 한다면, 그 세기는 인류가 품어온 희망 중 가장 큰 희망을 낳고는 모든 환상과 이상(理想)을 파괴해버렸다고 말하겠다."

세베로 오초아(노벨상 수상자, 과학자, 스페인) : "가장 근본적인 것은 과학의 진보이다. 그 진보는 진실로 엄청났다.⋯⋯이 점이 우리의 세기를 특징짓는다."

레이먼드 퍼스(인류학자, 영국) : "나는 20세기의 가장 중요한 발전들 중 하나로 기술의 면에서는 전자공학의 발전을, 사상의 면에서는 비교적 합리적이고 과학적인 세계관에서 비합리적이고 덜 과학적인 세계관으로의 변화를 꼽는다."

레오 발리아니(역사가, 이탈리아) : "우리의 세기는 정의와 평등이라는 이상의 승리가 언제나 오래 가지 못한다는 것뿐만 아니라 우리가 자유를 어떻게든 유지한다면 언제나 처음부터 다시 시작할 수 있다는 것을 보여준다.⋯⋯가장 절망적인 상황에서조차 전혀 절망할 필요가 없다."

프랑코 벤투리(역사가, 이탈리아) : "역사가들은 이 질문에 대답할 수 없다. 내게는 20세기가, 20세기를 끊임없이 다시 이해하려는 노력일 뿐이다."

(Agosti and Borgese, 1992, pp.42, 210, 154, 76, 4, 8, 204, 2, 62, 80, 140, 160.)

I

 1992년 6월 28일에 프랑스의 미테랑 대통령은, 이미 발칸 전쟁──그해 남은 기간 동안에 아마도 15만 명의 생명을 앗아가게 될──의 중심지가 되었던 사라예보에 갑자기 예고 없이 불시에 나타났다. 그의 목표는 보스니아 위기의 심각성을 세계여론에 환기시키는 것이었다. 사실상, 소(小)화기와 대포가 불 붙는 곳에, 유명하고 나이가 지긋하며 눈에 띄게 몸이 약한 정치가가 나타난 것은 많은 논평과 경탄의 대상이 되었다. 그러나 미테랑 씨의 방문의 한 측면에 대해서는, 그것이 명백히 방문의 핵심적인 측면임에도 불구하고 사실상 논평 없이 지나갔다. 날짜가 바로 그것이다. 프랑스 대통령은 왜 바로 그날에 사라예보에 가기로 했는가? 6월 28일은 1914년 사라예보에서 오스트리아-헝가리의 프란츠 페르디난트 대공이 암살된 날──그 암살은 몇 주 지나지 않아 제1차 세계대전의 발발을 낳았다──이었던 것이다. 미테랑 세대의 교육받은 유럽인이라면 누구나 그러한 날짜와 장소로부터, 정치적 실책과 오산이 재촉했던 역사적 재난이 떠올랐을 것이다. 보스니아 위기의 잠재적 함의를 극적으로 표현하는 것으로서, 그렇게도 상징적인 날짜를 선택하는 것보다 더 나은 것이 또 있을까? 그러나 소수의 전문적 역사가들과 나이가 아주 많은 시민들을 제외하고는 그러한 암시를 알아챈 사람이 거의 없었다. 역사적인 기억은 더 이상 생생하지 않았던 것이다.
 과거의 파괴, 보다 정확히 말해서 한 사람의 당대 경험을 이전 세대들의 경험과 연결시키는 사회적 메커니즘의 파괴는 20세기 말의 가장 특징적이고 가장 섬뜩한 현상들 중 하나이다. 금세기 말의 대부분의 젊은 남자들과 여자들은, 그들이 사는 시대의 공적인 과거와 어떠한 유기적 관계도 가지지 않는 일종의 영구적인 현재 속에서 성장했다. 이로 인해서, 다른 사람들이 잊어버리는 것을 기억시키는 것을 자신의 임무로 삼는 역사가들은 두번째 천년기 말에, 이전의 어느 때보다도 더 필요한 존재가 되었다. 그러나 바로 그러한 이유 때문에 역사가들은 단순한 연대기작가나 과거를 기억하게 하는 사람이나 자료편찬자 이상이 되어야 한다. 그러한 일들이 역사가들의 반드시 필요한 기능이기도 하지만 말이다. 1989년에 세계의 모든 정부들, 특히 모든 외무부들은 그들 대부분이 명백히 잊었던, 양차 세계대전 이후의 평화협정들에 관한 세미나로부터 득을 보았을 것이다.

그러나 이 책의 주제인 시기, 즉 1914년부터 1991년까지의 단기(短期) 20세기에 관한 이야기를 하는 것이 이 책의 목표는 아니다. 비록, 똑똑한 미국 대학생으로부터 '제2차 세계대전'이라는 말이 '제1차 세계대전'이 실제로 있었음을 의미하는가라는 질문을 받아본 사람이라면 누구나, 20세기의 기본적인 사실들을 아는 것조차 당연한 것이 될 수는 없다는 사실을 깨닫겠지만 말이다. 필자의 목표는 **왜** 사태가 그렇게 전개되었고 사태의 앞뒤 전개가 어떻게 들어맞는가를 이해하고 설명하는 것이다. 단기 20세기의 전(全)시기 내지 대부분을 살아온 필자 같은 연령집단에게 이는 불가피하게 자서전적인 시도이기도 하다. 우리는 우리 자신의 기억에 대해서 이야기하고 상세히 설명하고 (또한 고치고) 있는 셈이다. 또한 우리는 역사극의 배우 —— 아무리 그 역할이 사소한 것이라 해도 —— 로서, 우리 시대의 관찰자로서, 적지 않게는 우리가 결정적인 사건들이라고 보게 된 것에 의해서 형성된 세기관을 가진 사람으로서 역사에 다양한 방식으로 말려든, 특정한 시간과 장소의 남자와 여자로서 이야기하고 있다. 우리는 20세기의 일부이고, 20세기는 우리의 일부이다. 또 다른 시대에 속한 독자들, 이를테면 이 책이 쓰여진 시기에 대학에 들어온 학생들 —— 그들에게는 베트남 전쟁조차 아주 옛날의 일이다 —— 은 이 점을 잊어서는 안 될 것이다.

필자와 세대와 배경이 같은 역사가들에게 과거는 파괴할 수 없는 것이다. 왜냐하면 우리는 여전히, 거리와 공공장소의 이름에 유명한 인물과 사건의 이름을 붙였던 세대(전전[戰前] 프라하의 윌슨 역, 파리의 스탈린그라드 지하철역)에 속하고, 강화조약들(베르사유 조약)이 여전히 체결되었고 따라서 그것을 따라야 했던 세대, 전쟁기념비들이 과거를 상기시켰던 세대에 속할 뿐만 아니라, 공적인 사건들이 우리의 삶에서 뗄래야 뗄 수 없는 부분을 이루기 때문이다. 공적인 사건들은 단순히 우리의 개인적 삶의 이정표일 뿐만 아니라, 사적이든 공적이든 우리의 삶을 형성해온 것이다. 필자에게 1933년 1월 30일은 단순히 히틀러가 독일의 수상이 된 날일 뿐 다른 점에서는 별 의미가 없는 날이 아니라, 베를린의 어느 겨울날 오후 열다섯 살 먹은 소년과 그의 누이동생이 빌머스도르프에 있는 인근 학교에서 할렌제에 있는 집으로 돌아오던 길에 어느 곳에선가 신문 표제(히틀러가 독일의 수상이 되었다는/역주)를 보았던 날이었다. 그날의 기억은 아직도 생생하며, 종종 꿈속에 나타나기도 한다.

그러나 한 사람의 노(老)역사가만이 과거를 자신의 영구적인 현재의 일부로 가지는 것은 아니다. 일정한 나이 이상의 막대한 수의 전세계 모든 사람들이 자신의 개인적 배경이나 인생행로와 무관하게 동일한 중심적 경험을 겪었다. 이 경험은 어느 정도는 같은 방식으로 우리 모두에게 흔적을 남겼다. 1980년대 말에 산산조각난 세계는 1917년 러시아 혁명의 영향에 의해서 형성된 세계였다. 우리 모두가 러시아 혁명의 영향을 받았다. 이를테면 우리는, 서로를 배제하는 양자택일물로서의 '자본주의'와 '사회주의'라는 두 대립물 —— 후자는 소련을 모델로 조직된 경제와 동일시되고, 전자는 나머지 모든 경제와 동일시된다 —— 의 견지에서 현대 산업경제를 생각하는 데에 익숙해졌던 것이다. 이것이 특정한 역사적 맥락의 일부로서만 이해할 수 있는, 자의적이고 어느 정도는 인위적인 구성물이었다는 것이 이제는 분명해져야 한다. 그러나 아직은, 내가 이 책을 쓸 때조차, 미국, 일본, 스웨덴, 브라질, 독일연방공화국(이하 '서독'/역주), 남한을 단일한 칸에 넣고, 1980년대 이후에 붕괴한 소련권 지역의 국유 경제 및 체제를, 드러나게 붕괴하지는 않은 동아시아 및 동남아시아의 국유 경제 및 체제와 동일한 칸에 넣는 분류원칙보다 더 현실적인 다른 분류원칙을 상상하기란, 과거를 되돌아보더라도 쉽지 않다.

또한, 10월혁명의 종식 이후에 살아남은 세계조차 제2차 세계대전에서 승리한 쪽이었던 사람들에 의해서 그 제도와 가정(假定)이 형성된 세계이다. 제2차 세계대전에서 패배한 쪽이거나 그쪽과 연합했던 사람들은 침묵하거나 침묵을 강요받았을 뿐만 아니라, 세계를 무대로 한 선 대 악이라는 도덕극에서 '적(敵)'의 역할을 맡는 것 외에는 역사와 지적 생활로부터 사실상 밀려났다(이러한 일이 이제 세기 후반 냉전에서의 패배자들에게도 벌어지고 있는 것인지도 모른다. 아마도 그 정도나 기간이 같지는 않겠지만 말이다). 이는 종교전쟁의 세기에 목숨을 부지한 대가로 받는 형벌들 중 하나이다. 불관용이 그 형벌의 주된 특징이다. 그들 자신의 비(非)이데올로기들의 다원주의를 선전하는 사람들조차 경쟁상대인 세속종교들과 영원히 공존할 만큼 충분히 세상이 크다고는 생각하지 않았다. 20세기를 채워온 종교적인 대결이나 이데올로기적 대결은, 판단하는 것이 아니라 이해하는 것 —— 우리가 가장 이해할 수 없는 것까지 —— 을 주된 임무로 삼는 역사가의 일을 방해하는 장애물이 되어왔다. 그러나 이해를 방해하는 것은 우리의 열정적 신념뿐만 아니라 그 신념을 형성해온 역사적 경험이다. 전자를 극복하는 쪽이 후자의 경우보다 쉽다. 왜냐하면 잘 알려져 있지만 잘못된 프랑스의 경구 "모든 것을 이해하는 것은 모든 것을 용서하는 것이다(Tout comprendre c'est tout pardonner)"는 틀렸기 때문이다. 독일사에서 나치 시대를 이해하고 그 시대를 역사적 맥락 속에 위치시키는 것이 곧 대학살을 용서하는 것은 아니다. 어쨌든 이 비범한 세기를 겪어온 사람이라면 어느 누구도 판단을 삼가지는 않을 것 같다. 이해한다는 것은 어려운 일이다.

II

단기 20세기, 즉 제1차 세계대전의 발발에서 소련의 붕괴까지의 시기, 지금 막 끝난 일관된 역사적 시기를 이루는 —— 이제는 되돌아봄으로써 알 수 있듯이 —— 이 시기를 어떻게 이해할 것인가? 우리는 다음에 무엇이 올지 그리고 세번째 천년기는 어떤 모습일지에 대해서 모른다. 비록 단기 20세기가 이미 세번째 천년기의 모습을 결정했을 것임은 분명하지만 말이다. 그러나 1980년대 말과 1990년대 초에 세계사의 한 시대가 끝났고 새로운 시대가 시작되었다는 것은 그리 의심할 수 없는 사실이다. 이는 20세기를 다루는 역사가들에게 기본적으로 중요한 정보이다. 왜냐하면 역사가들은 과거의 이해에 비추어 미래에 대해서 추측할 수 있지만, 그들의 직업이 경마예상가는 아니기 때문이다. 그들이 보고하고 분석한다고 주장할 수 있는 유일한 경마는 이미 이기거나 진 경마다. 어쨌든 지난 30-40년간 보인 예측가들의 기록은, 그들이 예언자로서 어떠한 직업적 자격을 가졌든지 간에, 너무도 많이 빗나가서 정부와 경제연구소들만이 여전히 그 기록을 상당히 신뢰했거나 신뢰하는 척했다. 아마도 그러한 기록은 제2차 세계대전 이후에 들어와 더욱 빗나갔던 것 같다.

　이 책에서 단기 20세기의 구조는 일종의 3부작이나 역사 샌드위치로 보일 것이다. 1914년부터 제2차 세계대전 종전 직후까지의 '파국의 시대' 다음에는, 아마도 비교할 만한 다른 어떤 짧은 시기보다도 더 깊게 인간사회를 변화시킨, 약 25-30년간의 엄청난 경제성장과 사회적 변화가 잇따랐다. 돌이켜보면 그 시기는 일종의 황금시대로 볼 수 있으며, 실제로 1970년대 초에 그 시대가 끝난 직후 그렇게 인식되었다. 20세기의 마지막 부분은 해체, 불확실성, 위기 —— 그리고 사실상 아프리카, 구(舊)소련, 유럽의 전(前) 사회주의 지역과 같은, 세계의 상당 부분에게는 파국 —— 의 새로운 시대였다. 1980년대가 1990년대로 바뀌면서 20세기의 과거와 미래에 대해서 숙고하는 사람들은, 세기말적인 우울증을 겪었고 그 증세는 갈수록 심해졌다. 1990년대의 시점에서 보면, 단기 20세기는 하나의 위기시대에서 짧은 황금시대를 거쳐 또 다른 위기시대로, 알려지지 않았고 불확실하지만 반드시 묵시록적이지는 않은 미래로 나아갔다. 그러나 '역사의 종말' 운운하는 형이상학적 사변가들에게 역사가들이

상기시키고자 하듯이, 미래는 존재할 것이다. 역사에 관해서 유일하게 전적으로 확실한 일반화는 인류가 있는 한, 역사는 계속될 것이라는 사실이다.

이 책의 논의도 이상과 같이 편성되었다. 그 논의는 19세기 (서구)문명의 붕괴를 표시하는 제1차 세계대전으로 시작한다. 19세기 문명은 경제 면에서는 자본주의적이었고, 법적, 입헌적 구조 면에서는 자유주의적이었으며, 자신을 특징짓는 헤게모니 계급의 이미지 면에서는 부르주아적이었다. 그 문명은 과학, 지식, 교육의 진전과 물질적, 정신적 진보를 자랑했으며, 과학, 예술, 정치, 산업의 혁명이 탄생한 곳으로서의 유럽 —— 그곳의 경제가 세계의 대부분에 침투했고, 그곳의 군인들이 세계의 대부분을 정복하고 복종시켜온 —— 의 중심성을 깊이 확신했다. 또한 그 문명의 인구는 (광범위하게 그리고 갈수록 많이 유출된 유럽 이민들과 그들의 후손을 포함해서) 인류의 3분의 1을 구성하기에 이르기까지 증가했으며 그 문명의 주요 국가들이 세계정치체계를 구성했다.[1]

제1차 세계대전의 발발에서부터 제2차 세계대전 종전 직후까지의 몇십 년은 이러한 사회로서는 파국의 시대였다. 40년 동안 그 사회는 연이어 재난을 당했다. 보수주의적 지식인들조차 그 사회가 살아남을 것이라는 쪽에 돈을 걸려 하지 않았던 경우가 몇 번이나 있었다. 그 사회는 두 번의 세계대전에 의해서 뒤흔들렸고, 부르주아적, 자본주의적 사회에 대한 역사적으로 운명지어진 대안임을 주장하는 체제 —— 처음에는 전세계 육지의 6분의 1 이상을 차지했고, 제2차 세계대전 이후에는 세계인구의 3분의 1 이상에 달한—— 에 권력을 부여한 두 차례 물결의 전세계적 반란과 혁명을 뒤이어 겪었다. 제국의 시대와 그 이전에 세워진 거대한 식민지제국이 뒤

---

1) 나는 '장기 19세기(1780년대부터 1914년까지)'에 관한 세 권의 역사책에서 이 문명의 부상을 서술하고 설명하고자 했으며 그 문명이 몰락한 이유를 분석하고자 했다. 여기에서는 이 책들, 즉 「혁명의 시대, 1789-1848(*The Age of Revolution, 1789-1848*)」, 「자본의 시대, 1848-1875(*The Age of Capital, 1848-1875*)」, 「제국의 시대, 1875-1914(*The Age of Empire, 1875-1914*)」를 유용하다고 생각될 때마다 때때로 다시 언급할 것이다.

흔들렸고 부서져 먼지가 되었다. 영국의 빅토리아 여왕이 죽었을 때 그렇게도 확고했고 자신만만했던 근대 제국주의의 전(全)역사가 한 사람의 일생 —— 이를테면 윈스턴 처칠(1874-1965)의 일생—— 보다도 오래 가지 못했다.

이상의 사실이 다는 아니었다. 전례 없는 수준의 세계적 경제위기는 가장 강한 자본주의 경제까지도 무릎을 꿇게 했고 단일한 보편적 세계경제라는 창조물 —— 19세기 자유주의적 자본주의의 그렇게도 두드러진 성과였던 —— 을 뒤엎을 것 같았다. 전쟁과 혁명을 면했던 미국까지도 붕괴할 것 같았다. 경제가 비틀거리는 동안, 파시즘과 그것의 위성격인 권위주의적 운동들 및 체제들이 부상함에 따라, 1917-42년에 유럽의 가장자리와 북미 및 오스트랄라시아(오스트레일리아와 뉴질랜드 및 그 부근의 남태평양 제도의 총칭/역주) 지역을 제외한 모든 곳에서 자유민주주의 제도들이 실질적으로 사라졌다.

오직 이러한 도전세력으로부터 자신을 방어하기 위한, 자유주의적 자본주의와 공산주의의 일시적이고 기묘한 동맹만이 민주주의를 구했다. 히틀러 독일에 대한 승리는 기본적으로 적군(赤軍, Red Army)에 의해서 쟁취된 것이었고, 오직 적군에 의해서만 쟁취될 수 있었던 것이다. 파시즘에 맞선 자본주의-공산주의 동맹의 이 시기 —— 기본적으로 1930-40년대 —— 는 여러 점에서 20세기사의 중심이자 결정적인 시기이다. 여러 점에서 그 시기는 세기 대부분 동안 —— 짧았던 반(反)파시즘 시기를 제외하고는 —— 화해할 수 없는 적대적 상태였던 자본주의와 공산주의의 관계로 볼 때 역사적인 역설의 시기이다. 제1차 세계대전 시 러시아의 차르 체제 경제의 성과와 제2차 세계대전 시 소련 경제의 성과를 비교해 보면 알 수 있듯이(Gatrell/Harrison, 1993), 히틀러에 대한 소련의 승리는 10월혁명으로 소련에 수립된 체제의 성과였다(Gatrell/Harrison, 1993). 그러한 승리가 없었더라면 오늘날 (미국 바깥의) 서방세계는 아마도 자유주의적 의회주의라는 테마의 변주곡들보다는 권위주의적, 파시스트적 테마의 변주곡들로 이루어졌을 것이다. 전세계 자본주의의 전복을 목표로 하는 10월혁명의 가장 지속적인 결과가, 전쟁에서나 평화에서나 —— 제2차 세계대전 이후에 자신의 적대자들에게 자극과 공포를 줌으로써 그들 자신을 개혁시키고, 경제계획의 인기를 확립하여 그들에게 개혁절차들 중 일부를 제공해줌으로써 —— 자신의 적대자들을 구한 것이었다는 점은 이 기묘한 세기의 아이러니들 중 하나이다.

그러나 자유주의적 자본주의는 공황, 파시즘, 전쟁이라는 삼중의 도전을 받고도 간신히 살아남았을 때조차 혁명의 전세계적 진전에 직면한 것으로 보였다. 그러한 진전은 이제, 제2차 세계대전 이후 초강대국으로 부상한 소련을 중심으로 이루어질 수 있었다.

그러나 이제는 되돌아봄으로써 알 수 있듯이, 자본주의에 대한 사회주의의 세계적 도전이 보인 위력은 상대(자본주의/역주)가 약한 데에 기인한 것이었다. 파국의 시대에 19세기 부르주아 사회가 붕괴하지 않았더라면 10월혁명도, 소련도 없었을 것이다. 파산한 유라시아 폐선(廢船) 농업국인 전(前) 차르 제국에서 사회주의의 이름으로 급조된 경제체제는, 자신을 자본주의 경제에 대한 현실적인 세계적 대안으로 간주하려 하지도 않았고 다른 곳에서 그렇게 간주되지도 않았다. 그 경제체제가 그러한 대안으로 보이게 된 것은 1930년대의 대공황 덕분이었고, 소련이 히틀러를 패배시키는 데에 반드시 필요한 도구가 되고 그럼으로써 양대 초강대국 —— 그 두 나라의 대립이 단기 20세기 후반을 지배하고 떨게 했던 동시에 (이 또한 지금에 와서 알 수 있듯이) 여러 점에서 그 시기의 정치구조를 안정시켰다—— 중 하나가 될 수 있었던 것은 파시즘의 도전 덕분이었다. 세기 중반의 15년 동안 소련은 자신이, 전인류의 3분의 1을 이루는 '사회주의 진영'의 수뇌이자, 잠시 자본주의의 경제성장속도를 앞지른 것처럼 보였던 경제의 수뇌가 되었다는 것을 깨닫지 못했을 것이다.

정확히 어떻게 그리고 왜 제2차 세계대전 이후의 자본주의가, 자기 자신의 사람들을 포함해서 모든 사람에게 충격을 줄 정도로, 1947-73년의 전례 없고 어쩌면 파격적인 황금시대로 급진전했는가 하는 것은 아마도 20세기를 다루는 역사가들이 직면한 중요한 문제일 것이다. 아직까지는 그 물음에 대한 대답에 합의된 바가 없고, 필자가 설득력 있는 대답을 제시한다고 주장할 수도 없다. 아마도 보다 설득력 있는 분석은 20세기 후반의 '장기적 파동' 전체가 시야에 들어올 수 있을 때까지 기다려야 할 것이다. 이제 황금시대는 전체적으로 돌아볼 수 있게 되었지만, 세계가 황금시대가 끝난 이래 겪어온 '위기의 몇십 년'은 이 책을 쓸 때 아직 끝나지 않은 상태이다. 그러나 이미 자신 있게 평가할 수 있는 것은 황금시대가 낳은 경제적, 사회적, 문화적 변동 —— 기록된 역사에서 가장 크고 가장 급속하고 가장 근본적인 —— 의 엄청난 규모와 충격이다. 그 변동의 다양한 측면은 이 책의 제2부에서 검토했다. 세번째 천년기에 20세기를 다룰 역사가들은 아마도 20세기가 역사에 미친 주된 영향을 바로 이 놀랄 만한 시기의 영향으로 볼 것이다. 왜냐하면 그 영향으로 인한 전세계의 인간생활의 변화는 뒤집을 수 없을 만큼 깊었기 때문이다. 게다가 그 변화는 아직도 계속되고 있다. 소련 제국의 몰락에서 '역사의 종말'을 감지한 언론인들과 철학적 수필가들의 생각은 틀렸다. 금세기의 3/4분기는, 인류의 압도적 다수가 먹을 것을 재배하고 가축을 돌보며 살아간 긴 시대를 끝냈다는 이유만으로도, 석기시대의 농업 발명으로 시작된 인류사의 7,000-8,000년을 끝냈다고 말하는 쪽이 더욱 설득력 있다.

이에 비해서 '자본주의'와 '공산주의'의 대결의 역사는, 전자와 후자를 각각 대표한다고 주장하는 미국과 소련 같은 국가와 정부들의 개입이 있든 없든, 아마도 역사적 중요성이 덜한 것 —— 긴 안목으로 보자면 16-17세기 종교전쟁이나 십자군에 비견되는 —— 으로 보일 것이다. 단기 20세기를 조금이라도 살아본 사람들에게 그 대결은 당연히 중요하게 보였고 이 책에서도 그렇게 다루었다. 왜냐하면 이 책은 20세기 말의 독자들을 위해서 20세기 필자에 의해서 씌어진 것이기 때문이다. 사회혁명들과 냉전 그리고 '현존사회주의(really existing socialism)'의 본질과 한계와 치명적 결함 및 그 몰락에 대해서 상세히 논의했다. 그러나 10월혁명에 의해서 고취된 체제들의 주된 지속적인 영향은 후진농업국들의 근대화에 대한 강력한 촉진제로서의 영향이었다는 것을 기억하는 것이 중요하다. 공교롭게도 이 점에서 주된 성과를 거둔 것은 자본주의의 황금시대와 시기가 일치했다. 우리 선조들의 세계를 땅 속에 묻어버리기 위한 맞수 전략들(자본주의와 공산주의/역주)에 대해서는, 그것들이 얼마나 효율적인 것이었든, 심지어 얼마나 의식적으로 취해졌든지 간에, 여기서 고찰하지 않았고 고찰할 필요도 없다. 앞으로 보게 되듯이 1960년대 초까지는 그러한 전략들이 적어도 서로 대등하게 필적하는 것으로 보였다. 이는 소련 사회주의의 붕괴에 비추어보면—비록 당시에도 여전히 영국 수상이 미국 대통령과의 담화중에 소련을 "부력(浮力)이 있는 경제가……물질적 부를 위한 경쟁에서 자본주의 사회를 곧 능가할"(Horne, 1989, p.303) 국가로 보는 인식을 드러냈지만—불합리한 것으로 보이는 견해이다. 그러나 주목해야 할 점은 간단히 말해서, 1980년대의 사회주의 불가리아와 비사회주의 에콰도르 사이의 공통점이, 그 두 나라가 1939년의 불가리아나 에콰도르와 가지는 공통점보다 더 컸다는 것이다.

비록 소련 사회주의의 붕괴와 그 붕괴의 결과—거대하고 아직은 충분히 예측할 수 없지만 주로 부정적인—가, 황금시대에 뒤이은 '위기의 몇십 년'에 일어난 가장 극적인 사건이었지만, 그 시기는 **보편적** 내지는 전세계적인 위기의 몇십 년이 될 것이었다. 위기는 다양한 방식과 정도로 세계의 다양한 지역에 영향을 미쳤지만, 해당 지역의 정치적, 사회적, 경제적 형태에 관계 없이 모든 지역에 영향을 미쳤다. 왜냐하면 황금시대가, 대체로 국경들을 넘어서('초국가적으로') 기능하고 따라서 갈수록 국가 이데올로기의 경계들도 넘어서 기능하는, 단일하고 갈수록 통합되고 보편적인 세계경제를 역사상 처음으로 창출했기 때문이다. 그 결과, 모든 체제들과 체계들의 기존 제도개념이 손상되었다. 1970년대에 부딪친 난관은 처음에는 세계경제의 대약진이 아마도 잠시 중단된 것일 뿐으로 인식되었고, 어떠한 경제적, 정치적 유형의 나라들도 일시적인 해결책을 모색했다. 그러나 이 시기는 장기적 난관의 시대임이 갈수록 분명해졌다. 자본주의 국가들은 종종, 무제한적인 자유시장을 신봉하는 세속 신학자들 —— 황금시대에는 세계경제에 그렇게도 잘 봉사해왔으나 이제는 실패한 것으로 보이는 정책들을 거부하는 —— 을 따름으로써 그러한 난관에 대한 급진적인 해결책을 추구했다. 초자유방임주의자들 역시 다른 사람들과 마찬가지로 성공하지 못했다. 1980년대와 1990년대 초에 자본주의 세계는 황금시대가 이미 해결했던 것으로 보인 전간기(戰間期 : 제1차 세계대전과 제2차 세계대전 사이의 시기/역주)의 문제들 —— 대량실업, 심각한 주기적 불황, 집 없는 거지들과 사치스러운 풍요 사이의 그리고 제한된 국가수입과 무제한적인 국가지출 사이의 갈수록 벌어져가는 엄청난 격차 —— 로 다시 한번 비틀거리게 되었다. 사회주의 국가들도 이제는 그 경제가 정체되고 약화되어, 자본주의 세계와 같거나 훨씬 더한 정도로 자신의 과거와 근본적인 단절을 하는 방향으로 움직였고, 우리가 알고 있듯이 결국 붕괴를 향하여 나아갔다. 그러한 붕괴는 단기 20세기의 끝을 표시하는 것이 될 수 있다. 제1차 세계대전이 단기 20세기의 시작을 표시하는 것이 될 수 있듯이 말이다. 이 지점에서 나의 역사책은 끝을 맺는다.

이 책은 —— 1990년대 초에 완성된 책이라면 어느 책이라도 그럴 수밖에 없듯이 —— 불분명한 견해로 끝을 맺는다. 세계의 한 부분의 붕괴는 나머지 부분의 침체를 드러냈다. 1980년대가 1990년대로 넘어감에 따라 세계적 위기는 경제적 의미에서뿐만 아니라 정치에서도 전반적이었다는 것이 분명해졌다. 이스트리아(아드리아 해 북단의 반도로서 전(前) 유고슬라비아 영토/역주)와 블라디보스토크 사이의 공산주의체제들의 붕괴는 정치적 불확실성, 불안정, 혼돈, 내전의 거대한 지대를 만들었을 뿐만 아니라, 약 40년 동안 국제관계를 안정시켜온 국제적 체계를 파괴했다. 그 붕괴는, 기본적으로 국제적 체계의 안정에 의존해왔던 국내 정치체제들의 불안정성 역시 드러냈다. 제2차 세계대전 이래 선진자본주의 국가들에서 그렇게도 잘 기능해왔던 자유민주주의 정치체제 —— 의회제든 대통령제든 —— 의 토대가, 교란된 경제의 압박으로 인해서 잠식되었다. 또한 그 압박은 제3세계에서 작동한 모든 정치체제의 토대도 잠식했다. 기본적인 정치단위들 자체, 즉 영토적, 주권적, 독립적인 '국민국가들' —— 가장 오래되고 가장 안정적인 국민국가를 포함해서 —— 이 초국가적인 경제의 힘과, 분리주의적인 지역 및 소수민족집단의 국가 내적인 힘에 의해서 갈기갈기 찢어졌다. 이들 분리주의 집단 중 일부는 그들 스스로, 소형의 주권적 '국민국가'라는, 시대에 뒤지고 비현실적인 지위를 요구 —— 이는 역사의 아이러니다 —— 했다. 정치의 앞날은 불분명했지만, 단기 20세기 말에 정치가 위기를 맞았다는 사실은 명백했다.

세계경제와 세계정치의 불확실성보다 훨씬 더 명백한 것은 1950년 이후의 인간생활의 격변을 반영하는 사회적, 정신적 위기였다. 그 위기는 또한 '위기의 몇십 년' 동안에 혼란스럽지만 광범위하게 표현되었다. 그 위기는 18세기 초에 근대인들이 고대인들과의 유명한 싸움에서 이긴 이래 근대사회가 입각해온 신념과 가정(假定)의 위기였다. 그 가정은 자유주의적 자본주의와 공산주의가 공유했던 합리주의적, 휴머니즘적 가정으로서, 그것을 거부한 파시즘에 맞선 양자의 짧으나마 결정적으로 중요했던 동맹을 가능케 했다. 1993년에 독일의 보수주의적 관찰자인 미카엘 스튀르머는 동구의 신념과 서구의 신념 둘 다 문제가 되고 있다고 옳게 지적했다.

> 동구와 서구 사이에는 기묘한 유사성이 있다. 동구의 국가적 교의는 인류는 자기 운명의 주인이라고 주장했다. 그러나 우리조차 동일한 슬로건의 덜 공식적이고 덜 극단적인 형태 —— 인류는 자기 운명의 주인이 되어가는 중이다 —— 를 믿고 있다. 전능하다는 주장은 동구에서는 절대적으로 사라졌고 우리 쪽에서는 상대적으로만 사라졌다. 그러나 양쪽 다 난파를 당했다.
> (Bergedorf, 98, p.95)

인류에게 이득을 주었다는 주장의 유일한 근거가, 과학과 기술에 기초한 물질적 진보의 거대한 승리였던 시대는 역설적이게도, 서구에서 사상가를 자임하는 사람들과 여론집단의 상당수가 그러한 승리를 거부하는 것으로 끝났다.

그러나 정신적 위기는 근대문명이 입각한 가정의 위기일 뿐만 아니라, 인간관계의 역사적 구조의 위기이기도 했다. 그 구조는 근대사회가 전산업적, 전자본주의적 과거로부터 물려받은 것으로서, 이제는 알 수 있듯이 그 사회가 기능할 수 있게 해왔다. 그것의 위기는 사회를 조직하는 한 형태의 위기가 아니라 모든 형태의 위기였다. 실체가 불확실한 '시민사회'나 '공동체'에 대한 기묘한 요구는 길을 잃고 표류하는 세대들의 목소리였다. 그 단어들이 전통적인 의미를 잃어버려 김빠진 말이 된 시대에 그러한 목소리가 들렸다. 자신의 집단에 속하지 않는 외부인들을 정의하는 것말고는, 집단 정체성(正體性)을 정의할 수 있는 길이 더 이상 남아 있지 않았다.

시인 T. S. 엘리엇에 따르면, "세상이 끝나는 소리는 쾅 하는 소리가 아니라 흐느끼는 소리이다." 단기 20세기는 두 소리를 다 내며 끝났다.

III

1990년대의 세계는 1914년의 세계와 비교해서 어떠한 모습일까? 1990년대의 세계에서는 50-60억 명의 인구가 살았는데, 이는 아마도 제1차 세계대전이 터졌을 때 인구의 3배에 해당할 것이다. 단기 20세기 동안에 역사상 이전의 어느 때보다도 많은 인간들이 인간의 결정에 의해서 살해당하거나 죽게 되었음에도 불구하고 말이다. 20세기의 '대량사망자 수'에 대한 최근의 한 추정치는 1900년의 전체 세계인구의 10분의 1 이상에 해당하는 1억8,700만 명이다 (Brzezinski, 1993). 1990년대의 사람들 대부분은 자신의 부모들보다 키가 더 컸고, 몸무게가 더 나갔으며, 더 잘 먹고, 훨씬 더 오래 살았다. 비록 1980-90년대에 아프리카와 라틴 아메리카와 구소련에서 일어난 재난 때문에 그러한 사실을 믿기 어려울지 모르지만 말이다. 세계는 재화와 용역의 생산능력 및 무한한 다양성이란 점에서 이전의 어느 때보다도 비교할 수 없을 정도로 부유했다. 그렇지 않았더라면 역사상 이전의 어느 때보다도 몇 배나 많았던 지구의 인구를 용케 먹여살릴 수 없었을 것이다. 1980년대까지 대부분의 사람들은 자신의 부모보다 더 잘살았고, 경제선진국들에서는 그들이 기대했거나 심지어는 상상했던 것보다도 더 잘살았다. 그 세기의 중반 몇십 년 동안에는 심지어, 적어도 이 거대한 부의 일부를 보다 잘사는 나라들의 노동대중에게 어느 정도 공정하게 분배하는 방법들이 발견되었던 것으로 보인다. 그러나 세기말에는 불평등이 다시 한번 우세해졌다. 불평등은 또한, 이전에 일정한 빈곤의 평등이 지배했던 전(前) '사회주의' 국가들에서 대규모로 나타났다. 인류는 1914년보다 훨씬 더 잘 교육받았다. 사실상, 아마도 역사상 처음으로, 대부분의 사람들이 적어도 공식적인 통계에 문자해독자로 기록될 수 있게 되었다. 비록 공식적으로 문자해독자로 인정되는 최소한의 자격조건 —— 종종 '기능적 문맹'(직업상 필요한 읽고 쓰는 능력이 없는 사람/역주)에 들어가기도 하는 —— 과 엘리트 수준에서 여전히 기대되는 읽고 쓰는 능력 사이의 차이가 매우 크고 아마도 갈수록 커질 것이라는 사실을 감안할 때, 문맹 감소의 중요성이 1914년보다 세기말에 훨씬 덜했지만 말이다.

세계는, 혁명적이고 끊임없이 진보하는 기술 —— 1914년에 예상할 수 있었지만 당시 겨우 개척되기 시작했던 자연과학의 승리에 기초한 —— 로 가득 찼다. 아마도 이러한 승리의 가장 극적인 실제적 결과는 시간과 거리를 사실상 소멸시킨 운송과 통신의 혁명일 것이다. 그 혁명으로 인해서 세계는 1914년의 황제들이 이용할 수 있었던 것보다 더 많은 정보와 오락을 매일, 매시간 모든 가정에 가져다줄 수 있었다. 또한 그 혁명으로 인해서 사람들은 몇 개의 단추를 누르기만 하면 대양들과 대륙들을 가로질러 서로 대화할 수 있게 되었고, 농촌에 비해서 도시가 가졌던 문화적 이점이 사실상 사라졌다.

그러면 20세기는 왜 이러한 전대미문의 불가사의한 진보를 축하하는 것으로 끝나지 않고 불안한 분위기 속에서 끝났는가? 왜 이 장(章)의 제사(題詞)가 보여주듯이 그렇게도 많은, 사려 깊은 사람들이 만족하지 않은 채 미래에 대한 확신 없이 20세기를 회고했는가?

20세기는 의심할 바 없이 그 세기에 점철된 전쟁 —— 1920년대에 잠시 동안만 그쳤던 —— 의 규모와 빈도와 길이 모두에서뿐만 아니라, 역사상 최대의 기근에서 조직적인 대학살에 이르기까지 그 세기가 낳은 인류재난의 전대미문의 규모로 보더라도, 기록상 가장 살인적인 세기였기 때문이다. 물질적, 지적, **정신적** 진보가 거의 중단되지 않았던 시기, 다시 말해서 문명화된 삶의 조건이 개선되어 간 시기였던 것으로 보이고 실제로도 그랬던 '장기 19세기'와는 달리, 1914년 이후에는, 선진국들과 중간계급의 환경에서 당시 정상적이라고 간주되었던 수준이자, 보다 후진적인 지역과 덜 교육받은 주민층에게로 확산될 것이라고 자신있게 믿었던 수준에서 눈에 띄게 퇴보했다.

금세기는 인간들이, 가장 잔인하고 이론상 견딜 수 없는 조건 속에서도 살 줄 알게 된다는 것을 우리에게 가르쳐주었고 지금도 계속해서 가르쳐주고 있으므로, 우리가 어느 정도까지, 19세기의 선조들이 야만적인 수준이라고 불렀을 상태로 돌아갔는지 —— 불행히도 그 속도는 점점 더 빨라지고 있다 —— 는 파악하기가 쉽지 않다. 우리는 노(老)혁명가 프리드리히 엥겔스가, 그 자신이 노병으로서 전쟁은 비전투원이 아니라 전투원을 상대로 수행되는 것이라고 생각했기 때문에, 영국 국회의사당에서 아일랜드 공화파가 폭탄을 터뜨린 것에 치를 떨었던 사실을 잊고 있다. 우리는, (정당하게도) 세계여론을 분노케 했고 1881-1914년에 수백만 명의 러시아 유태인들을 대서양 건너로 쫓아버린, 차르 러시아의 유태인 학살이 현대의 대학살 수준에 비추어보면 작은 규모였고 거의 무시할 수 있는 수준이었다는 것도 잊고 있다. 당시 사망자 수는 수백만 명이기는커녕 수백 명도 아니라 수십 명으로 집계되었던 것이다. 우리는 일찍이, 한 국제협정이 전쟁이라는 적대행위가 "심사숙고한 선전포고의 형태나 조건부 선전포고를 수반한 최후통첩이라는 형태로 사전의 명시적인 경고를 하지 않고서 시작되어서는 안 된다"라고 규정했던 것을 잊고 있다. 명시적이든, 암시적이든 그러한 포고로 시작된 전쟁이 마지막으로 일어난 것이 도대체 언제였는가? 교전국들 사이에 협상을 통해서 공식적인 평화조약을 맺음으로써 끝난 마지막 전쟁은? 20세기 동안에 전쟁들은 갈수록 국가들의 경제와 기간시설을 파괴하고 민간인들을 공격하는 양상으로 수행되어왔다. 제1차 세계대전 이래로 전쟁에서의 민간인 사상자 수는 미국을 제외한 모든 교전국에서 군인 사상자 수보다 훨씬 더 많았다. 우리 중 얼마나 많은 사람이 1914년에는 다음과 같은 것이 당연한 것으로 여겨졌다는 사실을 기억하고 있을까?

> 교과서들은, 문명화된 전쟁은 가능한 한 적의 군대를 무력화하는 데에 제한된다고 우리에게 말해준다. 그렇지 않다면 전쟁은 한쪽이 전멸할 때까지 계속될 것이다. '이러한 관행이 유럽의 국가들에서 하나의 관습으로 성장해 온 것은……당연한 일이다.'(「브리태니커 백과사전(*Britanica World Encyclopedia*)」, 제11판, 1911, 기술 : 전쟁)

우리는 현대국가들에서 공안업무의 정상적인 일부로 고문이나 심지어 살인이 부활한 것을 전혀 간과하지 않고 있다. 그러나 우리는 이러한 부활이, 1780년대에 한 서방국가에서 고문이 최초로 공식적으로 폐지된 이래 1914년까지 법이 발전해온 긴 시기로부터 얼마나 극적으로 반전한 것인지에 대해서는 아마도 전혀 인식하지 못하고 있는 것 같다.

그러나 단기 20세기 말의 세계는 그 세기초의 세계와, 많고 적음에 대한 역사학적 수량계산의 견지에서 비교될 수 없다. 단기 20세기 말의 세계는 적어도 세 가지 점에서 질적으로 다른 세계였다.

우선, 그 세계는 더 이상 유럽 중심적이 아니었다. 그 세계는, 세기가 시작될 때까지만 해도 여전히 권력과 부와 지성과 '서구문명'의 명백한 중심이었던 유럽의 쇠퇴와 몰락을 가져왔다. 오늘날 유럽인들과 그들의 후손들은 인류의 3분의 1에서 많아야 6분의 1밖에 안 되는 비율로 줄어들었다. 그들은 갈수록 줄어들고 있는 소수민으로서, 기껏해야 자신의 인구를 간신히 재생산하는 나라들에서 살고 있고, 사방의 가난한 지역들에 둘러싸여, 대부분의 경우――

(1990년대 이전까지의) 미국 같은 몇몇 독보적인 나라들을 제외하고 —— 그러한 지역들에서 밀려들어오는 이민의 물결을 차단하고자 방벽을 쌓았다. 유럽이 개척한 산업들은 다른 곳으로 자리를 옮겼다. 한때 대양 너머 유럽에 기대를 걸었던 나라들은 이제 다른 곳을 보았다. 오스트레일리아와 뉴질랜드 그리고 양쪽으로 대양에 면한 미국까지도 태평양에서 미래를 보았던 것이다. 이것이 정확히 무엇을 의미하든지 간에 말이다.

1914년의 '열강' —— 모두가 유럽 국가였다 —— 은 차르 러시아의 계승자인 소련처럼 사라졌거나, 아마도 독일을 제외하고는 지역적 또는 지방적인 지위로 떨어졌다. 초국가적인 단일한 '유럽 공동체'를 창출하려 하고 그것에 부합하는 유럽 정체성(正體性) 의식 —— 역사적 민족과 국가에 대한 오랜 충성을 대체하는 —— 을 만들려는 노력 자체가 이러한 하락의 정도를 보여주었다.

이는 정치사가가 아닌 사람들에게도 중요한 의미를 가지는 변화였는가? 아마도 그렇지는 않을 것이다. 왜냐하면 그 변화는 세계의 경제적, 지적, 문화적 배열의 사소한 변화만을 반영했기 때문이다. 1914년에조차 미국은 중요한 산업경제국이었고, 단기 20세기 동안에 지구를 정복한 대량생산과 대중문화의 주된 선구자이자 모델이자 추진력이었다. 미국은 여러 가지 독특한 점에도 불구하고 해외로 확대된 유럽이었고, 자신을 구(舊)대륙과 함께 '서구문명'에 속하는 것으로 보았다. 미국은 자신의 장래와는 관계없이, 1990년대로부터 과거 한 세기를 '미국의 세기', 즉 미국이 부상하고 승리한 시대로 회고했다. 19세기에 산업화되었던 나라들 전체가 아직은 하나의 집단으로서, 사람들이 단연 최고의 생활수준을 누리는 곳일 뿐만 아니라, 지구상에서 부와 경제적, 과학-기술적 힘이 단연 가장 크게 집중된 곳이었다. 20세기 말에 이 지역은 탈산업화와 다른 대륙들로의 생산의 이전(移轉)에 드는 비용을 충분히 댈 수 있었다. 그런 만큼, 이전의 유럽 중심적 또는 '서구적'인 세계가 완전히 몰락했다는 인상은 피상적인 것이다.

두번째 변화는 보다 의미가 있었다. 1914년에 지구는 단일한 작동단위가 아니었고 그랬을 리도 없었으므로, 1914년에서 1990년대 초 사이에 지구는 훨씬 더 단일한 작동단위가 된 셈이었다. 실제로 지구는 이제 여러 면 —— 특히 경제적인 면 —— 에서 제1의 작동단위가 되었고, 영토국가들의 정치에 의해서 정의된 '국민경제'와 같이 보다 오래된 단위들은 초국가적 활동을 복잡하게 만드는 요소 정도로 전락했다. '지구촌' —— 그 말은 1960년대에 만들어졌다 (Macluhan, 1962) —— 의 건설이라는 면에서 1990년대에 도달한 단계는 21세기 중엽의 관찰자들에게는 그리 선진적인 것으로 보이지 않겠지만, 이미 몇몇 경제적, 기술적 활동과 과학의 운용을 변화시켰을 뿐만 아니라, 주로 통신과 교통의 속도를 상상할 수 없을 정도로 높임으로써 개인생활의 주요 측면들을 변화시켰다. 아마도 20세기 말의 가장 두드러진 특징은 세계화 과정은 갈수록 빨라지는데 공적 제도와 인간들의 집단적 행동 둘 다 그러한 과정을 따라가지 못한다는 점이 될 것이다. 기묘하게도, 인간의 사적인 행동은 위성 텔레비전, 전자우편, 세이셸(Seychelles : 인도양 서부 세이셸 제도로 구성된 공화국/역주)에서의 휴가, 대양을 넘나드는 통근 등의 세계에 적응하는 데에 어려움을 덜 느꼈다.

세번째 변화이자 여러 점에서 가장 걱정되는 변화는 오래된 유형의 사회적 관계들이 해체되고, 그와 더불어 세대간의 연결고리, 즉 과거와 현재 사이의 연결고리가 끊어진 것이다. 이는 특히 서구형 자본주의의 가장 선진적인 나라들에서 분명히 나타났다. 그러한 나라들에서는 철저히 자기중심적인 개인주의의 가치관이 공식적 이데올로기와 비공식적 이데올로기 둘 다를 지배했다. 비록 그러한 가치관을 보유한 사람들이 종종 그것의 사회적 결과에 대해서 개탄했지만 말이다. 그럼에도 불구하고 그러한 경향은 다른 곳에서도 발견될 —— 전통적인 사회와 종교에 대한 잠식뿐만 아니라 '현실사회주의(real socialism)' 사회의 파괴나 자멸로 강화되어 —— 수 있었다.

자기 자신의 만족(이것이 이윤으로 불리든, 쾌락으로 불리든, 다른 어떤 이름으로 불리든 간에)만을 추구하는 자기중심적인 개인들의 집합체 —— 다르게는 서로 결합되지 않는 —— 로 이루어진 사회는 자본주의 경제의 이론에 항상 내재해 있었다. 혁명의 시대 이래 줄곧, 어떠한 색깔의 이데올로기를 가진 관찰자들도 오래된 사회적 유대가 잇따라 해체될 것을 실제로 예측했고 그 해체과정에 주의를 환기시켰다. 자본주의의 혁명적 역할에 대한 「공산당선언(*Manifest der Kommunistischen Partei*)」의 웅변적인 찬사는 잘 알려져 있다 ("부르주아지는……'날 때부터 상전인 자들'에게 사람을 묶어놓던 잡다한 봉건적 끈들을 무자비하게 끊어버렸고, 사람과 사람 사이에 적나라한 사리 추구 외에는 어떤 관계도 남겨놓지 않았다"). 그러나 이는 새롭고 혁명적인 자본주의 사회가 실제로 작동해왔던 방식이 전혀 아니다.

실제로 그 새로운 사회는 낡은 사회로부터 물려받은 모든 것을 무차별로 파괴하는 방식이 아니라, 과거의 유산을 자신의 용도에 맞게 선택적으로 개조하는 방식으로 작동했다. 부르주아 사회가 문화(또는 행동 및 도덕 분야)에서의 "급진적인 실험적 개인주의"는 두려워하면서도, 기꺼이 "경제학에 급진적 개인주의를 도입하고……그 과정에서 모든 전통적인 사회적 관계(그 관계가 부르주아 사회에 방해되는 경우에)를 파괴해버린 것"은 "사회학적 수수께끼"가 전혀 아니다(Daniel Bell, 1976, p.18). 사기업에 기초한 산업경제를 세우는 가장 효율적인 방법은 사기업을 자유시장의 논리와 무관한 동기들 —— 이를테면 프로테스탄트 윤리, 당장의 만족에 대한 자제, 근면의 윤리, 가족으로서의 의무와 신용(물론 개인들의 도덕률폐기론적 반란은 안 된다) —— 에 결합시키는 것이었다.

그러나 마르크스와, 그말고도 낡은 가치관 및 사회적 관계의 해체를 예언했던 사람들의 말은 옳았다. 자본주의는 영구적으로 계속해서 혁명적 변화를 일으키는 힘이었다. 논리상, 자본주의는 자기 자신의 발전에 도움이 된다고, 아니 어쩌면 반드시 필요하다고 보았던 전(前) 자본주의적 과거라는 부분까지도 해체시키는 것으로 끝날 것이다. 자본주의는 자신이 걸터앉은 가지들 중 적어도 하나를 톱으로 자르는 것으로 끝날 것이다. 세기 중엽 이래 줄곧 이러한 일이 일어났다. 황금시대와 그 이후의 엄청난 경제적 폭발 —— 석기시대 이래 일어난 사회적 혁명 중 가장 깊은 혁명인 사회적, 문화적 변화를 수반한 —— 의 충격으로 가지가 금이 가고 부러지기 시작했다. 현재 속의 과거를 포함해서 과거가 자신의 역할을 잃어버린 세상, 개별적, 집단적으로 사람들을 일생 동안 안내해온 이전의 지도와 해도가 우리가 움직이는 곳의 풍경과 우리가 항해하는 바다를 더 이상 나타내지 않는 세상, 우리가 어디로 여행하고 있는지 모르며 어디로 가야만 하는지조차 모르는 세상이 어떤 모습인지를 아는 것이 금세기 말에 처음으로 가능해졌다.

  이것이 세기말에 이미 인류의 일부가 감수해야 했던 상황이고, 새로운 천년기에 더 많은 인류가 감수해야 할 상황이다. 그러나 새로운 천년기에는 인류가 어디로 가고 있는지가 오늘날보다 더욱 분명해질지도 모른다. 우리는 여기까지 걸어온 길을 되돌아볼 수 있고, 그것이 필자가 이 책에서 시도한 것이다. 우리는 무엇이 미래를 형성할 것인지 모른다. 비록 나는 미래의 문제들 중 일부 —— 그것이 이제 막 끝난 시기의 잔해에서 생겨난 한 —— 에 대해서 숙고하고 싶은 유혹을 물리치지 못했지만 말이다. 미래는 더욱 낫고, 더욱 정의로우며, 더욱 활력 있는 세상이 되기를 바라자. 구(舊)세기는 좋게 끝나지 않았다.

제1부
파국의 시대

제1장 총력전의 시대

몇 줄로 늘어선, 창백하고 중얼거리며 공포로 뒤덮인 얼굴들,
그들은 자신들의 참호를 떠나 꼭대기를 넘는다,
그러는 동안에 그들의 손목시계는 단조롭고 바쁘게 똑딱거리고,
희망은, 훔쳐보는 눈빛과 불끈 쥔 주먹으로,
흙탕에서 허우적거린다. 오, 주님이시여, 이를 멈추게 하소서!
—— 지크프리트 사순(1947, p.71)

공습의 '야만성'에 대한 주장을 감안할 때, 보다 온건한 규칙들을 공식화하고, 아직은 명목상 폭격대상을 엄격히 군사적인 성격의 목표물로 제한함으로써 체면을 유지하는 편이 그리고……공중전으로 인하여 그러한 제한이 쓸모없게 되고 불가능해졌다는 사실을 강조하는 것은 피하는 편이 더 나을 것으로 생각된다. 또 다른 전쟁이 일어날 때까지는 당분간 그러할 것이며, 그 사이에 대중들은 공군력의 의미에 대해서 교육받게 될 것이다.
—— 「공중폭격에 관한 규칙」, 1921년(Townshend, 1986, p.161)

(1946년, 사라예보) 베오그라드에서처럼 여기에서도 나는 거리에서, 백발이 되어가거나 완전히 백발이 된 젊은 여성들을 많이 보게 된다. 그들의 얼굴은 고통에 시달렸지만 여전히 젊어 보였고, 그들의 몸매는 훨씬 더 명백하게 젊음을 드러냈다. 나는 지난 전쟁의 손길이 이 연약한 인간들의 머리 위를 어떻게 스쳐갔는가를 보고 있는 것 같았다.……

이러한 광경은 미래에 보전될 수 없다. 이들의 머리는 곧 훨씬 더 희어지고 사라질 것이다. 이는 유감스러운 일이다. 미래의 세대들에게 이 백발의 젊은이들 —— 젊은이 특유의 아랑곳하지 않는 성질을 도둑맞은 —— 보다 더 명확하게 우리 시대에 관해서 말해줄 수 있는 것은 없을 것이다.

이 작은 기록을 통해서 그들로 하여금 적어도 기념비나마 가지게 해주자.
──「길가의 표시」(Andric, 1992, p.50)

I

"유럽 전역에서 등불이 꺼져가고 있다"라고 영국의 외무대신인 에드워드 그레이가 1914년에 영국과 독일이 전쟁에 돌입하던 날 밤, 화이트홀(Whitehall : 런던 중앙의 관청가/역주)의 불빛을 보며 말했다. "우리는 등불이 다시 켜지는 것을 생전에 보지 못할 것이다." 빈에서 탁월한 풍자가 카를 크라우스는 「인류 최후의 날들 (*Die letzten Tage der Menschheit*)」이라는 제목을 붙인, 792페이지에 달하는 비범한 르포르타주 희곡을 통해서 그 전쟁을 기록하고 비난할 준비를 했다. 두 사람 다 세계대전을 세계의 종말로 보았으며, 그들만 그렇게 본 것도 아니었다. 그러나 그 전쟁은 인류의 종말이 아니었다. 비록, 1914년 7월 28일 오스트리아의 세르비아에 대한 선전포고와, 인류 상당 부분의 종말이 그리 멀지 않은 날로 보였던 1945년 8월 14일 일본의 무조건 항복 ── 최초의 핵폭발이 있은 지 나흘 뒤의 ── 사이의, 31년간의 세계전쟁 과정에서 인류가 멸망할 뻔한 순간이 몇 번 있었지만 말이다. 세상과 세상 속의 모든 것을 창조했다고 신앙심 깊은 인간들이 믿은 신 혹은 신들이 그러한 창조를 후회했을 것이라고 생각되었을 시기가 확실히 몇 번 있었다.

인류는 살아남았다. 그럼에도 불구하고 19세기 문명이라는 위대한 건축물은 세계대전의 불꽃 속에서 그 기둥들이 무너짐에 따라 허물어졌다. 세계대전 없이는 단기(短期) 20세기를 이해할 수 없다. 전쟁은 그 세기에 흔적을 남겼다. 단기 20세기는 총소리가 나지 않고 폭탄이 터지지 않았을 때조차 세계대전의 견지에서 살았고 사고했다. 그 세기의 역사, 특히 붕괴와 재난의 초기역사 이야기는 31년간의 세계전쟁의 역사 이야기로 시작해야 한다.

1914년 이전에 성장한 사람들에게는 1914년 이전과 이후가 너무도 대조적이어서 그들 중 많은 사람들 —— 이 역사가(저자를 지칭한다/역주)의 부모세대 사람들이나 적어도 그 세대의 중부 유럽인들을 비롯한 —— 이 과거와의 어떠한 연속성도 인정하려고 하지 않았다. '평화'는 '1914년 이전'을 의미했고 1914년 이후에는 더 이상 평화라는 이름에 값할 만한 것이 나타나지 않았다. 이는 이해할 만한 것이다. 1914년까지 한 세기 동안 큰 전쟁, 즉 주요 열강 전부 또는 그중 대다수가 개입한 전쟁이 전혀 없었던 것이다. 당시 국제무대를 주름잡은 주요 국가는 유럽의 6대 '열강(영국, 프랑스, 러시아, 오스트리아-헝가리, 프로이센 —— 1871년 이후에 독일로 확대된 —— 그리고 통일된 후의 이탈리아)', 미국, 일본이었다. 주요 열강 중 두 나라 이상이 싸웠던 전쟁으로는 한 쪽의 러시아와 다른 한 쪽의 영국 및 프랑스 사이에 벌어졌던 짧았던 크림 전쟁(1854-56)밖에 없었다. 게다가 주요 열강이 조금이라도 개입한 대부분의 전쟁들은 비교적 빨리 끝났다. 그러한 전쟁들 중 가장 길었던 것은 국제전이 아니라, 미국 내에서 벌어진 남북전쟁(1861-65)이었다. 전쟁의 길이는 달 단위 또는 심지어 주(週) 단위로(1866년 프로이센과 오스트리아 사이의 전쟁처럼) 측정되었다. 1871-1914년에 유럽에서는 주요 열강의 군대가 적국의 국경을 넘은 전쟁이 전혀 없었다. 극동에서는 일본이 1904-05년에 러시아와 싸워 이겼고, 그럼으로써 러시아 혁명을 촉진시켰지만 말이다.

세계전쟁은 전혀 없었다. 18세기에는 프랑스와 영국이, 싸움터가 인도에서부터 유럽을 거쳐 북아메리카까지 걸쳐 있는 일련의 전쟁에서 세계의 대양들을 가로질러가며 싸웠다. 그러나 1815-1914년에는 어떤 주요 강국도 다른 강국과 자신의 인근지역 밖에서 싸우지 않았다. 비록, 제국인 강국이나, 제국이 되려고 하는 강국이 해외의 보다 약한 적국에 대해서 원정공격을 가하는 일은 물론 비일비재했지만 말이다. 그러한 원정들 대부분은 너무도 일방적인 싸움이었다. 미국이 멕시코와 벌인 전쟁(1846-48)과 스페인과 벌인 전쟁(1898) 그리고 영국과 프랑스가 식민제국을 확대하려고 벌인 다양한 군사행동이 그러한 예이다. 비록, 1860년대에 프랑스인들이 멕시코로부터 물러나야 했고 1896년에 이탈리아인들이 에티오피아에서 철수해야 했듯이, 지렁이도 한두 번 꿈틀거리기는 했지만 말이다. 현대국가들 —— 그들의 무기고는 갈수록, 압도적으로 우월한 살인기술로 가득 차게 되었다 —— 의 가장 만만치 않은 적수들조차 기껏해야, 불가피한 퇴각을 연기할 수 있을 뿐이었다. 그러한 이국적인 전투들은 그 전투를 벌이고 승리한 국가의 주민들 대부분에게 직접 관련된 문제라기보다는, 모험문학의 재료나 19세기 중엽에 처음 등장한 종군기자의 보고서의 재료였다.

이 모든 것이 1914년에 바뀌었다. 제1차 세계대전은 **모든** 주요 열강과 사실상 스페인, 네덜란드, 스칸디나비아 3국, 스위스를 제외한 모든 유럽 국가를 끌어들였다. 게다가 종종 처음으로, 해외세계의 군대가 자신의 지역 바깥에서 싸우거나 일하기 위해서 파견되었다. 캐나다인들이 프랑스에서 싸웠고, 오스트레일리아인들과 뉴질랜드인들이 에게 해의 한 반도에서 자신들의 국민의식을 꽃피웠으며——'갈리폴리(터키의 다다넬즈 해협 서쪽 반도/역주)'는 그들의 국민적 신화가 되었다 —— 더욱 중요한 것은 미국이, '유럽 문제에 말려들지' 말라는 조지 워싱턴의 경고를 거부하고 미국인들을 유럽에 파병함으로써 20세기사의 양상을 결정지었다는 것이다. 또한 인도인들이 유럽과 중동에 보내졌고 중국의 노동자 부대가 서구에 왔으며 아프리카인들이 프랑스 군대의 일원으로 싸웠다. 비록 유럽 밖에서의 군사행동은 중동에서의 경우를 제외하고는 그리 중요하지 않았지만, 해상전이 다시 한번 세계적인 양상을 띠게 되었다. 첫번째 해상전은 1914년에 포클랜드 군도 앞바다에서 벌어졌고, 결정적인 해전은 독일의 잠수함과 연합국의 호위함대에 의해서 북해와 중부 대서양의 해상 및 해저에서 벌어졌던 것이다.

제2차 세계대전이 문자 그대로 세계적이었다는 것은 거의 증명할 필요가 없다. 비록 라틴 아메리카의 공화국들은 매우 명목적인 방식으로만 참전했지만, 사실상 세계의 모든 독립국들이 좋든 싫든 전쟁에 말려들었다. 제국열강의 식민지들은 이 문제에 대해서 선택권이 없었다. 유럽에서는 미래의 아일랜드 공화국, 스웨덴, 스위스,

포르투갈, 터키, 스페인을 제외하고, 유럽 밖에서는 아마도 아프가니스탄을 제외하고 사실상 지구 전체가 교전중이었거나 점령당했거나 둘 다였다. 싸움터로 말하자면, 멜라네시아 군도라든가 북아프리카 사막이나 버마나 필리핀에 있는 거류지의 이름들이 신문 구독자와 라디오 청취자들 —— 이 전쟁은 본질적으로 라디오 뉴스 속보의 전쟁이었다 —— 에게 북극 전투와 카프카스 전투, 노르망디, 스탈린그라드, 쿠르스크라는 이름들만큼이나 친숙하게 되었다. 제2차 세계대전은 일종의 세계지리 수업이었다.

지방적이든, 지역적이든, 세계적이든 20세기의 전쟁들은 이전에 겪은 어느 전쟁보다도 훨씬 더 광대한 규모로 벌어졌다. 1816-1965년에 일어난 74차례의 국제전을 놓고 미국의 전문가들 —— 이러한 종류의 일을 하기를 좋아하는 —— 이 사망자 수로 등급을 매긴 바에 따르면, 위에서 네번째까지의 전쟁들이 20세기에 일어났다. 양차 세계대전과 1937-39년의 중일전쟁과 한국전쟁이 그것이다. 이 전쟁들에서는 사람들이 100만 명 이상씩 죽었다. 나폴레옹 이후 19세기의, 기록상 최대의 국제전이었던 1870-71년의 프로이센/독일과 프랑스 사이의 전쟁에서는 아마도 15만 명 정도가 죽었던 것으로 보인다. 이는 1932-35년에 볼리비아(인구 약 300만 명)와 파라과이(인구 약 140만 명) 사이에 벌어진 차코 전쟁의 사망자 수에 대략 필적하는 수준의 규모이다. 요컨대 1914년은 학살의 시대를 열었다(Singer, 1972, pp.66, 131).

이 책에서는 제1차 세계대전의 기원에 대해서 논의할 여유가 없다. 그것에 대해서는 필자가 「제국의 시대(The Age of Empire)」에서 개략적으로 묘사한 바 있다. 제1차 세계대전은 프랑스, 영국, 러시아의 삼국동맹과 독일, 오스트리아-헝가리의 이른바 '중구열강(central powers)' 사이의, 기본적으로 유럽적인 전쟁으로 시작되었다. 세르비아와 벨기에가, 전자에 대한 오스트리아의 공격(실제로 그 전쟁을 촉발시킨)과 후자에 대한 독일의 공격(독일의 전략적 전쟁계획의 일부였던)으로 즉각 전쟁에 말려들었다. 곧 투르크와 불가리아가 중구열강에 합류했고, 상대쪽 삼국동맹 역시 점차 아주 큰 동맹체로 발전했다. 이탈리아가 매수되었고 그리스, 루마니아, (훨씬 더 명목적으로) 포르투갈 역시 삼국동맹에 들어오게 되었던 것이다. 보다 적절하게도 일본은 극동과 서태평양에 있는 독일의 진지들을 접수하기 위해서 거의 즉각적으로 참전했으나, 자기 지역 밖의 것에는 전혀 관심이 없었다. 또한 보다 중요한 사실로서, 미국이 1917년에 참전했다. 실제로 미국의 개입은 결정적인 역할을 하게 될 것이었다.

 독일인들은 제2차 세계대전 때와 마찬가지로 당시에도 두 전선에서 행해지는 전쟁에 직면했다. 그들이 오스트리아-헝가리와 동맹을 맺었기 때문에 발칸 국가들과의 싸움에도 말려든 것은 차치하고 말이다(네 개의 중구열강 중 세 나라 — 오스트리아뿐만 아니라 투르크와 불가리아 — 가 발칸 지역에 있었으므로 그곳의 전략적 문제는 그리 절박하지 않았다). 독일의 계획은 서부에서 재빨리 프랑스를 때려눕히고 나서 동부로 이동하여, 차르의 제국이 자신의 거대한 전투인력을 충분히 효율적으로 가동시킬 수 있기 전에 러시아를 마찬가지로 신속하게 때려눕힌다는 것이었다. 제2차 세계대전 때처럼 당시에도 독일은 부득이하게, 전광석화 같은 군사행동(제2차 세계대전에서 전격전[blitzkrieg]이라고 불리게 될 군사행동)을 계획했다. 그 계획은 거의 성공했지만, 완전히 성공하지는 못했다. 독일군은 여러 곳 중에서도 중립국 벨기에를 지나 프랑스로 진격했으나, 선전포고 이후 5-6주 동안, 파리에서 동쪽으로 몇십 마일 떨어진 마른 강에서 더 나아가지 못했다(1940년에 그 계획은 성공할 것이었다). 그리고 나서 그들은 약간 후퇴했고 양쪽 편 모두 — 프랑스 군대는 이제, 벨기에의 잔류부대와 곧 거대하게 성장하게 될 영국의 지상군에 의해서 보강되었다 — 가 평행선을 이루는 방어 참호 및 요새를 즉석에서 만들었다. 그러한 방어 참호 및 요새의 평행선은 곧 상당 부분의 동부 프랑스와 벨기에를 독일의 점령하에 남겨둔 채, 플랑드르의 영국 해협 연안에서부터 스위스 국경까지 끊기지 않고 펼쳐졌다. 이 평행선은 이후 3년 반 동안 별로 변하지 않았다.

이것이 바로 전쟁사에서 아마도 예전에는 결코 볼 수 없었던 학살기구가 된 '서부전선'이었다. 수백만 명의 사람들이, 모래주머니로 막은 참호 흉벽을 사이에 두고 서로 대치했고, 참호 속에서 쥐와 이처럼 그리고 쥐, 이와 함께 살았다. 때때로 그들의 장군들은 이러한 교착상태를 타개하려고 했다. 여러 날 동안, 심지어는 몇주 동안이나 계속된 대포의 포격 —— 한 독일 작가가 뒤에 가서 "강철의 허리케인"이라고 불렀던(Ernst Jünger, 1921) —— 은 적의 '저항력을 약화시키고' 적을 지하로 몰아넣기 위한 것이었고, 그러한 포격 끝에 적절한 순간이 오면 사람들의 물결이, 대체로 철조망을 친 흉벽을 기어올라와, 포탄이 떨어진 자리에 생긴 물이 고인 구멍, 황폐한 그루터기, 진흙, 버려진 시체 등의 혼돈상태인 '무인지대'를 지나서, 자신들을 닥치는 대로 쓰러뜨리는 기관총 세례 속에 뛰어들었다. 그들은 그러한 자신들의 운명을 알았다. 1916년(2-7월)에 베르됭을 돌파하려는 독일인들의 시도는 200만 명이 싸운 전투였는데, 그중 100만 명이 죽거나 다쳤다. 그 시도는 실패했다. 독일인들의 베르됭 공세를 중지시키기 위한 영국의 솜 강 공세는 42만 명의 영국인 사망자 —— 그중 6만 명이 공격 첫 날에 죽었다 —— 를 냈다. 제1차 세계대전 대부분을 서부전선에서 싸웠던 영국인과 프랑스인에게는 그 전쟁이 여전히, 제2차 세계대전보다 더욱 소름끼치고 더욱 정신적 충격이 큰 '대전쟁'(영어의 'Great War'는 오늘날도 제1차 세계대전을 가리킨다/역주)으로 기억된다는 사실은 놀랄 만한 일이 아니다. 프랑스인들은 징병연령 남성의 거의 20퍼센트를 잃었으며, 전쟁포로와 부상자 그리고 영원히 불구가 되고 얼굴이 손상된 사람들 —— 전쟁 잔상의 그리도 선명한 일부가 된 '안면부상병(gueules cassés)' —— 까지 포함한다면 상처 없이 전쟁을 겪은 프랑스 군인은 3분의 1을 그리 넘지 않을 것이다. 500만 명 내외의 영국 군인들이 전쟁에서 무사히 살아남을 승산도 거의 비슷했다. 영국인들은 특히 상층계급에서 한 세대 —— 50만 명의 30세 이하 남성(Winter, 1986, p.83) —— 를 잃었다. 문벌 좋은 남자로서, 모범을 보이는 장교가 될 운명이었던 상층계급의 젊은이들은 자기 부하들의 선두에 서서 싸움터로 나갔고, 그 결과 맨 먼저 쓰러졌다. 1914년에 영국군에 복무한 25세 미만의 옥스퍼드 대학생과 케임브리지 대학생 중 4분의 1이 전사했다(Winter, 1986, p.98). 독일인들의 경우, 총 사망자 수는 프랑스보다 훨씬 더 많았지만, 규모가 훨씬 더 컸던 징병연령집단에서 사망자 수가 차지하는 비율은 보다 낮았다(13퍼센트). 미국의 명백히 근소한 인명손실(프랑스는 160만 명, 영국은 약 80만 명, 독일은 180만 명인 데에 비해서 미국은 11만6,000명)조차 미국인들이 싸운 유일한 곳인 서부전선의 살인적 성격을 실제로 입증해준다. 왜냐하면 미국은 제2차 세계대전에서 제1차 세계대전 때 사망자 수의 2.5-3배에 달하는 인명을 잃었지만, 제2차 세계대전 때에는 3년 반을 활동했던 미군이 1917-18년에는 1년 반만 활동했고 그것도 세계적인 규모가 아니라 단일한 좁은 구역에서만 움직였던 것이다.

  서부전선에서의 전투에 대한 공포는 훨씬 더 어두운 결과를 가져올 것이었다. 그러한 경험 자체가 당연히 전쟁과 정치 둘 다를 잔인하게 만드는 데에 일조했다. 전쟁이 인명의 손실이나 여타의 손실을 계산하지 않은 채 행해질 수 있다면, 정치라고 해서 왜 그럴 수 없겠는가? 제1차 세계대전 때에 복무한 대부분의 사람들 —— 징집병이 압도적이었다 —— 은 전쟁에서 돌아왔을 때 확고한 전쟁 혐오자가 되어 있었다. 그러나 반감을 가지지 않은 채 이러한 종류의 전쟁을 겪었던 퇴역군인들은 때때로, 함께 목숨을 건 용기로 살았던 체험으로 인하여, 말로 표현할 수 없는 야수적 우월감 —— 특히 여성 및 싸우지 않았던 사람들에 대해서 —— 을 느꼈고 이러한 우월감이 전후(戰後) 극우파의 초기 대열을 지배했다. 히틀러는, 일선의 군인이었던 것이 인격형성기의 체험이었던 그러한 사람들 중 하나에 불과했다. 그러나 정반대의 반작용도 마찬가지로 부정적인 결과를 가져왔다. 전후(戰後)에, 적어도 민주주의 국가들의 정치가들에게는 1914-18년과 같은 피바다가 더 이상 유권자들에 의해서 용인되지 않을 것임이 매우 명백한 사실로 보이게 되었다. 1918년 이후 영국과 프랑스의 전략은 베트남 전쟁 이후 미국의 전략처럼 그러한 가정에 기초했다. 이는 단기적으로, 독일인들이 1940년에 서구에서 벌인 제2차 세계대전에서 프랑스와 영국에 대해 승리를 거두는 데에 일조했다. 프랑스는 부실한 요새 안에서 웅크리고 있다가, 일단 그 요새가 무너지자 계속 싸울 마음이 전혀 없었고, 영국은 1914-18년에 자국민을 대량으로 죽게 했던 일종의 대규모 지상전에 다시 돌입하는 것을 어떻게든 피하고자 했던 것이다. 보다 장기적인 차원에서 보면, 민주주의 정부들은 자국시민들의 생명을 구하기 위해서 적국 시민들의 생명은 마음대로 희생시킬 수 있는 것으로 다루려는 유혹을 뿌리치지 못했다. 1945년에 히로시마와 나가사키에 원자폭탄을 떨어뜨린 것은 승리 —— 당시 절대적으로 확실했던—— 에 반드시 필요한 것으로서가 아니라, 미국 군인들의 생명을 구하는 수단으로서 정당화되었다. 또한 아마도, 원폭투하로 인해서 미국의 동맹국인 소련이 일본의 패배에 주된 역할을 했다는 주장을 하지 못할 것이라는 생각 역시 미국 정부의 계산 속에 없지 않았을 것이다.

서부전선이 유혈의 교착상태에 머물렀던 반면, 동부전선은 여전히 유동적이었다. 독일인들은 전쟁의 첫 달과 그 이후의 타넨베르크 전투에서 오스트리아인들의 간헐적으로 효과적이었던 도움을 받아 러시아 군대의 서투른 침입을 물리쳤고, 러시아를 폴란드 밖으로 밀어냈다. 때때로 러시아의 역공세가 있었지만 확실히 중구열강이 우세했으며, 러시아는 독일의 진격을 막는 방어적인 지연작전을 썼다. 발칸 국가들에서는, 흔들리는 합스부르크 제국의 고르지 못한 군사적 성과에도 불구하고 중구열강이 우세했다. 덧붙여 말하자면, 국지적 교전국인 세르비아와 루마니아가 상대적으로 단연 가장 큰 군사적 손실을 입었다. 연합군은 그리스를 점령했음에도 불구하고, 1918년 여름 이후에 중구열강이 붕괴하기 전까지는 전혀 전진하지 못했다. 알프스 산맥에서 오스트리아-헝가리와 또 한번 싸움을 벌이려는 이탈리아의 계획은 실패했다. 이는 주로, 많은 이탈리아 군인들이, 자신들의 국가라고 생각하지 않았으며 그 나라 말을 할 줄 아는 군인들이 거의 없었던 국가의 정부를 위해서 싸워야 할 만한 이유를 찾지 못했기 때문이었다. 어니스트 헤밍웨이의 소설 「무기여 잘 있거라(A Farewell to Arms)」를 통해서 문학적으로 기억되고 있는, 1917년 카포레토에서의 군사적 대패주 뒤에 이탈리아인들은 심지어 다른 연합군에서 온 전속병(轉屬兵)들로 보강되어야 했다. 한편 프랑스, 영국, 독일은 서부전선에서 서로를 살육했고, 러시아는 패배할 것이 확실해 보였던 전쟁으로 갈수록 불안정해졌으며, 오스트리아-헝가리도 점점 더 붕괴를 향하여 비틀거렸다. 오스트리아-헝가리 내의 각 지역별 민족주의운동들은 제국이 붕괴하기를 열망했고, 연합국의 외무부들은 유럽이 불안정하게 될 것을 정확히 예상하면서도 그러한 붕괴를 별 열의 없이 수수방관했다.

서부전선의 교착상태를 어떻게 타개할 것인가 하는 것은 양쪽 진영 모두에게 결정적으로 중요한 문제였다. 왜냐하면 서부에서의 승리 없이는 어느 쪽도 전쟁에서 이길 수 없었기 때문이다. 해전 역시 교착상태에 빠졌으므로 더더욱 그랬다. 연합국은 몇몇 고립된 급습함(急襲艦)들을 제외하고는 대양들을 지배했지만, 북해에서는 영국과 독일의 전함들이 서로 대치하며 이동을 막았다. 양국의 유일한 전투시도(1916)는 결판이 나지 않은 채 끝났지만, 독일의 함대를 기지에 묶어두었으므로 결국 연합국에 유리한 것이었다.

양쪽 진영 모두 기술에 의해서 교착상태를 깨고자 했다. 독일인들 —— 항상 화학에 강했던 —— 은 독가스를 싸움터에 도입했다. 독가스는 싸움터에서 야만적인 동시에 비효율적인 것으로 판명되었고, 특정한 전쟁수행 방법에 대하여 정부 차원에서 진심으로 인도주의적 반감을 보인 유일한 사례인 1925년의 제네바 협정 —— 세계가 화학전을 사용하지 않기로 맹세한 —— 을 뒤에 남겼다. 사실상 모든 정부들이 화학전을 계속 준비했고 자신의 적국이 화학전을 사용할 것이라고 생각했지만, 제2차 세계대전에서는 어느 쪽에 의해서도 화학전이 사용되지 않았다. 인도주의적 감정도 식민지 주민에 대한 이탈리아인들의 가스 공격을 막지는 못했지만 말이다(제2차 세계대전 이후에 문명의 가치가 급격히 하락함으로써 결국 독가스가 다시 사용되었다. 1980년대 이란-이라크 전쟁 동안에 이라크는 당시 서방국가들의 열렬한 지지를 받아, 군인과 민간인 모두에게 독가스를 자유롭게 사용했다). 한편 영국인들은, 아직도 '탱크'라는 당시의 암호명으로 알려져 있는 캐터필러 장갑차를 개발했으나, 전혀 인상적이지 않았던 영국 장군들은 아직 탱크를 사용할 줄 몰랐다. 양쪽 진영 모두가, 새롭고 아직은 튼튼하지 못한 비행기들뿐만 아니라 헬륨으로 가득 찬 기이한 시가(cigar) 모양의 비행선(독일)을 사용하여 공중폭격을 실험했으나, 다행히도 큰 효과가 없었다. 공중전 역시 제2차 세계대전에서, 특히 민간인들을 공포의 도가니에 몰아넣는 수단의 하나로서 진가를 충분히 발휘했다.

1914-18년 전쟁에 큰 영향을 끼친 유일한 과학기술적 무기는 잠수함이었다. 왜냐하면 상대방 군인들을 패배시킬 수 없었던 양쪽 진영 모두, 상대방측 민간인들을 굶겨 죽이는 방법을 썼던 것이다. 영국이 공급받는 모든 물자가 바다를 건너왔기 때문에, 갈수록 무자비하게 선박을 공격하는 잠수함전(潛水艦戰)으로 영국 제도(諸島)를 질식시키는 것이 그럴싸한 전술로 보였다. 그러한 작전은, 그것에 대항하는 효율적인 방법이 발견되기 전인 1917년에 거의 성공의 문턱까지 갔다. 그러나 그 작전은 미국을 전쟁에 끌어들이는 데에 다른 무엇보다도 큰 역할을 했다. 이번에는 영국인들이 독일로의 물자보급을 봉쇄하는 데에, 즉 독일의 전시경제(戰時經濟)와 독일 주민 양쪽 모두를 아사시키는 데에 전력을 다했다. 그들은 전의 어느 때보다도 큰 효과를 거두었다. 왜냐하면 앞으로 보게 되듯이 독일의 전시경제는 독일인들이 자부하던 효율성과 합리성대로 움직이지 않았던 것이다. 제1차 세계대전 때나 제2차 세계대전 때나 다른 어느 나라보다도 현저하게 우수했던 독일의 군사기구와는 다르게 말이다. 연합국이 1917년부터 미국의 사실상 무한한 자원의 도움을 받을 수 없었더라면, 독일 군대가 군사력으로써 보였던 이렇듯 현격한 우위가 결정적으로 중요한 것으로 판명되었을지도 모른다. 사실, 오스트리아와의 동맹으로 발이 묶이기까지 했던 독일은 1917-18년에 러시아를 전쟁에서 혁명으로 몰아냈고, 유럽 내의

러시아 영토 대부분으로부터도 몰아냄으로써 동구에서 전면적인 승리를 확보했다. 독일군은 가혹한 브레스트-리토프스크 강화조약(1918년 3월)을 러시아에 부과한 직후 자유로이 서구에 힘을 집중할 수 있게 되자, 실제로 서부전선을 돌파했고 다시 파리로 진격했다. 미국의 지원군 및 장비의 홍수 덕분에 연합국은 전세를 만회했으나 당분간은 우열을 가리기 힘든 것으로 보였다. 그러나 그 싸움은 이미, 지칠대로 지쳤고 자신이 패배할 날이 가까이 왔음을 안 독일의 마지막 모험이었다. 1918년 여름에 일단 연합군이 전진하기 시작하자 종전(終戰)은 몇 주 남지 않게 되었다. 중구열강은 패배를 인정했을 뿐만 아니라 붕괴했다. 1917년에 혁명이 러시아를 휩쓸었듯이(다음 장을 보라), 1918년 가을에는 혁명이 중부 유럽과 남동부 유럽을 휩쓸었다. 프랑스 국경과 동해(원문에는 '일본해〔the Sea of Japan〕'로 되어 있다/역주) 사이에 있는 어떠한 기존 정부도 무사하지 못했다. 승리한 쪽의 교전국들조차 흔들렸다. 비록 영국과 프랑스 —— 이탈리아는 아니다 —— 가 전쟁에서 졌더라도 안정된 정치체로 남았을 것임은 부인하기 어렵지만 말이다. 패전국 중에서는 확실히 어느 나라도 혁명을 피하지 못했다.

 과거의 위대한 장관들이나 외교관들 —— 각국의 야심적인 외교관들에게 여전히 본받아야 할 귀감으로 이야기되었던 탈레랑이나 비스마르크 같은 사람들 —— 중 한 사람이 무덤에서 깨어나 제1차 세계대전을 보았다면 틀림없이, 분별 있는 정치가들이 왜 전쟁으로 1914년의 세계가 파괴되기 전에 일정한 타협으로 전쟁을 종결짓기로 마음먹지 않았는가에 대해서 의아하게 여겼을 것이다. 우리 역시 의아하게 여겨야 한다. 과거의 비혁명적이고 비이데올로기적인 대부분의 전쟁들은, 죽도록 싸우거나 기력을 완전히 다 써버릴 때까지 싸우는 전쟁이 아니었다. 양쪽 모두가 여론을 동원함으로써, 즉 독일의 문화에 대항하는 러시아의 야만성이라든가 독일의 절대주의에 대항하는 프랑스와 영국의 민주주의 등과 같이, 일반적으로 인정된 국민적 가치에 대해서 상대방이 다소 심각하게 도전하고 있다고 주장함으로써 전쟁을 벌여야 했던 경우를 제외하고는, 1914년에 교전국들의 편을 둘로 가른 것은 확실히 이데올로기가 아니었다. 게다가 일종의 타협책을 권고했던 정치가들은 러시아와 오스트리아-헝가리 —— 패전이 가까워짐에 따라 점점 더 필사적으로 자신의 동맹국들에게 타협으로 전쟁을 끝내자고 로비를 벌였던 —— 밖에도 존재했다. 그런데 왜 제1차 세계대전은 양쪽 진영의 주도적 열강 모두에 의해서 제로섬 게임으로, 즉 완전한 승리 아니면 완전한 패배만이 있을 수 있는 전쟁으로 수행되었는가?

그 이유는 이 전쟁이, 대체로 명확히 말할 수 있는 제한된 목표를 위해서 수행되었던 이전의 전쟁들과는 달리 무제한적인 목표를 위해서 수행되었다는 데에 있다. 제국의 시대에 정치와 경제가 융합되었다. 국제적 정치경쟁은 경제성장 및 경제경쟁의 양상을 따랐는데 그것의 고유한 특징은 분명히, 한계가 없다는 데에 있었다. "스탠더드 오일이나 독일 은행이나 드 비어즈 다이아몬드 사(社)의 '자연적 국경'은 우주의 끝, 보다 정확히 말해서, 확대할 수 있는 능력의 한계선이었다."(Hobsbawm, 1987, p.318) 보다 구체적으로 말해서, 양대 경쟁국인 독일과 영국에게는 하늘이 경계임에 틀림없었다. 왜냐하면 독일은, 당시 영국이 차지하고 있던 것과 같은 세계적인 정치적, 해상적 위치에 올라서기를 원했으며, 독일이 그러한 위치에 올라선다면 이미 하락하고 있던 영국은 자동적으로 더 낮은 지위로 떨어질 것이었기 때문이다. 이것 아니면 저것이었다. 프랑스에게는 당시에나 그뒤에나 이해관계가 덜 세계적이었지만, 마찬가지로 절박했다. 독일에 비해 갈수록 심해지고 불가피해 보였던 인구적, 경제적 열세를 만회하는 것이 주된 목표였던 것이다. 여기에서도 문제는 강대국으로서의 프랑스의 미래였다. 양쪽의 경우 모두, 타협은 단순히 연기만을 의미했을 것이다. 독일 자신은, 규모가 더욱 커지고 다른 나라보다 더욱 우세해져서 독일 정부가 자기 나라의 정당한 몫이라고 느낄 만한 지위가 확립될 때 —— 조만간에 실제로 이루어질 —— 까지 기다릴 수 있었을 것이라고 가정할 수도 있다. 사실, 두 번의 패전으로 유럽에서의 독립적인 군사강국이 될 수 없게 된 독일의 지배적 위치는 1990년대 초에, 군국주의 독일의 지위가 1945년 이전에 도전받았던 것보다 덜 도전받았다. 그러나 이는 앞으로 보게 되듯이, 영국과 프랑스가 제2차 세계대전 이후에 2등의 지위로 떨어지는 것을 내키지 않지만 받아들일 수밖에 없었기 때문이다. 서독이 자신의 경제력에도 불구하고, 1945년 이후의 세계에서 단일국가로서의 주권이 자신의 힘이 닿지 않는 곳에 있고 계속해서 그래야 할 것임을 인정했던 것과 똑같이 말이다. 그러나 제국과 제국주의 시대의 절정기인 1900년대에는, 유일무이한 세계적 지위에 대한 독일의 요구(어느 경구처럼 "독일정신이 세계를 갱생시킬 것이다")도, 유럽 중심적인 세계에서 아직은 이론의 여지없는 '열강'이었던 영국과 프랑스의 저항도 아직까지는 손상되지 않은 상태였다. 이론상으로는, 거의 과대망상적인 '전쟁목표'—전쟁이 터지자마자 양쪽 진영 모두가 공식화한—의 이런저런 점에 대하여 타협이 명백히 가능했지만, 현실상으로는 완전한 승리—제2차 세계대전에서 '무조건 항복'이라고 불리게 된 것—만이 고려할 만한 유일한 전쟁목표였다.

그것은 승자와 패자 모두를 파멸시키는 불합리하고 자멸적인 목표였으며, 패자를 혁명으로, 승자를 파산과 체력의 고갈로 몰고 갔다. 1940년에 프랑스는 자신보다 못한 독일 군대에 의해서 우스울 정도로 쉽고 빠른 속도로 침략당했고, 히틀러에 대한 복종을 받아들이는 데에 주저하지 않았다. 왜냐하면 프랑스는 1914-18년에 너무도 피를 흘렸던 것이다. 영국은 자신의 재력을 훨씬 넘는 비용을 써가며 전쟁을 수행함으로써 경제를 파멸시켰기 때문에, 1918년 이후에는 결코 전과 같지 않았다. 게다가 가혹하고 강요된 강화조약에 의해서 비준된 전면적 승리는, 경제학자 존 메이너드 케인스가 즉각 인식했듯이, 희미하게나마 안정적이고 자유주의적이며 부르주아적인 유럽 같은 것을 회복할 최소한의 기회마저 없애버렸다. 독일이 유럽 경제에 재통합되지 않는 한, 즉 유럽 경제에서 독일이 가지는 경제적 비중이 인지되지 않고 인정받지 않는 한, 안정은 있을 수 없었다. 그러나 이는 독일을 절멸시키기 위해서 싸웠던 나라들의 생각 속에서 마지막 고려사항에 해당하는 것이었다.

살아남은 주요 승전국들(미국, 영국, 프랑스, 이탈리아)에 의해서 부과되었고, 부정확하지만 일반적으로 베르사유 조약[1]으로 알려진 강화조약을 지배했던 것은 다섯 가지 고려사항이었다. 그중 가장 직접적인 것은 유럽에서 그렇게도 많은 체제가 붕괴했다는 사실과, 전세계적 체제전복에 전념하는 대안적인 혁명적 볼셰비키 체제── 다른 모든 곳의 혁명세력을 매혹했던(제2장을 보라) ── 가 러시아에 출현했다는 사실이었다.

두번째, 어쨌든 단독으로 연합국 전체를 거의 패배시킬 뻔했던 독일을 통제할 필요가 있었다. 이는 명백한 이유들로 프랑스의 주된 관심사였고, 그후로도 줄곧 그랬다.

세번째, 독일을 약화시키기 위해서나, 러시아 제국과 합스부르크 제국과 오스만 제국이 동시에 패배하고 무너짐으로써 유럽과 중동에 생긴 큰 공백을 채우기 위해서나, 유럽의 지도를 재분할하고 다시 그려야 했다. 적어도 유럽에서 주된 상속 요구자들은, 그들이 충분히 반(反)볼셰비키적인 한, 승전국들이 고무하는 경향이 있었던 다양한 민족주의운동들이었다. 사실상 유럽에서 지도를 다시 정리하는 기본원칙은 민족들이 '자결권'을 가지고 있다는 신념에 따라 민족-언어적 국민국가를 창출하는 것이었다. 미국의 윌슨 대통령 ── 그의 의견은, 자국(自國)이 없었더라면 전쟁에서 졌을 것이라는 강대국의 논리를 표현하는 것으로 보였다 ── 은 이러한 신념을 열렬히 표명했는데, 그러한 신념은 순수한 국민국가들로 나뉘어질 수 있는 민족적, 언어적 실체를 가지지 않은 지역들에 의해서 더욱 쉽게 보유되었다(그리고 지금도 그렇다). 그러한 시도는 1990년대의 유럽에서 여전히 볼 수 있듯이 일종의 재난이었다. 1990년대에 대륙을 분열시킨 민족분규는 베르사유의 망령이 다시 한번 돌아온 격이었다.[2] 중동의 지도를 바꾸는 일은, 전쟁 동안에 유태인들의 국제적

---

[1] 베르사유 조약은 엄밀하게는 독일과의 강화조약에만 해당한다. 다른 조약들에는 파리 주변의 다양한 공원들과 왕궁들의 이름이 붙여졌다. 오스트리아와의 생 제르맹 조약, 헝가리와의 트리아농 조약, 투르크와의 세브르 조약, 불가리아와의 뇌이 조약이 그 예다.

[2] 유고슬라비아 내전, 슬로바키아에서의 분리주의운동, 구소련으로부터의 발트 국가

지지를 열망했던 영국 정부가 부주의하고도 모호하게 유태인들에게 '민족의 고향'을 세워줄 것을 약속했던 땅인 팔레스타인을 제외하고는, 전통적인 제국주의적 경계선 —— 영국과 프랑스 사이의 —— 을 따랐다. 그 약속은 제1차 세계대전의, 문제가 되고 잊혀지지 않은 또 하나의 유물이 되었다.

네번째 고려사항은 승전국들 —— 실질적으로는 영국, 프랑스, 미국을 의미했던 —— 의 국내정치와 그 나라들 사이의 알력이라는 문제였다. 그러한 국내의 정치적 움직임 중 가장 중요한 결과를 가져온 것은, 미국의 국회가 주로 대통령이 서명했거나 대통령을 상대로 서명되었던 평화조약을 비준하기를 거부했고 그 결과 미국이 그 조약에서 이탈한 것 —— 이는 멀리까지 영향을 미쳤다 —— 이었다.

마지막으로, 승전국들은, 방금 세계를 황폐하게 만들었고 그 여파가 그들 모두에게 골고루 미쳤던 전쟁이 다시는 일어나지 못하도록 할 평화조약을 필사적으로 모색했다. 그러나 그들은 가장 극적으로 실패했다. 20년 안에 세계는 다시 한번 전쟁에 들어갔던 것이다.

세계를 볼셰비즘의 공격을 받을 염려가 없도록 만드는 것과 유럽 지도를 다시 그리는 것은 부분적으로 일치했다. 왜냐하면 혁명 러시아 —— 만일 그것이 살아남는다면(이는 1919년에는 결코 확실하지 않았다) —— 를 다루는 가장 직접적인 방법은 반공국가들의 '격리지대(현대 외교용어로는 방역선[cordon sanitaire])'로써 러시아를 고립시키는 것이었기 때문이다. 이러한 반공국가들의 영토는 대부분 또는 전체를 전(前) 러시아 땅에서 잘라낸 것이었으므로, 모스크바에 대한 적대성이 보장될 수 있었다. 이러한 국가들을 북쪽에서부터 남쪽으로 내려가며 하나씩 나열해보자면, 레닌에 의해서 분리가 허용되었던 자치지역인 핀란드, 역사적 선례가 전혀 없는 세 개의 새로운 발트 소(小)공화국(에스토니아, 라트비아, 리투아니

들의 분리, 트란실바니아를 둘러싼 헝가리인들과 루마니아인들 사이의 분쟁, 몰도바(몰다비아, 즉 전[前] 베사라비아)의 분리주의, 이들과 비슷한 성격의 자카프카지예 민족주의 등은 1914년 이전에는 존재하지 않았거나 아예 존재할 수 없었던 폭발적인 문제들에 속한다.

아), 120년 만에 다시 독립국이 된 폴란드, 엄청나게 커진 루마니아 —— 합스부르크 제국의 헝가리 및 오스트리아의 일부 지역과 전(前) 러시아의 베사라비아를 획득함으로써 두 배로 커졌다 —— 가 바로 그러한 나라들이다. 이들 영토 대부분은 실제로 독일에 의해서 러시아로부터 떨어져나왔던 것이고, 볼셰비키 혁명이 없었더라면 틀림없이 러시아의 땅으로 돌아갔을 것이다. 카프카스 산맥에까지 이러한 격리지대를 연장시키려는 시도는 기본적으로, 혁명 러시아가 투르크(1923년 터키 공화국 수립 이후에는 '터키'/역주) —— 비공산주의적이지만 혁명적인 —— 와 화해했기 때문에 실패했다. 투르크는 영국과 프랑스의 제국주의자들을 좋아하지 않았던 것이다. 따라서, 브레스트-리토프스크 조약의 체결 이후 세워져 단기간 독립국이었던 아르메니아 국가 및 그루지야 국가의 존재와, 석유가 풍부한 아제르바이잔을 떼어내려던 영국인들의 시도는, 1918-20년의 내전에서 볼셰비키가 승리하고 1921년에 소련-투르크 조약이 체결된 이후까지 지속되지 않았다. 요컨대 동구에서 연합국은 독일이 혁명 러시아에 부과했던 경계선을 받아들였다. 그 경계선이 연합국의 통제권 밖의 세력에 의해서 무효화되지 않는 한 말이다.

전에 주로 오스트리아-헝가리에 속했던 유럽의 상당 지역의 지도를 다시 그리는 일이 아직 남았다. 오스트리아와 헝가리는 독일과 마자르의 잔류영토로 줄어들었고, 세르비아는 (전에 오스트리아였던) 슬로베니아와 (전에 헝가리였던) 크로아티아뿐만 아니라, 전에 목자들과 침략자들의 독립적인 소부족 왕국이었고 찬바람이 몰아치는 산들뿐인 몬테네그로를 합병함으로써 크고 새로운 유고슬라비아로 확대되었다. 몬테네그로의 주민들은, 영웅적 미덕의 가치를 인정하고 있다고 느껴진 공산주의로 일제히 개종하는 방식으로써 전례 없는 독립상실에 저항했다. 공산주의는 또한 검은 산('몬테네그로[Montenegro]'의 원래 뜻/역주)의 정복되지 않은 자들이 투르크의 이교도들에 맞서 그렇게도 여러 세기 동안 수호해왔던 신앙인 그리스 정교의 나라 러시아를 연상시키기도 했다. 또한 합스부르크 제국의 공업중심지였던 체코 지방을 이전에 헝가리에 속했던 슬로바키아 및 루테니아 지방 사람들의 지역에 합침으로써 새로이 체코슬로바키아가 탄생했다. 루마니아는 다민족 집합체로 확대되었고, 폴란드와 이탈리아 역시 득을 보았다. 유고슬라비아나 체코슬로바키아라는 결합물에는 역사적 선례도 논리도 전혀 없었다. 그러한 결합물은, 공동의 민족성이 가지는 힘을 믿는 동시에, 지나치게 작은 국민국가는 바람직스럽지 못하다고 믿는 민족주의 이데올로기가 낳은 구조물이었다. 모든 남부 슬라브족(=유고슬라브족)이 한 국가에 속하게 되었고, 체코 지방과 슬로바키아 지방의 서부 슬라브족이 한 국가에 속하게 되었다. 예상했던 대로 이러한 강제적인 정치적 결합은 그리 확고하지 않은 것으로 드러났다. 덧붙여 말하자면 대부분 —— 실제로 전부는 아니었다 —— 의 소수민족을 빼앗긴 잔류 오스트리아와 잔류 헝가리를 제외하고는, 새로운 후계국가들은 러시아에서 떨어져나왔건 합스부르크 제국에서 떨어져나왔건 그들의 선임자 못지 않게 다민족적이었다.

　독일에게는, 영원히 약화된 상태로 있도록, 오직 그 국가만이 전쟁 및 그 모든 결과에 대하여 책임이 있다는 논거('전범' 조항)에 의해서 정당화된 가혹한 강화조약이 부과되었다. 독일을 영원히 약화된 상태에 머물게 한다는 목표는 영토축소 —— 비록 알자스-로렌이 프랑스로 돌아갔고, 동부의 상당 지역(동프로이센을 나머지 독일로부터 분리시킨 '폴란드 회랑')이 나라를 되찾은 폴란드로 돌아갔으며, 보다 소규모의 조정이 독일 국경에 몇 군데 가해지기는 했지만 —— 에 의해서 성취되었다기보다는, 독일로부터 실전에 쓸 수 있는 해군과 전(全)공군을 박탈하고, 육군병력을 10만 명으로 제한하고, 이론상 무제한의 '배상액(승전국들이 입은 전쟁손실에 대한 보상액)'을 부과하고, 서부 독일 지역을 군사적으로 점령하고, 특히 독일의 모든 전(前) 해외식민지들을 박탈함으로써 그 성취가 보장될 수 있었다(그 식민지들은 영국인들과 영연방 자치령들, 프랑스인들과 보다 적게는 일본인들에게 재분배되었지만, 제국주의의 평판이 갈수록 나빠지고 있는 점을 감안하여 더 이상 '식민지'가 아니라 '위임통치령' —— 뒤떨어진 인민들의 진보를 확실하게 추진하기 위한 것으로서, 다른 목적으로 그들을 이용한다는 것은 꿈도 꾸지 않을 제국열강에게 인류가 넘겨준 —— 으로 불리게 되었다). 1930년대 중엽에 이르면 영토에 관한 조항들을 제외하고는, 어떠한 것도 베르사유 조약에 남지 않았다.

세계전쟁이 또다시 일어나는 것을 막기 위한 기구로 말하자면, 우선 1914년 이전에 그러한 기능을 확실히 수행할 것으로 되어 있었던 유럽 '열강'의 협의체는 완전히 무너진 것이 확실했다. 윌슨 대통령이 프린스턴 대학 정치학자로서의 자유주의적 열정을 다해 콧대 센 유럽의 직업적 정치가들에게 촉구한 대안은, 문제들이 걷잡을 수 없게 되기 전에 평화적, 민주적으로 그 문제들을 해결할 —— 가급적이면 공개협상('공개적으로 성립된 공개적 계약')을 통해서 —— 포괄적인 '국제연맹(즉 독립국들의 연맹)'을 설치하는 것이었다. 왜냐하면 전쟁으로 인해서, 관습적이고 상식적인 국제협상 과정이 '비밀외교'로 의심받았던 것이다. 이는 주로 전쟁 동안에 연합국들끼리 비밀조약들을 맺은 것에 대한 반작용이었다. 연합국들은 그러한 조약들을 통해서 전후(戰後)의 유럽과 중동을, 놀라울 정도로 그 지역 주민들의 소망은 물론 그들의 관심조차 전혀 배려하지 않은 채 분할했던 것이다. 차르 문서고에서 그러한 내용의 국가기밀문서들을 발견한 볼셰비키가 즉각 그것들을 세상에 공개했으므로, 연합국들로서는 그러한 폭로의 여파를 최소화할 필요가 있었다. 실제로 국제연맹은 강화조약의 일환으로 설치되었는데, 통계자료를 모으는 기구로서의 역할을 제외하면 거의 완전한 실패작인 것으로 드러났다. 초기에 그 기구는, 올란드 제도(諸島)를 둘러싼 핀란드와 스웨덴 사이의 분쟁같이 세계평화를 그리 위협하지 않는 한두 건의 소소한 분쟁을 해결하기도 했다.[3] 그러나 미국의 국제연맹 가입 거부는 그 기구로부터 조금이나마 있던 현실적 의미마저

---

3) 핀란드와 스웨덴 사이에 위치하고 핀란드의 일부인 올란드 제도는 스웨덴어를 사용하는 주민만이 살았고 지금도 그러한데, 새로 독립한 핀란드는 적극적으로 핀란드어의 사용을 추진했다. 국제연맹은, 가까운 스웨덴 쪽으로 분리시키는 것에 대한 대안으로서 그 제도(諸島)에서 스웨덴어만을 사용할 것을 보장해주고 또한 주민들이 원치 않는, 핀란드 본토로부터의 이민을 막는 계획을 고안했다.

박탈해버렸다.
　베르사유 조약이 도저히 안정적인 평화의 토대가 될 수 없었다는 것을 보기 위해서 양차 세계대전 사이의 역사를 세부적으로 검토할 필요까지는 없다. 그 조약은 처음부터 파산할 운명이었고, 따라서 전쟁이 또다시 터질 것은 거의 확실했다. 앞서 언급했듯이 미국은 거의 즉각 계약을 파기했는데, 더 이상 유럽 중심적이지도 않고 유럽에 의하여 결정되지도 않는 세계에서, 주요 세계강국으로 떠오른 나라가 서명하지 않은 조약이란 그 어떤 것도 효력이 있을 수 없었다. 앞으로 보게 되듯이 이는 세계의 정치상황뿐만 아니라, 세계의 경제상황에도 들어맞는 사실이었다. 두 주요 유럽(사실상 세계) 강국 —— 독일과 소련 —— 은 일시적으로 국제 게임에서 배제되었을 뿐만 아니라, 아예 독립적인 주자로 존재하지 않는 것으로 가정되었다. 이 두 나라 중 하나 또는 둘 다가 무대에 다시 입장하자마자, 영국과 프랑스에만 기반을 두었던 —— 이탈리아도 여전히 불만족스러워했으므로 —— 강화조약은 더 이상 지속될 수 없었다. 또한 조만간 독일이나 러시아 또는 둘 다가 불가피하게 주요 주자로 재등장할 것이었다.
　승전국들이 패전국들의 재건을 거부함으로써, 평화가 유지될 최소한의 가능성마저 사라졌다. 독일을 완전히 억누르고 소련을 완전히 불법화하는 것은 곧 불가능한 일로 드러났으나, 그러한 현실에 대한 순응은 느렸고 마지못한 것이었다. 특히 프랑스인들은 독일로 하여금 약하고 무력한 상태에 머물게 하려는 희망을 마지못해 버렸다(영국인들은 패배와 침입에 대한 기억에 시달리지 않았다). 소련으로 말하자면, 아예 그 나라가 존재하지 않는 쪽을 승전국들이 선호했을 것이다. 또한 승전국들은 러시아 내전에서 반혁명군을 지지했고 반혁명군을 지원하기 위해서 군대까지 보낸 바 있으므로, 소련이 살아남은 것을 인정하는 데에 전혀 열의를 보이지 않았다. 승전국들의 사업가들은, 전쟁과 혁명과 내전으로 거의 파괴된 경제를 어떤 방법으로라도 재건하는 데에 필사적이었던 레닌이 외국인 투자가들에게 아주 광범위한 이권을 주겠다고 제안한 것을 거부하기까지 했다. 소련은 고립 속에서 발전해야 했다. 법률적 보호를 박탈당한 유럽의 두 나라인 소련과 독일이 정치적 목표를 위해서 1920년대 초에 단결하기는 했지만 말이다.

순조롭게 성장하고 팽창하는 세계체제로서 전전(戰前)의 경제가 다시 회복되었다면, 아마도 다음 전쟁은 피할 수 있었거나 적어도 연기되었을지도 모른다. 그러나 세계경제는, 전시와 전후의 혼란을 극복한 것으로 보였던 1920년대 중반의 몇 년이 지난 뒤에, 산업혁명 이래 가장 크고 가장 극적인 위기로 곤두박질했다(제3장을 보라). 또한 이는 독일과 일본에서, 점진적으로 협상을 통해서 변화를 추구하기보다는, 대결――필요하다면 군사적인――을 통해서 의식적으로 현상을 타파하는 데에 전념하는 군국주의 정치세력과 극우파를 집권시켰다. 그때부터 줄곧 세계전쟁의 재발이 예상 가능한 일이 되었을 뿐만 아니라, 일상적으로도 예견되었다. 1930년대에 성인이 된 사람들은 그러한 사태를 예상했다. 비행기들이 도시에 폭탄을 떨어뜨리는 모습과, 방독면을 쓰고 독가스의 안개 속에서 맹인처럼 자신이 갈 길을 더듬는 악몽 같은 모습이 필자 세대의 머리에서 떠나지 않았다. 전자의 모습에 대한 생각은 그대로 적중했고, 후자의 상황에 대한 예상은 빗나갔다.

II

제2차 세계대전의 기원이라는 문제는 한 가지 명백한 이유 때문에 제1차 세계대전의 원인과는 비교가 안 될 정도로 적은 양의 역사문헌을 배출했다. 아주 드문 예를 제외하고는 어떠한 진지한 역사가도 독일, 일본, (보다 망설이며) 이탈리아가 침략국이었다는 사실을 의심하지 않았다. 이 세 나라에 맞선 전쟁에 휩쓸린 국가들은 자본주의 국가든 사회주의 국가든 전쟁을 원치 않았고, 대부분 전쟁을 피하기 위해서 전력을 다했다. 누가 또는 무엇이 제2차 세계대전을 일으켰는가 하는 물음은 가장 간단하게 다음과 같은 두 단어로 대답할 수 있다. 아돌프 히틀러.

　물론 역사적 질문에 대한 답변은 그렇게 단순하지 않다. 앞서 보았듯이 제1차 세계대전이 낳은 세계적 상황은 특히 유럽에서뿐만 아니라 극동에서도 애초부터 불안정했고, 따라서 평화가 지속될 것으로 기대되지 않았다. 현 상태에 대한 불만은 패전국만 느낀 것이 아니었다. 비록 패전국들, 특히 독일이 자신이 분개할 이유가 많다고 —— 사실이 그렇듯이 —— 느꼈지만 말이다. 극좌의 공산당에서부터 극우의 히틀러의 국가사회주의당에 이르기까지, 독일의 모든 정당이 베르사유 조약을 부당하고 받아들일 수 없다고 비난하는 데에 의견이 일치했다. 역설적이게도, 진정한 독일 혁명이 이루어졌다면 국제적으로 덜 폭발적인 독일이 되었을지도 모른다. 진정으로 혁명적 변화를 겪은 두 패전국인 러시아와 터키는 국경수비를 비롯한 자신의 문제들에 너무 골몰한 나머지, 국제상황을 불안정하게 만들 수 없었던 것이다. 그 두 나라는 1930년대에 안정을 지지하는 세력이었고, 실제로 터키는 제2차 세계대전 시에 중립국으로 남았다. 그러나 일본과 이탈리아 둘 다, 승전국 쪽이었음에도 불구하고 패전국들과 마찬가지로 불만을 느꼈다. 일본인들의 불만이 이탈리아인들보다 다소 더 현실성이 있었다. 왜냐하면 이탈리아인들이 제국이 되려는 욕구는 그러한 욕구를 만족시킬 수 있는, 그들 국가의 독자적인 능력을 훨씬 넘는 수준이었던 것이다. 어쨌든 이탈리아는 전쟁이 끝났을 때 알프스 산맥과 아드리아 해, 심지어는 에게 해에서 상당한 영토를 획득했다. 비록 1915년에 연합국이 자기 편에 가담한 대가로 이탈리아에게 약속했던 전리품 모두를 완전히 받은 것은 아니었지만 말이다. 그러나 반혁명적이고 따라서 초민족주의적, 제국주의적 운동인 파시즘의 승리는 이탈리아의 불만을 크게 부각시켰다(제5장을 보라). 일본으로 말하자면, 매우 막강한 육군과 해군으로 인하여 극동에서 가장 무서운 강국 —— 특히 러시아가 더 이상 문제되지 않았으므로 —— 이 되었다. 이는 1922년의 워싱턴 해군협정에 의해서 국제적으로 어느 정도 인정되었다. 그 협정은 미국, 영국, 일본의 해군병력을 5:5:3의 비율로 정함으로써 영국 해군의 우위를 결국 무너뜨렸다. 그러나 산업화가 급속도로 진행되고 있었던 일본 —— 절대적 규모로 볼 때, 그 경제가 아직은 그리 크지 않았지만(1920년대 후반에 세계 공업 생산고의 2.5퍼센트) —— 은 의심할 여지 없이, 자신이 극동이라는 케이크에서 백인 제국열강이 허용해준 것보다 약간 더 큰 조각을 차지할 자격이 있다고 느꼈다. 게다가 일본은, 근대적 공업경제에 필요한 모든 천연자원이 실질적으로 부족한 나라가 가지는 약점을 날카롭게 의식했다. 그 나라의 수입(輸入)은 외국 해군에 의해서 언제든지 중단될 수 있었고, 수출(輸出)은 미국 시장에 좌우되었다. 따라서 가까운 중국에 육상제국을 세우는 사업을 군사적으로 추진한다면, 일본의 물자 수송로가 단축되고 그럼으로써 그 수송로가 덜 취약하게 될 것이라고 논의되었다.

1918년 이후의 평화가 아무리 불안정하고 그 평화가 깨질 가능성이 아무리 높았다고 해도, 제2차 세계대전을 일으킨 것이 구체적으로, 불만을 가진 세 열강의 침략이었음은 전혀 부인할 수 없다. 그 세 나라는 1930년대 중반부터 서로 다양한 조약들을 맺으며 단결해왔다. 전쟁에 이르는 길의 이정표는 1931년 일본의 만주 침입, 1935년 이탈리아의 에티오피아 침입, 1936-39년 스페인 내전에 대한 독일과 이탈리아의 개입, 1938년 초 독일의 오스트리아 침입, 같은 해 말 독일의 체코슬로바키아 무력화, 1939년 3월 체코슬로바키아의 나머지 부분에 대한 독일의 점령(이어서 이탈리아의 알바니아 점령), 독일의 폴란드 합병 요구 —— 실제로 전쟁발발에 이른 —— 였다. 이러한 이정표들 대신에, 소극적 차원의 것들로서 다음과 같은 이정표들을 고려할 수도 있다. 국제연맹이 일본의 행동에 반대하지 못한 것, 1935년에 이탈리아의 행동을 막는 효율적인 조치를 취하지 못한 것, 베르사유 조약에 대한 독일의 일방적인 파기 통고와 특히 1936년 라인란트의 군사적 재점령에 영국과 프랑스가 제대로 대응하지 못한 것, 영국과 프랑스가 스페인 내전에 개입하기를 거부한 것('불간섭')과 오스트리아 점령에 대응하지 못한 것, 체코슬로바키아에 관한 독일의 협박 앞에서 영국과 프랑스가 물러난 것

(1938년의 '뮌헨 협정'), 1939년에 소련이 히틀러에 계속 반대하기를 거부한 것(1939년 8월의 히틀러-스탈린 조약)이 그것이다.

한 쪽은 명확히 전쟁을 원하지 않았고 전쟁을 피하기 위해서 가능한 모든 일을 한 데에 비해 다른 쪽은 전쟁을 찬미했고 히틀러의 경우 확실히 전쟁을 적극적으로 원했지만, 침략국들 중 어느 나라도 실제로 전쟁이 벌어졌을 때 그들이 하게 된 종류의 전쟁—적어도 그들이 맞붙게 된 적국들 중 몇몇 나라와의 전쟁—을 원하지 않았다. 일본은 정치에 대한 군부의 영향력에도 불구하고 확실히, 총력전을 치르지 않고 자신의 목표—기본적으로 동아시아 제국의 수립—를 성취하는 쪽을 선호했을 것이다. 일본이 총력전에 들어가게 된 것은 오직 미국이 총력전에 들어갔기 때문이다. 독일이 어떠한 종류의 전쟁을 원했고 어느 시기에, 어느 나라와 전쟁을 벌이기를 원했는지는 여전히 논쟁거리다. 왜냐하면 히틀러는 자신의 결정을 기록으로 남기는 사람이 아니었기 때문이다. 그러나 두 가지는 확실하다. 1939년의 (영국과 프랑스가 지원하는) 폴란드와의 전쟁은 히틀러의 작전계획에 없었고, 그가 결국 벌이게 된 소련과 미국 둘 다와 싸우는 전쟁은 모든 독일 장군과 외교관에게 최악의 사태였다.

독일(그리고 나중에는 일본)로서는 1914년과 동일한 이유로 급속한 공격전을 할 필요가 있었다. 독일과 일본의 잠재적인 적국들의 자원들은 일단 합쳐지고 통합되자 그 두 나라의 자원보다 압도적으로 많아졌다. 두 나라 중 어느 쪽도 사실상 장기전을 계획조차 하지 않았고, 오랜 준비기간을 가지는 군사장비에 의존하지도 않았다(그와는 대조적으로, 육지에서의 열세를 인정한 영국인들은 처음부터 가장 비싸고 기술적으로 가장 정교한 형태의 무기에 돈을 투입했으며, 자신들 및 동맹국들의 생산력이 상대편의 생산력을 능가하게 될 장기전에 대해서 계획을 세웠다). 일본인들은 자신의 적국들이 서로 동맹을 맺는 사태를 피하는 데에 독일인들보다 더 성공적이었다. 왜냐하면 일본인들은 1939-40년 영국과 프랑스에 대한 독일의 전쟁에도, 1941년 이후 러시아에 대한 전쟁에도 개입하지

총력전의 시대 61

않았던 것이다. 그들은 다른 모든 열강과 달리, 1939년 시베리아-중국 국경에서의 비공식적이었지만 상당한 규모였던 전쟁에서 실제로 적군(赤軍)과 부딪쳐 혼이 난 적이 있다. 일본은 1941년 12월에 가서야 영국 및 미국과의 전쟁에 들어갔지만, 소련과 싸우지는 않았다. 그러나 일본으로서는 불행하게도, 그 나라가 맞붙어야 했던 유일한 강국인 미국이 자원의 면에서 일본에 비하여 너무도 월등했으므로 미국의 승리는 사실상 불가피한 것이었다.

당분간 독일은 보다 운이 좋아 보였다. 1930년대에 전쟁이 임박했을 때 영국과 프랑스는 소련과 단결하지 않았고, 소련은 결국 히틀러와 타협하는 쪽을 택했으며, 프랭클린 루스벨트 대통령은 국내정치 때문에, 자신이 열정적으로 지지하는 쪽을 서류상으로밖에 지원하지 못했다. 따라서 전쟁은 1939년에 순수히 유럽적인 전쟁으로 시작되었고, 실제로 독일이 폴란드에 진격한 후 —— 폴란드는 3주 내에 패배했고, 독일 및 당시 중립적이었던 소련에 의해서 분할되었다 —— 에는 독일이 영국 및 프랑스와 벌이는 순수히 서유럽적인 전쟁이 되었다. 1940년 봄에 독일은 노르웨이, 덴마크, 네덜란드, 벨기에, 프랑스를 우스울 정도로 쉽게 침공하여 앞의 네 나라는 점령하고, 프랑스는 승리한 독일인들이 직접 점령하고 통치하는 지역과, 지방의 보양지(保養地)인 비시(Vichy)를 수도로 한 위성국인 프랑스 '국가'(이 국가의 통치자들은 프랑스의 다양한 반동분파들 출신으로서, 그 국가를 더 이상 공화국으로 부르고 싶어하지 않았다)로 분할했다. 오직 영국만이, 히틀러와의 타협에 대한 전면적 거부에 기반하고 윈스턴 처칠을 수반으로 하는 거국적인 연립내각하에서 독일과 전쟁을 계속했다. 파시스트 이탈리아가 사태를 오판하고, 중립의 울타리 —— 그 안에 머무를 것을 정부가 신중하게 고려했던 —— 를 넘어 독일 쪽으로 가기로 한 것이 바로 이때였다.

유럽에서의 전쟁은 사실상 끝났다. 독일은 바다와 영국 공군이라는 이중의 장애물 때문에 영국에 침입할 수 없었지만, 그렇다고 그 전쟁에서 영국이 유럽 대륙으로 돌아올 수 있으리라고는 —— 독일을 패배시킨다는 것은 더욱 말할 것도 없고 —— 아무도 생각하지 않았다. 영국이 홀로 버텼던 1940-41년의 몇 달은 영국 국민──어쨌든 그들은 그 시기를 버텨나갈 수 있을 만큼 운이 좋았던 국민이었다──의 역사에서 놀라운 시기였지만, 그 나라가 이길 가망은 아주 적었다. 1940년 6월 미국의 '반구 방위(Hemispheric Defense)' 재무장계획은 실제로 영국에 더 이상의 무기를 공급하는 것은 무익할 것이라고 가정했고, 영국이 살아남았다는 사실이 인정된 뒤에조차 여전히 영국은 대체로 미국을 위한 해외 방위기지 정도로 인식되었다. 그러는 동안 유럽 지도는 다시 그려졌다. 소련은 협정(독소[獨蘇]불가침조약/역주)에 따라서, 1918년에 잃었던 차르 제국의 유럽 지역(독일이 접수한 폴란드 지역은 제외하고)과 핀란드──스탈린은 이 나라와 1939-40년 겨울에 힘든 전쟁을 치렀다──를 점령했고, 그 결과 러시아의 국경은 레닌그라드로부터 약간 더 멀리 이동했다. 히틀러는 전(前) 합스부르크 영토들에서 베르사유 결정의 변경──결국 일시적인 일로 끝난──을 추진했다. 발칸 국가들로 전쟁을 확대하려는 영국의 시도는 예상대로 독일이 그리스 제도(諸島)를 포함한 발칸 반도 전체를 점령하는 사태를 빚었다.

또한 동맹국 이탈리아──제2차 세계대전 시의 군사적 강국으로서, 제1차 세계대전 시의 오스트리아-헝가리보다 훨씬 더 실망스러운 동맹국이었던──가, 이집트에 주(主)기지를 두고 싸운 영국인들에 의해서 자신의 아프리카 제국으로부터 완전히 쫓겨날 지경에 이르자, 독일은 지중해를 건너 아프리카로 갔다. 가장 재능 있는 장군들 중의 한 사람인 에르빈 로멜이 지휘하는 독일의 아프리카 군단은 중동에서의 영국의 위치 전체를 위협했다.

전쟁은 제2차 세계대전의 결정적인 날짜인 1941년 6월 22일 히틀러의 소련 침공으로 다시 활기를 띠었다. 이는 너무도 어리석은 침공이어서──왜냐하면 그러한 침공은 독일을 두 전선에서의 전쟁으로 내몰 것이므로──스탈린은 히틀러가 그러한 침공을 시도할 수 있다고는 전혀 생각하지 않았다. 그러나 히틀러에게는 자원과 노예 노동력이 풍부한 동쪽의 넓은 육상제국을 정복하는 것이 논리상 필연적인 다음 단계였고, 일본인들을 제외한 다른 모든 군사전문가들처럼 히틀러 역시 소련의 저항능력을 극도로 과소평가했다. 그러나 1930년대의 숙청이 빚은 적군(赤軍)의 혼란(제13장을 보라), 겉으로 보이는 농촌의 상태, 공포정치의 전반적인 영향, 군사전략에 대한 스탈린 자신의 너무도 부적절한 개입 등을 감안할 때, 그러한 침공이 전적으로 불합리한 것은 아니었다. 실제로 독일 군대의 진격은 초기에는 서구에서의 군사행동만큼이나 신속하고 과단성 있는 것으로 보였다. 10월 초에는 독일 군대가 모스크바 교외에 이르렀고, 며칠 동안 스탈린 자신이 사기를 잃고 강화(講和)를 고려했다는 증거가 있다. 그러나 일단 그러한 시기가 지나자, 러시아가 상당 규모로 보유하고 있던 공간, 인적 자원, 러시아인의 육체적 강인함과 애국심 그리고 가차없이 전쟁에 투입된 노력이 독일을 패배시켰고, 특히 매우 재능 있는 군사지도자들(그들 중 일부는 강제노동 수용소에서 막 석방된 사람들이었다)에게 자신들이 가장 좋은 방법이라고 생각하는 것을 수행하도록 허용함으로써 소련이 스스로를 효율적으로 조직할 시간을 주었다. 1942-45년은 스탈린이 자신의 공포정치를 잠시 중단한 유일한 시기였다.

일단, 히틀러가 기대했듯이 러시아와의 전쟁이 석 달 안에 결판나지 않자, 장기전에 필요한 것을 갖추지도 않았고 장기전을 유지할 수도 없었던 독일은 당황했다. 독일은 자신의 성공에도 불구하고, 미국에 비해서는 말할 것도 없고 러시아와 영국에 비해서도 항공기와 탱크를 훨씬 적게 가졌고 훨씬 적게 생산했던 터였다. 고통스러운 겨울이 지나고 1942년에 행한 독일의 새로운 공격은 다른 모든 공격처럼 눈부시게 성공적인 것으로 보였고, 그 과정에서 독일 군대가 카프카스 산맥과 볼가 강 유역 하류까지 깊숙이 진격했으나 더 이상 결정적인 승리를 거둘 수 없었다. 독일 군대는 그 이상 나아가지 못하고 분쇄당했으며 결국 포위당하여 스탈린그라드에서 굴복해야 했다(1942년 여름-1943년 3월). 그뒤에 이번에는 러시아인들이 진격하기 시작해서 전쟁이 끝날 때까지 베를린, 프라하, 빈까지 밀고 나갔다. 스탈린그라드에서의 패배 이후에는 누구나 독일의 패전이 시간문제에 불과하다는 것을 알았다.

그러는 동안, 기본적으로 유럽 차원의 전쟁이었던 것이 진정으로 세계전이 되었다. 이는 부분적으로는, 여전히 세계규모의 제국들 중에서 가장 컸던 대영제국의 속국들과 속령들에서 반(反)제국주의가 고양된 데에 기인했다. 비록 그러한 움직임은 여전히 어렵지 않게 진압될 수 있었지만 말이다. 남아프리카 공화국에서 히틀러를 지지한 보어인들은 구금되었고 —— 그들은 전후(戰後)에 1948년의 아파르트헤이트(apartheid) 체제의 창시자들로 재등장했다 —— 1941년 봄 이라크에서 라시드 알리의 권력장악은 급속히 무산되었다. 훨씬 더 중요한 것은 유럽에서의 히틀러의 승리로 인하여 동남아시아에 제국의 부분적인 공백이 생겼고, 이제 그곳으로 일본이 이동했다 —— 인도차이나에서 프랑스인들이 주체 못하던 유물을 자신의 보호령으로 삼을 것이라고 주장하며 —— 는 점이다. 미국은 이렇게 추축국이 동남아시아로 힘을 뻗는 것을 묵과할 수 없었고, 따라서 무역과 공급을 전적으로 해상교통에 의존하던 일본에게 모진 경제적 압력을 가했다. 두 나라 사이의 전쟁을 야기한 것이 바로 이러한 갈등이었다. 1941년 12월 7일 일본의 진주만 공격으로 전쟁은 세계규모가 되었다. 몇 달 안에 일본은 대륙이든 섬이든 동남아시아의 모든 곳을 침략했으며, 서쪽의 버마로부터 인도로, 뉴기니로부터 사람이 거의 살지 않는 오스트레일리아 북부로 침입하겠다고 위협했다.

아마도 일본은 그들 정책의 핵심인, 강력한 경제제국을 세운다는 목표(완곡하게 '대동아공영권'으로 표현된)를 포기하지 않는 한, 미국과의 전쟁을 피할 수 없었을 것이다. 그러나 유럽 열강이 히틀러와 무솔리니를 격퇴하는 데에 실패한 결과를 보았던 프랭클린 루스벨트의 미국은, 영국과 프랑스가 독일의 팽창에 반응했던 식으로 일본의 팽창에 반응할 것으로는 보이지 않았다. 어쨌든 미국의 여론은 태평양을 (유럽과는 달리) 미국의 통상적인 활동영역 —— 라틴 아메리카와 같은 —— 으로 보았다. 미국의 '고립주의'는 단지, 유럽을 자신의 영역에 못 들어오게 하고자 하는 것에 불과했다. 실제로 일본이, 대양을 통한 수입(輸入)에 전적으로 의존하던 자국경제가 즉각 질식당하는 사태를 막기 위해서 행동을 취할 수밖에 없었던 것은 일본 무역에 대한 서방측(즉 미국)의 봉쇄와 일본 자산의 동결조치 때문이었다. 일본이 벌인 도박은 위험했고, 결국 자멸적인 것으로 드러났다. 일본은 어쩌면 자신의 남방제국을 신속하게 세울 수 있는 유일한 기회가 될지도 모르는 것을 놓치지 않으려 했다. 그러나 이를 위해서는, 당시 개입할 수 있는 유일한 군대였던 미국 해군을 무력화해야 한다는 것이 일본의 생각이었으므로, 그것은 또한 압도적으로 우세한 군대와 자원을 가진 미국을 **즉각** 전쟁에 끌어들이는 것을 의미했다. 일본이 그러한 전쟁에서 이길 수 있는 길은 전혀 없었다.

러시아에서 이미 충분히 힘을 소모했던 히틀러가 왜 불필요하게 미국에 선전포고를 해서 루스벨트 정부에게, 국내에서 정치적 저항을 별로 받지 않고 영국 편으로 유럽 전쟁에 개입할 기회를 주었는가 하는 점은 일종의 수수께끼다. 왜냐하면 워싱턴측은 의심할 바 없이 나치 독일이 미국의 지위 —— 그리고 세계 —— 에 대해 일본보다 훨씬 더 심각하거나, 좌우간 훨씬 더 세계적인 위협이 된다고 보았던 것이다. 따라서 미국은 의도적으로 일본과의 전쟁에 앞서 독일과의 전쟁에서 이기는 데에 전념하고 그렇게 자원을 집중시키는 방안을 택했다. 그러한 계산은 타당했다. 독일을 패배시키는 데에 3년 반이 더 걸렸고, 일본은 그뒤 석 달 만에 무릎을 꿇었던 것이다. 히틀러의 어리석은 행동에 대해서는 적절히 설명할 길이 없다. 비록 우리는 히틀러가 민주주의 국가들은 행동할 수 없다고 생각했기 때문에, 미국의 경제적, 기술적 잠재력은 물론이고 행동능력까지 극적으로 과소평가하기를 고집했다는 사실을 알고 있지만 말이다. 그가 심각하게 여긴 유일한 민주주의는, 완전히 민주주의 적이지는 않다고 그가 옳게 보았던 영국의 민주주의였다.

러시아에 침입하기로 한 결정과 미국에 선전포고를 하기로 한 결정이 제2차 세계대전의 승부를 결정지었다. 이는 당장은 명백해 보이지 않았다. 왜냐하면 추축국들의 성공이 1942년 중반에 절정에 달했고, 1943년에 가서야 그 나라들이 군사적 주도권을 완전히 잃었던 것이다. 게다가 서방 연합군은 사실상 1944년에 가서야 비로소 유럽 대륙에 다시 들어갔다. 왜냐하면 연합군은 북아프리카에서 추축국을 성공적으로 몰아내고 이탈리아로 건너갔지만, 독일군이 연합군의 접근을 성공적으로 막았기 때문이다. 한편, 독일에 대한 서방 연합국의 유일한 주요 무기는 공군력이었는데, 이것은 그후의 연구에서 밝혀졌듯이 민간인을 죽이고 도시를 파괴하는 역할을 제외하고는 극도로 비효율적이었다. 소련군만이 계속해서 전진했고, 주로 공산주의자들이 고취한 무장저항운동은 발칸 국가들 —— 주로 유고슬라비아, 알바니아, 그리스 —— 에서만 독일과 (훨씬 더한 정도로) 이탈리아에 심각한 군사적 문제를 야기했다. 그럼에도 불구하고 윈스턴 처칠이 진주만 이후, "압도적인 힘의 적절한 사용"에 의해서 승리할 것이 확실하다고 자신 있게 주장한 것은 옳았다(Kennedy, p.347). 1942년 말부터 줄곧 어느 누구도 대연합국이 추축국을 이기리라는 것을 의심하지 않았다. 연합국은 예견된 승리를 어떻게 처리할 것인지에 대해서 집중하기 시작했다.

서쪽에서는, 1944년 6월에 연합국이 전력을 다해 유럽 대륙에 다시 들어간 이후까지도 독일의 저항을 물리치기가 매우 어려운 것으로 드러났다는 사실과, 1918년과는 달리 히틀러에 대항하여 독일 혁명이 일어날 기미가 전혀 보이지 않았다는 사실 이상으로 더 상세히 군사적 사건의 경과를 추적할 필요가 없다. 프로이센 군대의 전통적인 힘과 능률의 핵심인 독일 장군들만이 1944년 7월에 히틀러를 실각시킬 음모를 꾸몄다. 그들은 독일이 완전히 파괴되는, 바그너의 "신들의 황혼(Götterdämmerung)"에 대해서 열광하기보다는 합리적인 애국자였던 것이다. 그들은 대중적인 지지를 받지 못해 실패했고, 히틀러의 충성파에 의해서 일제히 살해되었다. 동쪽에서는 끝까지 싸우려는 일본의 결심이 금이 갈 기미가 훨씬 덜했고, 바로 그러한 사정이 일본의 항복을 하루 속히 확보하기 위해서 히로시마와 나가사키에 핵무기를 투하한 이유다. 1945년의 승리는 전면적이었고, 항복은 무조건적이었다. 패전한 적국들은 승전국들에 의해서 완전히 점령되었다. 적어도 독일과 일본에서는 점령군으로부터 독립한 어떠한 당국도 인정되지 않았으므로, 어떠한 공식적인 강화조약도 체결되지 않았다. 평화협상에 가장 가까운 것은, 주요 연합국들 —— 미국, 소련, 영국 —— 이 전리품의 분배를 결정하고 전후(戰後)의 그들 서로간의 관계를 결정하고자 했던(이 시도는 별로 성공하지 못했다) 1943-45년의 일련의 회담들이었다. 1943년의 테헤란 회담, 1944년 가을의 모스크바 회담, 1945년 초 크림 반도의 얄타에서 열린 회담, 1945년 8월 피점령 독일의 포츠담에서 열린 회담 등이 그것이다. 1943-45년의, 연합국들간의 일련의 협상은 국제연합의 창설을 포함해서 국가들간의 정치적, 경제적 관계를 위한 보다 일반적인 틀을 세우는 데에 보다 성공적이었다. 이 문제들은 다른 장에서 다룰 것이다(제9장을 보라).

제2차 세계대전은 제1차 세계대전보다 훨씬 더한 정도로, 이탈리아를 제외하고는 양쪽 모두 타협을 진지하게 고려하지 않은 채 최후까지 싸웠던 전쟁이었다. 1943년에 편을 바꾸고 정치체제를 바꾼 이탈리아는 완전한 점령지가 아니라 인정된 정부를 가진 패전국으로 취급되었다(이에는 연합국이 거의 2년 동안 이탈리아의 절반 지역으로부터 독일인들과, 그들에게 의존하는 무솔리니 치하의 파시스트 '사회공화국'을 몰아내지 못했다는 사실이 일조했다). 제1차 세계대전의 경우와는 달리, 양쪽에서의 이러한 비타협성에 대해서는 특별한 설명이 전혀 필요없다. 제2차 세계대전은 양쪽 모두에게 종교전쟁 또는 근대적 용어로 이데올로기 전쟁이었다. 그것은 명백히, 관련된 나라들 대부분에게 사활을 건 싸움이기도 했다. 독일의 국가사회주의체제에 패배한 대가는, 소련 내의 피점령지역과 폴란드에서 입증되었고 유태인들의 운명 —— 그들에 대한 조직적인 절멸정책이 쉽게 믿지 않으려고 하는 세상에 점차 알려지게 되었다 —— 이 보여주었듯이 노예화와 죽음이었다. 그러므로 전쟁은 무제한적으로 수행되었던 것이다. 제2차 세계대전은 단계적으로 대량전을 총력전으로 확대했다.

제2차 세계대전의 손실은 문자 그대로 헤아릴 수 없고, 대략적인 추정치를 내는 것조차 불가능하다. 왜냐하면 전쟁은 (제1차 세계대전과 달리) 제복 입은 사람들뿐만 아니라 민간인들도 서슴없이 죽였으며, 최악의 살해 중 상당수는, 아무도 계산할 수 없거나 계산하고 싶어하지 않았던 지역이나 시기에 발생했던 것이다. 이 전쟁이 직접적 사인(死因)이 되어 죽은 사망자의 수는 제1차 세계대전 때의 (추정된) 수치의 3-5배로 추산되었고(Milward, p.270 ; Petersen, 1986), 소련, 폴란드, 유고슬라비아의 **전체** 인구의 10-20퍼센트, 독일, 이탈리아, 오스트리아, 헝가리, 일본, 중국의 4-6퍼센트로 추산되었다. 영국과 프랑스의 사상자 수는 제1차 세계대전 때보다 훨씬 적었으나 ── 약 1퍼센트 ── 미국의 경우는 약간 더 높았다. 그러나 이상의 것들은 추정치일 뿐이다. 소련의 사상자 수는 공식적으로조차 여러 번 추산되었는데, 그 수는 700만 명이나 1,100만 명 또는 2,000만 명이나 심지어 5,000만 명의 수준까지 올라갔다. 어쨌든 그 규모가 그렇게도 천문학적인 수치인데 통계상의 정확성이 무슨 의미가 있겠는가? 대학살로 600만 명(어림잡은 것이고 과장된 것임이 거의 확실한 원래의 추정치)이 아니라 500만 명이나 심지어 400만 명이 죽었다고 역사가들이 결론짓는다고 해서, 대학살에 대한 공포가 줄어들겠는가? 독일이 레닌그라드를 포위공격한 900일(1941-44) 동안 기아와 물자고갈로 100만 명이 죽었는지, 아니면 75만 명이나 50만 명만 죽었는지가 무슨 의미가 있겠는가? 사실, 육감으로 느낄 수 있는 현실 밖의 수치에 대해서 우리가 진정으로 **이해할 수 있을까**? 독일에 있는 570만 명의 러시아인 포로 중에서 330만 명이 죽었다는 사실(Hirschfeld, 1986)이 이 페이지를 읽는 보통 수준의 독자에게 무슨 의미가 있겠는가? 전쟁사상자 수에 관해서 유일하게 확실한 사실은 여성보다 남성이 많이 죽었다는 것이다. 소련에서는 1959년까지도 35세와 50세 사이의 남성 대 여성 수의 비율이 4:7이었다(Milward, 1979, p.212). 이 전쟁이 끝난 뒤에는 살아남은 생명체보다 건물들이 더 쉽게 재건될 수 있었다.

III

 우리는 현대전이 모든 시민에게 영향을 미치고 그들 대부분을 동원한다는 것, 현대전에 쓰이는 무기를 생산하기 위해서는 경제 전체를 전시경제(戰時經濟)로 전환해야 하며 그러한 무기는 상상할 수 없을 정도의 양이 사용된다는 것, 현대전은 이루 말할 수 없는 파괴를 낳고 그 전쟁에 말려든 나라들의 생활을 온통 지배하고 변화시킨다는 것을 당연시한다. 그러나 이 모든 현상은 20세기의 전쟁들에만 해당된다. 실제로 이전에도 비참하게 파괴적인 전쟁들이 있었고, 심지어는 대혁명기의 프랑스에서처럼 현대의 총력전을 예견케 하는 전쟁들도 있었다. 오늘날까지도 여전히 1861-65년의 남북전쟁은 미국의 이후 모든 전쟁 —— 두 번의 세계전쟁인 한국전쟁과 베트남 전쟁을 포함해서 —— 에서의 사망자 수를 합친 것만큼의 사람들이 죽었던, 미국사상 가장 피를 많이 흘린 싸움이다. 그럼에도 불구하고 20세기 이전에는 전(全)사회를 지배한 전쟁이 예외적인 것이었다. 제인 오스틴은 자신의 소설을 나폴레옹 전쟁 동안에 썼지만, 그러한 사실에 대한 사전지식이 없는 독자는 그 사실을 전혀 눈치 채지 못했을 것이다. 왜냐하면 그녀의 글 속에 전쟁은 전혀 나타나지 않았던 것이다. 비록 그 전쟁에 직면한 수많은 상층신분 청년들이 참전한 것은 확실하지만 말이다. 그러나 어떠한 소설가도 20세기 전쟁 동안의 영국에 관해서 이런 식으로 쓴다는 것은 상상도 할 수 없을 것이다.

 20세기 총력전이라는 괴물은 아직 완전히 태어난 것은 아니었다. 그러나 1914년부터 줄곧, 전쟁은 여지없이 대량전이었다. 제1차 세계대전 때조차 영국은 남성의 12.5퍼센트를 군대에 동원했고 독일은 15.4퍼센트, 프랑스는 거의 17퍼센트를 동원했다. 제2차 세계대전 때 총경제활동인구 중 군대에 간 비율은 대체로 약 20퍼센트였다(Milward, 1979, p.216). 덧붙여 말하자면, 수년 동안 지속된 그러한 대중동원 수준은 현대적이고 생산성 높은 산업화된 경제와——

또는 그러한 경제 대신에 —— 주로 비전투원인구 부문에게 맡겨진 경제가 없었더라면 유지될 수 없었을 것이다. 전통적인 농업경제—— 적어도 온대지역에서의 —— 는 모든 일손이 필요할 때(이를테면 수확기)가 1년에 여러 번 있으므로 특정한 계절을 제외하고는 보통 그렇게 큰 비율의 노동력을 동원할 수 없다. 산업사회에서조차 그렇게 큰 인력동원은 노동력에 막대한 부담을 주며, 바로 그러한 사정이 현대의 대량전이, 조직된 노동자층의 힘을 강화한 동시에 가정 밖에서의 여성고용에 일대 혁명을 일으켰던 —— 제1차 세계대전에서는 일시적으로, 제2차 세계대전에서는 영구적으로—— 이유이다.

또한 20세기의 전쟁은 교전중에 그 이전까지는 상상도 할 수 없었던 양의 생산물을 사용하고 파괴했다는 의미에서 대량전이었다. 그러므로 1914-18년의 서부전투를 지칭하는 마테리알슐라흐트(Materialschlacht) —— 물량전 —— 라는 독일 말이 있는 것이다. 나폴레옹은 운 좋게도, 당시 프랑스의 공업생산능력이 극도로 제한되었음에도 불구하고 1806년의 예나 전투에서 이길 수 있었다. 불과 1,500발의 포탄으로 프로이센 군대를 무너뜨릴 수 있었던 것이다. 그러나 제1차 세계대전 이전에조차 프랑스는 **하루에** 1만-1만2,000 개의 포탄을 생산할 것을 계획했고, 프랑스의 공업은 결국 **하루에** 20만 개의 포탄을 생산해야 했다. 심지어는 차르 러시아까지도 포탄을 하루에 15만 개, 즉 한 달에 450만 개꼴로 생산했다. 공장의 기계공학적 공정이 혁명적으로 변화한 것은 놀라운 일이 아니다. 덜 파괴적인 군수품으로 말하자면, 제2차 세계대전 동안에 미국의 육군은 5억1,900만 켤레 이상의 양말과 2억1,900만 벌 이상의 바지를 주문했고, 관료주의 전통에 충실한 독일군은 단 1년 동안에(1943년) 440만 개의 가위와 620만 개의 군대사무실용 스탬프를 주문했다는 것을 상기하자(Milward, 1979, p.68). 대량전은 대량생산을 요구했던 것이다.

그러나 생산은 조직과 관리 역시 요구했다. 비록 생산의 목표가 독일의 집단학살수용소에서처럼 가장 효율적인 방식으로 인간의 생명을 합리적으로 파괴하는 것이었지만 말이다. 가장 일반적인 표현을 쓰자면, 총력전은 지금까지 인간에게 알려진 것 중 최대의 사업 —— 의식적으로 조직되고 관리되어야 하는 —— 이었다.

이는 또한 새로운 문제들을 야기했다. 17세기에 정부들이 상설군('상비군')에 대해 군사기업가들과 하청계약을 맺기보다는 직접 그 군대의 운영을 떠맡은 이래, 줄곧 군사문제는 정부들의 특별한 관심사였다. 실제로 군대와 전쟁은 곧 어떠한 사적 사업보다도 훨씬 큰 '산업' 내지 복합적인 경제활동이 되었고, 바로 그러한 이유로 19세기에 군대와 전쟁이, 산업시대에 발달한 거대한 사기업들, 이를테면 철도사업이나 항만시설에 전문지식과 경영기술을 그렇게도 자주 제공해줄 수 있었다. 게다가 거의 모든 정부가 무기와 전쟁물자를 제조하는 사업을 벌였다. 비록 19세기 말에 특히 포병대와 해군 같은 첨단기술 부문에서 정부와 사적인 전문 무기생산업자 사이에 일종의 공생관계가 발전했지만 말이다. 그러한 관계는 오늘날 '군산복합체'로 알려진 것을 미리 보여주었다(「제국의 시대」 제13장을 보라). 그럼에도 불구하고 프랑스 혁명과 제1차 세계대전 사이 시대의 기본적인 가정은 경제가 전시에도 가능한 한 평화시처럼 계속해서 기능할 것('평상시와 같은 사업')이라는 것이었다. 물론 일부 산업 —— 이를테면 평화시에 생각할 수 있는 생산능력을 훨씬 넘어서는 양의 군복을 생산해야 할 의류산업 —— 은 전쟁의 영향을 명백히 느꼈겠지만 말이다.

정부들의 주된 문제는, 그들이 보는 바로는 재정문제, 즉 어떻게 전쟁비용을 댈 것인가 하는 것이었다. 공채를 통해서 댈 것인가, 직접세를 통해서 댈 것인가 그리고 둘 중 어떤 경우이든 정확히 어떤 조건을 제시할 것인가? 그 결과 전시경제의 지휘자로 보이게 된 것은 재무성이나 재무부였다. 정부들이 예상했던 것보다 훨씬 오래 지속되었고 그만큼 사람들과 무기들을 더 많이 써버린 제1차 세계대전은 '평상시와 같은 사업'과 재무부의 지배를 불가능하게 했다. 비록 (영국의 젊은 케인스 같은) 재무성 관리들이, 재정비용을 고려하지 않은 채 승리를 추구할 준비가 되어 있는 정치가들에게 여전히 반대의사를 표명했지만 말이다. 물론 재무성 관리들은 옳았다. 영국은 자신의 재력을 훨씬 넘는 비용을 써가며 양차 세계대전을 수행했고, 이는 영국 경제에 지속적으로 부정적인 영향을 끼쳤다. 그러나 전쟁이 적어도 근대적인 규모로 수행되려면, 전쟁비용을 계산해야 할 뿐만 아니라 전시생산(戰時生産) —— 그리고 결국 경제 전체 —— 을 관리하고 계획해야 했다.

제1차 세계대전 동안에 정부들은 경험을 통해서 비로소 이를 배웠다. 그러나 제2차 세계대전에서는 주로 제1차 세계대전의 경험 덕분에 처음부터 그 사실을 알았다. 제1차 세계대전의 교훈을 정부 관리들이 철저히 연구했던 것이다. 그럼에도 불구하고, 정부들이 경제를 얼마나 완전히 떠맡아야 하는지 그리고 물질적인 계획과 (일상적인 경제 메커니즘에 의하지 않은) 자원의 할당이 이제 얼마나 중요해졌는지가 분명해지기까지는 시간이 걸렸다. 제2차 세계대전 초기에는 두 국가 —— 소련과 그보다 덜한 정도의 나치 독일 —— 만이 경제를 실제로 통제하기 위한 기구를 가지고 있었다. 이는 놀라운 일이 아니다. 왜냐하면 경제계획에 대한 소련의 생각은 원래 볼셰비키들이 1914-17년 독일의 전시계획경제에 대해서 알았던 것에 고무받은 것이고 어느 정도는 그에 기초했기 때문이다(제13장을 보라). 몇몇 국가들, 특히 영국과 미국에는 그러한 기구의 초보적인 형태조차 없었다.

따라서 양차 세계대전의 정부주도 전시계획경제들 —— 총력전에서 이는 **모든** 전시경제들을 의미했다 —— 중에서 서구 민주주의 국가들 —— 제1차 세계대전 시의 영국과 프랑스, 제2차 세계대전 시의 영국과 심지어는 미국 —— 의 전시경제가, 합리적이고 관료주의적인 행정의 전통과 이론을 갖춘 독일보다 훨씬 우월한 것으로 드러난 것은 기묘한 역설이다(소련의 경제계획에 대해서는 제13장을 보라). 그 이유는 추측할 수밖에 없지만, 그러한 사실 자체는 의심의 여지가 없다. 독일의 전시경제는 전쟁을 위한 모든 자원을 동원 —— 물론 전격전 전략이 실패하고 나서 그럴 필요가 없어졌을 때까지 —— 하는 데에 덜 조직적이었고 덜 효율적이었으며 확실히 독일의 민간인 주민들을 덜 돌보았다. 제1차 세계대전에서 무사히 살아남은 영국과 프랑스의 주민들은 전쟁 이전보다 더 가난해진 경우에조차 건강상태는 다소 나아진 것으로 보였고, 노동자들의 실질소득은 올라갔다. 독일인들은 더욱 굶주리게 되었으며, 독일 노동자들의 실질임금은 내려갔다. 프랑스가 곧 전쟁에서 탈락했고, 미국은 보다 부유하고 압력을 훨씬 덜 받았으며, 소련은 보다 가난하고 압력을 훨씬 더 받았다는 이유만으로도 제2차 세계대전에서의 비교는 더욱 어렵다. 독일의 전시경제는 사실상 전유럽을 이용대상으로 삼았으나, 서구의 교전국들보다 물질적으로 훨씬 더 크게 파괴된 채 종전을 맞이했다. 그러나 더욱 가난해진 영국—— 1943년까지 민간인 소비량이 20퍼센트 이상 떨어졌다 —— 은 평등과 공평한 희생과 사회적 정의를 체계적으로 지향한 전시계획경제 덕분에, 대체로 주민들이 좀더 잘 먹고 좀더 건강해진 상태로 종전을 맞이했다. 물론 독일의 체제는 원칙상 불공평했다. 독일은 점령한 유럽의 자원과 인력 둘 다 활용했고, 비독일계 주민을 열등한 사람으로, 극단적인 경우 —— 폴란드인들과 특히 러시아인들, 유태인들 —— 에는 사실상, 살려둘 필요조차 없는 소모용 노예 노동자로 취급했다. 외국인 노동자는 계속 증가하여, 1944년경에는 독일 노동력의 약 5분의 1—— 군수산업의 경우는 30퍼센트 —— 을 차지했다. 그렇다고 해도 독일의 자국민 노동자들에게 유리한 사실로 주장할 수 있는 것은 기껏해야 그들의 실질소득이 1938년과 같은 상태에 머물렀다는 것이다. 영국의 유아 사망률과 유아 질병률은 전쟁 동안에 계속해서 하락했다. 독일에 의해서 점령당하고 지배를 받은 프랑스 —— 먹을 것이 풍부하기로 소문났고, 1940년 이후에는 전쟁에서 벗어난 나라——에서는 모든 연령의 주민의 평균 체중과 건강상태의 양호도가 하락했다.

  총력전은 의심의 여지 없이 경영방식을 혁명적으로 변화시켰다. 기술과 생산은 얼마만큼 혁명적으로 변화시켰는가? 다른 식으로 말하면, 총력전은 경제발전을 진척시켰는가 아니면 지체시켰는가? 총력전은 명백히 기술을 진보시켰다. 왜냐하면 선진 교전국들 사이의 싸움은 군대의 싸움일 뿐만 아니라, 군대에 효율적인 무기와 여타의 필수적 시설을 공급하기 위해서 앞을 다투는 기술의 싸움이기도 했던 것이다. 제2차 세계대전이 일어나지 않았고 나치 독일 역시 핵물리학의 성과를 이용할지도 모른다는 공포가 없었다면, 원자폭탄은 만들어지지 않았을 것이 확실하며, 20세기에 어떠한 종류의 핵 에너지를 생산하더라도 들 꽤 막대한 경비를 지출할 필요도 없었을 것이다. 그밖의 기술의 진보들 중에는 처음에 전쟁상의 목표를 위해서 이루어졌다가 평화시에 훨씬 더 쉽게 적용될 수 있는 것으로 드러난 경우도 있지만(예를 들면 항공술과 컴퓨터), 전쟁이나 전쟁준비가 기술혁신 —— 평화시의 비용 대 이익을 계산해본 사람이라면 어느 누구도 착수하려고 하지 않을 것이 거의 확실한 기술혁신이거나, 평화시였다면 보다 느리게 주저하며 이루어졌을 기술혁신 —— 의 비용을 '감당'함으로써 기술의 진보를 촉진하는 주된 장치가 되어왔음은 여전히 사실이다(제9장을 보라).

그러나 전쟁의 기술선호 성향은 새로운 것이 아니었다. 게다가 현대의 산업경제는 끊임없는 기술혁신 위에 세워진 것이고, 그러한 기술혁신은 확실히, 전쟁이 일어나지 않았더라도(논의를 위해서 이러한 비현실적인 가정을 할 수 있다면) 아마도 점점 더 빠른 속도로 이루어졌을 것이다. 전쟁들 —— 특히 제2차 세계대전 —— 은 전문적 기술지식을 보급하는 데에 크게 기여했고 확실히 산업조직과 대량생산 방식에 큰 영향을 끼쳤지만, 전쟁들이 성취한 것은 전반적으로 하나의 변혁이라기보다는 변화의 가속화였다.

전쟁은 경제성장을 촉진했는가? 한 가지 점에서는 명백히 그렇지 않았다. 생산적 자원의 손실은 노동인구의 감소말고도 상당했다. 제2차 세계대전 동안에 소련에서 전전(戰前) 자본자산의 25퍼센트가 파괴되었고, 독일에서는 13퍼센트, 이탈리아에서는 8퍼센트, 프랑스에서는 7퍼센트가 파괴되었다. 영국에서는 3퍼센트만 파괴되었지만 말이다(그러나 이상의 것들은 전시[戰時]의 새로운 건설에 의해서 상쇄되었음에 틀림없다). 가장 피해가 컸던 소련의 경우, 전쟁의 순경제적 영향은 전적으로 부정적이었다. 1945년에 그 나라의 농업은 파산상태였고, 전전(戰前)의 5개년계획들이 이룬 공업화도 마찬가지였다. 남은 것이라고는, 거대하고 적응력이 전혀 없는 군수산업과 굶주리고 격감한 국민과 대규모의 물질적 파괴뿐이었다.

다른 한편, 미국 경제에게는 전쟁들이 명백히 유익했다. 양차 세계대전 때의 미국의 성장률은 엄청나게 높았다. 특히 제2차 세계대전 때에는 1년에 약 10퍼센트의 비율로 성장했는데, 이는 전무후무하게 빠른 속도였다. 양차 세계대전에서 미국은 싸움터로부터 거리가 먼 동시에 동맹국들의 주된 군수공장이라는 사실로 득을 보았고, 다른 어느 나라보다도 효율적인 방식으로 생산을 조직적으로 확대해가는 경제역량으로도 득을 보았다. 아마도 양차 세계대전의 가장 지속적인 경제적 영향은 단기 20세기 전(全)시기 동안 미국 경제로 하여금 전세계적인 우위를 누리게 한 데에 있을 것이다. 그러한 우위는 세기말 무렵이 되어서야 비로소 느리게 쇠퇴하기 시작했다(제9장을 보라). 1914년에 미국 경제는 아직 지배적인 경제는 아니었지만 이미 최대의 산업경제였다. 미국을 강화시킨 반면, 상대적이든 절대적이든 미국의 경쟁국들을 약화시킨 그 전쟁들은 미국의 경제적 상황을 바꾸어놓았다.

(양차 세계대전에서의) 미국과 (특히 제2차 세계대전에서의) 소련이 그 전쟁들의 경제적 영향을 보여주는 사례의 양극단을 대표한다면, 세계의 나머지 지역은 이들 양극단 사이의 어딘가에 위치하지만 대체로 미국 쪽 끝보다는 러시아 쪽 끝에 가까웠다.

IV

이제, 전쟁의 시대가 인간에 미친 영향과 그러한 시대의 인명손실을 평가할 일이 남았다. 앞서 언급한 막대한 수의 사상자들은 이러한 문제의 일부에 불과하다. 이해할 만한 이유들로 소련에서의 경우를 제외하면, 기묘하게도 제1차 세계대전의 훨씬 작은 수치가 제2차 세계대전의 막대한 수보다 훨씬 더 충격이 컸다. 제1차 세계대전의 기념물들이 훨씬 더 유명하다는 사실과 제1차 세계대전 전 몰자에 대한 제식(祭式)에서 볼 수 있듯이 말이다. 제2차 세계대전은 '무명용사' 기념비와 같은 것을 전혀 낳지 않았고, 제2차 세계대전이 끝난 뒤에는 '휴전기념일(1918년 11월 11일의 기념일)' 의식이 전간기(戰間期) 때 보였던 장엄함이 점차 퇴색했다. 5,400만 명의 사망자가 이전에 이미 대학살로서의 전쟁을 겪은 바 있는 사람들에게 충격을 준 것보다, 1,000만 명의 사망자가 그러한 희생을 전혀 예상하지 못했던 사람들에게 충격을 준 정도가 아마도 훨씬 더했을 것이다.

확실히 전쟁의 총력전적인 성격과, 양쪽 편 모두 비용에 상관없이 무제한적으로 전쟁을 수행하려는 결의가 자신의 흔적을 남겼다. 그것 없이는 20세기의 더해가는 야수성과 비인간성에 대해서 설명하기가 어렵다. 1914년 이후에 야만성이 계속 상승곡선을 그렸다는 점만큼은 불행히도 전혀 의심할 바 없다. 20세기 초까지는 서유럽 전역에서 고문이 공식적으로 사라졌다. 그러나 1945년 이후에 우리는 국제연합 회원국들 중 적어도 3분의 1 —— 가장 오래되고 가장 문명화된 몇몇 회원국들을 포함해서 —— 에서 고문이 행해지는 것을 보는 데에 다시 한번 별 반감 없이 익숙해졌다(Peters, 1985).

갈수록 야수화되어간 것은 인간에게 잠재해 있던 잔인성과 폭력성 —— 전쟁이 자연스럽게 정당화한 —— 이 해방된 데에 주로 기인한 것은 아니었다. 물론 이러한 현상이 제1차 세계대전 이후 일정 유형의 제대군인(퇴역군인)들, 특히 민족주의적 극우파 계열의 폭력배나 살인부대와 '자유군단(Free Corps)'에게서 나타났지만 말이다. 직접 살인을 했고 자신의 친구들이 살해당하고 난도질당하는 것을 보았던 사람들이, 적이라는 근거가 확실한 자들을 살해하고 잔인하게 다루는 데에 왜 주저하겠는가?

야수화의 한 가지 중요한 이유는 전쟁의 기묘한 민주화였다. 민간인들과 민간인들의 생활이 전략의 적절하고 때때로 주된 표적이 되었기 때문에 그리고 민주주의 정치에서처럼 민주주의적인 전쟁들에서도 적들이 몹시 가증스럽거나 적어도 경멸할 만한 것으로 보이도록 자연스럽게 악마화되었기 때문에, 총력전은 '인민의 전쟁'이 되었다. 양쪽 모두 전문직업인이나 전문가, 특히 비슷한 사회적 지위를 가진 사람들에 의해서 수행된 전쟁은 상호 존중과 규칙의 인정 또는 심지어 기사도까지 배제하지 않는다. 폭력에는 나름의 규칙이 있다. 이는 제1차 세계대전에 관한 장 르누아르의 평화주의적 영화인 "위대한 환상(La Grande Illusion)"이 보여주듯이 양차 세계대전 때 공군의 전투기 조종사들에게서도 여전히 명백하게 나타났다. 정치와 외교의 전문직업인들은 유권자들의 표나 신문들의 요구에 구애받지 않을 때, 싸우러 나오기 전에 악수를 하고 싸우고 난 뒤 함께 술을 마시는 권투선수처럼 상대편에 대해서 아무런 적의 없이 선전포고하거나 강화(講和)를 협상할 수 있다. 그러나 우리 세기의 총력전들은 비스마르크적 유형이나 18세기적 유형과는 거리가 멀었다. 대중적 국민감정이 동원되는 어떠한 전쟁도 귀족전쟁처럼 제한될 수는 없었던 것이다. 또한 제2차 세계대전에서 히틀러 체제의 성격과 동유럽에서의 독일인들 —— 이전에 나치가 아니었던 독일 군대를 포함해서 —— 의 행동이 악마화를 상당 정도 정당화해주었다는 점을 말하고 넘어가야 할 것이다.

또 하나의 이유는 전쟁의 새로운 비인격성이었다. 사람을 죽이고 불구로 만드는 일이 스위치를 누르거나 레버를 당기는 원격조작의 결과가 되어버린 것이다. 총검에 의해서 내장이 튀어나온 사람들이나 총구의 가늠쇠를 통해서 본 사람들은 정면으로 보일 수밖에 없었던 반면, 과학기술은 자신의 희생자들을 보이지 않게 했다. 서부전선의 영구고정된 대포들 맞은편에 있는 것은 사람이 아니라 통계수치 —— 그나마 미국의 베트남 전쟁 동안 적의 사상자 수인 '보디-카운트(body-count)'가 보여주듯이 전혀 현실적인 통계치가 아니라 가설적인 통계치 —— 였다. 폭격기 저 밑에 있는 것은 이제 막 불에 타고 내장이 튀어나오게 될 사람들이 아니라 단순한 표적이었다. 어떠한 시골 임산부의 배도 총검으로 찌를 마음이 없었을 것이 확실한 유순한 청년들에게도 런던이나 베를린에 고성능 폭탄을, 나가사키에 핵폭탄을 떨어뜨리기는 훨씬 더 쉬웠을 것이다. 굶주린 유태인들을 직접 도살장으로 몰아넣는 것이 비위에 맞지 않았을 것이 확실한 근면한 독일 관료들은 자신이 직접 관계한다는 느낌을 덜 가진 채, 폴란드의 집단학살수용소행 죽음의 열차들을 정규적으로 배차하는 철도 시간표를 짤 수 있었다. 우리 세기의 최대의 잔인한 행위는 원격조작과 시스템 및 기계적 절차에 의한 비인격적인 잔인행위 —— 특히 그러한 잔인행위가 유감스럽지만 작전상 필요한 것으로 정당화될 수 있을 때 —— 였다.

그렇게 세계는 천문학적인 규모의 강제퇴거와 살인에 익숙해졌는데, 그러한 현상은 너무도 생소한 것이어서 그것을 지칭할 새로운 단어가 발명되어야 했다. '무국적자(apatride)'나 '대량학살(genocide)'이 그 예이다. 제1차 세계대전은 투르크에 의한 무수한 아르메니아인들의 살해 —— 가장 통례적인 수치는 150만 명 —— 를 낳았다. 이는 주민 전체를 없애려고 한 최초의 근대적 시도로 간주될 수 있다. 그 다음에는 더 잘 알려진, 약 500만 명 —— 그 수치는 여전히 논쟁거리다(Hilberg, 1985) —— 의 유태인에 대한 나치의 대량 학살이 있었다. 제1차 세계대전과 러시아 혁명으로 인하여 수백만 명이 피난민으로서 또는 국가들간의 강제적 '주민교환' —— 결과적으로 피난과 같았던 —— 에 의해서 이동해야만 했다. 모두 합쳐서 130만 명의 그리스인이 주로 투르크로부터 그리스 본국으로 돌아왔고, 40만 명의 투르크인이 그들의 송환을 요구한 국가로 옮겨졌으며, 약 20만 명의 불가리아인이 그들 국가의 이름을 가진 줄어든 영토로 이동했다. 한편, 150만 명이나 어쩌면 200만 명의 러시아 동포들이 러시아 혁명을 피하여 도망갔거나 러시아 내전에서 진 쪽에 속함으로써 집 없는 사람이 되었다. 갈수록 관료제화되어가는 세계에서 어떤 국가에서도 자신의 관료기구를 가지지 못한 사람들을 위하여 새로운 증서가 창안된 것은 대량학살을 피해서 도망간 32만 명의 아르메니아인들보다는 주로 이러한 러시아인들을 위한 것이었다. 친구가 없는 사람들에게 친구가 되어주는 것을 자신의 두번째 직업으로 삼은 노르웨이의 위대한 북극 탐험가의 이름을 딴, 국제연맹의 이른바 난센 여권이 바로 그 증서이다. 1914-22년에 대략 어림잡아 400만-500만 명의 피난민이 생겼다.
 인간 투하(投荷, jetsam : 선박 조난 시 바다에 버리는 화물/역주)의 이러한 첫번째 홍수는 제2차 세계대전에 뒤이은 홍수나, 당시에 사람들이 다루어진 방식의 잔인성에 비하면 아무것도 아니었다. 1945년 5월경 유럽에서 집과 땅을 잃은 사람들은 비독일인 강제노역자들과, 소련 군대가 진군해오기 전에 도망간 독일인들을 제외하고도 아마도 4,050만 명이었던 것으로 추정되었다(Kulischer, 1948, pp.253-73). 또한 약 1,300만 명의 독일인들이, 폴란드와 소련에 의해서 합병된 독일 일부 지역과, 오랫동안 정착해온 체코슬로바키아 및 남동 유럽 일부 지역으로부터 쫓겨났다(Holborn, p.363). 그들은 새로 성립한 서독에 의해서 받아들여졌다. 새로 성립한 이스라엘 국가가 어떠한 유태인에게도 '돌아올 권리'를 제공했듯이, 서독은 돌아온 어떠한 독일인에게도 집과 시민권을 제공했던 것이다. 대량 탈출의 시기가 아니었다면 국가들이 그러한 제공을 진지하게 고려할 수 있었겠는가? 1945년에 승전국들의 군대가 독일에서 발견한 다양한 국적의 '난민들' 1,133만2,700명 중에서 1,000만 명이 곧 자신의 나라로 돌아갔으나, 이들 중 절반은 내키지 않는 마음으로 돌아가야 했던 사람들이었다(Jacobmeyer, 1986).
 지금까지 살펴본 것은 유럽의 피난민들에 국한된 것이다. 1947년에 인도의 탈식민지화는 인도와 파키스탄 사이에 새로 생긴 국경을 넘어야 했던(양 방향 모두) 1,500만 명의 피난민을 낳았다. 이는 뒤따른 내전에서 죽은 200만 명을 계산에 넣지 않은 것이다. 제2차 세계대전의 또 다른 부산물인 한국전쟁은 아마도 500만 명의 한국인 난민을 낳았다. 이스라엘의 수립 —— 전쟁의 또 다른 여파인 —— 뒤에는 약 130만 명의 팔레스타인 사람들이 UNRWA(United Nations Relief and Work Agency, 국제연합 구제사업국) 명부에 등록되었다. 역으로, 1960년대 초까지 120만 명의 유태인들이 이스라엘로 이주했는데, 이들 중 대다수 역시 피난민이었다. 요컨대 제2차 세계대전으로 인해서 전세계 인류가 겪게 된 재난이 인류사에서 가장 큰 재난이 될 것임에는 거의 틀림없다. 인류가 살인, 고문, 대량추방이 더 이상 주목받지 못하는 일상적 경험이 되어버린 세상에서 사는 데에 익숙해졌다는 것은 이러한 재난의 적잖이 비극적인 측면이다.

사라예보에서의 오스트리아 대공 암살에서 일본의 무조건 항복에 이르기까지의 31년은, 돌이켜보건대 독일사에서의 17세기 30년 전쟁에 비견되는 대파괴의 시대로 보아야 할 것이다. 또한 사라예보 —— 첫번째 사라예보 —— 는 확실히 세계적 상황이라는 면에서 전반적인 파국과 위기의 시대의 시작을 표시하는 것이었다. 바로 이러한 시대가 이 장과 다음 네 장의 주제이다. 그럼에도 불구하고 31년 전쟁은, 보다 국부적이었던 17세기의 30년 전쟁이 남겼던 것과 같은 종류의 기억을 1945년 이후 세대들에게 남기지 않았다.

이는 부분적으로는, 31년 전쟁이 역사가들의 시각에서만 단일한 전쟁시대를 구성했기 때문이다. 31년 전쟁을 직접 겪은 사람들은 그 전쟁을, 공공연한 적대행위가 없었던 '전간'기에 의해서 분리되는, 서로 연관되지만 구분되는 두 번의 전쟁들로 경험했다. 전간기의 길이는 일본의 경우 13년(일본의 두번째 전쟁은 1931년 만주에서 시작되었다)에서 미국의 경우 23년(미국은 1941년 12월이 되어서야 제2차 세계대전에 참전했다)에 이르기까지 다양했다. 그러나 이는 두 전쟁이 각각 자체적인 역사적 성격과 모습을 지녔기 때문이기도 하다. 두 전쟁 모두 그에 필적할 만한 것이 없는 살육의 에피소드였고, 다음 세대에게 밤낮으로 출몰하는 과학기술적 악몽의 영상을 남겼다. 1918년 이후의 독가스 및 공중폭격과 1945년 이후의 핵폭발 버섯구름이 그것이다. 또한 두 전쟁 모두 유럽과 아시아의 상당 지역에서 붕괴와 —— 다음 장에서 보게 되듯이 —— 사회혁명이 일어나는 것으로 끝났다. 게다가 두 전쟁 모두 미국을 제외한 교전국들을 지칠 대로 지치게 했고 약화시켰던 반면, 미국은 두 전쟁 모두 피해를 입지 않고 보다 부유해진 상태로 종전을 맞이했고 그 결과 세계의 경제적 주인으로 떠올랐다. 그럼에도 두 전쟁의 차이는 얼마나 현저했던가! 제1차 세계대전은 아무것도 해결하지 않았다. 제1차 세계대전이 낳았던 희망들, 즉 국제연맹이 이끄는 국민국가들의 평화적, 민주적 세계에 대한 희망, 1913년의 세계경제로 돌아갈 것이라는 희망 그리고 (러시아 혁명에 환호한 사람들이 품었던) 피억압자의 봉기로 몇 년 또는 몇 달 내에 세계 자본주의를 뒤엎을 것이라는 희망조차 곧 좌절되었다. 과거는 손이 닿지 않는 곳으로 흘러가버렸고, 미래는 유예되었으며, 현재는 순식간에 지나가버린 1920년대 중반의 몇 년간을 제외하고는 고통스러웠다. 제2차 세계대전은 실제로, 적어도 몇십 년 동안은 해결책들을 낳았다. 파국의 시대 자본주의의 극적인 사회-경제적 문제들은 사라진 것 같았다. 서방의 세계경제는 황금시대에 돌입했다. 서방의 정치적 민주주의는 물질생활의 엄청난 개선에 힘입어 안정되었고 전쟁은 제3세계로 추방되었다. 다른 한편, 혁명조차 자신의 앞길을 찾았던 것으로 보였다. 이전의 식민제국들은 사라졌거나 곧 무너질 운명이었다. 또한 공산주의 국가들의 집합체 —— 이제 초강대국으로 변모한 소련을 중심으로 조직된 —— 가 경제성장 경주에서 서방과 겨룰 준비가 된 것으로 보였다. 이는 환상인 것으로 드러났지만, 1960년대에 와서야 비로소 그러한 환상이 깨지기 시작했다. 이제는 알 수 있듯이, 국제정세조차 안정되었다. 비록 당시는 그렇게 보이지 않았지만 말이다. 제1차 세계대전 이후와는 달리, 이전의 적국들 —— 독일과 일본 —— 은 (서방의) 세계경제에 재통합되었고 새로운 적국들 —— 미국과 소련 —— 은 결코 실제로 싸움을 시작하지 않았다.

제1차 세계대전 끝에 일어난 혁명과 제2차 세계대전 끝에 일어난 혁명조차 서로 전혀 달랐다. 제1차 세계대전 뒤의 혁명들은, 앞으로 보게 되듯이, 그 전쟁을 겪은 대부분의 사람들이 갈수록 무의미한 살육으로 보았던 것에 대한 혐오에 뿌리를 둔 것이었다. 그 혁명들은 전쟁에 반대하는 혁명이었다. 제2차 세계대전 뒤의 혁명들은 적들 —— 독일과 일본, 보다 일반적으로는 제국주의 —— 과의 세계적 투쟁 —— 아무리 무서운 투쟁이라도 그 투쟁에 참여한 사람들이 정당하다고 느낀 —— 에 대한 대중적 참여에서 나온 것이었다. 그러나 역사가의 시각에서는 두 종류의 전후(戰後) 혁명을 양차 세계대전의 경우와 마찬가지로 단일한 과정으로 볼 수 있다. 이제 바로 그러한 혁명에 주의를 돌릴 차례다.

제2장 세계혁명

　동시에 〔부하린은〕 다음과 같이 덧붙였다. "나는 우리가 혁명의 시기에 돌입했다고 생각하는데, 이 시기는 혁명이 전유럽과 결국은 전세계에서 마침내 승리할 때까지 50년은 지속될지도 모른다."
　　　　　── 아서 랜섬, 「1919년 러시아에서의 6주」(Ransome, 1919, p.54)

　억압과 착취를 비난한 셸리의 시(3,000년 전 이집트 농민들의 노래는 말할 것도 없고)를 읽는 것은 얼마나 무시무시한 일인가! 여전히 억압과 착취로 가득 찬 미래에 그것들이 읽혀질 때 사람들은 다음과 같이 말할 것이다. "심지어 그 당시에도……."
　　　　　── 베르톨트 브레히트, 1938년에 셸리의 "무정부상태의 가면극"을 읽고 나서(Brecht, 1964)

　프랑스 혁명 이후 유럽에서 러시아 혁명이 일어났고, 이 혁명은 일단 조국의 운명이 가난한 사람, 비천한 사람, 프롤레타리아, 노동대중에게 진정으로 맡겨지면 가장 강력한 침입자들도 물리칠 수 있다는 것을 세계에 다시 한번 가르쳐주었다.
　　　　　── 1944년, 이탈리아 빨치산의 '에우세비오 잠보네 19여단'의 대자보 중에서(Pavone, 1991, p.406)

　혁명은 20세기 전쟁의 산물이었다. 특정하게는, 소련 ── 31년 전쟁의 두번째 국면에 의해서 초강대국으로 변모한 ── 을 낳은 1917년의 러시아 혁명이 그랬지만, 보다 일반적으로, 20세기 역사의 세계적 상수(常數)로서의 혁명 자체가 그랬다. 전쟁이 그것만으로 교전국들에서 위기, 붕괴, 혁명으로 반드시 이어지는 것은 아니었다. 실제로 1914년 이전에는 적어도 전통적인 합법성을 지닌 안정된 체제에 관한 한, 정반대의 가정이 우세했다. 나폴레옹 1세는, 프로이센 왕이 군사적 재난과 영토 절반의 상실에도 불구하고 살아남았듯이 오스트리아 황제 역시 싸움에서 백번 지고도 운 좋게 살아남을 수 있었던 반면, 프랑스 혁명의 소산인 자기 자신은 단 한 번의 패배로도 위험에 처하게 될 것이라는 데에 대해 몹시 불평했다. 그러나 20세기의 총력전이 그 전쟁에 말려든 국가들과 인민들에게 지운 부담은 너무도 무겁고 전례 없는 것이어서, 그들은 거의 자신의 한계점과 어쩌면 극한점까지 기력을 소모해야만 했다. 미국만이 세계대전이 끝나고 난 뒤에, 참전했을 때와 거의 같거나 그때보다 오히려 더 강해졌다. 다른 모든 나라에게 종전(終戰)은 격변을 의미했다.

　구(舊)세계가 운이 다했음은 명백해 보였다. 구사회, 구경제, 구정치체제는 중국 성구의 표현대로 "천명(天命)이 다했다." 인류는 대안을 기다리고 있었다. 1914년에 그러한 대안은 친숙한 것이었다. 사회주의 정당들 —— 그들 나라의 늘어나는 노동계급의 지지를 받으며 그들의 승리의 역사적 불가피성에 대한 믿음에 의해서 고무된 —— 이 유럽의 대부분 나라들에서 이러한 대안을 대표했다(「제국의 시대」 제5장을 보라). 민중들이 떨쳐 일어나 자본주의를 사회주의로 대체하고, 그럼으로써 세계전쟁이라는 무의미한 고통을 무언가 보다 건설적인 것 —— 신세계를 낳는 피나는 고통과 경련—— 으로 변화시키는 데에는 단 한 번의 신호로도 충분할 것 같았다. 러시아 혁명, 보다 정확히 말해서 1917년 10월의 볼셰비키 혁명이 바로 이러한 신호를 세계에 보내기 시작했다. 따라서 그 혁명은, 1789년의 프랑스 혁명이 19세기 역사에 대해 중심적인 사건이었듯이, 금세기사에 중심적인 사건이 되었다. 사실 이 책에서 정의된 단기 20세기의 역사가 10월혁명으로 태어난 국가의 생애와 시간적으로 일치한 것은 우연이 아니다.

　그러나 10월혁명은 자신의 선조(프랑스 혁명을 지칭한다/역주)

보다 훨씬 더 깊고 훨씬 더 세계적인 영향을 끼쳤다. 왜냐하면 오늘날 분명히 드러났듯이 프랑스 혁명의 사상이 볼셰비즘보다 오래 가기는 했지만, 1917년의 실제적 결과는 1789년의 결과보다 훨씬 더 컸고 훨씬 더 지속적이었기 때문이다. 10월혁명은 근현대사에서 단연 가장 방대하게 조직된 혁명운동을 낳았다. 이슬람 교도들의 세계정복 첫 세기 이래 10월혁명의 세계적 확산에 필적할 만한 것은 없었다. 레닌이 페트로그라드의 핀란드 역에 도착한 지 불과 30-40년 만에, 인류의 3분의 1이 "세계를 뒤흔든 10일"(Reed, 1919)로부터 직접적으로 유래한 체제에서 레닌의 조직 모델인 공산당의 통치하에 살게 되었다. 그들 대부분은 1914-45년의 장기적 세계전쟁의 두번째 국면에서 나온 두번째 물결의 혁명들을 통해서 소련의 예를 따랐다. 이 장은 이렇듯 두 부분으로 구성된 혁명에 관한 것이다. 물론, 원형을 이루고 이후 혁명들의 형태를 결정지은 1917년 혁명과, 그 혁명이 후속 혁명들에 부과한 특정한 스타일에 집중하고 있기는 하지만 말이다.

어쨌든 그 혁명이 후속 혁명들을 크게 지배했던 것이다.

I

단기 20세기 대부분 동안, 소련 공산주의는 자신이 자본주의에 대한 대안적 체제이자 자본주의에 비해 우월한 체제이며 결국 자본주의를 이길 것으로 역사에 의해서 운명지어진 체제라고 주장했다. 그리고 이 시기의 상당 기간 동안, 소련 공산주의의 이러한 우월성에 대한 주장을 받아들이지 않은 많은 사람들조차 공산주의가 승리하지 않을지도 모른다는 것을 전혀 확신하지 못했다. 또한 1933-45년의 기간을 중요한 예외로 하면(제5장을 보라) 10월혁명 이후 단기 20세기 전(全)시기 동안의 국제정치는 사회혁명 —— 소련과 국제공산주의로 구체화되거나, 그것들과 동맹관계에 있거나, 그것들의 운명에 달려 있는 것으로 여겨진 —— 에 맞선 구(舊)질서세력의 오랜 투쟁으로 볼 때 가장 잘 이해될 수 있다.

단기 20세기가 경과함에 따라, 경쟁적인 두 사회체제 세력(1945년 이후 각 세력은 지구를 파괴할 무기를 휘두르는 초강대국 밑으로 동원되었다) 사이의 결투로서의 세계정치상은 점점 더 비현실적인 것이 되었다. 1980년대에 이르면 세계정치상이 십자군으로서의 국제정치와는 거의 무관하게 되었다. 그러나 우리는 어떻게 그러한 국제정치가 탄생하게 되었는가를 이해할 수 있다. 왜냐하면 10월 혁명은 자코뱅 시절의 프랑스 혁명보다도 더욱 완전하고 더욱 비타협적으로 자신을 민족적이기보다는 세계적인 사건으로 보았기 때문이다. 그 혁명은 러시아에 자유와 사회주의를 가져다주기 위해서가 아니라, 세계 프롤레타리아 혁명을 야기하기 위해서 일어난 것이었다. 레닌과 그의 동지들의 마음 속에서는 러시아에서의 볼셰비즘의 승리가 우선적으로, 보다 넓은 세계적 규모로 볼셰비즘의 승리를 얻기 위한 전쟁에서의 한 전투에 불과했고, 그러한 위상을 제외하고는 거의 정당화될 수 없는 것이었다.

차르 러시아에서는 혁명이 일어날 기회가 무르익었고 충분히 혁명이 일어날 만했으며, 실제로 그러한 혁명이 틀림없이 차르 체제를 뒤엎을 것이라는 것은 1870년대 이래 세계정세에 대한 지각 있는 관찰자라면 누구나 인정해왔다(「제국의 시대」 제12장을 보라). 차르 체제가 혁명에 의해서 실제로 무릎을 꿇은 1905-06년 이후에는 아무도 그러한 사실을 진지하게 의심하지 않았다. 제1차 세계대전과 볼셰비키 혁명이라는 우연적 사건만 없었더라면 차르 러시아는 번영하는 자유주의-자본주의적 산업사회로 발전했을 것이며 실제로 그러한 길로 나아가고 있었다고 회고적으로 주장하는 역사가들도 일부 있으나, 1914년 이전에 그러한 취지의 예언이 있었는지를 탐지하려면 현미경이 필요할 것이다. 실제로 차르 체제는 1905년 혁명 이후, 이전 상태를 거의 회복하지 못했다. 1905년 혁명이 일어났을 때, 언제나처럼 우유부단했고 무능했던 차르 체제는 급속히 치솟는 사회적 불만의 물결에 다시 한번 부딪쳤다. 전쟁발발 직전 몇 달 동안에 러시아는 군대, 경찰, 공무원의 확고한 충성이 없었더라면 다시 한번 폭발 직전까지 갔을 것이다. 전쟁이 발발하자 실제로, 그렇게도 많은 교전국들에서처럼 대중적 열광과 애국주의 덕분에 정치적 상황이 진정되었다. 러시아의 경우 그러한 현상이 오래 가지는 않았지만 말이다. 1915년에 이르면 또다시 차르 정부의 문제점이 해결될 수 없는 것으로 보였다. 러시아 왕정을 뒤엎은 1917년 3월혁명[1]만큼이나 놀랄 것 없고 예상된 사건도 없을 것이다. 그 혁명은 가장 완고한 전통주의적 반동들을 제외한 서방의 모든 정치적 여론에 의해서 널리 환영받았다.

그러나 러시아 촌락공동체의 집단적 관습에서 사회주의적 미래로 직행할 것이라고 보았던 낭만주의자들을 제외한 모든 사람들은 러시아 혁명이 사회주의혁명이 될 수도 없고 되지도 않을 것이라는 점을 당연시했다. 그러한 변화를 위한 조건이 빈곤과 무지와 후진성의 전형이었던 농민국에는 전혀 존재하지 않았던 것이다. 그러한 나라에서, 자본주의의 무덤을 파는 사람으로 마르크스가 운명지은 바 있는 산업 프롤레타리아는 소수 —— 전략적으로 중요한 장소에 배치되기는 했지만 —— 에 불과했다. 러시아의 마르크스주의 혁명가들 자신도 이러한 견해를 공유했다. 차르 체제와 지주제의 전복은 그 자체로 받아들여져서 '부르주아 혁명'을 낳을 것이었고 오직 그렇게만 기대될 수 있었다. 그리고 나서 부르주아지와 프롤레타리아트 사이의 계급투쟁(마르크스에 따르면 오직 하나의 결과만을 가져올 수 있는)이 새로운 정치적 조건하에서 계속될 것이었다. 물론 러시아는 고립해서 존재하지 않았고, 따라서 거대한 나라 —— 일본과의 국경에서부터 독일과의 국경에까지 걸쳐 있으며, 그 정부가 세계의 상황을 지배한 소수의 '열강' 중 하나였던 —— 에서의 혁명

---

1) 당시 러시아는 여전히 율리우스 력(曆)을 썼는데, 그것은 기독교 세계나 서구화된 세계의 다른 모든 곳에서 채택된 그레고리우스 력보다 13일 늦었으므로 2월혁명은 실제로는 3월에, 10월혁명은 11월 7일에 일어난 셈이었다. 러시아어 철자법 개혁의 경우와 마찬가지로 러시아의 역법을 개혁한 것 —— 혁명이 가져온 충격의 깊이를 보여주는 —— 도 다름아닌 10월혁명이었다. 그렇게 작은 변화를 낳는 데에도 대체로 사회-정치적 대변동이 필요하다는 것은 잘 알려진 사실이다. 프랑스 혁명의 가장 지속적이고 가장 보편적인 결과는 미터법이다.

은 국제적으로 중요한 결과를 가져오지 않을 수 없었다. 마르크스 자신이 생애 말년에 러시아 혁명이, 산업적으로 보다 발전된 서방국들 —— 프롤레타리아 사회주의혁명을 위한 조건이 존재했던 —— 에서 프롤레타리아 혁명을 촉발시키는 일종의 기폭제 역할을 해주기를 기대했다. 앞으로 보게 되듯이, 제1차 세계대전이 끝날 무렵에 가서는 바로 이러한 일이 그대로 일어날 것 같았다.

사태를 복잡하게 만드는 문제가 오직 한 가지 있었다. 러시아는 마르크스주의자들의 프롤레타리아 사회주의혁명이 일어날 준비가 되어 있지 않았지만, 그들의 자유주의적 '부르주아 혁명'이 일어날 준비 역시 되어 있지 않았던 것이다. '부르주아 혁명'만을 성취하고 싶어했던 사람들조차, 러시아의 자유주의적 중간계급 —— 도덕적 명망과 대중의 지지도 부족하고, 그들에게 적합한 대의정부의 제도적 전통도 미약했던 소수의 주민 —— 이라는 작고 미약한 세력에 의존하지 않으면서 그러한 혁명을 성취하는 길을 찾아야 했다. 부르주아 자유주의 정당인 카데트(Kadet, Konstitutsionno-Demokraticheskaya Partiya)는 자유선거로 구성된(그리고 곧 해산된) 1917-18년 제헌의회의 의원수 중 2.5퍼센트도 차지하지 못했던 것이다. 부르주아-자유주의적 러시아가, 그러한 러시아가 무엇인지 모르거나 상관하지 않는 농민들과 노동자들의 봉기에 의해서, 무언가 다른 것을 원하는 혁명정당의 주도로 쟁취되든가, 아니면 보다 가능성이 있는 경우로서, 혁명을 일으킨 세력이 부르주아-자유주의적 단계를 넘어 보다 급진적인 혁명(마르크스가 쓴 바 있고 1905년 혁명 동안에 청년 트로츠키가 부활시킨 표현을 쓰자면 '영구혁명')으로 나아갈 것이었다. 1917년에는 레닌 —— 1905년에는 부르주아 민주주의적 러시아를 크게 넘지 않기를 희망했던 —— 역시 처음부터, 자유주의라는 주자가 러시아 혁명이라는 경주에 낄 수 없다고 판단했다. 이는 현실적인 평가였다. 그러나 1917년의 러시아에 **사회주의혁명**을 위한 조건이 전혀 없었다는 것은, 다른 모든 러시아 및 비러시아 마르크스주의자들에게만큼이나 레닌에게도 명백해 보였다. 러시아의 마르크스주의 혁명가들로서는, 그들의 혁명이 다른 곳으로 확산되어야 했다.

혁명이 확산되는 것보다 더 가능성 있는 일도 없는 것으로 보였다. 왜냐하면 제1차 세계대전은 특히 패배한 교전국들에서 광범위한 정치적 붕괴와 혁명적 위기로 끝났던 것이다. 1918년에 패전국 통치자 네 명 모두(독일, 오스트리아-헝가리, 투르크, 불가리아) 왕위를 잃었고, 독일에게 진 러시아의 차르는 이미 1917년에 사라졌다. 게다가 사회적 불안은 유럽의 승리한 쪽 교전국들 —— 이탈리아의 경우 거의 혁명적인 상황이었다 —— 까지도 뒤흔들었다.

앞서 보았듯이 교전중의 유럽 사회는 대량전의 엄청난 압력으로 휘청거리기 시작했다. 전쟁발발 직후에 고조되었던 애국주의적 분위기는 가라앉았다. 1916년에 이르면 전쟁에 대한 염증이, 끝없고 결판 나지 않는 것으로 보이는 살육 —— 아무도 끝낼 의사가 없는 것 같은 —— 에 대한 시무룩하고 말없는 적대감으로 변해가고 있었다. 1914년에는 무력하고 고립되었다고 느꼈던 전쟁반대자들이 1916년에 가서는 자신들이 다수를 대변한다고 느낄 수 있었다. 상황이 얼마나 극적으로 변했나 하는 것은, 1916년 10월 28일에 오스트리아 사회당의 지도자 겸 창립자의 아들인 프리드리히 아들러가 전쟁에 반대하는 공개적 의사표시로, 빈의 한 카페에서 오스트리아 수상인 슈튀르크 백작을 유유히 암살했을 때 —— 당시는 경호원이 생기기 전인 순진한 시대였다 —— 입증되었다.

반전감정은 자연스럽게 사회주의자들이 가진 정치적 입장의 선명성을 강화시켰다. 그들은 점점 더 1914년 이전 사회주의운동의 전쟁반대 입장으로 돌아갔던 것이다. 사실상 몇몇 당들(이를테면 러시아와 세르비아의 당들과 영국의 독립노동당)은 전쟁반대를 결코 포기하지 않았고, 사회당들이 전쟁을 지지했던 곳에서조차 가장 격렬한 반전주장자들을 사회당원들 중에서 발견할 수 있었다.[2] 동시에 모든 주요 교전국들에서, 광대한 군수산업의 조직된 노동운동

---

[2] 1917년에 주목할 만한 정당인 독일독립사회민주당(USPD)이 바로 이 문제로 인하여 사회민주당(SPD) 다수파 —— 계속해서 전쟁을 지지했던 —— 로부터 공식적으로 떨어져나왔다.

이 노동자 투쟁과 반전 투쟁 양쪽 모두의 중심지가 되었다. 이러한 공장들의 하층 노조활동가들, 즉 교섭에서 유력한 지위에 있는 숙련공들(영국의 '작업장 대표자[shop steward]', 독일의 '직장[職長, Betriebsobleute]')이 급진주의의 전형이 되었다. 수상(水上) 공장과 거의 다를 바 없는 새로운 첨단기술 해군의 기술병과 기계공도 같은 방향으로 움직였다. 러시아와 독일 둘 다에서 주요 해군기지들(크론슈타트, 킬)이 혁명의 중심지가 되었고, 이후에 흑해에서 일어난 프랑스 해군폭동은 프랑스가 1918-20년의 러시아 내전에 군사적으로 개입하여 볼셰비키와 싸우던 것을 중지시켰다. 따라서 전쟁에 반대하는 반란은 중심지와 추진세력 양쪽을 얻은 셈이었다. 오스트리아-헝가리의 검열관들이 그들 부대의 편지를 검열하며 어조의 변화에 주목하기 시작한 것은 놀라운 일이 아니다. "주님께서 우리에게 평화를 내려주시기만 한다면"이 "우린 이제 질렸다"라든가, 심지어는 "사회주의자들이 전쟁을 중지시킬 것이라고들 한다"로 변화했던 것이다.

따라서 다시 한번 합스부르크 검열관들에 따르면, 러시아 혁명이 전쟁발발 이래 농민과 노동자의 아내들의 편지에서까지도 반향된 최초의 정치적 사건이었다는 것은 놀라운 일이 아니다. 그리고 특히 10월혁명으로 레닌의 볼셰비키가 집권한 뒤에 평화에 대한 갈망과 사회혁명에 대한 갈망이 서로 융합된 것도 놀라운 일이 아니다. 1917년 11월과 1918년 3월 사이에 검열된 편지들 표본의 3분의 1은 러시아로 인해서 평화를 얻을 것을 기대했고, 다른 3분의 1은 혁명으로, 20퍼센트는 양자의 결합으로 평화를 얻을 것을 기대했던 것이다. 러시아 혁명이 국제적으로 중요한 영향을 끼칠 것이라는 것은 언제나 명백해 보였다. 1905-06년의 제1차 러시아 혁명조차 오스트리아-헝가리에서 투르크와 페르시아를 거쳐 중국에 이르기까지 당시까지 살아남았던 오래된 제국들을 뒤흔들었던 것이다(「제국의 시대」 제12장을 보라). 1917년까지는 전유럽이, 언제라도 불이 붙을 수 있는 사회적 화약고가 되었다.

II

　사회혁명의 기회가 무르익었고, 전쟁에 지쳤으며, 패전에 직면한 러시아는 제1차 세계대전의 압박과 부담으로 무너진 중부 유럽 및 동유럽 체제들 중 첫번째 체제였다. 아무도 그러한 폭발이 일어날 시기와 계기는 예견하지 못했지만, 폭발하리라는 것 자체는 예상된 것이었다. 스위스에 망명중이던 레닌은 2월혁명이 일어나기 몇 주 전까지만 해도 생전에 혁명을 볼 수 있을까 고민했다. 실제로는, (사회주의운동에서 '여성의 날'로 통하는 3월 8일에) 노동계급 여성들의 시위와, 투쟁적이기로 유명한 푸틸로프 금속공장들의 공장폐쇄가 결합되어 총파업이 발생했고, 기본적으로 빵을 요구하기 위하여 대중이 얼어붙은 강을 건너 수도 중심부에 밀어닥치는 사태가 벌어졌을 때 차르의 지배가 무너졌다. 그 체제의 취약성은 차르의 부대들 —— 항상 충성스러웠던 카자크 기병대까지도 —— 이 군중들을 공격하기를 주저하다가 결국 거부했고, 그들과 친교를 나누기 시작했을 때 드러났다. 혼란스러운 나흘이 지난 뒤 부대들이 폭동을 일으키자 차르는 퇴위했고 자유주의적인 '임시정부'로 대체되었다. 이 정부에 대해서는 러시아의 서방 동맹국들측 —— 절망에 빠진 차르 체제가 전쟁에서 손을 떼고 독일과 독자적으로 강화조약을 맺지나 않을까 두려워한 —— 의 약간의 지지나 심지어는 원조가 없지 않았다. 자발적이고 지도자도 없었던, 거리에서의 나흘이 제정을 끝장냈던 것이다.[3] 사실 그 이상의 의미가 있었다. 러시아는 사회혁명이 일어날 조건이 충분히 성숙되어 있었으므로, 페트로그라드의 대중은 차르의 몰락을 즉각 보편적 자유와 평등과 직접민주주의의 선언으로 간주했던 것이다. 레닌의 비범한 성과는 바로 이러한 통제할 수 없는 무정부적인 민중의 파도를 볼셰비키 권력으로

---

[3] 인명손실은 10월혁명보다는 컸으나 비교적 근소했다. 53명의 장교, 602명의 사병, 73명의 경관, 587명의 시민이 부상당하거나 사망했다(W. H. Chamberlin, 1965, vol. I, p.85).

전환시킨 데에 있었다.

 따라서 뒤이어 나타났던 것은, 독일인들과 싸울 태세가 되어 있고 그러한 의지도 갖춘 자유주의적, 입헌적인 서구지향적 러시아가 아니라 혁명적인 진공상태였다. 한쪽에는 무력한 '임시정부', 다른 한쪽에는 비 온 뒤의 버섯처럼 도처에서 자발적으로 피어오른 수많은 민초 '평의회(소비에트)'가 있었다.[4] 이러한 평의회들은 실제로 지방별로 권력이나 적어도 거부권을 보유했지만, 그러한 권한으로 무엇을 하고 무엇을 할 수 있고 무엇을 해야 할지를 전혀 몰랐다. 다양한 혁명정당과 혁명조직들 —— 볼셰비키 및 멘셰비키 사회민주당, 사회혁명당, 비합법상태로부터 벗어난 좌파의 수많은 군소분파들 —— 이 이러한 평의회들 내에 뿌리내리고자 했고, 그 평의회들을 서로 조정하고자 했으며, 평의회들로 하여금 자신의 정책을 따르도록 심혈을 기울였다. 비록 초기에는 레닌만이 평의회들을 정부에 대한 대안으로 보았지만 말이다('모든 권력을 소비에트로'). 그러나 차르가 몰락했을 때, 러시아 사람들 중에 혁명정당들의 명칭이 각각 무엇을 나타내는지를 아는 사람이나, 그것을 안다고 해도 각 당들의 경쟁적인 호소들을 서로 구별할 수 있었던 사람은 상대적으로 드물었음이 분명하다. 그들이 알았던 것은 그들이 더 이상 권위 —— 그들보다 더 잘 안다고 자임하는 혁명가들의 권위까지도 —— 를 받아들이지 않는다는 것이었다.

 가난한 도시민들의 기본적인 요구는 빵이었고, 그들 중에서 노동자들의 기본적인 요구는 더 나은 임금과 더 짧은 노동시간이었다. 농업으로 살아간 러시아인들 중 80퍼센트의 기본적 요구는 여느 때처럼 토지였다. 양자 모두 전쟁이 끝나기를 원한다는 데에 의견이 일치했다. 비록 군대를 구성한 농민-병사 대중이 처음에 반대했던

---

4) 러시아의 자치 촌락공동체 경험에 연원하는 것으로 추정되는 그러한 '평의회'들은 1905년 혁명 동안에 공장노동자들에게서 정치적 실체로 등장했다. 직접선거로 뽑힌 대표들의 모임은 어디서나 조직된 노동자들에게 친숙한 것이었고 그들의 뿌리 깊은 민주주의 관념에 호소하는 것이었으므로, 항상은 아니지만 이따금 각 나라 말 —— councils, Räte —— 로 번역되기도 하는 '소비에트'라는 말은 국제적으로 강한 호소력을 가졌다.

것은 전투 자체가 아니라, 가혹한 규율과 다른 계급의 학대였지만 말이다. 이러한 슬로건, 즉 '빵, 평화, 토지'는 그 슬로건을 선전한 사람들, 특히 레닌의 볼셰비키에 대한 지지도를 급속히 상승시켰다. 볼셰비키는 1917년 3월에 불과 몇천 명의 작은 부대였던 것이 그해 초여름에 이르면 25만 당원의 규모로 성장했던 것이다. 레닌을 기본적으로 쿠데타의 조직자로 본 냉전기 신화와는 반대로, 레닌과 볼셰비키가 가진 유일한 현실적 이점은 대중이 원하는 것을 알아차리는 능력, 말하자면 그들이 어떻게 따르는가를 앎으로써 그들을 이끄는 능력이었다. 이를테면 레닌은 농민들이 사회주의 계획과는 반대로 가족 단위로의 토지분배를 원한다는 것을 인식했을 때, 볼셰비키로 하여금 이러한 형태의 경제적 개인주의를 채택하게 하는 데에 잠시도 주저하지 않았다.

반대로 임시정부와 그 지지자들은 러시아를 정부의 법과 법령에 복종시키는 데에 자신이 무능했다는 사실을 깨닫지 못했다. 사업가들과 경영자들이 노동규율을 재확립하고자 했을 때 노동자들은 오직 급진화될 뿐이었다. 임시정부가 1917년 6월에 군대를 또 한번의 군사적 공세에 내보내자고 주장하자 군대는 더 이상 참을 수가 없었고, 농민-병사들은 토지를 자신의 친척과 나누어 가지는 데에 참여하기 위해서 각자의 마을로 돌아갔다. 혁명은 그들을 귀환시키는 철도를 따라서 확산되었다. 아직은 임시정부가 당장 무너질 만큼 시기가 무르익지는 않았지만, 여름부터는 줄곧 군대와 주요 도시 양쪽에서 갈수록 볼셰비키에게 유리하게 급진화가 촉진되었다. 농민층은 나로드니키(「자본의 시대」 제9장을 보라)의 계승자인 사회혁명당을 압도적으로 지지했다. 비록 이 당은 보다 급진적인 좌파를 발전시켰지만 말이다. 그러한 좌파는 볼셰비키와 가까워져서, 10월혁명 뒤에 잠시 볼셰비키와 함께 정부를 구성하기도 했다.

볼셰비키 —— 당시 기본적으로 노동자들의 정당이었던 —— 가 러시아의 주요 도시들, 특히 수도인 페트로그라드와 모스크바에서 다수파가 되고 군대 내에서 급속히 세력을 넓힘에 따라 임시정부의 존재는 점점 더 공허해졌다. 특히 임시정부가 8월에 한 군주제주의자 장군이 시도한 반혁명 쿠데타를 패배시키기 위해서 수도의 혁명세력에 호소해야만 했을 때 그러했다. 볼셰비키는 지지자들의 급진화 물결에 밀려 권력장악으로 나아갈 수밖에 없었다. 실제로 그 순간이 왔을 때, 권력은 장악해야 할 것이라기보다는 집어올려야 하는 것이었다. 1917년 11월 7일에 동궁(冬宮, Winter Palace)을 실제로 점령했을 때보다 에이젠슈테인의 유명한 영화 "10월(Oktjabr)"(1927)을 찍을 때 사람들이 더 많이 다쳤다고 한다. 지킬 사람이 아무도 남지 않았던 임시정부는 흔적도 없이 녹아버렸다.

임시정부의 몰락이 확실해졌을 때부터 현재까지 10월혁명은 열띤 논쟁의 대상이 되었다. 논쟁들 대부분은 잘못된 것이다. 진정한 문제는 반공주의 역사가들이 주장하듯이 10월혁명이, 근본적으로 반(反)민주주의적인 레닌에 의한 폭동이나 쿠데타였는가 아닌가가 아니라 임시정부의 몰락을 누가 또는 무엇이 뒤이어야 했는가 또는 뒤이을 수 있었는가이다. 9월 초부터 레닌은 당내의 망설이는 분자들에게, 권력이 손이 닿는 거리에 있는 ─ 아마도 단기간에 그칠 ─ 시기 동안에, 계획된 행동으로 권력을 장악하지 않는다면 쉽게 놓칠지도 모른다는 것을 설득하고자 했을 뿐만 아니라, 볼셰비키가 권력을 장악한다면 "볼셰비키는 국가권력을 유지할 수 있는가?"(이는 레닌의 팜플렛 제목이기도 하다/역주)라는 질문에 답변하고자 ─ 아마도 마찬가지로 절박하게 ─ 했다. **누가 되었든** 혁명 러시아의 화산폭발을 다스리고자 하는 이라면 실제로 무엇을 할 수 있었을까? 레닌의 볼셰비키말고는 어떠한 당도 스스로 자신의 책임을 마음속에 그려볼 각오가 되어 있지 않았다 ─ 또한 레닌의 팜플렛은 모든 볼셰비키가 자신만큼 단호했던 것은 아님을 암시하고 있다. 페트로그라드, 모스크바, 북부 군대들에서의 유리한 정치적 상황을 감안할 때, 사건이 터지기를 계속 기다리기보다는 **당장** 권력을 장악해야 할, 전적으로 단기적인 상황이 정확히 언제인가를 대답하기란 사실상 어려웠다. 군사적 반혁명이 막 시작되었고, 절망에 빠진 정부는 소비에트에 굴복하기보다는 차라리, 지금은 에스토니아가 된 곳의 북부 국경, 즉 수도에서 몇 마일 떨어지지 않은 곳까지 이미 쳐들어온 독일군에게 페트로그라드를 내줄지도 모르는 일이었다. 게다가 레닌은 가장 암울한 사실을 직시하는 데에 망설이는 경우가 드물었다. 볼셰비키가 기회를 놓친다면 "진짜 무정부상태의 물결이 **지금보다** 더욱 거세질지도 모른다." 결국 레닌의 주장이 그의 당을 납득시킬 수밖에 없었다. 시기와 대중이 요구할 때 혁명정당이 권력을 장악하지 않는다면 비혁명정당과 다를 바가 무엇이 있다는 말인가?

페트로그라드와 모스크바에서 장악된 권력이 러시아의 나머지 지역으로 확대될 수 있으며 거기서 무정부상태와 반혁명에 맞서 유지될 수 있다고 가정하더라도, 문제는 장기적 전망이었다. 새로운 소비에트(즉 주로 볼셰비키 당) 정부를 '러시아 공화국의 사회주의 변혁'에 전념하게 한다는 레닌 자신의 계획은, 기본적으로 러시아 혁명을 세계혁명 또는 적어도 유럽 혁명으로 전환시킨다는 데에 건 도박이었다. 그는 꽤 자주 다음과 같이 말했다. 어느 누가 "러시아와 유럽의 부르주아지를 완전히 파괴하지 않고도……사회주의의 승리가 가능하다"라고 생각할 수 있겠는가? 당분간 볼셰비키의 첫 번째 의무, 사실상 유일한 의무는 버티는 것이었다. 새로운 체제는 사회주의가 자신의 목표라고 선언하고, 은행들을 접수하고, 기존의 경영에 대한 '노동자 통제권'을 선언하는 것, 즉 노동자들에게 생산을 계속하기를 촉구하면서 혁명 이래 그들이 어떤 방식으로든 해온 것에 공식적인 도장을 찍는 것 외에는 사회주의에 관하여 한 일이 거의 없었다. 새로운 체제가 그 이상으로 노동자들에게 할 이야기는 없었다.[5]

새로운 체제는 버티어냈다. 독일인들 자신이 패배하기 몇 달 전, 브레스트-리토프스크에서 독일이 가혹한 강화조약 —— 폴란드, 발

---

5) "나는 그들에게 이렇게 말했다. '당신들이 하고 싶은 일은 무엇이든 하고 당신들이 원하는 것은 무엇이든 가지고 가라. 우리는 당신들을 지지할 것이다. 단, 생산을 돌보고 생산이 유용하도록 주의하라. 유용한 일을 맡아라. 그러면 당신은 실수도 하겠지만 곧 익숙해질 것이다.'"("인민위원 소비에트의 활동에 관한 보고[Report on the Activities of the Council of People's Commissars]", 1918년 1월 11일, 24일, Lenin, 1970, p.551)

트 지방, 우크라이나, 남부 및 서부 러시아의 상당 부분뿐만 아니라, 사실상 자카프카지예도 러시아로부터 떼어낸(우크라이나와 자카프카지예는 이후 회수되었다) ── 을 부과했음에도 불구하고 새로운 체제는 살아남았다. 연합국은 세계적 체제전복의 중심지에 대해 보다 관대할 이유가 없었다. 다양한 반혁명적인 군대('백군[白軍]') 및 정권들이 소련 정부에 대항하여 등장했는데, 이들은 연합국 ── 영국, 프랑스, 미국, 일본, 폴란드, 세르비아, 그리스, 루마니아 군대를 러시아 땅에 보낸 ── 으로부터 자금을 조달받았다. 무자비하고 혼란스러웠던 1918-20년의 내전중 최악의 시기에 소련의 영토는, 우랄 지역과 현재의 발트 국가들 사이쯤에 해당하는 북부 및 중부 러시아의, 육지로 둘러싸인 ── 핀란드 만(灣)을 가리키는 작게 삐져나온 손가락 모양의 레닌그라드를 제외하고는 ── 덩어리로 줄어들었다. 새로운 체제가 무(無)로부터 적군(赤軍) ── 결국 승리를 거둔 ── 을 급조해냈을 때 그 체제가 가진 유일한 주된 이점은 서로 싸우는 '백'군들의 무능과 분열, 대러시아 농민층을 적으로 돌리는 백군들의 재능 그리고 자신들의 불온한 병사들과 수병들에게 볼셰비키와 싸우라는 명령을 쉽게 내릴 수 없을 것이라는 서구열강의 다소 타당한 인식이었다. 1920년 말까지는 결국 볼셰비키가 승리를 거두었다.

따라서 예상과는 달리 소련은 살아남았다. 볼셰비키는 그들의 권력을 (레닌이 두 달 반이 지난 뒤 자부심과 안도감을 느끼며 언급했듯이) 1871년의 파리 코뮌보다 오래 유지했고 사실상 확대했을 뿐만 아니라, 그러한 일을 끊임없는 위기와 재난, 독일의 정복과 가혹한 강화조약, 일부 지역의 분리, 반혁명, 내전, 외국의 무력간섭, 기아, 경제적 붕괴의 시기에 해냈다. 그들은 매일매일 당장의 생존에 필요한 결정과 즉각적인 재난을 각오한 결정 사이에서 선택하는 것 외에는 어떠한 전략이나 전망도 가지지 못했다. 어느 누가, **당장** 내려야만 했던 결정들 ── 그렇게 하지 않는다면 혁명이 끝날 것이며, 그 이상의 어떠한 결과도 생각할 수 없을 ── 이 혁명에 대해서 미칠 수 있는 장기적 영향을 생각할 만한 여유가 있었겠는가? 하나씩 하나씩 필요한 조치들이 취해졌고, 새로운 소비에트 공화국이 심한 고통에서 벗어났을 때, 그러한 조치들은 핀란드 역에서 레닌이 마음속에 그렸던 방향과는 아주 거리가 먼 방향으로 공화국을 이끌어왔던 것으로 드러났다.

그럼에도 불구하고 혁명은 살아남았다. 그럴 수 있었던 주된 이유를 세 가지 들 수 있다. 첫째, 혁명은 유례 없이 강력한 실질적인 국가건설 도구로서 60만 당원의 중앙집권화되고 규율이 잡힌 공산당을 보유했다. 1902년 이래 레닌이 지칠 줄 모르고 선전하고 옹호해온 이러한 조직 모델은 혁명 전의 역할이 어쨌든지 간에, 혁명 뒤에는 그 진가를 충분히 발휘했다. 단기 20세기의 사실상 모든 혁명적 체제가 그러한 모델의 일정한 변형물을 채택하게 될 것이었다. 둘째, 혁명은 명백히 러시아를 하나의 국가로 단결시킬 능력과 의지를 가진 **유일한** 정부였고, 따라서 그렇지 않았다면 정치적으로 적대적이었을 애국적 러시아인들 —— 이를테면 새로운 적군(赤軍)이 창설되는 데에 반드시 필요했던 장교들 같은 —— 로부터 상당한 지지를 받았다. 이들에게나, 회고적인 역사가에게나 1917-18년의 선택은 자유민주주의 러시아냐, 비자유주의 러시아냐가 아니라, 러시아냐, 붕괴 —— 다른 오래되고 패배한 제국들인 오스트리아-헝가리와 투르크의 운명이었던 —— 냐였다. 이들 제국과는 달리 볼셰비키 혁명은 기존 차르 시대 국가의 다민족적인 단일영토 대부분을 적어도 74년은 더 유지했다. 세번째 이유는 혁명 덕분에 농민층이 토지를 얻을 수 있게 되었다는 것이다. 토지가 문제되었을 때 대(大)러시아의 농민들 대부분 —— 국가의 중추일 뿐만 아니라, 그 국가의 새로운 군대의 중추였던 —— 은 귀족층이 복귀할 경우보다 적군(赤軍) 밑에 있는 편이 토지를 계속 보유하는 데에 더 유리할 것이라고 생각했다. 이러한 사정은 1918-20년의 내전에서 볼셰비키에게 결정적인 이점이 되었다. 나중에 밝혀졌듯이 러시아 농민들은 너무 낙관적이었다.

III

 러시아를 사회주의 건설에 주력하도록 한 레닌의 결정을 정당화할 세계혁명은 일어나지 않았고, 사회주의와 함께 소련은 한 세대 동안 가난하고 낙후된 고립상태에 빠졌다. 소련이 앞으로의 발전을 위해서 택할 수 있는 길들은 이미 정해졌거나 적어도 좁은 범위로 한정되었다(제13장과 제16장을 보라). 그러나 10월혁명 이후 2년 동안 혁명의 물결이 전지구를 휩쓸었으며, 적들에게 포위당한 볼셰비키가 품었던 희망은 비현실적인 것으로 보이지 않았다. "민중들이여, 신호를 들어라(Völker hört die Signale)"가, 독일어로 불린 인터내셔널 가(歌) 후렴의 첫 행이었다. 신호는 페트로그라드로부터 그리고 1918년에 수도가 보다 안전한 장소로 옮겨진 뒤에는 모스크바[6]로부터 큰 소리로 분명하게 들려왔으며, 그 소리는 노동운동과 사회주의운동이 벌어지는 곳이면 어디서나 —— 그 운동의 이데올로기와 무관하게 —— 들렸고, 심지어 그러한 지역 밖에서까지 들렸다. 러시아가 어디에 있는지 아는 사람이 거의 없었던 쿠바의 담배 농장 노동자들도 '소비에트'를 구성했다. 스페인에서는 좌파가, 정치적으로 레닌과 대립하는 쪽이었던 열렬한 무정부주의자들이었는데도 불구하고, 1917-19년이 '볼셰비키의 2년간'으로 알려지게 되었다. 혁명적 학생운동이 1919년의 북경과 1918년의 코르도바(아르헨티나)에서 폭발적으로 일어났고 곧 라틴 아메리카 전역에 퍼져서 각국의 혁명적인 마르크스주의 지도자들 및 정당들을 낳았다. 인도

---

6) 차르 러시아의 수도는 원래 상트 페테르부르크였는데, 제1차 세계대전 때 그 말이 너무 독일어처럼 들린다고 하여 페트로그라드로 바뀌었다. 레닌이 사망한 뒤에 그곳은 레닌그라드(1924년에)가 되었고 소련이 몰락하는 동안에 다시 원래의 이름을 되찾았다. 소련(그리고 그 나라를 따른, 보다 노예적인 위성국들)은 유달리 정치적으로 지명을 정하기를 일삼았고, 이는 종종 당 운명의 굴곡과 변화에 의해서 복잡하게 되었다. 예를 들면 볼가 강 위의 차리친은 제2차 세계대전에서 서사시적인 전투의 무대가 되었던 것을 기념하여 스탈린그라드가 되었다가, 스탈린이 죽자 볼고그라드가 되었다. 이 책을 쓸 당시에는 아직 그 이름을 가진 상태였다.

의 민족주의 투사인 마나벤드라 나스 로이는 멕시코에서 즉각 혁명적 마르크스주의에 매혹되었다. 1917년에 가장 급진적인 국면에 접어든 멕시코 혁명은 자연스럽게 혁명 러시아에게 친밀감을 느꼈다. 마르크스와 레닌이 몬테수마 2세(아즈텍 제국의 마지막 황제〔1470년경-1520년〕/역주), 에밀리아노 사파타 그리고 구색을 갖추느라 포함된 인디언 노동자들과 함께 멕시코 혁명의 우상이 되었고, 오늘날도 멕시코 혁명의 공식적 미술가들이 그린 대벽화에서 여전히 그 두 사람을 볼 수 있다. 몇 달 지나지 않아, 로이는 모스크바에서 새로 생긴 공산주의 인터내셔널의 식민지 해방 정책을 짜는 데에 중요한 역할을 하게 된다. 10월혁명은 부분적으로 헨크 스네블리트 같은 네덜란드계 사회주의자 거류민들을 통해서 인도네시아 민족해방운동의 주된 대중조직인 사레카트 이슬람에 즉각 흔적을 남겼다. 투르크의 한 지방신문은 "러시아 인민의 이러한 행동은 앞으로 언젠가는 태양이 되어 온 인류를 비출 것이다"라고 썼다. 멀리 떨어진 오스트레일리아 오지에서, 억센(그리고 주로 아일랜드계 카톨릭 교도인) 양털 전모공(剪毛工)들은 정치이론에 대한 관심을 전혀 보이지 않은 채 소련을 노동자 국가로 환호했다. 미국의 이주민집단들 중에서 오랫동안 가장 맹렬하게 사회주의적이었던 핀란드인들은 일제히 공산주의로 개종하여, 미네소타의 황량한 광산촌을 "레닌의 이름을 부르는 것만으로도 가슴이 뛰고…… 신비적인 침묵과 거의 종교적인 황홀경 속에서 러시아에서 온 모든 것을 찬미했던" 집회들로 채웠다(Koivisto, 1983). 요컨대 10월혁명은 전세계에서, 세계를 뒤흔든 사건으로 인정되었던 것이다.

크로아티아의 기계공 요시프 브로즈(티토)처럼 전쟁포로였다가 확신에 찬 볼셰비키가 되어 돌아와 그들 나라의 공산당 지도자가 된 사람들에서부터, 두드러지게 정치적인 인물은 아니며 매혹적인 동화책들을 쓰는 데에 열정을 쏟은 것으로 가장 잘 알려진, 「맨체스터 가디언(*Manchester Guardian*)」지의 아서 랜섬 같은 탐방기자들에 이르기까지, 혁명을 아주 가까이에서 봄으로써 종교적 황홀경에 덜 이끌렸던 많은 사람들조차 공산주의로 개종했다. 훨씬 덜 볼셰비키적인 인물인 체코의 작가 야로슬라프 하셰크 —— 걸작「선량한 병사 슈베이크(Dobrý voják Švejk)」의 저자가 될 —— 는 난생 처음 대의를 가진 투사가 되었고, 훨씬 더 놀라운 사실로 주장되는 바에 따르면, 술을 마시지 않게 되었다. 그는 적군(赤軍)의 군사위원으로 내전에 참전하기도 했는데, 그뒤에는 혁명 후의 소련이 자신의 체질에 맞지 않는다는 이유로, 프라하의 무정부주의적 보헤미안이자 술꾼이라는 그의 보다 친숙한 역할로 돌아갔다. 혁명이 그의 체질에 맞았던 것이다.

그러나 러시아의 사건들은 혁명가들을 고무했을 뿐만 아니라, 더욱 중요하게는 혁명들을 고무했다. 동궁(冬宮)을 장악한 지 몇 주 안 되었고 볼셰비키가, 진군해오는 독일군과 어떤 대가를 치르더라도 강화(講和)를 협상하고자 필사적으로 시도했던 1918년 1월에, 대중 정치파업과 반전시위의 물결이 중부 유럽을 휩쓸었다. 그 물결은 빈에서 시작되어 부다페스트와 체코 지역을 거쳐 독일로 확산되었고 아드리아 해에서의 오스트리아-헝가리 해군 수병들의 반란으로 절정에 달했다. 중구(中歐) 열강이 패배할 것이라는 사실이 자명해짐에 따라 그 열강의 군대들은 결국 무너졌다. 9월에는 불가리아 농민 병사들이 고향으로 돌아가 공화국을 선포하고 소피아로 진격했다. 독일군에 의해서 무장해제당하기는 했지만 말이다. 10월에는 합스부르크 왕정이 이탈리아 전선에서의 마지막 전투의 패배 뒤에 산산조각이 났다. 승리한 연합국이 볼셰비키 혁명의 위험보다는 자신들을 선호할 것이라는 (타당한) 희망을 가지고 다수의 국민국가들이 새로 선포되었다. 실제로, 각국의 국민들에 대한 볼셰비키의 강화(講和) 호소 —— 그리고 연합국들이 자기들끼리 유럽을 분할해온 비밀조약들에 대한 볼셰비키의 폭로 —— 에 대한 서방의 첫번째 반응은, 레닌의 국제적 호소에 맞서 민족주의 카드를 쓴 윌슨 대통령의 14개 조항이었다. 군소 국민국가들로 형성된 띠가 적색 바이러스에 대한 일종의 방역선을 이룰 것이었다. 11월 초에는 폭동을 일으킨 수병들과 육군병사들이 독일 혁명을 킬 해군기지로부터 전국으로 확산시켰다. 공화국이 선포되었고, 황제는 네덜란드로 쫓겨났으며, 사회민주주의자인 전직 마구 제조공이 국가의 수반이 되었다.
 그렇게 블라디보스토크에서 라인 강까지 모든 체제들을 휩쓸어 버린 혁명은 전쟁에 대한 반란이었고, 대부분의 경우 평화가 달성됨으로써 혁명이 내포하고 있던 폭발물의 뇌관이 상당 부분 제거되었다. 어쨌든 혁명의 사회적 내용은, 합스부르크, 로마노프, 오스만 제국과 남동 유럽 소국(小國)들의 농민 병사들 및 그들 가족의 경우를 제외하고는 막연했다. 그러한 나라들에서 혁명의 사회적 내용은 네 가지 항목으로 구성되었다. 토지문제, 도시에 대한 의심 또는 외국인(특히 유태인)에 대한 의심 그리고/또는 정부에 대한 의심이 그것이다. 이는 중부 및 동부 유럽의 대부분 지역에서 농민들을 볼셰비키로 만들지는 않았지만 혁명적으로 만들었다. (바이에른 일부를 제외한) 독일, 오스트리아, 폴란드 일부에서는 그렇지 않았지만 말이다. 루마니아나 핀란드와 같이 보수적이고 사실상 반혁명적인 몇몇 나라들에서까지도 토지개혁 조치로 농민들의 환심을 사야 했다. 다른 한편, 농민들이 인구의 대부분을 차지한 곳에서는 그들의 존재가, 민주적인 총선에서 사회주의자들 —— 볼셰비키 사회주의자들은 말할 것도 없고 —— 이 승리하지 못할 것임을 실제로 보증했다. 이러한 사정은 농민을 반드시 정치적 보수주의의 보루로 만들지는 않았지만, 민주주의적 사회주의자들에게 치명적 약점이 되었거나 —— 소련에서처럼 —— 그들을 선거민주주의의 폐지로 몰고 갔다. 제헌의회(1789년 이래 친숙한 혁명적 전통)를 요구했던 볼셰비키는 바로 이러한 이유로, 10월혁명으로부터 몇 주 뒤에 그 의회를 개원하자마자 해산해버렸던 것이다. 또한 윌슨주의 노선에 따라 군소 국민국가들이 새로 수립된 것 역시, 비록 혁명지역에서 민족갈등을 없애지는 못했지만, 볼셰비키 혁명이 일어날 여지를 줄였다. 사실, 바로 그것이 연합국 중재자들의 의도였던 것이다.
 다른 한편, 1918-19년의 유럽 격변에 대한 러시아 혁명의 영향은 너무도 명백한 것이어서, 모스크바에서는 세계 프롤레타리아 혁명이 확산될 전망에 대하여 회의주의가 들어설 여지가 거의 없었다. 역사가에게는 —— 각국의 일부 혁명가들에게조차 —— 제정 독일이 사회적, 정치적으로 상당히 안정된 국가이고, 강력하지만 기본적으로 온건한 노동계급운동을 가진 나라여서, 전쟁이 없었더라면 확실히 무장혁명 같은 것은 결코 겪지 않았을 것이라는 사실이 명백해 보였다. 차르 러시아나 삐걱거리는 오스트리아-헝가리와는 달리, '유럽의 환자'로 소문난 투르크와는 달리, 거칠고 총을 가지고 다니는 산악주민들이 어떤 일이라도 벌일 수 있었던 대륙 남동부 국가들과는 달리 독일은 격변이 기대될 수 있는 나라가 아니었다. 또한 실제로, 패전한 러시아와 오스트리아-헝가리의 진정으로 혁명적인 상황과 비교해볼 때 독일의 혁명적인 병사, 수병, 노동자들 대부분은 여전히 온건하고 준법적이었다. 러시아의 혁명가들이 즐겨 말했던, 아마도 출처가 의심스러운 어느 재담("독일의 반란자들은 잔디를 밟지 말라는 표지판이 있는 곳에서 당연히 보도로만 걸어갈 것이다")처럼 말이다.

그러나 독일은 혁명적 수병들이 전국에서 소련 국기를 휘날린 나라였고, 베를린의 노동자·병사 소비에트 집행부가 사회주의 정부를 임명한 나라였으며, 2월과 10월(러시아의 2월혁명과 10월혁명을 지칭한다/역주)이 하나로 결합된 것과 같은 —— 황제가 퇴위하자마자 수도의 실제 권력이 이미 급진적 사회주의자들의 수중에 떨어진 것으로 보였으므로 —— 나라였다. 이는 완전한 패전과 혁명이라는 이중의 충격으로 기존의 군대, 국가, 권력구조가 일시적이기는 하지만 전적으로 마비된 데에 기인한 환상이었다. 며칠 뒤, 구체제가 공화국의 형태로 곧 권좌에 다시 복귀했고, 더 이상 사회주의자들에게 심각하게 시달리지 않았다. 사회주의자들은 첫 선거에서, 혁명이 일어난 지 몇 주 안 되었음에도 불구하고, 과반수도 얻지 못했던 것이다.[7] 새로 급조된 공산당은 훨씬 덜 문제가 되었다. 공산당의 지도자인 카를 리프크네히트와 로자 룩셈부르크는 비정규군 병사들에 의해서 신속하게 살해당했다.

---

7) 온건한 다수파 사회민주당은 38퍼센트에 약간 못 미치는 득표율 —— 그들의 사상 최고 기록 —— 을 보였고, 혁명적인 독립사회민주당은 약 7.5퍼센트의 득표율을 보였다.

그럼에도 불구하고 1918년의 독일 혁명은 러시아 볼셰비키의 희망을 강화시켰다. 단명하기는 했지만 사회주의 공화국이 실제로 1918년에 바이에른에서 선포되었고, 그 지도자가 암살되고 나서 1919년 봄에는 독일의 예술과 지적(知的) 대항문화 그리고 (정치적으로 덜 불온한) 맥주의 중심지인 뮌헨에서 단기간 소비에트 공화국이 수립되었기 때문에 더더욱 그러했다. 독일 혁명은 볼셰비즘을 서쪽으로 전파하려는 또 다른, 보다 진지한 시도인 1919년 3-7월의 헝가리 소비에트 공화국과 부분적으로 시기가 일치했다.[8] 물론 두 혁명 모두 예상대로 무자비하게 진압되었다. 게다가 사회민주당에 대한 실망으로 독일 노동자들은 급속하게 급진화되었고, 그들 중 많은 수가 충성을 바칠 대상을 독립사회민주당으로, 1920년 이후에는 공산당으로 바꾸었다. 그 결과 독일공산당은 소련 밖에서 가장 큰 공산당이 되었다. 그런데도 어떻게 독일판 10월혁명이 기대되지 않을 수 있었겠는가? 비록, 서구의 사회적 불안이 최고조에 달한 해인 1919년에 볼셰비키 혁명을 확산시키려던 유일한 시도들이 패배로 끝났고, 1920년에는 혁명의 물결이 급속히 눈에 띄게 잠잠해졌지만, 모스크바의 볼셰비키 지도부는 1923년 말에 가서야 독일 혁명에 대한 희망을 포기했다.

1920년에 볼셰비키는 그러한 희망을 포기하기는커녕, 돌이켜보면 중요한 실책으로 보이는, 국제노동운동의 영구적 분열에 몰두했다. 볼셰비키가 택한 방법은, 전업적 '직업 혁명가' 엘리트로 구성되는 레닌주의 전위당을 모델로 삼아 새로운 국제공산주의운동을 조직하는 것이었다. 앞서 보았듯이 10월혁명은 국제사회주의운동들 내에서 폭넓은 공감을 얻었으며 실제로 그 운동들 모두가 세계대전이 끝난 뒤 급진화된 동시에 막강해졌다. 드문 예를 제외하고 사회주의 정당들과 노동자 정당들 내에는 새로운 제3인터내셔널, 즉

---

[8] 그 공화국의 패배는 정치적, 지적 망명자들을 전세계에 분산시켰는데 그러한 망명자들 중 일부는 영화계의 거물인 알렉산더 코르다 경과, 원형적 공포영화 "드라큘라(Dracula)"의 스타로 가장 잘 알려진 배우인 벨라 루고시처럼 나중에 예기치 않은 직업을 가지게 되었다.

공산주의 인터내셔널에 가입하는 데에 찬성하는 집단이 대규모로 존재했다. 제3인터내셔널은 볼셰비키가 제2인터내셔널(1889-1914) ─ 그것이 막지 못한 세계대전에 의해서 신용이 떨어지고 붕괴된 ─ 을 대체하기 위해서 창립한 것이었다.[9] 실제로, 프랑스, 이탈리아, 오스트리아, 노르웨이의 사회당들과 독일의 독립사회민주당 같은 몇몇 당들은 제3인터내셔널에 가입할 것을 결의함으로써, 볼셰비즘에 합류하는 데에 반대한 세력을 소수파로 만들었다. 그러나 레닌과 볼셰비키가 원한 것은 10월혁명에 대해서 공감하는 사회주의자들의 국제적 운동이 아니라, 전적으로 헌신적이고 훈련된 활동가들의 단체, 즉 혁명의 달성을 위한 일종의 전지구적인 타격대였다. 레닌주의적 조직을 채택하기를 꺼리는 정당들은 새로운 인터내셔널에 대한 가입이 거부되거나 쫓겨났다. 기회주의와 개량주의 ─ 마르크스가 일찍이 "의회주의 크레틴 병"이라고 불렀던 것은 말할 것도 없고 ─ 라는 제5열을 받아들인다면 인터내셔널이 약화될 수밖에 없을 것이라는 이유였다. 전투가 임박한 상황에서는 전사들에게만 자리가 있는 법이다.

이러한 논의는 오직 한 조건에서만, 즉 세계혁명이 여전히 진행 중이며 그 전투가 즉각 일어날 가망이 있다는 조건에서만 이치에 닿았다. 유럽의 상황은 전혀 안정된 상황이 아니었지만, 1920년에 서구에서 볼셰비키 혁명이 의사일정에 오르지 않았음은 명백했다. 비록 러시아에서는 볼셰비키가 확실하게 자리잡았다는 것 역시 분명했지만 말이다. 의심할 여지 없이, 인터내셔널 대회가 열렸을 때, 내전에서 승리를 거두고 이제 바르샤바를 향하여 몰려오고 있는 적군(赤軍)이 무력으로 혁명을 서쪽으로 확산시킬 ─ 폴란드의 영토욕으로 촉발된 단기간의 러시아-폴란드 전쟁의 부산물로서 ─ 가능성이 있는 것으로 보였다. 한 세기 반 동안 존재하지 않았다가 국가의 지위를 회복한 폴란드가 이제 자신의 18세기 국경을 요구했던 것이다. 그 국경은 동쪽 깊숙이 벨로루시, 리투아니아, 우크라이나

---

9) 이른바 제1인터내셔널은 1864-72년의, 마르크스 자신의 국제노동자협회다.

에 위치한 것이었다. 이사크 바벨의 「붉은 기병대(*Konarmiya*)」라는 놀라운 문학적 기념비를 남긴 소련의 진군은, 오스트리아 소설가이자 뒤에 합스부르크에 대한 만가(輓歌)를 지은 요제프 로트에서부터 터키의 지도자가 될 무스타파 케말에 이르기까지, 유별나게 폭넓은 부류의 당대인들에게서 환호를 받았다. 그러나 폴란드 노동자들은 일어서지 않았고, 적군(赤軍)은 바르샤바 입구에서 발길을 돌렸다. 그때부터 서부전선은 겉보기와는 달리 극도로 조용했다. 명백히 혁명의 전망은 동쪽, 즉 아시아로 이동했다. 아시아는 레닌이 항상 상당한 주의를 기울여온 곳이었다. 사실 1920년부터 1927년까지 세계혁명에 대한 희망은 중국혁명에 달려 있는 것으로 보였다. 중국혁명은 당시 민족해방정당이었던 국민당의 지도로 진행되고 있었는데, 그 당의 지도자인 손문(孫文, 1866-1925)은 소련 모델과 소련의 군사적 지원과 새로 창설된 중국공산당 모두를 자신의 운동의 일부로 기꺼이 받아들였다. 국공합작(國共合作) 군대는 1925-27년의 대공세를 통해서 남부 중국의 근거지에서부터 북쪽으로 휩쓸고 올라갔고, 이로써 중국의 대부분 지역이 1911년의 제국 몰락 이래 처음으로 다시 한번 단일정부의 지배 아래 들어가게 되었다. 국민당을 이끈 장개석(蔣介石) 장군이 공산주의자들을 공격하고 학살하기 전까지는 말이다. 그러나 이렇듯 동방조차 아직은 제2의 10월혁명이 일어날 만큼 시기가 무르익지 않았다는 증거를 감안하더라도, 아시아에서의 전망이 서방에서의 혁명의 실패를 은폐할 수는 없었다.

1921년에 이르면 이러한 사실은 부정할 수 없게 되었다. 비록 정치적으로 볼셰비키 권력은 난공불락의 위치로 올라섰지만, 소련에서 혁명은 후퇴했고(p.522를 보라) 서구에서는 혁명이 의제에 오르지도 않았다. 제3차 코민테른 대회는 이러한 사실을 완전히 받아들이지 않은 채 인정했다. 즉 그 대회는 제2차 코민테른 대회가 혁명군에서 쫓아냈던 바로 그 사회주의자들과의 '통일전선'을 촉구했던 것이다. 이것이 정확히 무엇을 의미하는지를 놓고 다음 몇 세대 동안 혁명가들이 분열되었다. 그러나 어쨌든 때는 너무 늦었다. 운동은 영구적으로 분열되었고, 개인이든 정당이든 남은 사회주의자들 대다수가 사회민주주의운동 —— 압도적으로 반공 온건파가 이끄는 —— 으로 되돌아갔다. 새로 생긴 공산당들은 유럽 좌파의 소수파에 머물렀고, 독일이나 프랑스나 핀란드와 같은 몇 안 되는 나라를 제외하면, 일반적으로, 정열적이지만 다소 작은 소수파였다. 그들의 상황은 1930년대에 가서야 바뀌었다(제5장을 보라).

IV

그러나 격변의 해들은, 이제는 공산주의자들에 의해서 통치되고 자본주의에 대한 대안적 사회의 건설에 헌신하는, 단일하고 거대하지만 후진적인 나라를 뒤에 남겼을 뿐만 아니라, 10월에 올렸던 깃발 아래 그리고 불가피하게 모스크바에 본부를 둔 운동의 지도 아래(그 본부를 곧 베를린으로 옮길 것이라는 희망이 여러 해 동안 존재했고, 양차 세계대전 사이 시기에는 여전히 러시아어가 아니라 독일어가 인터내셔널의 공식어였다) 세계혁명의 전망에 헌신하는 정부와, 규율 잡힌 국제적 운동과, 아마도 그에 못지 않게 중요할 한 세대의 혁명가들을 뒤에 남겼다. 그 운동은 유럽에서의 안정화와 아시아에서의 패배 뒤에 세계혁명을 어떻게 이루어야 할지를 그리 잘 알았던 것으로 보이지는 않으며, 공산주의자들이 산발적으로 독자적인 무장봉기를 시도했던 것(1923년의 불가리아와 독일, 1926년의 인도네시아, 1927년의 중국 그리고 —— 뒤늦고 변칙적인 예로서 —— 1935년의 브라질)은 실패작으로 끝났다. 그러나 대공황과 히틀러의 부상(浮上)이 곧 입증해주었듯이, 양차 세계대전 사이 세계의 상태는 묵시록적 기대를 단념시킬 만한 것이 거의 아니었다(제3-5장을 보라). 이러한 사정이 1928-34년에 코민테른이 수사적(修辭的)인 양식의 초혁명주의와 분파주의적 좌파주의로 갑자기 돌아선 이유를 설명해주지는 않는다. 어떠한 수사(修辭)를 취했든지 간에, 실제로 그 운동은 어느 곳에서도 권력장악을 기대하지도 준비하지도 않았던 것이다. 정치적으로 파멸적인 결과를 가져온 것으로 드러난 그러한 변화는 오히려 스탈린이 통제했던 소련 공산당의 국내정치에 의해서 설명될 수 있고, 어쩌면 불가피하게 다른 국가들과 공존해야만 하는 국가로서의 소련 —— 소련은 1920년부터 하나의 체제로 국제적인 인정을 받기 시작했다 —— 의 이해관계와, 다른 모든 정부들을 타도하고 전복하는 것을 자신의 목표로 삼는 운동의 이해관계 사이의 갈수록 벌어지는 간극을 메우려는 시도로도 볼 수 있을 것이다.

결국 소련의 국가적 이해관계가 공산주의 인터내셔널의 세계혁명적 이해관계를 압도했다. 스탈린은 인터내셔널을 소련 공산당의 엄격한 통제를 받는, 소련 국가정책의 도구로 축소시키고는 인터내셔널의 지부들을 마음대로 숙청하고 해산하고 개혁했다. 세계혁명은 과거의 수사(修辭)에나 속하게 되었고, 사실상 어떠한 혁명도 첫째, 소련의 국가적 이해관계와 충돌하지 않고 둘째, 소련의 직접적인 통제를 받을 수 있는 경우에만 용인될 수 있었다. 1944년 이후 공산주의 정권들의 수립을 기본적으로 소련 세력의 확대로 보았던 서방정부들은 확실히 스탈린의 의도를 제대로 읽은 셈이지만, 제3인터내셔널에 합류하지 않은 혁명가들이 모스크바가 공산주의자들의 권력장악을 원하지 않았으며 권력을 장악하려는 어떠한 시도도, 심지어는 유고슬라비아와 중국에서처럼 성공적인 것으로 드러난 시도까지도 방해했다고 맹렬히 비난했던 것 역시 옳았다(제5장을 보라).

그럼에도 불구하고 소련은 몰락할 때까지 계속해서, 많은 수의 이기적이고 부패한 노멘클라투라(nomenklatura) 구성원들에게조차 단순한 또 하나의 강대국 이상의 것으로 인식되었다. 어쨌든 전 인류의 해방, 즉 자본주의 사회에 대한 더 나은 대안의 건설이 소련의 근본적인 존재이유였다. 그렇지 않다면 왜 철면피의 모스크바 관료들이, 공산당과 동맹한 아프리카 민족회의의 게릴라들 —— 그들이 남아프리카 공화국의 아파르트헤이트 체제를 뒤엎을 수 있는 가능성은 수십 년 동안 아주 작은 것으로 보였고 실제로 작았다 —— 에게 굳이 계속해서 자금과 무기를 대주었겠는가(중소[中蘇] 단교 이후, 혁명운동들을 배반했다고 소련을 비판한 중국 공산주의 정부가 제3세계 해방운동에 대한 실질적인 지원의 면에서 소련에 필적할 만한 기록을 가지지 못했다는 것은 기묘한 일이다)? 소련은 인류가, 모스크바가 고취한 세계혁명에 의해서 바뀌지 않을 것이라는 사실을 오래 전에 배웠다. 브레주네프 시절의 오랜 황혼기에는, 사회주의가 경제적 우월성에 의해서 자본주의를 '매장'해버릴 것이라는 흐루시초프의 진지한 확신조차 퇴색했다. 말기에 와서 그 체제의 보편적 사명에 대한 이러한 신념이 크게 약화되었다는 사실이 그 체제가 결국 저항 없이 분해되었던 이유를 설명해주는 것인지도 모른다(제16장을 보라).

10월혁명의 찬란한 빛에 고무되어 자신의 삶을 세계혁명에 바친 첫 세대는 이러한 망설임을 전혀 보이지 않았다. 초기 기독교도들처럼 1914년 이전 사회주의자들 대부분은, 사악한 모든 것을 철폐하고 불행과 억압, 불평등과 부정이 없는 사회를 가져올 묵시록적 대변화의 도래를 믿는 사람들이었다. 마르크스주의는 천년왕국에 대한 희망에 과학과 역사적 필연성을 제공해주었고, 10월혁명은 이제 대변화가 시작되었다는 증거를 제공해주었다.

무자비할 수밖에 없고 단련된 이들 인간해방군 전사들의 전체 수는 아마도 몇만 명을 넘지 않을 것이며, 베르톨트 브레히트가 경의를 표하며 쓴 한 시에서 표현했듯이 "신발보다 더 자주 나라를 바꾸는" 직업적 국제운동가들의 수는 아마도 다 합해서 몇백 명에 불과할 것이다. 이들을, 이탈리아인들이 백만 당원의 공산당을 가졌던 시절에 '공산주의 인민'이라고 불렀던 것, 즉 수백만 명의 지지자들 및 평당원들 —— 이들에게도 새롭고 **좋은** 사회에 대한 꿈은 현실적인 것이었지만 실제상으로 그들의 꿈은 기존 사회주의운동의 일상적 행동주의에 불과했고, 그들의 헌신은 어쨌든 그 자신의 직접적인 헌신이라기보다는 계급적, 공동체적 헌신이었다 —— 과 혼동해서는 안 된다. 이렇듯 인간해방군 전사들과 직업적 운동가들의 수는 적었지만 그들 없이는 20세기를 이해할 수 없을 것이다.

바로 그들이 중핵을 이루는 레닌주의적인 '직업적 혁명가들'의

'새로운 유형의 당'이 없었더라면, 10월 이후 불과 30년 만에 인류의 3분의 1이 공산주의체제에서 살게 되는 일은 상상도 할 수 없었을 것이다. 공산주의자들이 자신들의 신념과, 모스크바의 세계혁명 본부에 대한 절대적 충성 덕분에 얻은 것은, 자신을 (사회학적으로 말해서) 하나의 종파가 아니라 보편적인 교회의 일부로 볼 수 있는 능력이었다. 모스크바 지향적인 공산당들은 탈퇴와 숙청을 통해서 지도자들을 잃기는 했지만, 1956년 이후 핵심세력이 그 운동에서 이탈하기 전까지는 분열되지 않았고 이 점에서 볼 때, 계속 분열되어 나간, 트로츠키를 따른 반대파 마르크스주의자 집단들이나, 훨씬 더 분열 번식했던 1960년 이후 모택동주의의 '마르크스-레닌주의적' 지하단체들과는 달랐다. 그러한 공산당들은 아무리 규모가 작더라도 — 1943년 이탈리아에서 무솔리니가 타도되었을 때 이탈리아 공산당은, 대체로 감옥에서 나오거나 망명생활을 하다가 온 약 5,000명의 남녀로 구성되었다 — 1917년 2월의 볼셰비키가 그랬듯이, 수백만 명 군대의 핵심이자 인민과 국가의 잠재적 통치자였다.

이 세대, 특히 어려서라도 격변의 해들을 겪은 사람들에게 혁명은 그들이 살고 있는 동안에 일어난 것이었으며, 자본주의의 날은 불가피하게 얼마 남지 않은 것으로 보였다. 생전에 혁명을 직접 목격한 사람들 — 일부 혁명전사들만을 포함할 — (러시아의 공산주의자 르비네가 1919년의 뮌헨 소비에트를 뒤엎은 자들에 의해서 처형되기 직전에 표현했듯이, "죽음으로써 휴가를 얻게 된 자들")에게 현대사는 최후 승리의 대기실이었다. 부르주아 사회 자체가 자신의 미래에 대해서 너무도 당연히 의심했는데, 그들이 부르주아 사회의 존속을 확신할 이유가 어디에 있었겠는가? 그들 자신의 삶이 그러한 생각의 현실성을 입증해주었다.

1919년의 바이에른 소비에트 혁명에 목숨을 걸었고, 일시적으로 연인 사이였던 두 명의 독일 젊은이 — 부유한 뮌헨 변호사의 딸인 올가 베나리오와 학교 선생인 오토 브라운 — 를 예로 들어보자. 올가는 서반구에서 혁명을 조직하는 사업을 맡았는데, 브라질 삼림지에서의 반란 대장정의 지도자 루이스 카를로스 프레스테스

―― 1935년에 브라질 봉기를 지원하도록 모스크바를 설득했던 ――를 사랑하게 되어 결국 그와 결혼했다. 봉기는 실패했고, 올가는 브라질 정부에 의해서 히틀러의 독일로 인도되어 결국 그곳의 정치범 수용소에서 죽었다. 한편, 오토는 코민테른의 중국 방면 군사전문가로 동방에서 혁명을 일으키는 일에 착수하여 보다 성공을 거두었다. 그는 모스크바로, 결국은 독일민주공화국(이하 '동독'/역주)으로 돌아오기 전에 ―― 나중에 밝혀졌듯이 ―― 중국 공산주의자들의 유명한 '대장정'에 참가한 유일한 비중국인이 되었다(그 경험으로 인해서 그는 모택동에 대하여 회의적이 되었다). 20세기 전반기가 아니라면 또 언제, 서로 얽힌 두 인생이 이러한 모양을 취할 수 있겠는가?

이렇게 볼셰비즘은 1917년 이후 한 세대 동안, 다른 모든 사회혁명 전통을 흡수하거나 급진주의운동의 변두리로 밀어냈다. 1914년 이전에는 무정부주의가 세계의 상당 지역에서 혁명 활동가들을 추동한 이데올로기로서, 마르크스주의보다 훨씬 더 막강했다. 동유럽 밖에서 마르크스는 차라리 대중정당들 ―― 불가피하게 승리에 이를 것이지만, 그 과정이 폭발적인 양상을 띠지는 않을 것임을 그가 입증한 ―― 의 정신적 지도자에 가까운 존재였다. 그러나 1930년대에 이르면 무정부주의가 스페인 밖에서는, 심지어 전통적으로 흑적기(黑赤旗)가 적기(赤旗)보다 더 많은 투사들을 고무했던 라틴 아메리카에서조차 더 이상 중요한 정치세력으로 존재하지 않게 되었다(스페인에서조차 내전은 무정부주의를 파괴했던 반면, 당시까지 상대적으로 존재가 미미했던 공산주의자들의 처지를 개선시켰다). 모스크바-공산주의 밖에 존재하는 사회혁명 그룹들은 사실상 그때부터 레닌과 10월혁명을 자신의 준거점으로 삼았고, 거의 변함없이, 코민테른에서 탈퇴하거나 쫓겨난 몇몇 인물들에 의해서 인솔되거나 고무되었다. 스탈린이 소련 공산당과 인터내셔널에 대한 지배력을 획득하고 그 지배력을 더욱 강화함에 따라, 코민테른은 이단자들에 대해 갈수록 무자비한 사냥을 벌였던 것이다. 이들 반대파 볼셰비키 중심인물 중에 정치적으로 대단한 존재가 된 경우는 거의 없었다. 이단자들 중 단연 가장 이름이 난 인물인 망명자 레온 트로츠키 —— 10월혁명의 공동 지도자이자 적군(赤軍)의 창설자 —— 의 실천적 노력은 완전히 실패했다. 스탈린화된 제3인터내셔널과 겨룰 의도로 만들어진 트로츠키의 '제4인터내셔널'은 사실상 그리 눈에 띄지 않았다. 그가 1940년 멕시코에서의 망명생활중에 스탈린의 명령으로 암살당했을 때 그의 정치적 중요성은 무시할 만한 것이었다.

요컨대 사회혁명가가 된다는 것은 갈수록, 레닌과 10월혁명을 따르는 사람이 되는 것 그리고 모스크바의 노선에 동조하는 공산당의 당원이나 지지자가 되는 것을 의미하게 되었다. 독일에서 히틀러가 승리한 뒤에 이러한 당들이 반(反)파쇼 연합정책을 채택하자 더더욱 그렇게 되었다. 그 정책으로 인하여 공산당들은 분파주의적 고립상태에서 벗어나 노동자와 지식인 양쪽 모두로부터 대중적 지지를 얻을 수 있었던 것이다(제5장을 보라). 자본주의 타도를 갈망한 젊은이들은 정통 공산주의자가 되었고, 모스크바 중심의 국제운동의 대의를 자신의 대의로 삼았다. 10월혁명에 의해서 혁명적 변화의 이데올로기로 복권된 마르크스주의는 이제 모스크바의 마르크스-엥겔스-레닌 연구소 —— 대(大)고전서들을 보급하는 전세계적 중심지가 된 —— 의 마르크스주의를 의미하게 되었다. 눈에 보이는 범위 안에서 다른 어느 누구도 세계를 해석하는 동시에 변화시키겠다고 나서지 않았거나, 그러한 일을 더 잘 할 수 있을 것으로 보이지 않았다. 소련 내에서의 스탈린주의라는 정통교리와 모스크바 중심의 국제 공산주의운동 둘 다 붕괴함으로써, 이전까지 주변적 위치에 머물렀던 이단적 좌파의 사상가들, 전통들, 조직들이 공적인 영역에 들어왔던 1956년 이전까지는 계속해서 그러했다. 또한 1956년에 상황이 그렇게 바뀌었을 때조차 그들은 여전히 10월의 거대한 그림자 속에 머물렀다. 이데올로기의 역사를 조금이라도 아는 사람이라면 누구나 1968년과 그 이후의 급진파 학생들에게서 마르크스보다는 바쿠닌이나 심지어 네차예프의 정신을 발견할 수 있지만, 이것이 무정부주의 이론이나 운동의 두드러진 부활로 이어지지는 않았다. 그와는 반대로 1968년은 지식인들 사이에서 이론분야에서의 마르크스주의 —— 대체로 마르크스를 놀라게 했을 형태들의—— 의 거대한 유행과, 모스크바와 기존의 공산당들을 불충분하게 혁명적, 레닌주의적이라고 거부하는 데에 일치한 다양한 '마르크스-레닌주의' 분파들 및 그룹들의 엄청난 유행을 낳았다.

역설적이게도, 사회혁명 전통의 이렇듯 사실상 완전한 계승은, 코민테른이 1917-23년에 보였던 원래의 혁명적 전략을 명백히 포기한 순간, 보다 정확히 말해서 1917년의 전략과는 전혀 다른 권력이양 전략을 구상했던 순간에 이루어졌다(제5장을 보라). 1935년부터 줄곧 비판적 좌파의 문헌은, 모스크바가 더 이상 혁명을 원하지 않았으므로 모스크바의 운동은 혁명의 기회를 놓쳤고 이를 거부, 아니 배반했다는 비난으로 가득 찼다. '단일체'임을 자랑한 소련 중심의 운동이 내부로부터 분해되기 시작하기 전까지는 그러한 비난이 별 효과가 없었다. 공산주의운동이 통일성과 응집성을 계속 보유하고, 분열에 대한 상당한 면역성을 계속 가지는 한, 당시 세계혁명을 갈망하던 전세계 사람들 대부분에게 그러한 비난은 도시에서의 유희에 불과했다. 게다가 1944-49년에, 두번째로 휘몰아친 세계적 사회혁명의 큰 물결을 통하여 자본주의와 관계를 끊었던 나라들이 그 과정에서 소련 지향적인 정통 공산당들의 후원을 받았다는 것을 그 누가 부인할 수 있겠는가? 혁명을 추구한 사람들이, 정치적으로 효과적이거나 봉기를 효과적으로 수행할 수 있다고 거짓 없이 자부하는 여러 운동들 중에서 실제로 선택할 수 있게 된 것은 1956년 이후에 가서야였다. 게다가 이러한 운동들 —— 다양한 종류의 트로츠키주의나 모택동주의 집단들 그리고 1959년의 쿠바 혁명에 고취된 그룹들(제15장을 보라) —— 조차 여전히 어느 정도는 레닌주의에서 유래한 것이었다. 기존의 공산당들은 여전히 극좌파에서 단연 가장 큰 집단이었으나, 이때에 이르면 이미 핵심세력이 기존의 공산주의운동에서 이탈한 뒤였다.

V

세계혁명을 추구한 운동들이 발휘한 힘은 공산주의 조직형태, 즉 레닌의 '새로운 유형의 당'에 있었다. 이것은 20세기 사회공학이 낳은 강력한 혁신물로서, 중세 기독교의 수도원이나 여타 형태의 교단들 같은 창안물에 비견된다. 그러한 조직형태는 작은 조직들에게까지도 엄청난 효율성을 가져다주었다. 왜냐하면 당은 당원들에게 군대의 규율과 응집력보다 더한 정도로 엄청난 헌신과 자기희생을 명령할 수 있었고, 어떠한 대가를 치르고라도 당의 결정을 수행하는 데에 전력을 기울이라고 명령할 수 있었기 때문이다. 이는 적대적인 관찰자들에게까지도 깊은 인상을 주었다. 그러나 '전위당' 모델과 대혁명들 —— 그러한 당의 목표이자 그 당이 때때로 일으키는 데에 성공했던 —— 사이의 관계는 전혀 분명하지 않았다. 그 모델이 진가를 발휘한 것은 혁명이 성공한 뒤나 전쟁 동안이었다는 사실보다 더 분명한 사실도 없지만 말이다. 왜냐하면 레닌주의 정당들은 기본적으로, 지도자인 엘리트(전위), 보다 정확히 말해서 혁명이 승리하기 전의 '대항 엘리트'로 구성되었고, 1917년이 보여주었듯이 사회혁명은 엘리트측에서도, 대항 엘리트측에서도 충분히 통제할 수 없는 상황에서 대중들에게서 일어나는 일에 달려 있기 때문이다. 공교롭게도 레닌주의 모델은 특히 제3세계에서 실제로 전통적 엘리트 젊은이들에게 상당히 호소력 있는 것이었다. 진정한 프롤레타리아들을 승진시키려는 이러한 당들의 영웅적이고 비교적 성공을 거둔 노력에도 불구하고, 지나치게 많은 수의 엘리트 젊은이들이 입당했다. 1930년대 브라질에서 공산주의가 확산된 것은 주로, 과두지배(寡頭支配) 지주가문과 육군 하급장교 출신 지식인 청년들이 공산주의를 받아들인 데에 따른 것이었다(Martins Rodrigues, 1984, pp.390-97).

한편, 실제 '대중(때때로 '전위'에 대한 적극적 지지자들을 포함한)'의 감정은 종종 지도자들의 생각과 충돌했고, 특히 진짜 대중적 봉기의 시기에 그러했다. 1936년 7월 인민전선 정부에 대항하여 일어난, 스페인 장군들의 반란이 즉각 스페인의 상당 지역에서 사회혁명을 폭발시킨 것이 그 한 예가 될 것이다. 투사들, 특히 무정부주의 투사들이 생산수단의 집단화를 시작한 것 —— 비록 공산당과 중앙정부가 나중에 그러한 집단화에 반대했고, 가능한 곳에서는 취소시켰지만 —— 은 놀랄 만한 일이 아니었다. 그러한 행동에 대한 찬반논쟁은 오늘날까지도 정치적, 역사적 문헌에서 계속되고 있다. 그러나 그 사건은 또한 최대 규모의 성상파괴와 성직자 살해의 물결 —— 바르셀로나 시민들이 불만족스러운 투우경기에 반발하여 수많은 교회들을 불질렀던 1835년에 처음으로 그러한 행동방식이 스페인 민중소요에 속하게 된 이래 가장 컸던 —— 도 낳았다. 약 7,000명의 성직자들 —— 수녀의 비율은 무시할 만하지만, 이 수치는 그 나라 신부와 수도사의 12-13퍼센트에 해당한다 —— 이 살해당했고, 카탈루냐의 **한** 주교 관구(헤로나)에서만 6,000개 이상의 성상이 파괴되었다(Hugh Thomas, 1977, pp.270-71 ; M. Delgado, 1992, p.56).

이 소름 끼치는 에피소드에 관해서는 두 가지 사실이 명백하다. 첫째, 그 사건은 스페인의 혁명적 좌파의 지도자들이나 대변인들 —— 이들은 성직자를 증오하기로 이름난 무정부주의자들을 포함해서 열렬한 반(反)교권주의자들이었지만 —— 로부터 비난받았다. 둘째, 그 사건을 지켜본 많은 사람들뿐만 아니라 그것을 저지른 사람들에게는 다른 무엇보다도 **바로 그러한 행위가** 혁명이 진정으로 의미하는 것 —— 짧은 상징적 순간만이 아니라 영원히 사회질서와 그 가치관을 뒤엎는 것 —— 이었다(M. Delgado, 1992, pp.52-53). 지도자들이 언제나처럼 성직자가 아니라 자본가가 주적(主敵)이라고 주장한 것은 올바른 일이지만, 대중들의 직감은 크게 달랐던 것이다(이베리아 사회보다 덜 남성적인 사회에서의 민중정치도 마찬가지로 격렬하게 성상을 파괴했을 것인가라는 문제는 반(反)사실적인 문제이기는 하지만, 여성의 태도에 관한 진지한 연구가 그 문제를 해명하는 데에 어느 정도 도움이 될지도 모른다).

공교롭게도, 20세기에 정치적 질서와 권위의 구조가 갑자기 사라짐으로써 남자들(그리고 가능한 경우 여자들)이 거리에서 마음대로 움직일 수 있게 된 유형의 혁명은 드물었던 것으로 드러났다. 기존체제가 갑자기 붕괴해버린 것에 가장 가까운 예인 1979년의 이란혁명조차 전적으로 비조직적인 것은 아니었다. 테헤란에서 샤(shāh : 이란 국왕의 존칭/역주)에 대항하여 동원된 대중들이 이례적으로 일치된 모습을 보였고, 그 동원 대부분이 확실히 자발적인 것이었지만 말이다. 새로운 체제는 이란의 교권주의 구조 덕분에 구체제의 몰락중에 이미 존재 —— 이후에 잠시도 완전한 형태를 취하지 못했지만 —— 했다(제15장을 보라).

사실, 10월혁명 이후의 전형적인 단기 20세기 혁명은, 일정 지역에 국한된 몇몇 폭발을 제외하고는, 수도를 장악한 (거의 항상 군부의) 쿠데타에 의해서 시작되거나, 주로 농촌에서의 장기적인 무장투쟁의 최종적인 결과로 시작되었다. 가문상의 연줄이나 재산이 없는 유능하고 교육받은 청년들에게 군대생활이 매력적인 출세 전망을 제공했던 가난하고 후진적인 나라들에서, 급진파와 좌파에 공감하는 하급장교들 —— 훨씬 더 드물게는 하사관들 —— 은 흔히 볼 수 있는 존재였으므로, 그들이 혁명을 주도한 경우는 이집트(1952년의 자유장교단혁명)와 그밖 몇몇 중동국들(1958년의 이라크, 1950년대 이래 여러 번 혁명이 일어났던 시리아, 1969년의 리비아) 같은 나라들에서 전형적으로 발견되었다. 사실, 군인들은 라틴 아메리카 혁명사라는 구조물의 필수적인 구성요소였다. 비록 그들이 명백히 좌파적인 대의를 위해서 국가권력을 장악한 경우는 드물거나 매우 오래된 일이지만 말이다. 한편, 1974년에는 수세적인 오랜 식민지 전쟁에 환멸을 느끼고 그로 인하여 급진화된 젊은 장교들이 군사반란을 일으켜, 당시 세계에서 가장 오래된 우익정권을 무너뜨림으로써 대부분의 관찰자들을 놀라게 했다. '포르투갈의 카네이션 혁명'이 바로 그것이다. 혁명을 일으킨 젊은 장교들, 비합법상태에서 벗어난 강력한 공산당, 다양한 급진적 마르크스주의 그룹들 사이의 동맹은 곧 분열되고 무산되었으므로 유럽 공동체는 안도의 숨을 쉴 수 있었고, 곧이어 포르투갈은 유럽 공동체에 가입했다.

선진국들에서 정치문제에 관심 있는 군인들은 그들 군대의 사회적 구조와 이데올로기적 전통과 정치적 기능으로 인해 우파를 선택했다. 공산주의자들과의 동맹 쿠데타는 물론이고, 사회주의자들과의 동맹 쿠데타조차 그들 성격에 맞지 않는 것이었다. 확실히, 프랑스 제국의 해방운동에서 두드러진 역할을 하게 된 것은, 프랑스가 자신의 식민지들에서 양성한 토착민 군대의 군인 —— 이들이 장교인 경우는 드물었다 —— 출신의 사람들이었다(특히 알제리에서 그러했다). 제2차 세계대전 시와 종전 이후의 그들의 경험은 불만족스러운 것이었는데, 이는 일상적인 차별 때문만이 아니라, 드골의 자유 프랑스 군대의 식민지 출신 군인들이 프랑스 국내의 비(非)프랑스인 무장 레지스탕스들과 마찬가지로 급속하게 그늘로 밀려났기 때문이었다.

해방 이후 공식적인 승전기념 퍼레이드에 참가한 자유 프랑스 군대는 드골파에게 실제로 승리의 영예를 안겨준 자유 프랑스 군대보다 훨씬 '더 백인적'이었다. 그럼에도 불구하고 대체로 제국열강의 식민지 군대들은, 실제로 식민지 토착민들이 장교였을 때조차 여전히 충성스러웠고, 보다 정확히 말해서 비정치적이었다. 일본인이 이끄는 인도 국민군에 들어간 5만 명 내외의 인도인 병사들을 고려하더라도 말이다(M. Echenberg, 1992, pp.141-45 ; M. Barghava and A. Singh Gill, 1988, p.10 ; T. R. Sareen, 1988, pp.20-21).

VI

장기적인 게릴라전을 통해서 혁명에 이르는 길은 20세기 사회혁명가들에게 다소 늦게 발견되었다. 그 이유는 아마도, 이러한 기본적으로 농촌적인 활동형태가 역사적으로 구식 이데올로기의 운동들 —— 도시의 회의적인 관찰자들이 보수주의로, 심지어는 반동이나 반혁명으로 쉽게 혼동했던 —— 을 압도적으로 연상시켜왔다는 데에 있을 것이다. 어쨌든 프랑스 혁명기와 나폴레옹 시대의 강력한 게릴라전들은 언제나 프랑스와 프랑스 혁명의 대의를 **위해서**가 아니라 그것에 **대항하여** 행해졌다. '게릴라'라는 말 자체가 1959년의 쿠바 혁명 이후가 되어서야 비로소 마르크스주의 어휘에 속하게 되었다. 내전기에 정규전뿐만 아니라 비정규전도 벌였던 볼셰비키는 '빨치산'이라는 말을 썼고, 그 말은 제2차 세계대전 동안에 소련이 고무한 저항운동들에서 표준어가 되었다. 돌이켜보면, 프랑코의 군대가 점령한 공화파 지역에서 게릴라 활동을 벌일 여지가 많았음에도 불구하고 그러한 활동이 스페인 내전에서 거의 아무런 역할도 하지 않았다는 것은 놀라운 일이다. 공산주의자들은 제2차 세계대전이 끝난 뒤 다소 중요한 게릴라 핵심을 밖에서부터 조직했는데, 사실 제1차 세계대전 이전에는 게릴라 활동이라는 것이 장차 혁명을 일으키게 될 사람들의 투쟁수단에 전혀 포함되지 않은 상태였다.

   그러나 1927년에 장개석이 이끄는 국민당이 동맹군이었던 공산주의자들을 공격하고 공산주의자들의 도시봉기(광동[廣東], 1927)가 극적인 실패로 돌아간 뒤에, 일부 공산당 지도자들(결코 모두는 아니었지만)이 새로운 전략을 개척했던 중국만은 예외였다. 새로운 전략의 주된 옹호자인 모택동(毛澤東) —— 그는 결국 그 전략 덕분에 공산주의 중국의 지도자가 되었다 —— 은 어떠한 중앙정부도, 15년 이상 혁명을 겪은 중국의 상당 지역을 효과적으로 통제할 수 없다는 것을 인식했을 뿐만 아니라, 중국의 의적에 대한 대(大)고전소설인 「수호지(水滸誌)」의 열렬한 찬미자로서, 게릴라 전술이 전통적으로 중국의 사회적 투쟁의 일환이었다는 점을 인식했다. 사실상, 고전교육을 받은 중국인이라면, 1927년 강서산맥에서 형성된 모택동 최초의 자유 게릴라 지구의 모습과 「수호지」 영웅들의 산악 요새 —— 1917년에 청년 모택동이 동료학생들에게 본받을 것을 촉구했던 —— 사이의 유사성을 놓치지 않았을 것이다(Schram, 1966, pp.43-44).

   중국의 전략은, 그것이 아무리 영웅적이고 고무적이라고 해도, 국내에서 근대적인 통신시설이 기능하고, 영토 전체를 통치하는 ——

아무리 멀고 물질적으로 어렵더라도 —— 성향의 정부가 존재하는 나라들에는 부적합한 것으로 보였다. 마침 그 전략은 단기적으로는 중국에서조차 성공적인 것으로 판명되지 않았다. 중국에서 공산주의자들은 국민정부가 벌인 여러 번의 군사행동으로 인하여, 결국 1934년에 그 나라의 주요 지역들에 위치한 소비에트 해방구들을 버리고 전설적인 대장정을 통해서, 멀리 떨어져 있고 인구가 희박한 북서부의 외딴 변방으로 퇴각할 수밖에 없었던 것이다.

루이스 카를로스 프레스테스 같은 브라질의 반란 중위들이 숲에서 투쟁하다가 1920년대 말에 공산주의로 개종한 뒤에는, 다른 나라의 비중 있는 어떠한 좌파 그룹도 게릴라의 길을 택하지 않았다. 니카라과에서 세자르 아우구스토 산디노 장군이 미국 해병대와 벌인 투쟁(1927-33) —— 50년 뒤 산디니스타 혁명을 고취할 —— 은 제외하고 말이다(그러나 다소 믿기지 않게도 공산주의 인터내셔널은 이러한 사례로, 1000권의 소책자를 썼다는 브라질의 유명한 의적이자 영웅인 람피앙을 제시하고자 했다). 사실, 모택동 자신이 쿠바 혁명 이후가 되어서야 비로소 혁명가들의 길잡이별이 되었다.

그러나 제2차 세계대전은 혁명에 이르는 길로 게릴라전을 택할 보다 직접적이고 일반적인 동기를 제공해주었다. 히틀러 독일과 그 동맹국들의 군대가 유럽 대륙의 대부분 —— 유럽 지역 소련의 상당 부분을 포함한 —— 을 점령한 것에 저항할 필요성이 바로 그것이었다. 히틀러의 소련 침공으로 여러 공산주의운동들이 동원된 이후, 저항운동, 특히 무장저항운동이 상당 규모로 전개되었다. 독일 군대가 결국 패배하자 —— 이에 대한 각국 저항운동의 기여도는 나라마다 달랐다(제5장을 보라) —— 유럽의 점령당국체제나 파시스트 체제들은 와해되었고, 무장저항운동이 가장 효과를 발휘했던 몇몇 나라들(유고슬라비아와 알바니아 그리고 —— 영국과 결국은 미국의 군사적 지원이 없었더라면 —— 그리스)에서는 공산당이 지배하는 사회혁명적 체제들이 그 자리에 들어섰거나 들어서고자 했다. 어쩌면 아펜니노 산맥 북부의 이탈리아에서도 그러한 체제가 짧게나마 들어설 수 있었을지도 모르지만, 혁명적 좌파에게 어떤 일이 남았는가에 대하여 여전히 논의되고 있는 이유들로 인해서 그러한 일은 시도되지 않았다. 1945년 이후 동아시아와 동남아시아에서 수립된 공산주의체제들(중국, 한국의 일부, 프랑스령 인도차이나) 역시 전시(戰時) 저항운동의 산물로 간주되어야 한다. 왜냐하면 중국에서조차, 모택동 적군(赤軍)의 권력장악을 향한 대대적인 전진은 1937년에 일본군이 중국의 주요 부분 점령에 착수한 뒤에야 시작되었던 것이다. 세계 사회혁명의 첫번째 물결이 제1차 세계대전에서 비롯되었듯이, 그 두번째 물결은 제2차 세계대전에서 —— 비록 전혀 다른 방식이기는 하지만 —— 비롯되었다. 이번에는 전쟁에 대한 혐오가 아니라 전쟁의 수행이 혁명에 권력을 가져다주었던 것이다.

새로운 혁명적 체제들의 성격과 정책은 다른 곳에서 검토할 것이다(제5장과 제13장을 보라). 여기서의 우리의 관심사는 혁명과정 자체이다. 오랜 전쟁에서의 승리로 이루어진 세기 중엽의 혁명들은 두 가지 점에서 1789년이나 '10월'의 고전적인 시나리오와 달랐고, 중국 제정(帝政)과 멕시코의 디아스 체제(독재자 포르피리오 디아스가 통치했던 시기[1876-1911]의 체제로서, 멕시코 혁명에 의하여 무너졌다/역주) 같은 구체제들의 완만한 붕괴(「제국의 시대」제12장을 보라)와도 달랐다. 첫번째 —— 이 점에서는 성공한 군사 쿠데타의 결과와 비슷하다 —— 누가 혁명을 일으켰고 누가 권력을 행사하는지가 전혀 불확실하지 않았다. 승리한 소련 군대와 연합한 정치집단(들)이 바로 그 주체였다. 왜냐하면 독일, 일본, 이탈리아는 저항운동세력**만으로는** 패배시킬 수 없었던 것 —— 중국에서조차 —— 이다(물론, 승리한 서방군대는 공산당이 지배하는 체제에 적대적이었다). 공위기간이나 권력의 공백기는 전혀 없었다. 역으로, 강력한 저항운동세력이 추축국들의 붕괴 직후 권력을 장악하지 못한 상황은, 서방 연합국이 해방된 나라에 확고한 발판을 계속 가졌던 경우(남한, 베트남)나 중국처럼 국내의 반(反)추축국 세력 자체가 분열된 경우뿐이었다. 중국에서 공산주의자들은 1945년 이후까지도, 부패하고 급속히 약해져갔지만 함께 싸웠던 국민당 정부와 싸워야만 —— 명백히 열의 없는 소련의 주시를 받으며 —— 했다.

두번째, 게릴라전을 통하여 권력에 이르는 길은 불가피하게, 전통적으로 사회주의 노동운동이 기반했던 도시나 공업중심지가 아니라 농촌의 오지에서, 보다 정확히 말하자면 주민들이 주로 사는 곳에서 멀리 떨어진, 인구가 희박한 지역에서 —— 게릴라전은 덤불, 산, 숲이나 그와 비슷한 지형에서 가장 쉽게 유지되므로 —— 발견되었다. 모택동의 말에 따르면 농촌이 도시를 포위하고 나서 그 도시를 정복할 것이었다. 유럽 저항운동의 견지에서 도시봉기—— 1944년 여름의 파리 봉기, 1945년 봄의 밀라노 봉기 —— 는 적어도 그들의 지역에서 전쟁이 실질적으로 끝날 때까지 기다려야 했다. 1944년 바르샤바에서 일어난 일은 시기상조의 도시봉기에 대한 형벌이었다. 그 봉기는 탄창에 총알 —— 큰 총알이기는 하지만 —— 이 하나밖에 없었던 것이다. 요컨대 게릴라를 통하여 혁명에 이르는 길은 혁명적인 나라에서조차 대부분의 주민들에게, 많은 일을 하지 못한 채 다른 어딘가로부터 변화가 도래하기를 오랜 기간 기다리는 것을 의미했다. 실제 동원할 수 있는 저항운동투사들은 그들의 모든 하부조직을 포함해서 극소수일 수밖에 없었다.

물론 게릴라들은 그들의 영토에서 대중의 지지 없이는 움직일 수 없었다. 특히, 장기적인 투쟁과정에서 게릴라 부대가 주로 그 지역 자체에서 충원되어야 했기 때문에 더더욱 그랬다. 따라서 (중국에서처럼) 산업노동자와 지식인의 당이, 모르는 사이에 농민 출신의 군대로 바뀔 수도 있었다. 그러나 게릴라와 대중의 관계는 "인민이라는 물 속에서 헤엄치는 게릴라라는 물고기"라는 모택동의 명언이 암시하는 것처럼 그렇게 단순할 수만은 없었다. 전형적인 게릴라 나라에서는, 게릴라로 행동하며 탄압받는 거의 어떤 불법집단도, 그 지방의 규범에 따라, 침략해 들어온 외국군인들이나 자국정부의 관리들에게 대항하는 데에 폭넓은 지지를 받는 경향이 있었다. 그러나 지방주민들 내에서의 뿌리깊은 분열은 승리한 친구들이 자동적으로 적을 얻을 위험에 빠진다는 것 역시 의미했다. 1927-28년에 농촌 소비에트 구역을 세운 중국 공산주의자들은 한 씨족 지배촌을 획득하는 것이, 상호 연결된 씨족들에 기반한 '적색촌' 망을 수립하는 데에 일조할 뿐만 아니라, 그 촌락들을 그와 비슷한 '흑색촌' 망을 형성한 전통적인 적들과의 전쟁에 휘말리게 했다는 사실에 너무도 놀랐다. 그들은 "몇몇 경우에 계급투쟁이 촌락들 사이의 싸움으로 변질되었으며, 우리의 부대가 촌락 전체를 포위하고 파괴해야 했던 경우도 있었다"라고 한탄했다(Räte-China, 1973, pp.45-46). 성공한 게릴라 혁명가들은 그러한 믿을 수 없는 바다를 항해하는 법을 배웠지만 —— 유고슬라비아의 빨치산 전쟁에 대한 밀로반 질라스의 회고가 밝혀주듯이 —— 해방은 단순히 외국의 정복자들에게 대항한 피억압 인민의 일치단결한 봉기보다 훨씬 더 복잡한 것이었다.

VII

이러한 점들이, 이제 엘베 강과 중국해 사이에 있는 모든 정부들의 수반이 된 공산주의자들의 만족감을 약화시킬 것으로 보이지는 않았다. 그들을 고취했던 세계혁명은 눈에 띄게 진전되었다. 하나뿐이고 약하고 고립된 소련 대신에 12개 내외의 국가들이, 양대 세계강국 중 하나(초강대국이란 용어는 일찍이 1944년에 쓰였다)—— 그러한 명칭에 실제로 값하는 —— 의 지휘하에 전지구적 혁명의 두 번째 물결로부터 나타났거나 나타나고 있는 중이었다. 오래된 제국주의적 해외식민지들의 탈식민화가 여전히 한창 진행중이었으므로, 세계혁명의 추진력이 고갈된 것도 아니었다. 공산주의라는 대의가 그 이상으로 진척되는 것을 기대할 수 없었을까? 적어도 유럽에서는 국제 부르주아지 자신들이 자본주의에게 남은 것의 미래에 대해서 우려하지 않았던가? 젊은 역사가 르 루아 라뒤리의 친척인 프랑스 산업가들은 그들의 공장을 재건할 때, 결국에 가서는 국유화나 아니면 아예 적군(赤軍)이 자신들의 문제에 대한 최종적인 해결책을 가져다주지 않을까 자문(自問)하지 않았던가? 바로 이러한 감정 때문에 1949년에 프랑스 공산당에 입당하기로 한 결심을 굳혔다고 르 루아 라뒤리가 나중에 나이 지긋한 보수주의자로서 회고할 것이었다(Le Roy Ladurie, 1982, p.37). 미국의 상무부 차관은 1947년 3월에 트루먼 대통령의 행정부에게, 대부분의 유럽 국가들이 벼랑 끝에 서 있어서 언제라도 밀면 떨어질 것 같고 다른 국가들도 심각하게 위협받고 있다고 말하지 않았던가(Loth, 1988, p.137)?

비합법활동, 전투와 저항운동, 감옥, 정치범 수용소, 망명생활 등에서 벗어나 나라 —— 그 대부분이 폐허가 된 —— 의 장래에 대한 책임을 떠맡게 된 사람들의 정신상태 역시 그러했다. 아마도 그들 중 일부는 다시 한번, 자본주의를 뒤엎는 것이 핵심지역에서보다는 자본주의가 취약하거나 거의 존재하지 않는 곳에서 훨씬 더 쉬운 일이었음을 보았을 것이다. 그러나 세계가 극적으로 좌선회했다는 것을 어느 누가 부인할 수 있었겠는가? 변화된 국가의 새로운 공산주의자 통치자들 및 공동 통치자들이 종전(終戰) 직후 무언가에 대해서 걱정했다면, 그것은 사회주의의 앞날에 대한 걱정이 아니었다. 그들의 걱정은 가난해지고 피폐해지고 황폐해진 나라를, 때때로 적대적인 주민들 속에서 어떻게 재건할 것인가 하는 것과, 재건으로 안전해지기 전에 사회주의 진영에 대해 자본주의 열강이 전쟁을 벌이지 않을까 하는 것이었다. 역설적이게도, 그와 동일한 걱정으로 서방의 정치가들과 이데올로기론자들도 잠을 이루지 못했다. 앞으로 보게 되듯이 세계혁명의 두번째 물결 이후 세계를 지배한 냉전은 악몽들 간의 싸움이었다. 동쪽 세계의 우려가 정당한 것이든 서쪽 세계의 우려가 정당한 것이든 간에, 모두가 1917년 10월에 태어난 세계혁명의 시대의 일부였다. 그러나 그 시대 자체는 이제 막 끝나려 했다. 비록 그 시대의 묘비명을 쓸 수 있게 되기까지는 40년이 더 필요했지만 말이다.

그럼에도 불구하고 그 시대는 세계를 바꾸어놓았다. 10월혁명에 고무받은 사람들과 레닌이 기대했던 방식으로는 아니었지만 말이다. 세계혁명의 시대에 서반구 밖의 세계에서 혁명, 내전, 외국의 점령에 대한 저항과 그러한 점령으로부터의 해방, 운이 다한 제국들에 의한 예방적인 자치권 부여 등의 일정한 결합을 겪어보지 않은 국가는 열 손가락 안에 들 정도였다(유럽에서 그러한 경우에 해당하는 나라는 영국, 스웨덴, 스위스와 —— 아마도 —— 아이슬란드뿐이다). 서반구에서조차, 항상 그 나라에서 '혁명'으로 묘사되는 수많은 폭력적인 정권교체를 차치하고도, 주요 사회혁명들 —— 멕시코와 볼리비아에서의 혁명, 쿠바 혁명과 그뒤를 이은 혁명들——이 라틴 아메리카의 풍경을 바꾸어놓았다.

공산주의의 이름으로 이루어진 혁명들은 현재 지칠 대로 지친 상태다. 인류의 5분의 1을 차지하는 중국인들이 공산당이 통치하는 나라에서 계속해서 사는 한, 그러한 혁명들에 대한 추도사를 읽기에는 너무 이르지만 말이다. 그러나 그러한 나라들이 구체제의 세계로 돌아간다는 것은, 혁명기와 나폴레옹 시대 이후 프랑스에서 그러한 복귀가 불가능했듯이 또는 전(前) 식민지들이 식민지 이전의 생활로 돌아가는 것이 불가능한 것으로 드러났듯이, 불가능하다는 점은 명백하다. 공산주의의 경험이 역전된 곳에서조차 전(前) 공산주의 국가들의 현재는 혁명을 대체한 반혁명의 뚜렷한 흔적을 지니고 있고, 아마도 앞으로도 계속해서 지닐 것이다. 소련 시대를, 마치 러시아사나 세계사에 속하지 않은 것처럼 그러한 역사들과 무관하게 쓸 수는 없으며, 상트 페테르부르크가 1914년으로 돌아갈 수도 없는 것이다.

그러나 1917년 이후 격동의 시대의 간접적인 결과는 직접적인 결과만큼이나 깊었다. 러시아 혁명 이후의 시기는 식민지 해방과 탈식민화 과정을 열었고, 유럽에 야만적인 반혁명정치(파시즘이나 그와 비슷한 여타 운동들의 형태로 —— 제4장을 보라)와 사회민주주의 정치 둘 다를 가져왔다. 1917년 전까지는 (다소 주변적인 오스트랄라시아 밖의) 모든 노동자 정당과 사회주의 정당이 사회주의를 건설할 만한 시기가 올 때까지 만년 야당에 머무는 쪽을 택했다는 사실은 종종 간과되고 있다. 최초의 (비태평양) 사회민주주의 정부나 사회민주주의 연립정부는 1917-19년에 수립되었고(스웨덴, 핀란드, 독일, 오스트레일리아, 벨기에), 몇 년 내에 영국, 덴마크, 노르웨이가 그 뒤를 이었다. 우리는 그러한 정당들의 온건성 자체가, 구

(舊)정치체제가 그 정당들을 기꺼이 흡수하고자 한 것과 마찬가지로, 주로 볼셰비즘에 대한 반작용이었다는 것을 잊는 경향이 있다.

요컨대 단기 20세기의 역사는 러시아 혁명과 그것의 직접적, 간접적 결과 없이는 이해할 수 없다. 이는 특히 러시아 혁명이, 서방으로 하여금 제2차 세계대전에서 히틀러 독일을 이길 수 있게 해준 동시에, 자본주의로 하여금 스스로를 개혁하도록 고무하고 —— 역설적이게도 —— 대공황에 대한 소련의 명백한 면역을 통하여 자유시장이라는 정통교리에 대한 믿음을 버리도록 고무함으로써 자유주의적 자본주의의 구세주인 것으로 드러났기 때문이다. 이러한 사실을 다음 장에서 보게 될 것이다.

제3장 경제적 심연 속으로

지금까지 소집된 어떤 미국 국회도 미합중국의 상태를 조사한 끝에 현재 나타난 것보다 더 만족스러운 전망에 접해본 적은 없을 것이다.……우리의 기업과 산업이 낳고 우리의 경제가 저축한 커다란 부가 우리 자신의 국민들에게 가장 폭넓게 분배되었으며, 꾸준히 흘러나가 세계의 구호활동과 기업활동에 기여했다. 생활상의 요구는 필수품 수준을 넘어 사치품 분야로 옮아갔다. 확대되는 생산은 국내의 증가하는 수요와 팽창하는 해외무역에 의해서 소비되고 있다. 미국은 현재를 만족스럽게 바라볼 수 있고, 미래를 낙관하며 기대할 수 있다.

―― 캘빈 쿨리지(미국의 제30대 대통령[재임 1923-29]/역주) 대통령의 국회 교서, 1928년 12월 4일

전쟁 다음으로 실업이 우리 세대의, 가장 널리 만연되어 있고 가장 교활하며 가장 부식성이 높은 질병이다. 그것은 우리 시대 서구문명의 특유한 사회적 질병이다.

―― 「더 타임스」지, 1943년 1월 23일자

I

제1차 세계대전이, 그 전쟁이 없었더라면 안정적이었을 경제와 문명의 일시적인 ―― 파국적이기는 했지만 ―― 혼란일 뿐이었다고 가정해보자. 그렇다면 경제는 전쟁의 잔해를 치운 뒤에 정상상태로 돌아와서 그로부터 계속 굴러갔을 것이다. 경제가 복구되는 방식은, 일본이 1923년의 지진으로 죽은 30만 명을 땅에 묻고 200만-

300만 명이 살던 집들이 사라진 폐허를 청소하고 예전의 도시 그대로 — 그러나 보다 내진적(耐震的)으로 — 도시를 재건했던 것과 같은 방식이 될 것이다. 그러한 상황이었다면 양차 세계대전 사이의 세계는 어떠한 모습을 띠게 되었을까? 무엇이 일어나지 않았을 것이고 무엇이 일어날 수 없을 것임이 거의 확실한지란 알 수 없는 법이고, 그것에 대해서 추측하는 것은 무의미한 일이다. 그러나 그러한 물음은 무익하지 않다. 왜냐하면 그것은 양차 세계대전 사이의 세계적인 경제붕괴가 20세기 역사에 미친 깊은 영향을 파악하는 데에 도움을 주기 때문이다.

그러한 경제붕괴가 없었다면 확실히 히틀러도 없었을 것이고, 거의 확실히 루스벨트도 없었을 것이다. 소련 체제가 세계 자본주의에 대한 만만치 않은 경제적 맞수이자 대안으로 간주될 가능성은 지극히 낮았을 것이다. 비유럽 세계나 비서방세계에서의 경제위기의 결과 — 이에 대해서는 이 책 다른 곳에서 개략적으로 묘사했다 — 는 분명히 극적인 것이었다. 요컨대 경제붕괴의 충격을 이해하지 않고는 20세기 후반의 세계를 이해할 수 없다. 이것이 이 장의 주제이다.

제1차 세계대전은 구(舊)세계의 일부만을, 주로 유럽 지역만을 황폐화시켰다. 19세기 부르주아 문명 몰락의 가장 극적인 측면인 세계혁명은 보다 넓은 곳에 걸쳐서 일어났다. 즉 멕시코에서 중국까지 그리고 식민지 해방운동의 형태로 마그레브(Maghreb : 모로코, 알제리, 튀니지 등의 아프리카 북서부 일대를 지칭한다/역주)에서 인도네시아까지 일어났던 것이다. 그러나 제1차 세계대전과 세계혁명 그 어느 것과도 멀리 떨어진 곳에서 시민들이 살았던 지역을 지구상에서 찾기란 아주 쉬운 일이 될 것이다. 사하라 사막 이남의 식민지 아프리카라는 광활한 지역뿐만 아니라, 아메리카 합중국이 특히 그러했다. 그러나 제1차 세계대전 뒤에 진정으로 세계규모 — 적어도 사람들이 비인격적인 시장거래 관계라는 그물 속에서 살거나, 그러한 관계에 의해서 움직이는 곳이면 어디서나 — 의 붕괴가 찾아왔다. 실제로, 자신만만했던 미국 자체가, 운좋은 대륙들의 대진동으로부터 안전한 피난처가 되기는커녕 그러한 붕괴, 즉 경제사가들의 진도(震度)가 지금껏 측정된 것 중 가장 높은 치수를 보인 전지구적 지진 —— 전간기의 대공황 —— 의 진원지가 되었다. 한 문장으로 표현하자면, 양차 세계대전 사이에 자본주의 세계경제는 붕괴할 것처럼 보였다. 또한 그것이 어떻게 회복될 수 있을지는 아무도 몰랐다.

자본주의 경제의 작동은 결코 매끄럽지 않으며, 종종 매우 격렬하기도 한, 다양한 길이의 경기변동들은 세계를 이끌어가는 이러한 방식(자본주의 경제를 지칭한다/역주)에 없어서는 안 될 요소들이다. 호황과 불황이라는 이른바 '경기순환'은 19세기 이래 모든 사업가들에게 익숙한 것이었다. 그러한 순환은 약간의 편차를 보이며 7-11년마다 반복될 것으로 예상되었다. 다소 더 긴 주기는, 19세기 말에 관찰자들이 앞서 몇십 년의 예기치 않았던 경기급변을 되돌아보면서 처음으로 주목을 끌기 시작했다. 1850년경부터 1870년대 초까지의 극적이고 전례 없는 세계적 호황 다음에 20여 년간의 경제적 불안정이 뒤따랐고(경제 저술가들은 다소 혼동을 주는 대불황 [Great Depression]이라는 표현을 썼다) 이어서 세계경제의 또 한 번의 명백히 장기적인 급상승이 있었다(「자본의 시대」,「제국의 시대」제2장을 보라). 뒤에 스탈린의 초기 희생자가 된 러시아 경제학자 니콜라이 드미트리예비치 콘드라티예프는 1920년대 초에, 50-60년의 일련의 '장기파동들'을 통해서 18세기 말 이래의 경제발전 유형을 식별했다. 비록 그도, 다른 어느 누구도 이러한 파동들에 대해서 만족스러운 설명을 할 수 없었고, 실제로 회의적인 통계학자들은 그러한 파동들의 존재를 부인하기까지 했지만 말이다. 그러한 파동들은 그때부터 줄곧 전문가 문헌에서 그의 이름으로 널리 알려지게 되었다. 한편, 콘드라티예프는 당시에 세계경제의 장기파동이 하강추세에 있다고 결론지었다.[1] 그는 옳았다.

---

1) 콘드라티예프 장기파동에 기초해서 신용할 수 있는 예언이 가능한 것으로 입증됨 —— 이는 경제학에서 그리 흔치 않다 —— 으로써 여러 역사가들과 일부 경제학자들까지도 그 파동에 무언가 중요한 의미 —— 그것이 무엇인지는 모르지

과거에 사업가들과 경제학자들은 장기적, 중기적, 단기적 파동 및 주기를 받아들여왔다. 농부들이 날씨 —— 역시 상승국면과 하강국면을 가진 —— 를 받아들이듯이 말이다. 그러나 그러한 파동과 주기에 대해서 할 수 있는 일은 전혀 없었다. 그것들은 기회들 아니면 문제들을 낳는 것으로서, 개인이나 산업에 노다지나 파산을 가져올 수 있을 뿐이었다. 카를 마르크스처럼 그러한 주기들이, 결국 극복할 수 없는 내적 모순으로 드러날 것을 자본주의가 낳는 과정의 일환이라고 믿는 사회주의자들만이 그러한 주기들이 경제체제 자체의 존재를 위험에 빠뜨린다고 생각했다. 세계경제는 계속해서 성장하고 전진할 것으로 기대되었다. 주기적 불황이라는 급작스럽고 단명한 파국의 시기를 제외하고는 한 세기 이상 동안 명백히 그래왔듯이 말이다. 새로운 상황이 지금까지와 달랐던 점은, 자본주의 역사상 아마도 처음으로 그리고 그때까지는 유일하게, 자본주의의 경기변동이 진정으로 체제를 위협하는 것으로 보였다는 점에 있었다. 게다가 중요한 점들에서 자본주의 곡선의 오랜 상승이 중단한 것으로 보였다.

산업혁명 이래 세계경제의 역사는 기술진보가 갈수록 빨라지는 역사, 지속적이지만 불균등한 경제성장의 역사, '세계화'가 확산되는 역사, 즉 세계적 규모의 분업이 갈수록 정교해지고 복잡해지며, 세계경제의 모든 지역을 전지구적 체제에 연결시키는 유통 및 교환의 망이 갈수록 빽빽해져가는 역사였다. 파국의 시대에 기술의 진보는 세계대전의 시대를 변화시키는 동시에 그러한 시대에 의해서 변화되면서 계속되었고 촉진되기까지 했다. 대부분 사람들의 삶에서 그 시대의 중심적인 경제적 체험은 격변적인 것 —— 1929-33년의 대공황으로 극에 달한 —— 이었지만, 이 몇십 년 동안 경제성장은 중단되지 않았다. 단지 속도가 떨어졌을 뿐이다. 그 시대의 가장 크고 가장 부유한 경제를 가진 미국에서 1913-38년에 1인당 국민총생산의 평균 성장률은 근소하게도 1년에 0.8퍼센트에 불과했다.

만 —— 가 담겨 있다고 확신하게 되었다.

1913년 이후 25년 동안의 세계 공업생산고의 성장률은 80퍼센트를 조금 넘었는데, 이는 바로 전의 4반세기에 보였던 성장률의 거의 절반에 해당하는 수치였다(Rostow, 1978, p.662). 앞으로 보게 되듯이(제9장을 보라) 이는 1945년 이후의 시대와는 훨씬 더 극적인 대조를 보이는 것이었다. 그러나 어떤 화성인이 인류가 지구상에서 겪은 들쭉날쭉한 경기변동을 간과할 정도로 멀리 떨어진 곳에서 경제적 변동의 곡선을 관찰했다면, 그는 세계경제가 의심할 나위 없이 계속해서 팽창하고 있다고 결론을 내렸을 것이다.

그러나 한 가지 점에서는 명백히 그렇지 않았다. 경제의 세계화는 전간기에 중단된 것으로 보였던 것이다. 어떤 식으로 측정하든 세계경제의 통합은 정체하거나 후퇴했다. 제1차 세계대전 이전의 시기는 기록된 역사상 최대의 대량이민 시기였으나 이제 그러한 이민의 물줄기는 고갈되었고, 보다 정확히 말해서 전시(戰時)의 혼란과 정치적 제한조치에 의해서 막혔다. 1914년 이전의 15년 동안에 거의 1,500만 명이 미국에 상륙했는데, 다음 15년 동안에는 그러한 유입이 550만 명으로 줄어들었고, 1930년대와 전쟁시기에는 거의 완전히 중단되었다. 그 시기에는 75만 명 미만이 미국에 들어왔던 것이다(Historical Statistics I, p.105, 표 C89-101). 압도적인 수가 라틴 아메리카로 갔던 이베리아인 이민의 수는 1911-20년에 175만 명이었는데, 1930년대에 25만 명 미만으로 떨어졌다. 세계무역량은 전시의 혼란과 전후의 위기가 끝난 뒤 회복되어 1920년대 말에는 1913년의 수준을 약간 넘었다가 공황기에 다시 떨어져서, 결국 파국의 시대 끝 무렵(1948)에도 제1차 세계대전 이전보다 그리 높지 않았다(Rostow, 1978, p.669). 반면, 1890년대 초와 1913년 사이에는 세계무역량이 2배 이상으로 늘었고 1948-71년에는 5배로 늘 것이었다. 파국의 시대의 이러한 정체는 제1차 세계대전이 유럽과 중동에서 새로운 국가들을 상당수 낳았다는 것을 기억한다면 더더욱 놀라운 일이 될 것이다. 이전에 동일한 나라(이를테면 오스트리아─헝가리나 러시아) 안에서 이루어졌던 상거래가 이제는 국제적인 상거래로 분류되었으므로, 국경들의 마일 수가 늘어난 만큼 국가간

무역도 자동적으로 늘었어야 할 것이다(세계무역 통계는 국경을 넘는 무역만을 계산한다). 마찬가지로 그 수가 이미 수백만 명에 달한 전후(戰後) 및 혁명 후 피난민들의 비참한 물결(제11장을 보라)을 고려한다면 전세계 이민의 수는 줄어들기보다는 늘어났어야 할 것이다. 대공황기에는 자본의 국제적인 이동까지도 고갈된 것으로 보였다. 1927-33년에 국제적인 대출이 90퍼센트 이상 줄어들었던 것이다.

왜 이러한 침체가 발생했는가? 이에 대해서는 다양한 이유들이 제시되어왔다. 이를테면 세계에서 가장 큰 국민경제를 가진 미국이 소수의 원료공급을 제외하고는 사실상 자급자족할 수 있게 되었다든가, 그 나라는 대외무역에 각별히 의존한 적이 전혀 없었다든가 하는 주장이 있다. 그러나 영국과 스칸디나비아 국가들같이 무역량이 많았던 나라들까지도 동일한 추세를 보였다. 당대인들은 자신들을 놀라게 한 보다 명백한 원인에 대해서 주목했고 그러한 행동은 거의 확실히 옳았다. 각 국가들은 이제 외부의 위협으로부터, 즉 명백히 상당한 어려움에 빠진 세계경제로부터 자신의 경제를 보호하는 데에 전력을 기울였다.

사업가들과 정부들 둘 다 처음에는, 세계경제가 세계전쟁으로 인한 일시적 혼란기 뒤에 어떠한 경로를 통해서든 1914년 이전의 행복했던 시절 —— 그들이 정상적인 상태로 보았던 —— 로 돌아갈 것이라고 기대했다. 또한 실제로, 적어도 혁명과 내전으로 혼란을 겪지 않은 나라들에서의 종전(終戰) 직후 호황은 밝은 전망을 나타내는 것으로 보였다. 비록, 사업계와 정부 둘 다 노동자와 노동조합의 엄청나게 커진 힘 —— 임금인상과 노동시간 단축을 통해서 생산비를 올릴 것으로 보였던 —— 에 대해서는 우려했지만 말이다. 그러나 재조정은 예상보다 어려운 것으로 드러났다. 물가와 벼락 경기는 1920년에 폭락했다. 이는 노동자측의 힘을 잠식했고 —— 그때 이후로 영국의 실업률은 10퍼센트 선 밑으로 크게 떨어진 적이 없었고, 노동조합들은 다음 12년 동안 조합원의 절반을 잃었다 —— 그럼으로써 힘의 균형은 다시 한번 고용주들 쪽으로 크게 기울었지만, 번영은 여전히 오지 않았다.

앵글로-색슨 세계와 전시(戰時) 중립국들과 일본은 통화수축을 위해서, 즉 자국의 경제를, 건실한 재정과 금본위제 —— 전쟁의 압박을 견디어낼 수 없었던 —— 에 의하여 통화의 안정이 보장되던 이전의 확고한 원칙으로 돌아가게 하기 위해서 할 수 있는 일은 무엇이든 했다. 실제로 그 나라들은 1922-26년에 그렇게 하는 데에 다소 성공했다. 그러나 서구의 독일에서 동구의 소련에 이르기까지, 패전과 격변의 넓은 지역에서는 통화제도가 극적으로 무너졌다. 이는 오직 1989년 이후 탈공산주의 세계의 일부에서 벌어진 것에만 비견될 수 있는 것이었다. 극단적인 경우 —— 1923년의 독일 —— 에는 화폐의 단위가 1913년 가치의 1조 분의 1로 줄어들었다. 즉 화폐의 가치가 사실상 영[0]으로 줄어든 것이다. 덜 극단적인 경우에조차 그 결과는 심했다. 오스트리아의 인플레이션[2] 시기에 보험증권이 만기가 되었던, 필자의 할아버지께서는 가치가 떨어진 통화로 그 큰 액수의 돈을 찾았더니 평소에 잘 가던 카페에서 음료수 한 잔 마실 돈밖에 되지 않았더라는 이야기를 하기 좋아하셨다.

요컨대 개개인들의 저축이 완전히 사라져서, 사업 운영자금이 거의 완전히 바닥나게 되었다. 바로 이러한 사정이 이후 몇 년간 독일 경제가 외채에 크게 의존하게 된 이유를 상당 부분 설명해준다. 이로 인해서 독일 경제는 공황이 도래했을 때 유별나게 취약했다. 소련의 상황은 이보다 별로 낫지 않았다. 비록 그 나라에서는 화폐형태의 개인저축이 완전히 제거됨으로써 경제적 결과도, 정치적 결과도 독일과 달랐지만 말이다. 기본적으로, 정부들이 무제한으로 지폐를 찍어내기를 중단하고 통화를 바꾸기로 한 결정에 의해서 1922-23년에 대규모의 인플레이션이 끝났을 때, 고정된 수입과 저축에 의존해왔던 독일 국민들은 상당한 타격을 입었다. 폴란드, 헝가리, 오스트리아에서는 적어도 화폐가치의 극히 일부분이 구제되었지만

---

2) 초기의 물가보다 말기의 물가가 **훨씬** 더 낮았던 19세기 내내 사람들은 물가안정이나 물가하락에 너무도 익숙해져서 **인플레이션**이란 말만으로도 오늘날 우리가 '초인플레이션'이라고 부르는 것을 표현하기에 충분했다.

말이다. 그러나 이러한 경험이 각 나라의 중간계급과 하층 중간계급에게 충격을 주었으리라는 것은 충분히 상상할 수 있다. 그러한 충격은 중부 유럽으로 하여금 파시즘을 준비하게 했다. 장기간의 병리적인 물가 인플레이션에 주민들을 익숙하게 하는 장치들(이를테면 임금 및 여타 소득의 '물가연동제' —— 이 말은 1960년경에 처음 사용되었다)은 제2차 세계대전 이후가 되어서야 고안되었다.[3]

1924년까지는 이러한 전후(戰後)의 폭풍이 가라앉았고, 한 미국 대통령이 '정상상태(normalcy)'라고 이름 붙인 것으로의 복귀를 기대할 수 있는 것으로 보였다. 실제로 전세계적 성장국면으로 다시 돌아간 것처럼 보였다. 비록, 농산물 가격이 잠깐 회복되었다가 다시 내려감으로써 특히 북미의 농부들을 비롯한 원료와 식량의 생산자들 일부가 고통을 받았지만 말이다. 광란의 1920년대는 미국의 농장에서는 황금시대가 아니었다. 게다가 서유럽 대부분에서 실업률은 여전히 놀랄 만큼 높았고, 1914년 이전의 기준으로 보면 병적으로 높은 것이었다. 1920년대의 호황기(1924-29)에조차 영국, 독일, 스웨덴의 평균 실업률이 10-12퍼센트였고, 덴마크와 노르웨이의 경우 17-18퍼센트나 되었다는 사실을 기억하기는 쉬운 일이 아니다. 평균 실업률이 약 4퍼센트였던 미국만이 경제가 전속력으로 가동되었다. 두 사실 모두 경제의 심각한 취약성을 가리키는 것이었다. 농산물 가격의 하락(비축물을 갈수록 많이 쌓아둠으로써 그 이상의 하락이 억제되었다)은 단지, 농산물에 대한 수요가 생산력 증가를 따라잡을 수 없었음을 입증하는 것에 불과했다. 당시의 벼락 경기 —— 대단한 것은 못되었지만 —— 가 대체로, 그 시기에 산업계를 휩쓸었고 특히 독일에 쇄도했던 국제자본의 거대한 유입에 의해서 불이 붙었다는 사실 역시 간과해서는 안 된다. 독일 한 나라가 1928년에 세계의 자본수출 총액의 거의 절반에 해당하는 20조-30조 마르크를 빌렸고, 그중 절반은 아마도 단기차관이었던 것으로 보인다(Arndt, p.47 ; Kindelberger, 1986). 이러한 사정 역시 독일

---

[3] 발칸 국가들과 발트 국가들에서는 정부들이 인플레이션 —— 그 정도가 심각했지만 —— 에 대한 통제력을 결코 완전히 잃지 않았다.

경제를 극도로 취약하게 만들었고, 그러한 사실은 1929년 이후 미국의 돈이 회수되었을 때 입증되었다.

따라서 세계경제가 몇 년 지나지 않아 다시 어려움에 빠진 것은, 미국의 소설가 싱클레어 루이스의「배빗(*Babbitt*)」(1920)을 통해서 그 이미지가 당시 서방세계에 잘 알려지게 된, 소도시 미국의 경기부양자들을 제외하고는 어느 누구에게도 그리 놀랄 만한 일이 아니었다. 실제로 공산주의 인터내셔널은 호황이 고조에 달했을 때 경제위기가 다시 한번 발생할 것이라고 예언하며, 그 위기가 일련의 새로운 혁명들로 이어질 것을 기대 —— 또는 인터내셔널의 대변인들이 그렇게 믿었거나 믿는 척했다 —— 했다. 실제로 경제위기는 즉각 정반대의 것을 낳았다. 그러나 아무도 예상하지 못했던 것, 아마도 가장 낙관적인 시기의 혁명가들조차 예상하지 못했던 것은, 비(非)역사가들조차 알고 있듯이 1929년 10월 29일에 뉴욕 증권거래소의 주가폭락으로 시작된 위기의 유별난 보편성과 깊이였다. 그 위기는 거의 자본주의 세계경제의 붕괴에 가까운 것이었다. 자본주의 세계경제는 이제 (갈수록 천문학적인 수치를 향해서 치솟는 실업률을 제외한) 모든 경제적 지표들의 하락추세가 다른 모든 지표들의 하락을 촉진하는 악순환에 빠져든 것으로 보였다.

국제연맹의 우수한 전문가들이 말했듯이 —— 아무도 그들의 의견에 그리 주목하지 않았지만 —— 북미 공업경제의 극적인 후퇴가 곧 다른 공업 핵심지역인 독일로 확산되었다(Ohlin, 1931). 미국의 공업생산고는 1929-31년에 약 3분의 1이 떨어졌고 독일의 생산고도 이와 거의 같은 비율로 줄었지만, 이러한 비율은 전체적인 평균치일 뿐이다. 이를테면 미국의 큰 전기회사인 웨스팅하우스의 매출액은 1929-33년에 3분의 2가 줄었고 순수입은 2년 동안에 76퍼센트가 떨어졌다(Schatz, 1983, p.60). 또한 농산물 —— 식량과 원료 모두 —— 가격이 더 이상 예전처럼 비축물 덕분에 유지되지 않고 급격히 떨어짐에 따라 농산물의 위기가 발생했다. 차와 밀의 가격은 3분의 2만큼, 생사(生絲)의 가격은 4분의 3만큼 하락했다. 이는, 1931년에 국제연맹이 목록에 올린 나라들만을 열거하자면, 아르헨티나, 오스트레일리아, 발칸 국가들, 볼리비아, 브라질, (영국령) 말라야(1957년에 '말라야 연방'으로 독립했고 1963년 '말레이시아'의 발족과 함께 그 일부가 되었다/역주), 캐나다, 칠레, 콜롬비아, 쿠바, 이집트, 에콰도르, 핀란드, 헝가리, 인도, 멕시코, 네덜란드령 인도(지금의 인도네시아), 뉴질랜드, 파라과이, 페루, 우루과이, 베네수엘라를 극도로 약화시켰다. 이 나라들의 국제무역은 몇몇 농산물 상품들에 크게 의존했던 것이다. 요컨대 국제무역은 대공황을 문자 그대로 전세계적인 것으로 만들었다.

서쪽(또는 동쪽)에서 온 지진의 충격에 극도로 민감한 오스트리아, 체코슬로바키아, 그리스, 일본, 폴란드, 영국의 경제도 마찬가지로 뒤흔들렸다. 일본의 견직물 공업은, 광대하고 갈수록 커지는, 미국의 비단양말 시장에 상품을 공급하느라 그 생산고가 15년 동안 3배로 늘어났으나, 이제 그러한 시장이 일시적으로 사라졌다. 미국으로 건너간 일본 견직물의 90퍼센트가 팔렸던 시장이 사라진 것이다. 한편, 일본의 또 다른 주요 산물인 쌀의 가격 역시, 남아시아와 동아시아의 모든 광대한 쌀 생산지역에서와 마찬가지로 폭락했다. 마침 밀 가격이 쌀 가격보다 훨씬 더 크게 폭락하는 바람에 밀이 더 싸졌고, 그리하여 많은 동양인들이 쌀에서 밀로 주식을 바꾸었다고 전해진다. 그러나 —— 호황이 있었다면 —— 차파티(chapatti : 카레 요리를 싸서 먹는 인도의 빵/역주)와 국수의 호황이야말로 버마, 프랑스령 인도차이나, 샴(지금의 타이) 같은 쌀 수출국의 농부들의 상황을 악화시켰다(Latham, 1981, p.178). 농부들은 농작물을 보다 많이 재배하고 판매함으로써, 떨어지는 가격을 보상하고자 했고 이는 가격을 더더욱 떨어뜨리는 결과를 가져왔다.

이는 시장, 특히 수출시장에 의존하던 농부들에게, 그들이 농민의 전통적인 마지막 보루인 자급생산으로 돌아갈 수 없을 경우, 파멸을 의미했다. 그러한 자급생산은 실제로 많은 수의 종속국들에서 여전히 가능했으며, 대부분의 아프리카인, 남아시아인 및 동아시아인, 라틴 아메리카인들은 여전히 농민이었으므로, 그러한 생산은 의심할 바 없이 그들을 보호해주었다. 한편, 브라질의 커피 재배농들은 증기기관차의 엔진을 돌리는 데에 쓰던 석탄 대용으로 커피를 태움으로써 가격폭락을 필사적으로 막고자 했고, 그리하여 브라질은 자본주의의 낭비와 대공황의 깊이의 대명사가 되었다(세계시장에 팔린 커피의 3분의 2에서 4분의 3이 브라질에서 나왔다). 그럼에도 불구하고 대공황은, 여전히 압도적으로 농촌에 사는 브라질인들에게 1980년대의 경제적 격변보다는 훨씬 견딜 만한 것이었다. 왜냐하면 무엇보다도, 경제로부터 얻을 수 있는 것에 대한 빈민들의 기대가 당시만 해도 아주 작았던 것이다.

그러나 식민지 농민국들에서조차 누군가는 고통을 받았다. 일례로, 황금해안(Gold Coast, 지금의 가나)에서는 설탕, 밀가루, 생선 통조림, 쌀 등의 수입량이 약 3분의 2만큼 줄어들었고 (농민에 기반한) 코코아 시장이 무너졌던 것 —— 진(gin)의 수입량이 98퍼센트 떨어진 것은 말할 것도 없고 —— 이다(Ohlin, 1931, p.52).

정의상 (시골의 농민가족에게 돌아갈 수 있는 경우가 아니고는) 생산수단에 대한 통제권이 없거나 생산수단에 접근할 수 없는 사람들, 즉 임금을 받기 위해서 고용된 사람들에게 공황의 가장 중요한 결과는 실업, 상상조차 할 수 없는 전례 없는 규모에, 어느 누가 예상한 것보다도 오래 지속되었던 실업이었다. 공황기 중 최악의 시기(1932-33)에 영국과 벨기에 노동인구의 22-23퍼센트, 스웨덴의 24퍼센트, 미국의 27퍼센트, 오스트리아의 29퍼센트, 노르웨이의 31퍼센트, 덴마크의 32퍼센트 그리고 독일 노동인구의 44퍼센트나 되는 수가 실업자였다. 이에 못지 않게 중요한 점은 1933년 이후의 회복기에조차 1930년대의 평균 실업률이 영국과 스웨덴의 경우 16-17퍼센트 미만으로, 나머지 스칸디나비아 국가들, 오스트리아, 미국의 경우 20퍼센트 미만으로 내려가지 않았다는 점이었다. 실업을 제거하는 데에 성공한 유일한 서방국가는 1933-38년의 나치 독일이었다. 그곳에서는 기억할 수 있는 한, 노동자들의 생활에 이러한 경제적 재난과 같은 것이 없었다.

이러한 경제적 재난을 훨씬 더 극적으로 만든 것은, 실업자 구제를 비롯한 공공의 사회보장제도가 미국에서처럼 아예 존재하지 않았거나 20세기 말의 기준에서 볼 때 극도로 빈약했다 —— 특히 장기적인 실업자에 대해서 —— 는 사실이다. 바로 이러한 사정이, 안전 —— 너무도 불확실한 일자리(즉 임금), 질병, 사고에 대한 보호와, 너무도 확실하게 찾아오는, 벌이가 없는 노년기에 대한 보호 —— 이 노동자들에게 언제나 그렇게도 사활이 걸린 관심사가 되었던 이유이며, 노동자들이 자신의 자녀가 임금은 적게 받더라도 안정되고 연금이 주어지는 일자리를 얻기를 바란 이유이다. 대공황 이전에 실업보험계획이 충분히 시행되었던 나라(영국)에서조차 노동인구의 60퍼센트 이하만이 그 계획의 혜택을 받았다. 이는 그나마 영국의 경우 1920년부터 이미 대량실업에 적응해야 했기 때문이었다. 유럽의 다른 곳에서는 (실업률이 40퍼센트 이상이었던 독일을 제외하고는) 노동자 가운데 실업구제금을 받을 권리를 가진 자의 비율이 0-약 4분의 1이었다(Flora, 1983, p.461). 불안정한 일자리나 일시적으로 찾아오는 주기적 실업에 익숙했던 사람들은 그들의 적은 액수의 저축마저 사라지고 동네 식료잡화점에서 외상구매를 더 이상 할 수 없게 된 뒤에도 일자리가 전혀 생기지 않자 절망에 빠지게 되었다.

따라서 대량실업은 산업화된 나라들의 정치에 중심적이고 충격적인 영향을 미쳤다. 그 나라들의 주민들 대부분에게 대공황이 의미하는 것은 무엇보다도 바로 그러한 영향이었던 것이다. 경제사가들(실제로는 논리)이, 물가가 전간기 내내 떨어졌고 최악의 불황기에 식료품가격이 다른 어떤 것보다도 급속히 떨어졌으므로, 최악의 시기까지도 일자리를 가졌던, 그 나라 노동인구의 과반수가 실제로는 훨씬 더 잘살게 되었다는 것을 증명할 수 있다는 사실이 당시 주민들 대부분에게 무슨 의미가 있었겠는가? 당시의 지배적인 이미지는 빈민을 위한 무료식당과 실직당한 '기아 행진자들' —— 강철이나 배가 전혀 만들어지지 않았으므로 연기가 나지 않았던 마을들로부터 걸어나와 당국자들을 비난하기 위해서 수도로 모여드는 —— 의 모습이었다. 정치가들 역시, 독일공산당 당원 수 —— 공황기에 거의 나치당만큼의 속도로 증가했고, 히틀러의 집권 직전 몇 달 동안에는 나치당보다 더 빠른 속도로 증가했던 —— 의 85퍼센트에 이르는 사람들이 실업자라는 사실을 놓치지 않았다(Weber, I, p.243).

　실업이 정치체의 치명적일 수 있는 깊은 상처로 간주되었다는 것은 놀랄 만한 일이 아니다. 제2차 세계대전 도중에 「더 타임스」지의 한 논설위원은 "전쟁 다음으로 실업이 우리 세대의, 가장 널리 만연되어 있고 가장 교활하며 가장 부식성이 높은 질병이다. 그것은 우리 시대 서구문명의 특유한 사회적 질병이다"(Arndt, 1944, p.250)라고 썼다. 이러한 구절은 산업화의 역사상 그전 시기였다면 결코 씌어질 수 없는 성질의 것이다. 그 구절은 전후(戰後) 서구정부들의 정책에 관해서 장기적인 문서고 조사보다 더 많은 것을 설명해준다.

　기묘하게도, 대공황이 낳은 방향상실감과 재난을 당했다는 기분은 아마도 일반 대중보다 사업가, 경제학자, 정치가들에게 더 컸던 것으로 보인다. 그들은 대량실업과 곡물가격의 폭락으로 심한 타격을 받았으나, 가난한 국민들이 자신의 작은 요구라도 충족해주기를 기대하는 한, 이러한 예기치 않은 피해에 대해서 다소 정치적인 해결책을 쓸 수 있다 —— 좌파적이든, 우파적이든 —— 는 것을 의심하지 않았다. 경제정책 결정자들의 곤경을 그렇게도 극적인 것으로 만든 것은 기존의 자유주의 경제라는 틀 속에서는 분명히 어떠한 해결책도 없었다는 점이었다. 그들은 당장의 단기적인 위기에 대처하기 위해서, 그들도 알고 있듯이, 번영하는 세계경제의 장기적인 토대를 잠식해야만 했다. 세계 무역량이 4년 동안(1929-32)에 60퍼센트가 줄던 시기에, 국가들은 세계의 다각적 무역체계 —— 세계의 번영이 달려 있다고 그들이 믿었던 —— 의 파괴를 의미하는 행위라는 것을 매우 잘 알면서도 세계경제의 폭풍우로부터 자국의 시장과 통화를 보호하기 위해서 갈수록 높은 장벽을 쌓았다. 그러한 무역체계의 초석인 이른바 '최혜국 지위'가, 1931-39년에 조인된 510개의 통상협정 가운데 거의 60퍼센트에 해당하는 수의 협정에서 사라졌고, 그러한 지위가 존속한 경우에도 대체로 제한된 형태를 보였다[4](Snyder, 1940). 이러한 사태는 어디서 끝날 것인가? 악순환으로

---
4) '최혜국' 조항은 사실상, 외관상의 의미의 정반대에 해당하는 것, 즉 무역 상대국을

부터 탈출구는 있었는가?

우리는 자본주의 역사상 가장 충격적인 에피소드인 이러한 상황의 즉각적인 정치적 결과를 뒤에 가서 고찰할 것이다. 그러나 우선 공황의 가장 중요한 장기적인 함축부터 언급해야 한다. 한 문장으로 표현하자면, 대공황은 이후 반세기 동안 경제적 자유주의를 파괴했다. 1931-32년에 영국, 캐나다, 모든 스칸디나비아 국가들, 미국은 언제나 안정된 국제적 교환의 토대로 간주되었던 금본위제를 포기했고, 1936년까지는, 지금주의(地金主義)에 대한 열렬한 신봉자였던 벨기에인들과 네덜란드인들, 결국은 프랑스인들 자신까지 그 대열에 합류했다.[5] 거의 상징적이게도, 1931년에 영국은, 미국의 헌법이 미국의 정치적 정체성(正體性)에 핵심적이듯이 1840년대 이래 영국의 경제적 정체성에 핵심적이었던 자유무역을 포기했다. 영국이 단일한 세계경제에서의 자유거래라는 원칙에서 후퇴한 것은 당시에 각국이 전반적으로 자국경제의 보호를 향하여 치달았던 것을 극적으로 표현하고 있다. 특히, 대공황은 서방정부들로 하여금 자신의 국가정책에서 경제적 고려보다 사회적 고려를 우선시하도록 했다. 그렇게 하지 못할 경우에 따르는 위험 —— 좌파의 급진화와, 당시 독일과 여타 나라들이 입증했듯이 우파의 급진화 —— 은 너무도 위협적인 것이었다.

따라서 정부들은 더 이상 단순히 관세를 통해서 농업을 외국과의 경쟁으로부터 보호하는 방법만 쓰지는 않았다. 전에 그러한 방법을 썼던 경우, 관세장벽을 훨씬 더 높이기는 했지만 말이다. 대공황기에 정부들은 농업 부문에 보조금을 지급하는 방식을 애호했다. 즉 정부들은 1933년 이후의 미국에서처럼 농산물가격을 안정시키거나, 잉여농산물을 사들이거나, 농부들에게 생산하지 않도록 돈을 주었던 것이다. 유럽 공동체의 '공동 농업정책'이 보여준 기묘한 역

'최혜국'과 동일한 조건으로 대우할 것 —— 다시 말해서, **어떠한** 국가도 최혜국으로 대우하지 **않을** 것 —— 을 의미한다.
5) 고전적 형태의 **금본위제**는 화폐의 단위 —— 이를테면 달러 지폐 —— 에 특정한 무게의 금의 가치를 부여하는 것으로서, 필요하다면 은행이 그 화폐를 금으로 바꾸어주도록 되어 있다.

설 —— 1970-80년대에 갈수록 줄어드는 소수의 농부들에게 보조금을 지급하느라 유럽 공동체가 파산할 위험에 처했던 —— 의 기원은 대공황기로 거슬러올라간다.

노동자들에 대해서는, 전후(戰後)에 '완전고용', 즉 대량실업의 제거가, 개혁된 민주자본주의 국가들 경제정책의 초석이 되었다. 그 정책의 가장 유명한 제창자이자 선구자 —— 유일한 사람은 아니지만 —— 가 바로 영국의 경제학자 존 메이너드 케인스(1883-1946)였다. 불변의 대량실업을 제거함으로써 얻는 이득에 대한 케인스주의적 논의는 경제적인 것일 뿐만 아니라 정치적인 것이었다. 케인스주의자들은 완전고용된 노동자들의 소득이 낳을 수밖에 없는 수요가, 침체된 경제에 활력을 불어넣는 가장 큰 효과가 될 것이라고 옳게 주장했다. 그럼에도 불구하고, 그러한 방식의 수요증가책이 그렇게도 절박하게 우선시되었던 이유 —— 영국 정부는 제2차 세계대전이 끝나기 전에 이미 그러한 정책에 몰두했다 —— 는 대량실업이 정치적, 사회적으로 폭발성을 지닌 것으로 여겨졌기 때문이다. 공황기에 실제로 그러한 것으로 드러났듯이 말이다. 이러한 생각은 너무도 강력해서, 여러 해가 지난 뒤 대량실업이 재발했을 때, 특히 1980년대 초의 심각한 불황기에 (필자를 비롯한) 관찰자들은 사회적 소요사태가 발생하리라고 자신 있게 예상했고, 결국 그러한 일이 일어나지 않은 데에 놀랐다(제14장을 보라).

물론 이것은 대공황기와 그후에 대공황의 결과로 취해진 또 다른 예방적 조치인 현대 복지제도의 수립에 주로 기인했다. 미국이 1935년에 사회보장법을 통과시킨 것에 누가 놀라겠는가? 우리는 산업자본주의 선진국들 —— 일본, 스위스, 미국 같은 몇몇 나라들은 제외하고 —— 에 거창한 복지제도가 전반적으로 보급된 것에 너무도 익숙해져서, 제2차 세계대전 이전에 그러한 나라들 가운데 현대적 의미의 '복지국가'가 얼마나 적었는가를 잊고 있다. 당시 스칸디나비아 국가들조차 이제 막 복지국가가 되기 시작한 상태였을 뿐이다. 실제로 복지국가라는 말 자체가 1940년대 이전에는 사용되지 않았다.

대공황의 충격은, 요란스럽게 자본주의와 관계를 끊었던 유일한 나라인 소련이 대공황으로부터 안전한 것으로 보였기 때문에 더더욱 컸다. 나머지 세계 또는 그중에서 적어도 자유주의적 서방 자본주의가 침체를 겪었던 반면, 소련은 새로운 5개년계획하에 초고속의 대대적인 공업화에 몰두했다. 소련의 공업생산고는 1929-40년에 최소한으로 잡아도 3배로 증가했다. 1929년에 세계 공산품의 5퍼센트를 차지했던 소련의 공업생산고가 1938년에 18퍼센트로 늘었던 반면, 같은 기간에 미국, 영국, 프랑스의 몫을 합친 것은 59퍼센트에서 52퍼센트로 줄었다. 게다가 소련에는 실업도 없었다. 바로 이러한 성과들이 모든 이데올로기 성향의 외국인 관찰자들 ─ 1930-35년에 모스크바에 몰려온, 적은 수이지만 영향력 있는 사회-경제적 관광객들을 비롯한 ─ 에게, 소련 경제의 두드러진 원시성과 비효율성이라든가 스탈린의 집단화와 대대적인 억압이 보여준 무자비함과 야만성보다 더 깊은 인상을 주었다. 왜냐하면 그들이 고민했던 것은 소련의 현 상태가 아니라, 그들 자신의 경제체제의 붕괴, 즉 서구 자본주의의 실패의 심각성이었기 때문이다. 소련 체제의 비결은 무엇이었는가? 그로부터 무언가를 배울 수 있지 않을까? 러시아의 5개년계획을 본따 '계획'이라는 말이 정계에서 통용어가 되었다. 사회민주주의 정당들은 벨기에와 노르웨이에서처럼 '계획'을 채택했다. 매우 저명하고 상당한 지위에 있는 영국의 문관이자 기성 권력층의 중심인물이었던 아서 솔터 경은 나라와 세계가 대공황의 악순환에서 벗어나려면 사회적 계획이 반드시 필요하다는 것을 입증하기 위해서「회복(*Recovery*)」이라는 책을 썼다. 영국의 다른 중도파 문관들과 공무원들은 PEP(Political and Economic Planning, 정치-경제 계획)라고 불리는 초당파적 두뇌집단을 창설했고, 뒤에 수상이 될 해럴드 맥밀런(1894-1986) 같은 젊은 보수당 정치가들은 '계획'의 대변인이 되었다. 1933년에 히틀러가 '5개년계획'을 도입했듯이 나치조차 그러한 사고를 도용했던 것이다(다음 장에서 고찰할 이유들 때문에, 나치 자신이 1933년 이후 공황을 다루는 데에 성공을 거둔 것은 국제적 반향이 보다 적었다).

II

 양차 세계대전 사이의 자본주의 경제는 왜 제대로 돌아가지 못했는가? 미국의 상황이 이러한 물음에 대한 어떠한 대답에도 핵심적인 부분을 이룬다. 왜냐하면 유럽의 경우는 전시(戰時) 및 전후(戰後)의 유럽 —— 또는 적어도 유럽의 교전국들 —— 이 겪은 혼란이 경제적 난관의 적어도 부분적인 원인이 될 수 있었지만, 미국의 경우는 전쟁에서 멀리 떨어져 있었기 때문이다. 비록 짧게 개입하기는 —— 결정적인 개입이기는 했지만 —— 했지만 말이다. 제1차 세계대전은 제2차 세계대전과 마찬가지로 미국의 경제를 혼란시키기는커녕, 그 경제에 눈부신 이득을 주었다. 미국은 1913년경에 이미, 세계 공업생산고의 3분의 1 이상 —— 독일, 영국, 프랑스의 생산고를 모두 합친 것에 거의 육박하는 —— 을 생산하는 세계 최대의 경제국이 되었다. 1929년에 유럽의 그 3대 공업국이 세계 총생산고의 28퍼센트가 좀 안 되는 양을 생산한 데에 반해서, 미국은 42퍼센트를 넘게 생산했다(Hilgerdt, 1945, 표 1.14). 이는 실로 놀라운 수치이다. 구체적으로는, 미국의 강철생산고가 1913-20년에 약 4분의 1이 증가했던 반면, 세계 나머지 지역의 강철생산고는 약 3분의 1이 감소했다(Rostow, 1978, p. 194, 표 III.33). 요컨대 제1차 세계대전이 끝난 뒤 미국은 여러 면에서 제2차 세계대전 뒤와 같은, 국제적으로 지배적인 경제국이 되었다. 대공황은 이러한 지배권의 행사를 일시적으로 중단시켰다.

 게다가 전쟁은 세계 최대의 공업생산국으로서의 미국의 지위를 강화했을 뿐만 아니라, 미국을 세계 최대의 채권국으로 변모시켰다. 전쟁 동안에 영국인들의 전세계 투자액은 약 4분의 1이 줄었는데, 이때 감소한 것은 주로 미국에서의 투자액이었다. 그들은 전시물자(戰時物資)를 사기 위해서 미국에서의 투자물들을 팔아넘겨야 했던 것이다. 또한 프랑스인들은 주로 유럽에서의 혁명과 붕괴로 인해서 투자액의 약 절반을 잃었다. 반면, 채무국으로 전쟁을 시작했던 미국은 전쟁이 끝났을 때 국제적으로 중요한 채권국이 되어 있었다. 미국의 사업은 유럽과 서반구에 집중되어 있었으므로(아시아와 아프리카에서는 여전히 영국이 단연 최대의 투자국이었다), 그 나라 경제가 유럽에 미치는 영향은 결정적인 것이었다.

요컨대, 미국 없이는 세계경제위기를 설명할 수 없다. 미국은 어쨌든 1920년대에 세계 제1의 수출국이자, 영국 다음으로 큰 수입국이었던 것이다. 원료와 식량으로 말하자면, 미국은 15대 무역국의 총수입량의 거의 40퍼센트를 수입했고, 그러한 사실은 밀, 면화, 설탕, 고무, 비단, 구리, 주석, 커피 같은 상품의 생산국들에 대한 공황의 피해 막심한 충격을 잘 설명해준다(Lary, pp.28-29). 또한 같은 이유로, 미국은 공황의 주된 희생자가 될 운명이었다. 미국의 수입액은 1929-32년에 70퍼센트가 줄었고, 수출액 역시 같은 비율로 줄어들었다. 세계 무역액은 1929-39년에 3분의 1 이하만큼 줄어들었으나, 미국의 수출액은 거의 절반으로 폭락했다.

이는 재난의 순유럽적인 뿌리 —— 기원상 대체로 정치적인 —— 를 과소평가하는 것이 아니다. 베르사유 강화회의(1919)에서, 막대하지만 명확히 정해지지는 않은 액수의 돈을, 전쟁으로 인한 손실과 승전국들에 끼친 손해에 대한 '배상금'으로 지불할 의무가 독일에 부과되었다. 이를 정당화하기 위해서, 독일을 전쟁에 대하여 **유일하게** 책임이 있는 것으로 규정하는 조항(이른바 '전범' 조항) 역시 강화조약에 삽입되었다. 이 조항은 역사적으로 의심스러운 것이었고 또한 결국 독일 민족주의에게 주어진 선물인 것으로 드러났다. 독일이 지불해야 할 액수는, 그 나라의 지불능력에 따라 정하자고 제안한 미국의 입장과, 전쟁에서 입은 손실 전체를 배상받아야 한다고 주장하는 여타 연합국들 —— 주로 프랑스 —— 의 입장 사이의 절충안으로서, 막연한 상태로 남았다. 연합국들 또는 적어도 프랑스의 실질적 목표는 독일을 약한 상태에서 벗어나지 못하게 하고 독일에 압력을 행사할 수단을 가지는 것이었다. 1921년에 그 금액은 모든 사람이 환상적인 액수라고 느꼈던 1,320억 금(金) 마르크, 즉 당시 돈으로 330억 달러에 해당하는 액수로 결정되었다.

'배상금' 문제는 끊임없는 논쟁과 주기적인 위기 그리고 미국이 후원한 일련의 해결들을 낳았다. 왜냐하면 미국이 전(前) 연합국들의 입장에서는 불쾌하게도, 독일이 그 나라들에 진 빚에 대한 문제를, 그 나라들이 전시(戰時)에 워싱턴에 진 빚에 대한 문제와 연계시키고자 했기 때문이다. 전(前) 연합국들이 워싱턴에 진 빚은 거의, 독일인들에게 요구된 금액 —— 1929년 독일의 국민총소득의 1.5배에 달한 —— 만큼이나 엄청난 액수였다. 영국이 미국에 진 빚은 영국 국민총소득의 절반에 달했고 프랑스의 빚은 3분의 2에 달했던 것이다(Hill, 1988, pp.15-16). 실제로 1924년의 '도즈 안(Dawes Plan)'은 독일이 매년 갚아야 하는 현실적 액수를 정했고, 1929년의 '영 안(Young Plan)'은 배상계획을 변경하고는 부수적으로 바젤(스위스)에 국제청산은행을 세웠다. 이 은행은 제2차 세계대전이 끝난 뒤에 늘어나게 될 국제적 금융기구들 가운데 최초의 것이다(이 책을 집필하고 있는 시기에도 여전히 활동중이다). 1932년에는 독일과 연합국들의 모든 지불이 사실상 중단되었다. 오직 핀란드만이 미국에 전채(戰債)를 갚았다.

상세하게 논하지 않는다면, 쟁점이 된 문제는 두 가지로 볼 수 있다. **첫번째** 문제는 젊은 시절 케인스가 자신이 영국 대표단의 하급 성원으로 참석했던 베르사유 회의를 신랄하게 비판한 「평화의 경제적 결과(*The Economic Consequences of the Peace*)」(1920)에서 주장한 것이다. 그는 독일 경제의 회복 없이는 유럽의 안정된 자유주의적 문명과 경제의 회복이 불가능할 것이라고 주장했다. 프랑스의 '안전'을 위해서 독일을 계속 약한 상태로 유지시킨다는 프랑스의 정책은 역효과를 가져왔다. 실제로, 프랑스인들은 독일인들이 배상금의 지불을 거부하고 있다는 구실로 1923년에 서부 독일의 공업핵심지역을 단기간 점령했을 때조차, 자신의 정책을 관철하기에는 너무 약했다. 결국 프랑스인들은 독일 경제를 강화시킨, 1924년 이후 독일의 '배상이행' 정책을 용인해야 했다. 그러나 **두번째** 문제는 배상금을 어떻게 지불할 것인가라는 점이었다. 독일을 약한 상태로 유지시키고 싶어했던 나라들은 현재 생산되는 상품이나 적어도 독일의 수출로 번 소득으로 마련한 상품보다는 (합리적이게도) 현금을 받기를 원했는데, 그 이유는 그러한 생산이나 수출이 독일의 경제를 강화하는 —— 독일의 경쟁국들에 불리하게 —— 역할을 할 것이기 때문이었다. 실제로 그러한 나라들은 독일로 하여금 막대한 금액의 차관을 들여오도록 강제했고, 그리하여 그 나라들이 받은 배상금은 1920년대 중반의 (미국으로부터 들여온) 대규모 차관에서 나온 것이었다. 독일의 경쟁국들에게 이는 독일로 하여금 대외적 수지를 맞추기 위해서 수출을 늘리기보다는 빚 구렁에 깊이 빠지게 한다는 부가적 이점을 주는 것으로 보였다. 사실, 독일의 수입(輸入)은 급증했다. 그러나 앞서 보았듯이 당시의 질서 전체가 독일과 유럽 모두로 하여금 공황 이전에 이미 시작된 미국 차관의 감소와, 1929년의 월스트리트 위기에 뒤이은 미국 차관 유입의 중단에 고도로 민감하도록 만들었다. 배상금에 대한 불안정한 계획 전체가 공황기에 무너졌다. 당시에 이러한 지불중단은 독일이나 세계경제에 적극적인 영향을 끼치지 않았다. 왜냐하면 통합된 체제로서의 세계경제는 이미 무너졌고, 1931-33년에 국제적 지불을 위한 모든 질서 역시 무너졌던 것이다.

그러나 유럽에서의 전시 및 전후의 혼란과 정치문제는 전간기에 경제적 붕괴가 심했던 원인을 부분적으로만 설명할 수 있을 뿐이다. 경제학적으로 말하자면 그 원인을 두 가지 방식으로 볼 수 있다.

첫번째는 미국의 발전과 나머지 세계의 발전 사이의 불균형에 기인한, 국제경제의 두드러지고 갈수록 더해가는 불균형을 주로 보는 것이다. 1914년 이전에 세계체제의 중심이었던 영국과는 달리 미국은 나머지 세계를 그리 필요로 하지 않았고, 따라서 역시 영국—— 세계의 지불체계가 영화(英貨) 파운드에 의존한다는 것을 알고, 따라서 그러한 지불체계가 계속 안정을 유지하도록 신경을 쓴 —— 과는 달리 미국은 세계를 안정시키는 역할을 하느라고 애써 고생하지 않았기 때문에 세계체제가 제대로 돌아가지 않았다고 논의할 수 있다. 미국은 세계를 그다지 필요로 하지 않았다. 왜냐하면 제1차 세계대전이 끝난 뒤, 미국이 수입할 필요를 느꼈던 자본, 노동, 상품 —— 일부 원료는 제외하고 —— 은 어느 때보다도 적었던 (상품의 경우는 상대적으로 말해서) 것이다. 미국의 수출은 비록 국제적으로는 중요 —— 헐리우드는 국제 영화시장을 사실상 독점했다 —— 했지만, 다른 어떤 공업국보다도 국민소득에 훨씬 적게 기여했다. 세계경제로부터의 미국의 이러한 —— 말하자면 —— 철수가 얼마나 중요했나 하는 것은 논란의 여지가 있다. 그러나 대공황에 대한 이러한 설명이 1940년대 미국의 경제학자들과 정치가들에게 영향을 미쳤으며, 전시(戰時)에 워싱턴으로 하여금 1945년 이후의 세계경제를 안정시킬 책임을 떠맡도록 설득하는 데에 기여했음은 매우 명백하다(Kindelberger, 1973).

두번째는 세계경제가 지속적인 팽창에 대해 충분한 수요를 낳지 못했다는 점에 초점을 맞추는 것이다. 앞서 보았듯이 1920년대 번영의 토대는 미국에서조차 취약했다. 그곳에서 농업은 이미 사실상 불황에 빠졌고, 화폐임금은 위대한 재즈 시대라는 신화와는 반대로 극적으로 오르지 않았으며 호황이 극에 달한 마지막 몇 년간에는 사실상 정체되었다(Historical Statistics of USA, Ⅰ, p.164, 표 D722-727). 자유시장의 벼락 경기에서 종종 일어나듯이 실제로 벌어진 상황은, 임금이 정체된 상태에서 이윤이 지나치게 상승함으로써 부자들이 국민소득의 보다 큰 부분을 차지하게 되는 현상이었다. 그러나 대중의 수요가 헨리 포드 전성기의 공업체제의 급증하는 생산성을 따라잡지 못함에 따라 빚어진 결과는 과잉생산과 투기였고, 그러한 결과는 다시 폭락을 촉발시켰다. 아직도 그 문제를 계속 논쟁하고 있는 역사가들과 경제학자들의 주장이야 어떻든, 정부의 정책에 깊은 관심을 가진 당대인들은 다시 한번 수요의 부족에 깊은 인상을 받았다. 특히 케인스가 그랬다.

폭락이 발생했을 때 그것은 물론 미국에서 —— 실제로 수요의 느린 증가가 소비자신용(월부 구매자에 대해서 인정하는 신용/역주)의 엄청난 확대를 통하여 보강되었기 때문에 —— 더더욱 격렬했다 (1980년대 말을 기억하는 독자라면 그러한 상황이 낯익을 것이다). 대체로, 자기 기만적인 낙관주의자들과 우후죽순처럼 등장한 재계

사기꾼들의 도움으로 대공황 전의 몇 년간 절정에 달했던 부동산투기 붐[6]에 의해서 이미 손해를 보았던 은행들은 대출금의 회수불능 상태에 빠져, 새로운 주택융자나 기존의 융자에 대한 자금보충을 거부했다. 이는 수천 개의 은행이 파산하는 것을 막지 못했고,[7] 동시에(1933년에) 미국 전체의, 저당권이 설정된 주택융자금 가운데 거의 절반이 상환되지 않아서 하루에 1,000개씩의 자산이 유질처분(流質處分)되었다(Miles et al., 1991, p.108). 또한 중-단기 대부로 개인이 빚진 총액 65억 달러 중 14억 달러는 자동차 구매자들이 빚진 것이었다(Ziebura, p.49). 경제를 이러한 신용 붐에 대해서 훨씬 더 취약하게 만든 것은 고객들이 자신의 대부금을, 생명을 유지하는 데에 반드시 필요하고 따라서 매우 비탄력적인 전통적인 대중소비재 —— 음식, 옷 등 —— 를 사는 데에 쓰지 않았다는 점이었다. 소비자들은 아무리 가난하더라도 식료잡화류에 대한 수요를 일정 수준 아래로 줄일 수 없으며, 자신의 소득이 배가된다고 해서 그 수요가 배가되지도 않을 것이다. 대신, 그들은 미국이 당시에 이미 개척하고 있던 현대 소비자사회의 내구소비재를 샀다. 그러나 자동차와 주택의 구매는 쉽게 연기될 수 있었고, 어쨌든 그것들에 대한 수요는 소득에 대해 매우 탄력적이었고 지금도 그렇다.

따라서, 불황이 짧게 끝날 것으로 예상되지 않았거나 실제로 짧게 끝나지 않았다면, 그리하여 미래에 대한 자신감이 손상되었다면 그러한 위기의 효과는 극적일 수 있었다. 일례로, 미국의 자동차 생산고는 1929-31년에 **반으로 줄었고**, 훨씬 더 낮은 수준에서는 가난한 사람들의 축음기 음반(흑인대중이 즐겨 들은 '흑인' 레코드['race' record]와 재즈 레코드)의 생산이 잠시 동안 사실상 중단되었다. 요컨대 "철도나 보다 효율적인 선박과는 달리 그리고 강

---

6) 1920년대가, "나는 매일 모든 점에서 갈수록 좋아지고 있다"라는 모토를 끊임없이 반복한다는 낙관주의적인 자기암시를 대중화한 심리학자 에밀 쿠에(1857-1926)의 시대였던 데에는 이유가 없지 않다.
7) 미국의 은행제도는 전국규모의 지점망을 갖춘 유럽형의 대은행을 허용하지 않았고, 따라서 상대적으로 약한 지방은행들이나 기껏해야 주(州) 규모의 은행들로 구성되었다.

철과 공작기계의 도입 —— 비용을 줄이는 —— 과는 달리, 새로운 생산품과 생활방식이 급속히 보급되려면, 높고 갈수록 상승하는 소득수준과 미래에 대한 상당 정도의 자신감이 필요했다."(Rostow, 1978, p.219) 그러나 바로 그러한 소득수준과 자신감이 무너져갔던 것이다.

최악의 주기적인 불황이 조만간 끝날 것으로 보였고, 1932년 이후에는 최악의 불황이 끝났다는 신호가 갈수록 분명해졌다. 실제로 몇몇 나라들의 경제는 크게 활기를 띠며 전진했다. 일본과, 보다 근소한 규모로 스웨덴의 생산고가 1930년대 말에 이르면 공황 이전 수준의 거의 두 배에 달하게 되었고, 1938년경 (이탈리아 경제는 그렇지 못했지만) 독일의 경제는 1929년의 수준을 25퍼센트 넘었다. 영국의 경제와 같은 부진한 경제조차 활력의 조짐을 많이 보였다. 그러나 웬일인지 예상된 경기고조는 다시 나타나지 않았다. 세계는 여전히 불황기였다. 이는 세계 최대의 경제인 미국 경제에서 가장 두드러졌다. 왜냐하면 프랭클린 루스벨트 대통령의 '뉴딜 정책'이란 이름으로 착수된, 경제를 자극하는 다양한 실험들 —— 때때로 서로 모순되었던 —— 이 자신의 경제적 전망을 실제로 따라가지 못했기 때문이다. 강한 경기부상에 뒤이어 1937-38년에 나타난 것은 또 한번의 경기폭락 —— 1929년 이후보다는 다소 작은 규모이기는 하지만 —— 이었다. 미국 공업을 주도한 부문인 자동차 부문의 생산고는 1929년의 최고점에 결코 다시 도달하지 못했다. 1938년의 생산고는 1920년보다 별로 높지 않았다(Historical Statistics, II, p. 716). 1990년대를 기점으로 되돌아보는 우리로서는 지적인 시사해설자들의 비관주의에 충격을 받을 것이다. 유능하고 뛰어난 경제학자들은 방임된 자본주의의 미래를 정체된 미래로 보았다. 베르사유 강화조약에 반대하는 케인스의 팜플렛에서 예견되었던 이러한 견해는 자연히 공황 뒤에 미국에서 대중화되었다. 성숙한 어떠한 경제도 정체를 맞이할 수밖에 없지 않은가? 자본주의에 대한 또 다른 비관주의적 예측을 제시한 오스트리아의 경제학자 슘페터가 말했듯이 "어떠한 연장된 경제적 침체기에도 경제학자들은 다른 사람들처럼 그들 시대의 분위기에 맞게, 불황이 오래 계속될 것임을 입증하는 척하는 이론들을 내놓는다."(Schumpeter, 1954, p.1172) 아마도 역사가들이 1973년부터 단기 20세기 말까지의 시기를 동일한 거리에서 회고한다면 1970-80년대에, 세계 자본주의 경제가 전반적인 불황을 맞이할 가능성에 대해서 상상하기를 끈덕지게 꺼려한 것에 대하여 마찬가지로 놀랄 것이다.

이 모든 일은, 1930년대가 공업에서의 상당한 기술혁신 —— 이를테면 플라스틱의 개발 —— 의 시대였다는 사실에도 불구하고 벌어졌다. 실제로 한 분야 —— 연예와, 나중에 '대중매체'라고 불리게 된 것 —— 에서 적어도 앵글로-색슨 세계의 전간기는, 사진이 들어간 현대적인 윤전 그라비어 신문은 말할 것도 없고 대중 라디오와 헐리우드 영화산업이 성공을 거둔, 두드러진 약진의 시기였다(제6장을 보라). 대량실업의 잿빛 도시들에서 대형 영화관들이 꿈의 궁전처럼 부상한 것은 아마도 그리 놀랄 만한 일이 아닐 것이다. 왜냐하면 영화표 값은 아주 쌌고, 가장 나이 든 사람들뿐만 아니라 가장 젊은 사람들 —— 당시나 그 이후나 불균등하게 실업자가 된 —— 도 소일할 시간이 있었으며, 사회학자들이 말했듯이 부부가 여가선용을 함께 하는 경향이 전보다 불황기에 더 컸기 때문이다(Stouffer, Lazarsfeld, pp.55, 92).

III

대공황으로 인해 지식인, 활동가, 평범한 시민들은 그들이 사는 세상이 어딘가 근본적으로 잘못되었다는 믿음을 더욱 굳혔다. 대공황에 대해서 무엇을 할 수 있을지를 누가 알았는가? 확실히, 자신의 나라에서 권력을 행사한 사람들 중에는 그것을 아는 사람이 거의 없었으며, 확실히 세속적 자유주의든 전통적 신앙이든 전통적인 항해도구와 명백히 더 이상 신뢰할 수 없는 19세기의 해도(海圖)를 가지고 진로를 잡고자 했던 사람들은 그것을 알지 못했다. (19세기

초의 한 프랑스인[장-밥티스트 세(Jean-Baptiste Say) : 프랑스의 경제학자(1767-1832)/역주]의 이름을 딴 경제법칙에 따르면) 어떠한 과잉생산도 즉시 자신을 교정할 수밖에 없으므로 제대로 운영된 자유시장 사회에서는 공황 —— 그들(공황의 불가능함을 증명한 경제학자들/역주)조차 겪은 —— 이 일어날 수 없다고 매우 명쾌하게 증명한 바 있는 경제학자들이 아무리 뛰어나다 해도 얼마나 신뢰를 받을 수 있겠는가? 1933년에는, 이를테면 불황기에 소비자의 수요가 줄어들고 따라서 소비가 줄어드는 경우, 이자율이 투자를 자극하는 데에 정확히 필요한 만큼 떨어짐으로써 소비자수요의 감소로 벌어진 격차를 증가한 투자수요가 정확히 메워줄 것이라고 생각하기가 쉽지 않았다. 실업이 급증함에 따라, 공공사업에 쓰이는 돈은 단순히 사적 부문으로부터 유용되는 것 —— 유용되지 않았다면 사적 부문은 공공사업이 창출하는 만큼의 고용을 낳았을 것이다—— 이므로 공공사업이 고용을 전혀 증가시키지 않을 것이라고 생각하는 것(영국 재무성의 생각이 명백히 그랬다)은 그럴 듯하게 보이지 않았다. 단순히 경제의 방임을 권고할 뿐인 경제학자들과, 디플레이션 정책으로 금본위제를 보호하는 것 외에는 정통적인 재정정책인 균형예산과 비용삭감을 고수하는 것이 제1의 본능인 정부들은 상황을 눈에 띄게 개선하지 못했다. 실제로, 불황이 지속됨에 따라, 특히 케인스가 경제학자들과 정부들이 불황을 더욱 악화시키고 있다고 상당히 설득력 있게 주장했고, 그 결과 그는 다음 40년 동안 가장 영향력 있는 경제학자가 되었다. 우리들 가운데 대공황기를 직접 겪었던 사람들로서는, 당시 그렇게도 명백히 신용이 떨어졌던 순수자유시장이라는 정통교리가 어떻게 1980년대 말과 1990년대의 전세계적 불황기 —— 이번에도 전과 마찬가지로 그러한 정통교리가 이해하거나 다룰 수 없었던 —— 에 다시 한번 지배적이 되었는가를 이해하기가 여전히 어렵다. 그러나 이러한 기묘한 현상은 우리에게, 그 현상이 예증하는 역사의 중요한 특징인, 경제학의 이론가들과 실천가들 양쪽 모두 기억력이 놀랄 만큼 부족하다는 사실을 상기시켜줄 것이다. 또한 그 현상은 사회에 역사가들이 필요하다는 것을 여실히 보여주는 사례이기도 하다. 역사가들은 그들의 동료 시민들이 잊고 싶어하는 것을 기억시키는 것을 직업으로 삼는 사람인 것이다.

어쨌든, 갈수록 거대한 기업들의 지배를 받는 경제가 '완전경쟁' 이라는 말을 무색하게 했고, 마르크스에 대해서 비판적이던 경제학자들이 마르크스가 결국 옳았다 —— 특히 갈수록 자본이 집중된다고 예언한 점에서 —— 고 말할 수 있게 된 때에 '자유시장경제'란 도대체 무엇이었을까?(Leontiev, 1977, p.78) 전간기의 자본주의가 19세기의 자유경쟁경제와 얼마나 달랐는가를 관찰하는 데에 굳이 마르크스주의자가 되거나 마르크스에 관심을 보일 필요는 없었다. 사실, 월스트리트 주가폭락이 있기 훨씬 전에 한 명석한 스위스 은행가는 경제적 자유주의와 —— 그가 덧붙이기를 —— 1917년 이전의 사회주의가 보편적 기획으로서 유지되는 데에 실패한 것이 전제적인 경제 —— 파시스트 경제이든, 공산주의 경제이든, 주주들로부터 독립된 대기업들이 지배하는 경제이든 —— 로 나아가도록 하는 압력이 생기게 된 원인이라고 말한 바 있다(Somary, 1929, pp.174, 193). 1930년대 말에 이르면 경제현실이 자유시장경쟁이라는 자유주의 정통교리로부터 너무도 멀어져서, 세계경제를 시장 부문, 정부간 부문(일본, 터키, 독일, 소련 같은 계획경제나 통제경제가 서로 거래하는), 공적인 또는 준(準)공적인 국제적 권위체들의 부문 —— (이를테면 국제적인 상품협정을 통해서) 세계경제의 일정 부분을 규제하는 —— 으로 구성되는 삼원체제로 볼 수 있게 되었다(Staley, 1939, p.231).

따라서 대공황이 정치와 대중의 사고 둘 다에 미친 효과가 극적이고 즉각적이었다는 것은 놀랄 만한 일이 아니다. 공교롭게도 그 재난의 시기에 집권하게 된 정부는, 미국의 허버트 후버 대통령 정부(1928-32)처럼 우파든, 영국과 오스트레일리아의 노동당 정부처럼 좌파든 운이 나쁜 셈이었다. 변화가 라틴 아메리카에서처럼—— 그곳에서는 1930-31년에 열두 나라에서 정부나 체제가 바뀌었고 그중 열 나라는 군사 쿠데타를 통해서 바뀌었다 —— 언제나 곧바로 일어난 것은 아니었다. 그러나 1930년대 중반에 이르면 정치가 공황 이전과 크게 달라지지 않은 국가가 거의 없을 정도가 되었다. 유럽과 일본은 두드러지게 우경화했다. 1932년에 스웨덴이 반세기의 사회민주당 통치에 들어간 스칸디나비아와, 1931년에 부르봉 왕정이 불운한 공화정, 결국 단명한 것으로 드러난 공화정에 굴복한 스페인의 경우는 제외하고 말이다. 이에 대해 더 상세한 것은 다음 장에서 논의할 것이지만, 양대 군사강국 —— 일본(1931)과 독일(1933) —— 에서 민족주의적이고 호전적이며 매우 공격적인 체제가 거의 동시에 승리한 것이, 가장 영향력 크고 가장 불길한, 대공황의 정치적 결과였다는 점만큼은 말하고 넘어가야 할 것이다. 제2차 세계대전에 이르는 문이 1931년에 열린 것이다.

급진적 우파의 강화는 적어도 공황의 최악의 시기 동안에 혁명적 좌파의 극적인 후퇴에 의해서 더욱 촉진되었다. 대공황은 공산주의 인터내셔널이 기대했듯이 또 한 차례 물결의 사회혁명을 개시하기는커녕, 소련 밖의 국제 공산주의운동을 전례없이 취약한 상태에 빠뜨렸다. 이는 확실히 어느 정도는 코민테른의 자멸적인 정책에 기인했다. 코민테른은 독일에서의 국가사회주의의 위험을 심하게 과소평가했을 뿐만 아니라, 돌이켜볼 때 믿을 수 없을 정도로 심한 종파주의적인 고립정책 —— 자신의 주된 적을 사회민주당들과 노동당들('사회 파시스트'로 묘사된)의 조직된 대중적 노동운동으로 단정지은 —— 을 추구했던 것이다.[8] 확실히, 중국의 공산주의자들조차 약탈에 시달리는 대상(隊商) —— 자신들의 농촌 게릴라 근거지에서 쫓겨나 다소 멀리 떨어진 안전한 피난처를 향해서 대장정을 떠난 —— 에 불과하게 되었을 때, 여전히 인터내셔널의 단연 가장 크고 명백히 가장 막강하며 갈수록 커가는 지부이자 한때 모스크바

---

8) 이러한 정책은 너무도 멀리까지 추구되었던 바, 1933년에 모스크바는 이탈리아 공산당 지도자인 팔미로 톨리아티가 적어도 이탈리아에서는 사회민주주의가 어쩌면 첫번째로 위험한 것이 아닐지도 모른다고 제시한 의견을 철회해야 한다고 주장하기까지 했다. 그때는 히틀러가 사실상 집권한 뒤였다. 코민테른은 1934년이 되어서야 자신의 노선을 바꾸었다.

의 세계혁명에 대한 희망이었던 독일공산당(KPD : Kommunistische Partei Deutschlands)을 히틀러가 분쇄하고 난 1934년에 이르면, 합법적이든 심지어 비합법적이든 이렇다 할 만한 조직적인 국제 혁명운동으로 남은 것은 극소수였던 것으로 보인다. 1934년의 유럽에서는 프랑스 공산당만이 여전히 정치적인 존재를 유지했다. 로마 진군(1922년 10월에 무솔리니가 이끄는 파시스트들이 로마에 입성한 쿠데타/역주)으로부터 10년이 지나고 국제적 공황이 한창일 때 파시스트 이탈리아에서는 무솔리니가 로마 진군 10주년을 경축하기 위해서 일부 투옥된 공산주의자들을 석방할 정도로 충분히 자신감을 느꼈다(Spriano, 1969, p.397). 이 모든 것이 몇 년 안에 바뀔 것이었지만(제5장을 보라), 어쨌든 유럽에서 공황의 즉각적 결과가 사회혁명가들이 기대했던 것과는 정반대였음은 여전히 사실이다.

이러한 좌파의 쇠퇴가 공산주의 부문에 국한된 것은 아니었다. 왜냐하면 히틀러의 승리로 독일사회민주당이 시야에서 사라졌고 1년 뒤에는 오스트리아 사회민주주의가 단기간의 무장저항 끝에 무너졌던 것이다. 영국노동당은 이미 1931년에 공황의 희생물, 더 정확히 말해서 19세기의 경제적 정통교리에 대한 믿음의 희생물이 되었고, 영국의 노동조합들은 1920년 이래 조합원들의 절반을 잃음으로써, 1913년에 비하여 더 약해졌다. 대부분의 유럽 사회주의가 궁지에 몰렸던 것이다.

그러나 유럽 밖의 상황은 달랐다. 아메리카 대륙 북부지역은 매우 두드러지게 좌파 쪽으로 이동했다. 미국은 새로운 대통령 프랭클린 루스벨트의 시기(1933-45)에 보다 급진적인 뉴딜 정책을 실험했고, 멕시코는 라사로 카르데나스 대통령의 시기(1934-40)에 특히 농지개혁 문제에 관하여 초기 멕시코 혁명이 본래 가졌던 역동성을 부활시켰다. 공황에 시달리던 캐나다 대초원에서는 매우 강력한 사회/정치운동이 부상했다. '사회신용당(Social Credit)'과 협동조합국가연맹(오늘날의 '신민주당') 둘 다 1930년대의 기준으로는 좌파에 속했다.

나머지 라틴 아메리카에 대한 공황의 정치적 영향을 규정하기는 그리 쉽지 않다. 왜냐하면 그곳의 정부들이나 여당들은 그들 나라의 주요 수출품의 세계가격이 폭락함에 따라 재정이 파산함으로써 연달아 무너졌지만, 모두 같은 방향으로 무너지지는 않았기 때문이다. 단기간이기는 했지만 우파보다는 좌파 쪽으로 무너진 경우가 더 많았다. 아르헨티나는 장기간의 문민통치기가 끝나고 군사정부의 시기에 돌입했다. 호세 펠릭스 우리부루 장군(재임 1930-32)과 같은 파시스트 성향의 지도자들이 곧 일선에서 물러나기는 했지만 아르헨티나는 명백히 우파 —— 전통주의적 우파이기는 하지만—— 쪽으로 이동했다. 다른 한편, 칠레는 공황을 계기로, 아우구스토 피노체트 장군의 시기 전에는 드물었던 군인 대통령-독재자 가운데 하나인 카를로스 이바네스(재임 1927-31)를 타도했고 폭풍우와 같은 기세로 좌파 쪽으로 이동했다. 칠레는 실제로 1932년에, 빛나는 이름의 마르마두케 그로베 대령의 주도로 단기간 '사회주의 공화국'을 거쳐 이후에 유럽형 인민전선을 성공적으로 발전시켰다(제5장을 보라). 브라질에서 공황은 1889-1930년의 과두정적인 '구(舊)공화정'을 종식시켰고, 민족주의-인민주의자라는 표현이 가장 걸맞을 제툴리우 바르가스를 집권시켰다(p.193를 보라). 그는 다음 20년 동안 자기 나라의 역사를 지배했다. 페루에서의 좌경화는 훨씬 더 명백했다. 비록, 신당들 중에서 가장 강력했던 APRA(Alianza Popular Revolucionaria Americana, 아메리카 민중혁명동맹) —— 서반구에서 몇 안 되는, 성공을 거둔 유럽형의, 노동계급에 기반한 대중정당들 중 하나인[9] —— 가 자신의 혁명적 야심을 펼치는 데에는 실패했지만 말이다(1930-32). 콜롬비아의 좌경화는 훨씬 더 두드러졌다. 거의 30년간의 보수당 통치가 끝나고, 루스벨트 뉴딜 정책의 영향을 많이 받은 개혁성향의 대통령을 필두로 자유당이 권력을 승계했다. 급진적인 변화는 쿠바에서 훨씬 더 두드러졌다. 루스벨트의 취임 덕분에 이 미국 앞바다의 보호국 주민들은, 당시 우세했던 쿠바 기준으로 보더라도 유별나게 부패하고 미움을 사던 대통령을 타도할 수 있었던 것이다.

---
9) 그밖에도 칠레 공산당과 쿠바 공산당이 바로 그러한 유형에 속했다.

세계의 광대한 식민지 지역에서 공황은 반(反)제국주의 활동을 두드러지게 증가시켰다. 부분적으로는 식민지 경제(또는 적어도 그 경제의 공공재정과 중간계급)가 의존하던 상품가격이 폭락했기 때문이었고, 부분적으로는 식민지 본국들 자신이 그들의 식민지에 미칠 영향은 고려하지 않은 채 서둘러 자국의 농업과 고용을 보호했기 때문이었다. 요컨대, 경제적 결정이 국내적 요인들에 의해서 규정되던 유럽 국가들은 생산자들의 이해관계가 너무도 복잡하게 뒤얽힌 자신들의 제국을 장기간 단결시킬 수 없었던 것이다(Holland, 1985, p.13)(제7장을 보라).

이러한 이유로, 식민지 세계 대부분에서 공황은 그 지역 고유의 정치적, 사회적 불만이 실제로 시작되는 기점이 되었다. 정치적 민족주의운동이 제2차 세계대전 종전 이후에 가서야 출현한 곳에서조차, 그러한 불만은 (식민지) 정부를 향한 것일 수밖에 없었다. (영국령) 서아프리카와 카리브 해 지역에서 사회적으로 불안한 분위기가 감돌기 시작했다. 그러한 분위기는 해당 지역의 수출작물(코코아와 설탕)의 위기에서 직접 나온 것이었다. 뿐만 아니라, 반(反)식민지 민족운동이 이미 진행되었던 나라들에서조차 불황기는, 특히 정치적 선동이 대중을 움직였던 곳에서 투쟁을 격화시켰다. 아무튼 당시는 (1928년에 창립된) 이집트의 이슬람 형제단이 팽창한 시기이자, 간디가 인도의 대중을 두번째로 동원한 시기(1931)였다(제7장을 보라). 1932년 아일랜드 선거에서 데 발레라가 이끄는 공화주의 과격파가 승리를 거둔 것 역시, 아마도 경제적 붕괴에 대한 뒤늦은 반(反)식민주의적 반응으로 보아야 할 것이다.

대공황의 전세계성과 그 충격의 깊이를 동시에 보여주는 것으로서, 일본에서 아일랜드까지, 스웨덴에서 뉴질랜드까지, 아르헨티나에서 이집트까지 불과 몇 달 내지 한 해 동안에 대공황이 낳았던 사실상 보편적인 정치적 격변들을 이상과 같이 빠른 속도로 개관하는 것 이상의 것은 아마도 없을 것이다. 그러나 그 충격의 깊이는 단기적인 정치적 결과 —— 비록 종종 극적이기는 했지만 —— 만으로 판단해서는 안 되며, 주된 판단기준을 그러한 결과에 두어서도 안 된다. 대공황은 장기 19세기의 경제와 사회로 돌아갈 수 있다는 어떠한 희망도 파괴해버린 재난이었다. 1929-33년의 시기는, 이제부터는 1913년으로 돌아가는 것을 불가능할 뿐만 아니라 상상도 할 수 없는 것으로 만들어버린 대협곡이었다. 구식의 자유주의는 죽었거나 운이 다한 것으로 보였다.

이제는 세 가지 길이 지적-정치적 헤게모니의 쟁취를 다투었다. 마르크스주의적 공산주의가 첫번째 길이었다. 1938년에 미국 경제학협회 자신이 인식했듯이 어쨌든 마르크스 자신의 예언이 실현되고 있는 것 같았으며, 그보다 훨씬 더 인상적인 것은 소련이 그 재난을 면한 것으로 보였다는 점이었다.

두번째 길은 자유시장이 최선의 것이라는 믿음을 잃고 비공산당계 노동운동과 온건한 사회민주주의의 일종의 비공식적 결합이나 영구적 연계를 통하여 개혁된 자본주의로서, 세계대전이 끝난 뒤에 가장 효과적인 길로 드러났다. 그러나 그러한 자본주의는 당장은, 의식적인 계획이나 대안적 정책이라기보다는, 일단 공황이 끝나면 다시는 그러한 일이 일어나도록 내버려두어서는 안 된다는 인식에 불과했고, 최상의 경우, 고전적인 자유시장 자유주의의 명백한 실패에 의해서 고무된, 기꺼이 실험하려는 태도였다. 일례로 1932년 이후 스웨덴의 사회민주주의 정책은, 재난을 맞은 1929-31년의 영국노동당 정부를 지배했던 경제적 정통교리의 실패에 대한 의식적인 반작용이었고, 어쨌든 그 정책의 주요 창안자들 중 하나인 군나르 뮈르달의 견해로는 그러했다. 파산한 자유시장경제학에 대한 대안적 이론은 이제 겨우 만들어지고 있는 중이었다. 그러한 이론에 대한 가장 영향력 있는 기여물인, 케인스의 「고용, 이자, 화폐의 일반이론(*The General Theory of Employment, Interest and Money*)」은 1936년이 되어서야 출간되었다. 정부의 대안적인 실행, 즉 국민소득의 계산에 기초해서 경제를 거시경제학적으로 조종하고 관리하는 것은 제2차 세계대전과 그 이후에 가서야 발전되었다. 1930년대에 이미 정부들과 여타의 공공기관들은 아마도 소련을 주시한 채 국민경제를 하나의 전체로 보고 국민총생산이나 국민총소득의 규

모를 평가하는 데에 갈수록 몰두하기는 했지만 말이다.[10]

세번째 길은 파시즘이었다. 공황은 파시즘을 세계적 운동, 보다 적절히 말해서 세계적 위험으로 바꾸어놓았다. 독일판 파시즘(국가사회주의)은, 1880년대 이래 국제적 정통교리가 된 경제적 자유주의의 신고전주의적 이론들에 대해서 (오스트리아의 지적 전통과는 달리) 적대적이었던 독일의 지적 전통으로부터 득을 보았던 동시에, 어떠한 대가를 치르고라도 실업을 없애기로 결심한 단호한 정부로부터 득을 보았다. 독일판 파시즘은 대공황을 다루는 데에 다른 어떤 길보다도 빠르고 성공적이었다는 점을 말하고 넘어가야 한다(이탈리아 파시즘의 기록은 그보다는 덜 인상적이었다). 대부분 어찌할 바를 몰랐던 유럽에서 이러한 점이 파시즘의 주된 호소력이 되지는 못했다. 그러나 대공황과 함께 파시즘의 파고가 높아짐에 따라, 파국의 시대에 19세기 자유주의 부르주아 사회의 평화, 사회적 안정, 경제뿐만 아니라 정치제도와 지적 가치관까지 쇠퇴하거나 붕괴하고 있음이 갈수록 분명해졌다. 이제 바로 그러한 과정에 눈을 돌릴 차례다.

---

10) 최초로 그러한 행동을 보인 정부는 1925년의 소련과 캐나다 정부였다. 1939년까지는 아홉 나라가 국민소득에 대한 정부의 공식통계를 보유했고, 국제연맹은 모두 26개국에 대한 추정치를 보유했다. 제2차 세계대전 직후에는 39개국, 1950년대 중반에는 93개국의 추정치를 이용할 수 있게 되었고, 그 이후에는 국민소득 수치 —— 그 나라 국민들의 실제 생활상태와는 종종 거리가 아주 먼 —— 가 거의 국기(國旗)처럼 독립국의 기준이 되었다.

제4장 자유주의의 몰락

나치즘은 합리적 분석의 대상이 되기 힘든 것으로 보이는 현상이다. 문화적, 경제적으로 가장 선진적인 유럽 국가들 중 하나가, 묵시록적인 어조로 세계적 강국이나 파괴에 대하여 말하는 지도자 밑에서 그리고 너무도 역겨운 인종증오 이데올로기 위에 세워진 체제하에서, 전쟁을 계획했고 약 5,000만 명을 죽인 세계적 대화재를 일으켰으며 상상을 불허하는 성격과 규모의 잔학행위 —— 수백만 명의 유태인들을 기계적 방식으로 대량 학살한 것에서 정점에 달한 —— 를 저질렀다. 아우슈비츠에 직면해서는, 역사가의 설명력이 사실상 보잘것없는 것이 되어버리는 것 같다.
—— 이안 커쇼(1993, pp.3-4)

조국을 위해서, 이상을 위해서 죽는다는 것!……아니다. 그것은 도피다. 전선에서조차 죽이는 것이 중요한 것이다.……죽는 것은 무의미한 것이요, 존재하지 않는 것이다. 아무도 자기 자신의 죽음을 상상할 수 없다. 죽이는 것이 중요한 것이다. 그것은 넘어야 할 경계선이다. 그렇다. 그것은 당신 의지의 구체적인 행위이다. 왜냐하면 바로 그러한 행위를 통해서 당신은 당신의 의지를 다른 사람의 의지 속에서 살아 숨쉬게 할 것이기 때문이다.
—— 1943-45년 파시스트 사회공화국의
한 청년 지원병의 서한 중에서(Pavone, 1991, p.431)

I

19세기부터 살아온 생존자라면, 파국의 시대에 이루어진 모든 사태전개 중에서, 아마도 자유주의 문명의 가치관과 제도가 붕괴한 것에 대해 가장 충격을 받았을 것이다. 그들의 세기는 자유주의 문명이 계속 발전할 것임을 당연시했던 —— 어쨌든 세계의 '선진'지역과 '선진화되어가는 중인' 지역에서 —— 것이다. 자유주의 문명의 가치관이란 독재와 절대주의적 통치에 대한 불신과, 자유롭게 선출된 정부 및 의회 —— 법치를 보장하는 —— 를 가지거나 그러한 기구가 이끄는 입헌통치에 대한 헌신과, 연설, 출판, 집회의 자유를 비롯한 시민들의 권리와 자유에 대한 인정이었다. 국가와 사회는 이성, 공개토론, 교육, 과학, 인간이 사는 조건의 개선 가능성(반드시 완벽을 기할 가능성은 아니더라도)의 가치를 알아야 한다. 이러한 것들의 가치는 19세기 내내 명백히 진보해왔던 것으로 보이며 앞으로도 더욱 진보할 운명이었다. 어쨌든 1914년에 이르면 유럽의 마지막 두 독재국가인 러시아와 투르크조차 입헌정부 쪽으로 양보했으며, 이란은 벨기에로부터 헌법을 빌려오기까지 했다. 1914년 이전에 그러한 가치는, 우세한 근대성 세력으로부터 교의를 지키기 위해서 방벽을 쌓은 로마 카톨릭 교회 같은 전통주의 세력과, 소수의 지적 반란자 및 최후심판의 예언자 —— 주로 '명문' 출신에다가 기성의 주류문화에서 배출되었으므로 어쨌든 그들이 도전한 문명 자체에 속하는 —— 와, 대체로 새롭고 말썽을 일으키는 현상인 민주주의 세력으로부터만 도전을 받았다(「제국의 시대」를 보라). 민주주의 세력을 이루는 대중의 무지와 후진성, 사회혁명을 통한 부르주아 사회의 전복에 대한 그들의 몰두, 선동정치가들에게 아주 쉽게 이용되는, 인간에게 잠재해 있는 비합리성은 사실 경악케 하는 요인들이었다. 그러나 이러한 새로운 민주주의 대중운동들 중에서 가장 직접적으로 위험한 사회주의 노동운동은 실제로 이론에서나 실천에서나 다른 어느 운동 못지 않게 열렬하게 이성, 과학, 진보, 교육, 개인적 자유의 가치에 대해 헌신했다. 독일사회민주당의 노동절 메달에는 한 쪽 면에 마르크스, 다른 쪽 면에 자유의 여신상이 새겨졌다. 그들의 도전은 경제에 대한 것이었지, 입헌정부와 시민성에 대한 것은 아니었다. 빅토르 아들러나 아우구스트 베벨이나 장 조레스가 이끄는 정부를 '우리가 알고 있는 문명'의 종말로 보기는 쉽지 않을 것이다. 그러나 어쨌든 아직까지는 그러한 정부가 들어설 날은 먼 것으로 보였다.

사실상 정치적으로 자유민주주의의 제도들은 확산되었으며, 1914-18년의 야만성의 폭발도 이러한 확산을 촉진했을 뿐이었던 것으로 보인다. 제1차 세계대전이 끝난 뒤 소련을 제외한 모든 체제 —— 오래된 체제든, 새로운 체제든 —— 가 기본적으로, 선거를 통하여 구성된 대의제적 의회주의체제(터키까지도)가 되었다. 1920년에 소련 국경 서쪽의 유럽은 완전히 그러한 국가들로 구성되었다. 사실, 자유주의 입헌정부의 기본제도인 의회선거와/또는 대통령선거는 당시 독립국들의 세계에서 거의 보편적으로 존재했다. 전간기의 65개 내외의 독립국들은 주로 유럽과 아메리카의 현상이었다는 점을 기억해야 하지만 말이다. 세계인구의 3분의 1은 식민통치하에 살았던 것이다. 1919-47년의 시기에 어떠한 선거도 없었던 국가는 고립된 정치적 화석들, 즉 에티오피아, 몽골, 네팔, 사우디아라비아, 예멘뿐이었다. 또 다른 다섯 국가, 즉 아프가니스탄, 중화민국, 과테말라, 파라과이, 당시까지는 샴으로 알려진 타이는 이 시기에 선거를 오직 **한 번**만 치렀는데, 이는 자유민주주의에 대한 강력한 선호를 나타내지는 않지만 선거가 존재했다는 사실 자체가 자유주의적인 정치적 사고가 이론상이나마 적어도 약간은 침투했다는 증거가 된다. 물론, 선거의 존재나 빈도만으로 그 이상의 것을 입증해주지는 않을 것이다. 1930년 이후 선거를 여섯 번 치른 이란도, 세 번 치른 이라크도 당시에조차 민주주의의 본거지로 볼 수는 없었던 것이다.

선거를 통해서 구성된 대의제체제는 꽤 많았으나, 무솔리니의 이른바 '로마 진군'과 제2차 세계대전에서 추축국의 성공이 절정에 달했던 시기 사이의 20년 동안에 자유주의 정치제도가 갈수록 빨리, 갈수록 파국적으로 후퇴했다.

1918-20년에 두 유럽 국가에서, 1920년대에는 여섯 국가, 1930년대에는 아홉 국가에서 의회가 해산되거나 무력화되었고, 제2차 세계대전 동안에는 독일의 점령으로 인하여 또 다른 다섯 국가에서 입

헌적 권력이 파괴되었다. 요컨대 온전히 민주주의적인 정치제도가 전간기 내내 쉬지 않고 기능했던 유럽 국가는 영국, 핀란드(간신히), 아일랜드 자유국(Irish Free State : 1922-37년의 아일랜드 공화국[Republic of Ireland]의 명칭/역주), 스웨덴, 스위스뿐이었다.

또 다른 독립국들 지역인 아메리카 대륙에서는 상황이 더욱 복잡했지만, 민주주의 제도들이 전반적으로 늘어났다고는 말하기 어렵다. 서반구에서 **일관되게** 입헌적이고 비권위주의적이었던 국가들의 목록은 짧았다. 캐나다, 콜롬비아, 코스타리카, 미국 그리고 지금은 잊혀진 '남미의 스위스'이자 유일하게 진정한 민주주의 국가였던 우루과이가 전부였다. 우리가 말할 수 있는 것은 기껏해야, 제1차 세계대전이 끝났을 때와 제2차 세계대전이 끝났을 때 사이의 움직임이 때때로 우경화뿐만 아니라 좌경화도 보였다는 것이다. 지구상의 나머지 지역, 즉 그 상당수가 식민지들로 구성되었고 따라서 당연히 비자유주의적이었던 지역으로 말하자면, 명백히 자유주의적 정체(政體) —— 전에 그러한 정체를 가졌던 경우 —— 로부터 멀어졌다. 일본에서는 1930/31년에 온건한 자유주의체제가 민족주의-군국주의체제에 자리를 내주었다. 타이는 입헌정부를 향해서 다소 주저하며 발을 내딛었고, 터키에서는 1920년대 초에 진보적인 근대화론자 군인인 케말 아타튀르크가 집권했는데 그는 자신의 앞길을 가로막는 선거라면 전혀 허락하지 않을 사람이었다. 아시아, 아프리카, 오스트랄라시아라는 세 대륙에서는 오스트레일리아와 뉴질랜드만이 일관되게 민주주의적이었다. 남아프리카 공화국 사람들 대다수는 엄격히 백인헌법의 구역 밖에 계속 남았다.

요컨대 정치적 자유주의는 파국의 시대 내내 전면적으로 후퇴했고, 그러한 후퇴는 아돌프 히틀러가 1933년에 독일의 수상이 된 후에 급격히 가속화되었다. 세계를 하나의 전체로 보면, (몇몇 라틴 아메리카 공화국들을 포함시킨다면) 선거를 통해서 구성된 입헌적인 정부는 1920년에 적어도 35개였던 것으로 보이는데, 1938년경에는 17개국, 1944년에는 전세계 64개국 중에서 12개국의 정부가 그러했던 것으로 보인다. 세계적 추세가 어떠했는지는 명백해 보인다.

1945년과 1989년 사이에는 자유주의 제도들에 대한 위협이 본질적으로 공산주의로부터 나왔다는 것이 거의 당연한 일로 생각되었으므로, 파국의 시대에 그러한 위협이 정치적 우파로부터만 나왔다는 점은 기억할 만한 가치가 있다. 원래 이탈리아 파시즘에 대한 묘사나 자기묘사로 고안된 '전체주의'라는 말은 당시까지는 실제로 그러한 체제들을 지칭하는 데에만 사용되었다. 소비에트 러시아(1922년부터는 USSR)는 고립되었으며, 공산주의를 확산시킬 능력도, 의지 —— 스탈린의 부상(浮上) 이후에는 —— 도 없었다. 레닌주의적 지도부(또는 다른 어떤 지도부이든)가 이끄는 사회혁명은 전후(戰後) 초기의 파도가 잠잠해지자 더 이상 확산되지 않았다. (마르크스주의적) 사회민주주의운동은 체제전복세력이라기보다는 국가를 떠받치는 세력으로 바뀌었고, 그 운동의 민주주의에 대한 헌신은 전혀 문제시되지 않았다. 대부분 나라들의 노동운동에서 공산주의자들은 소수파였고, 그들이 강한 곳에서는 대부분의 경우 억압받거나 전에 이미 억압받았거나 이제 막 억압받으려 했다. 사회혁명에 대한 공포와 그 혁명에서 공산주의자들이 차지하는 역할에 대한 공포는, 제2차 세계대전 동안과 그후에 발생한 두번째 물결의 혁명이 입증했듯이, 현실적인 근거가 충분히 있는 것이었다. 그러나 자유주의가 후퇴한 20년 동안에, 자유민주주의라고 불러도 무리없을 체제는 단 하나도 좌파에 의해서 전복되지 않았다.[1] 위협은 우파로부터만 나왔다. 또한 그러한 우파는 입헌적, 대의제적 정부에 대한 위협뿐만 아니라 자유주의 문명 그 자체에 대한 이데올로기적 위협과, 세계적 규모가 될 잠재력을 지닌 하나의 **운동** —— '파시즘'이라는 명칭이 그 운동을 지칭하기에 불충분하지만 그렇다고 완전히 부적절하지는 않은 —— 을 나타냈다.

'파시즘'이란 명칭이 불충분한 이유는 자유주의체제를 뒤엎은 세력이 모두 파시스트였던 것은 아니었기 때문이고, 그 명칭이 적

---

1) 그러한 전복에 가장 가까운 예는 1940년에 소련이 에스토니아를 병합한 것이다. 당시 이 작은 발트 국가는 다소 권위주의적인 시기를 거쳐 보다 민주주의적인 정체로 다시 넘어온 상태였다.

절한 이유는 원래의 이탈리아적 형태든 나중의 국가사회주의라는 독일적 형태든 파시즘이 다른 반(反)자유주의 세력들을 고무하고 지원했으며, 국제적 우파에게 역사적인 자신감을 제공해주었기 때문이다. 1930년대에 파시즘은 미래의 물결로 보였던 것이다. 그 분야의 한 전문가가 말했듯이 "동유럽의 독재자 국왕들, 관료들, 장교들 그리고 (스페인의) 프랑코가 파시즘을 흉내내야 했다는 것은······ 우연한 일이 아니다."(Linz, 1975, p.206)

자유민주주의체제들을 뒤엎은 세력은, 선험적으로 특정한 정치적 색깔을 띠지 않은 라틴 아메리카의 독재자들, 즉 카우디요(caudillo : 스페인어권의 군사지도자를 일컫는 말/역주)가 권력을 장악하는, 보다 전통적인 형태의 군사 쿠데타를 제외하면 세 종류가 있었다. 세 종류 모두 사회혁명에 대항한 것이었고 사실상, 1917-20년에 구(舊)사회질서가 전복되었던 것에 대한 반발이 세 종류 모두의 뿌리를 이루고 있다. 그 모두가 권위주의적이었고 자유주의 정치제도들에 대해서 적대적 —— 때때로, 원칙적인 차원에서라기보다는 실용적인 이유에서였지만 —— 이었다. 구식의 반동주의자들은 몇몇 당들 —— 특히 공산당 —— 을 불법화했지만 모든 당을 불법화하지는 않았다. 1919년에 잠시 들어섰던 헝가리 소비에트 공화국이 전복된 뒤에 해군대장 호르티는 자신이 헝가리 왕국이라고 주장한 나라 —— 헝가리에는 더 이상 왕도, 해군도 없었지만 —— 의 수반으로, 여전히 의회주의적 —— 민주주의적이 아니라, 그 옛날 18세기의 과두정적 의미에서의 —— 인 권위주의 국가를 통치했다. 세 종류 모두 군대를 선호하고, 경찰이나 그밖의 물리적 강제력을 행사할 수 있는 기구들을 육성하는 경향이 있었는데, 그 이유는 이러한 것들이 체제전복을 막는 가장 직접적인 보루였기 때문이다. 사실 이들 집단의 지지는 우파가 권력을 잡는 데에 종종 반드시 필요했다. 또한 세 종류 모두 민족주의적인 경향이 있었는데, 이는 부분적으로는 외국에 대한 원한, 패전, 불충분한 제국 때문이었고, 부분적으로는 국기를 휘두르는 것이 정통성과 인기를 동시에 얻는 길이기 때문이었다. 그럼에도 불구하고 세 종류 사이에는 차이가 존재했다.

구식의 권위주의자들이나 보수주의자들 —— 해군대장 미클로스 호르티, 새로 독립한 핀란드에서 벌어진 백군(白軍) 대 적군(赤軍)의 내전에서 승리한 핀란드 원수(元帥) 카를 구스타프 에밀 본 만네르헤임, 폴란드의 해방자이며 나중에 원수(元帥)가 된 요세프 클레멘스 피우수트스키 대령, 전에는 세르비아였다가 이제는 새로 통합된 유고슬라비아의 알렉산다르 1세, 스페인의 프란시스코 프랑코 장군 —— 은 반공주의와 그들 계급에게 전통적으로 존재하는 편견 말고는 어떠한 특정한 이데올로기적 의제(議題)도 가지지 않았다. 그들은 히틀러 독일이나 자국의 파시스트 운동들과 동맹을 맺기도 했으나, 이는 단지, 전간기 상황에서 모든 부문의 정치적 우파의 동맹이 '자연스러운' 동맹이었기 때문이다. 물론 민족적 고려가 이러한 동맹을 방해하기도 했다. 특징적인 경우는 아니지만, 당시 우파의 맹렬 보수주의자였던 윈스턴 처칠은 무솔리니의 이탈리아에 어느 정도 공감을 표시했고, 프랑코 장군의 세력에 맞서 스페인 공화국을 지지할 마음이 애당초 생길 수 없었던 인물이었지만 영국에 대한 독일의 위협 때문에 국제적인 반(反)파쇼 연합의 투사가 되었다. 다른 한편, 그러한 구식 반동주의자들이 그들 자신의 나라에서 진정으로 파시스트적인 운동 —— 때때로 상당한 대중적 지지를 받은 —— 측의 반대에 직면해야 했던 경우도 있었다.

우파의 두번째 가닥은 "유기적 국가주의"(Linz, 1975, pp.277, 306-13)라고 불리는 것을 낳았다. 그것은 전통적 질서를 수호하기보다는 그러한 질서의 원칙을 의식적으로, 자유주의적 개인주의의 도전과 노동자 및 사회주의의 도전 양쪽 모두에 저항하는 수단으로 개조하는 보수주의체제였고, 그 이면에는 상상 속의 중세나 봉건사회 —— 계급이나 경제적 집단의 존재는 인정되었지만, 사회적 계서제에 대한 적극적 인정을 통하여, 즉 각각의 사회적 집단이나 '신분'은 이들 모두로 구성된 유기적 사회에서 각자 맡은 역할이 있고 각 집단이 하나의 집단적 실체로 인정되어야 한다는 인식을 통하여, 계급투쟁이라는 무시무시한 전망은 거부되었던 —— 에 대한 이데올로기적 향수가 깔려 있었다. 이는 자유민주주의를 경제적, 직업적 이익집단들의 대표체로 대체하는, 다양한 종류의 '코포라티즘 (corporatism)' 이론들을 낳았다. 이는 때때로 '유기적' 참여나 민주주의로 —— 따라서 실재물보다 더 좋은 것으로 —— 묘사되기도 했으나, 실제로는 언제나, 주로 관료들과 테크노크라트들에 의해서 위로부터 통치되는 권위주의체제나 강력한 국가와 결합되었다. 그것은 또한 언제나 선거민주주의를 제한하거나 폐지했다(헝가리 수상인 베들렌 백작의 표현에 따르면 "코포라티즘적 교정책에 기반한 민주주의")(Rank, 1971). 그러한 코포라티즘 국가의 가장 완벽한 사례들은 일부 카톨릭 국가들, 특히 유럽의 모든 우익 반(反)자유주의체제들 중에서 가장 장수한, 안토니오 올리베이라 살라자르 교수의 포르투갈(1927-74)뿐만 아니라, 민주주의의 파괴와 히틀러의 침공 사이 시기의 오스트리아(1934-38)와, 어느 정도는 프랑코의 스페인에서 발견되었다.

이러한 종류의 반동적 체제들은 그 기원과 영감의 원천이라는 면에서 파시즘보다 오래된 동시에 때로는 파시즘과 아주 달랐지만, 양자를 명확히 구분할 수 있는 선은 존재하지 않았다. 왜냐하면 양자 모두, 동일한 목표까지는 아니더라도 동일한 적을 공유했던 것이다. 일례로, 로마 카톨릭 교회는 1870년의 첫 바티칸 공의회가 공식적으로 신성화한 견해에서 볼 수 있듯이 철저히 확고하게 반동적이었지만 파시스트적은 아니었다. 실제로 로마 카톨릭 교회는, 전체주의를 자임하는, 본질상 세속적인 국가들에 대해서 적대적인 입장이었으므로 파시즘에 반대해야만 했다. 그러나 카톨릭 국가들에서 가장 온전한 예를 보게 되는 '코포라티즘 국가' 교의는 대체로 (이탈리아의) 파시스트 집단들에서 만들어진 것이었다. 물론 이들 집단은 많은 전통 가운데서도 특히 카톨릭 전통에 의존했지만 말이다. 사실, 이러한 체제들은 이따금 실제로 '교권 파시스트' 체제라고 불렸다. 카톨릭 국가들의 파시스트들은, 벨기에인 레옹 드그렐의 렉시스트 운동(Rexist movement : 프랑스어를 사용하는 벨기에인 사이에서 일어난 파시즘 운동/역주)에서 보듯이 통합주의적 카톨릭교에서 직접 나오기도 했다. 히틀러의 인종주의에 대해서 교회가 보인 태도의 모호성은 종종 주목받아왔지만, 전후(戰後)에 교회 내의 사람들 —— 때때로 중요한 위치에 있던 —— 이, 소름 끼치는 전쟁범죄를 저지른 것으로 비난받은 많은 자들을 비롯한 다양한 종류의 나치나 파시스트 도망자들에게 상당한 도움을 주었다는 사실은 덜 주목받아왔다. 교회를 구식의 반동주의자들뿐만 아니라 파시스트들과도 결합시킨 것은, 18세기 계몽주의와 프랑스 혁명에 대한 그리고 교회가 프랑스 혁명에서 비롯되었다고 본 모든 것, 즉 민주주의, 자유주의 그리고 물론 가장 긴급하게는 '무신론적 공산주의'에 대한 공통된 증오였다.

사실, 파시즘 시대는 카톨릭의 역사에서 하나의 전환점이 되었는데 그 이유는 주로, 교회가 우파 —— 이제 히틀러와 무솔리니가 주된 국제적 기수가 된 —— 와 행동을 같이한 것이 사회현실에 관심이 있는 카톨릭 교도들에게 많은 도덕적 문제들을 불러일으켰기 —— 파시즘이 불가피한 패배를 향해서 퇴각함에 따라, 반파쇼 성향을 충분히 보이지 않았던 고위 성직자들에게 많은 정치적 문제들을 야기한 것은 말할 것도 없고 —— 때문이었다. 역으로, 반파시즘이나 단순히 외국의 정복자에 대한 애국적 저항은 민주적 카톨릭 세력(기독교 민주주의)에게 처음으로 교회 내에서의 적법성을 부여해주었다. 독일과 네덜란드처럼 카톨릭 교도들이 중요한 소수를 차지하는 나라들에서는, 보통은 세속국가들로부터 교회의 이익을 보호한다는 실용적인 이유로, 카톨릭 교도들의 표를 동원하는 정당들이 생겨났고, 공식적인 카톨릭 국가들에서는 교회가 민주주의와 자유주의의 정치에 대한 그러한 양보를 반대하는 입장이었다. 비록 그 교회는 무신론적 사회주의의 부상을 너무도 걱정한 나머지, 1891년에 하나의 사회정책을 공식화하기 —— 이는 근본적으로 새로운 일이었다 —— 는 했지만 말이다. 그 정책은 자본주의 그 자체의 신성함까지는 **아니더라도**, 가족과 사유재산의 신성함을 주장하면서 노동자들에게 그들의 정당한 몫을 주어야 할 필요성을 강조한 것이었다.[2]

---

2) 이것은 「새로운 것에 관하여(*Rerum Novarum*)」라는 회칙으로서 40년 뒤 —— 그 때가 대공황이 한창일 때인 것은 우연이 아니다 —— 에 「40주년(*Quadragesimo*

이러한 정책은, 카톨릭 노동조합과 같은 노동자 보호기구들을 조직할 준비가 되어 있고 또한 그러한 활동을 통해서 카톨릭교의 보다 자유주의적인 면에 대한 성향을 강하게 보이는 세력인 사회 카톨릭파 등에 첫 발판을 마련해주었다. 민주적, 사회적 카톨릭파는 교황 베네딕투스 15세(재위 1914-22)가 제1차 세계대전이 끝난 뒤 단기간 커다란 (카톨릭) 인민당의 등장을 허용 —— 파시즘이 그 당을 파괴할 때까지 —— 했던 이탈리아에서의 경우를 제외하고는 여전히 정치적으로 주변적인 소수파였다. 그 세력을 전면에 부각시킨 것은 1930년대 파시즘의 세력증가였다. 비록, 스페인 공화국에 대한 지지를 표명한 카톨릭 세력은 작은 집단 —— 지적으로 두드러진 집단이기는 하지만 —— 이었지만 말이다. 카톨릭 세력이 지지한 쪽은 프랑코 쪽이 압도적으로 많았다. 카톨릭 세력에 기회를 가져다준 것은 레지스탕스 —— 그들이 이데올로기보다는 애국심에 근거해서 옳은 일이라고 주장할 수 있었던 —— 였고, 그들로 하여금 그 기회를 잡을 수 있도록 해준 것은 제2차 세계대전에서의 승리였다. 그러나 정치세력으로서의 기독교 민주주의가 유럽에서 그리고 몇십 년 뒤에 라틴 아메리카 일부 지역에서 승리를 거둔 것은 나중의 일에 속한다. 자유주의가 몰락하던 시기에 교회는 드문 예를 제외하고는 그 몰락을 기뻐했던 것이다.

II

이제, 진정으로 파시스트 운동이라고 부를 수 있는 운동들을 살펴볼 일이 남았다. 이들 중 최초의 것은 그 현상에 자신의 이름을 부여한 이탈리아의 운동으로서, 변절한 사회주의자 언론인인 베니

Anno)」으로 증보되었다. 그것은 오늘날까지도 여전히 카톨릭 교회 사회정책의 초석이다. 「새로운 것에 관하여」 발표 100주년에 발행된, 교황 요한 바오로 2세의 1991년 회칙 「100주년(Centesimus Annus)」이 보여주듯이 말이다. 그러나 비난의 정확한 비중은 정치적 상황에 따라 달라졌다.

토 무솔리니가 만든 것이다. 베니토라는 이름은 멕시코의 반(反)교권주의자 대통령인 베니토 파블로 후아레스에 대한 존경의 표시로서 지은 것으로, 그가 태어난 로마냐 지방의 열렬한 반(反)교황주의를 상징했다. 아돌프 히틀러 자신이, 무솔리니와 파시스트 이탈리아 둘 다 제2차 세계대전에서 약체성과 무능력을 드러냈을 때조차, 무솔리니에 대한 자신의 빚과 존경을 시인했다. 그에 대한 답례로 무솔리니는 다소 늦기는 했지만 히틀러로부터 반유태주의를 받아들였다. 반유태주의는 1938년 이전의 무솔리니 운동에는 전혀 없었던 것이고 사실상 통일 이래 이탈리아 역사에 전혀 없었던 것이었다.[3] 그러나 이탈리아 파시즘만으로는 국제적인 매력을 그리 많이 발휘하지 못했다. 비록 그것이 다른 곳의 비슷한 운동들을 고무하거나 재정지원하고자 했고, 1970년대에 메나헴 베긴이 이끄는 이스라엘 정부의 기조가 된 시온주의적 '수정주의'의 창시자인 블라디미르 야보틴스키에게 영향을 끼쳤듯이, 예상치 않은 지역에서 일정한 영향력을 보이기도 했지만 말이다.

1933년 초 독일에서 히틀러가 승리하지 않았더라면 파시즘은 일반적인 운동이 되지 않았을 것이다. 실제로 이탈리아 밖에서 이렇다 할 규모에 달한 어떠한 파시스트 운동도 히틀러의 집권 이후에 발견되었다. 헝가리에서 이루어진 최초의 비밀투표(1939)에서 25퍼센트의 표를 얻은 헝가리의 화살십자당(Nyilaskeresztes Párt)과, 실질적인 지지세력의 규모가 훨씬 더 컸던 루마니아의 철위대(鐵衛隊, Garda de Fier)를 대표적인 경우로 들 수 있다. 사실, 크로아티아의 안테 파벨리치가 이끈 우스타샤(제2차 세계대전 중 크로아티아 독립국을 지배한 극단적인 크로아티아 민족주의 조직/역주) 테

---

3) 전쟁 동안에 이탈리아 군대가 자신의 점령지역 —— 주로 남동부 프랑스와 발칸지역 일부 —— 에서 유태인들을 독일인들이나 그밖의 누구에게도 학살대상으로 넘겨주기를 단호히 거부했다는 점을 무솔리니의 동포에게 경의를 표하며 언급해야 할 것이다. 이탈리아 정부 역시 유태인들을 넘겨주는 문제에 대해서 눈에 띄게 열의가 부족했지만, 원래 적었던 이탈리아의 유태인 인구 중 거의 절반이 죽었다. 그러나 일부는 단순한 희생물이라기보다는 반파쇼 투사로서 죽었다(Steinberg, 1990 ; Hughes, 1983).

러리스트들처럼, 실질적으로 무솔리니로부터 자금을 전부 지원받았던 운동들조차, 1930년대가 되어서야 비로소 상당한 기반을 얻었고 이데올로기적으로 파쇼화되었다. 1930년대에는 그러한 운동들 중 일부가 독일로부터도 영감과 자금을 얻고자 했다. 게다가 독일에서 히틀러가 승리하지 않았더라면, **보편적** 운동으로서의 파시즘, 즉 우익 쪽에서 국제공산주의에 해당하는 것 ── 베를린이 모스크바 격인 ── 으로서의 파시즘이라는 개념도 발전하지 않았을 것이다. 이러한 개념은 하나의 심각한 운동을 낳은 것이 아니라, 제2차 세계대전 동안에 유럽의 점령지역들에서 대독(對獨) 협력자들에게 이데올로기적인 동기를 부여했을 뿐이다. 특히 프랑스에서 전통적 극우파에 속한 많은 사람들이 아무리 포악하게 반동적이었던 경우라도 파시즘을 따르기를 거부했던 것은 바로 이러한 점을 말해준다. 그들은 민족주의자 아니면 아무것도 아니었던 것이다. 그들 중 일부는 레지스탕스에 가담하기까지 했다. 게다가 독일이 국제적으로, 명백히 성공적이고 부상하는 세계적 강국이라는 위치에 있지 않았다면 파시즘은 유럽 밖에서 그리 큰 영향을 미치지 않았을 것이고, 비(非)파시스트 반동 통치자들은 ── 이를테면 포르투갈의 살라자르가 1940년에 자신과 히틀러가 "동일한 이데올로기로 연결된다"(Delzell, 1970, p.348)라고 주장했듯이 ── 파시즘에 대한 동조자 행세를 하려고 애쓰지도 않았을 것이다.

다양한 종류의 파시즘들의 공통점으로 ── 1933년 이후에 ── 독일 헤게모니에 대한 일반적 의식 외에 또 무엇이 있었는지를 인식하기란 그리 쉽지 않다. 이론은, 이성과 합리주의가 부적절하고 본능과 의지가 우월하다고 열심히 강조하는 운동들의 강점이 아니었다. 그러한 운동들은 보수적인 지적 생활이 활기를 띠었던 나라들에서 모든 종류의 반동적 이론가들의 관심을 끌었지만 ── 독일이 명백히 그러한 경우에 해당한다 ── 그러한 이론가들은 파시즘의 구조적 요인이라기보다는 장식적 요인이었다. 무솔리니는 자신의 측근 철학자인 조반니 젠틸레 없이도 쉽게 일을 해낼 수 있었을 것이며, 히틀러는 아마도 철학자 하이데거의 지지에 대해서 알지도, 신경쓰지도 않았던 것으로 보인다. 파시즘은 코포라티즘 국가와 같은, 특정한 형태의 국가조직과도 동일시될 수 없다. 코포라티즘 국가라는 개념에 대한 나치 독일의 관심은 급속히 —— 그러한 개념이, 나누어지지 않고 총체적인 단일한 인민공동체(Volksgemeinschaft)라는 개념과 상충되었으므로 더더욱 급속히 —— 약화되었다. 인종주의처럼 명백히 중심적인 요소조차 처음에는 이탈리아 파시즘에 존재하지 않았다. 물론 반대로, 앞서 보았듯이 파시즘은 우파의 다른 비파시스트적 집단들과 민족주의, 반공주의, 반자유주의 등을 공유했다. 이러한 집단들 중 몇몇 —— 특히 프랑스의 비파시스트적 반동집단들 —— 은 가두폭력 같은 정치를 선호하는 성향 역시 파시즘과 공유했다.

파시스트와 비파시스트 우파 사이의 주된 차이는 파시즘이 밑으로부터 대중을 동원함으로써 존재한다는 데에 있었다. 파시즘은 본질적으로, 전통적 반동주의자들이 개탄했고 '유기적 국가'의 옹호자들이 회피하고자 했던 민주주의적, 대중적 정치의 시대에 속했다. 파시즘은 대중의 동원을 자랑했고, 집권했을 때조차 공적 연극이라는 상징적인 형식 —— 뉘른베르크 집회라든가, 베네치아 광장에 모인 대중들이 무솔리니가 발코니에 서서 보이는 몸짓을 올려다보았던 것이 그 예이다 —— 으로 동원을 계속했다. 공산주의운동 역시 그랬듯이 말이다. 파시스트들의 수사(修辭)로 보나, 스스로를 사회의 희생물로 여기는 사람들에 대한 호소로 보나, 사회의 전면적 변혁에 대한 요구로 보나, 심지어는 의도적으로, 사회혁명가들이 사용했던 상징과 명칭들을 변형한 것 —— 히틀러의 '국가**사회주의노동자당**'과 그 당의 (변형된) 적기(赤旗) 그리고 1933년에 즉각 빨갱이들의 메이데이를 공휴일로 제정한 것이 그러한 명백한 예다 —— 으로 보나 파시스트들은 반혁명의 혁명가였다.

이와 비슷하게, 파시즘은 전통적인 과거로의 복귀에 대해서도 수사적 기교를 능숙하게 발휘했고, 가능하다면 지난 세기를 완전히 일소하는 쪽을 정말로 택했을 사람들의 계급으로부터 많은 지지를 받았지만, 어떠한 현실적 의미에서도 전통주의운동 —— 이를테면,

스페인 내전에서 프랑코를 지원한 주요 집단들 중 하나였던 나바라(Navarra : 스페인 북부의 주[州]/역주)의 카를로스주의자들이나, 베틀과 촌락의 이상(理想)으로 돌아가자는 간디의 운동과 같은——은 아니었다. 파시즘은 많은 전통적 **가치들**을 강조했는데, 이는 또 다른 문제다. 파시즘은 자유주의적 해방을 비난 —— 여성들은 집에 있으면서 많은 자녀들을 길러야 한다 —— 했고, 근대문화, 특히 모더니즘 예술 —— 독일의 국가사회주의자들이 '문화적 볼셰비즘'이자 타락한 것이라고 평했던 —— 을 사람들의 마음을 좀먹는 것으로 보았다. 그러나 중심적인 파시스트 운동들 —— 이탈리아와 독일의 파시즘 —— 은 보수적 질서의 역사적인 수호자인 교회와 왕에게 호소하기는커녕, 오히려 교회와 왕을, 대중적인 지지와 세속적인 이데올로기와 때로는 세속적인 숭배에 의해서 정통성을 부여받은 자수성가한 사람으로 구현된, 전적으로 비전통적인 지도원리로 대체하고자 했다.

그러한 운동들이 호소한 과거는 인공물이었고, 그들의 전통은 발명된 것이었다. 히틀러의 인종주의조차, 끊기지 않고 섞이지 않은 혈통 —— 16세기 서퍽(Suffolk : 영국 동부의 주/역주) 지방 요먼(yeoman : 젠트리 바로 밑의 계층으로서 자영농/역주)의 후손임을 입증하고 싶어하는 미국인들이 계보학자들에게 그 검증을 의뢰한——에 대한 자부심이 아니라, 유전학이라는 새로운 과학, 보다 정확히 말해서, 선택적으로 교배하고 부적당한 종자를 제거함으로써 우수민족을 창출하기를 꿈꾸는 응용유전학 부문('우생학')의 지원을 요구하는(슬프게도 독일에서는 종종 실제로 지원받은) 19세기 말의 후기 다윈주의적 잡동사니였다. 히틀러를 통해서 세계를 지배하도록 운명지어진 민족은 한 인류학자가 '노르딕(Nordic)'이라는 말을 만든 1898년 이전까지는 이름조차 없었다. 파시즘은 18세기 계몽주의와 프랑스 혁명의 유산에 대해서 원칙적으로 적대적이었으므로 공식적으로 근대성과 진보를 믿을 수 없었지만, 실제적인 문제에서는 광적인 신념들을 기술적 근대성과 결합시키는 데에 전혀 어려움을 느끼지 않았다. 이데올로기적인 이유로 기초과학 연구를 방해했던 경우는 제외하고 말이다(제18장을 보라). 파시즘은 승리를 거둔 반(反)자유주의였다. 그것은 인간이 어렵지 않게 세상에 대한 광적인 신념을 현대 첨단기술에 대한 자신만만한 지배와 결합시킬 수 있다는 증거 역시 제공했다. 20세기 말에 사는 우리는, 컴퓨터로 프로그램이 짜여진 모금활동이나 텔레비전과 같은 무기를 휘두르는 근본주의 종파들 덕분에 이러한 현상에 더욱 친숙하게 되었다.

그럼에도 불구하고, 본질적으로 민족주의를 중심으로 한 채 보수적 가치관, 대중민주주의의 기술, 비합리주의적 야만성의 혁신적 이데올로기를 결합시킨 것은 설명되어야 한다. 그러한 급진적 우파의 비전통적인 운동은 자유주의(즉 자본주의에 의해서 갈수록 빠른 속도로 사회를 변화시키는 것)와 부상하는 사회주의 노동계급운동 둘 다에 대한 반발로서 그리고 보다 일반적으로는, 당시까지의 역사에서 최대 규모였던 대량 이주를 통하여 세계를 휩쓴 외국인들의 물결에 대한 반발로서 19세기 말의 몇몇 유럽 국가들에서 출현했다. 사람들은 대양과 국경들을 넘어서 이주했을 뿐만 아니라 농촌에서 도시로, 동일한 국가의 한 지역에서 다른 지역으로도 이주했다. 요컨대 '고향'에서 낯선 사람들의 땅으로, 입장을 바꾸어서 보자면, 낯선 사람으로서 다른 사람들의 고향으로 이주한 것이다. 폴란드인 100명 중 거의 15명에 해당하는 수가 자기 나라를 영원히 떠났고, 그외에도 1년에 50만 명이 계절적 이주민 —— 그러한 이주민들이 보통 그렇듯이, 그들을 받아들인 나라의 노동계급에 합류하는 경우가 압도적으로 많았다 —— 으로서 모국을 떠났다. 19세기 말에는 대중적 규모의 외국인 혐오가 첫 선을 보임으로써 20세기 말의 상황을 예기했고 인종주의 —— 밀려들어오는 열등민족 무리에 의해서 오염되거나 심지어 흡수되는 사태로부터 토착민의 순수혈통을 보호한다는 것 —— 가 외국인 혐오의 일반적 표현이 되었다. 외국인 혐오의 힘은 폴란드 이민에 대한 공포 —— 독일의 위대한 자유주의적 사회학자 막스 베버가 일시적이나마 범(汎)게르만 연맹을 지지했던 이유인 —— 뿐만 아니라, 미국에서 갈수록 격렬해진 대량 이민 반대운동 —— 이로 인해서 결국, 제1차 세계대전 동안과 그 이후에 자유의 여신상의 나라가 자유의 여신상이 세워진 애초의 취지와는 반대로 국경을 막기에 이르렀다 —— 에서도 느낄 수 있다.

이러한 운동들의 공통된 접합제는, 한 쪽의 바위 같은 대기업과 다른 한 쪽의 확고한 지위를 가진 부상하는 대중적 노동운동이 양쪽에서 자신들을 압박하는 사회에서 느끼는 소시민들의 분개였고, 최소한 과거에 자신들이 차지했던 그리고 자신들의 정당한 몫이라고 믿었던 상당한 사회적 지위 또는 자신들이 열망할 권리가 있다고 느낀, 역동적 사회에서의 사회적 지위를 박탈해버린 사회에 대한 분개였다. 이러한 감정은 반유태주의를 통해서 특징적으로 표현되었다. 반유태주의는 19세기 4/4분기에 몇몇 나라들에서 유태인들에 대한 적대감에 기반한 특정한 정치운동들을 전개하기 시작했다. 유태인들은 거의 보편적으로 존재했고, 불공평한 세상과 관련하여 가증스러운 모든 것, 특히 계몽주의와 프랑스 혁명 —— 그들을 해방시켰고, 그럼으로써 그들을 그만큼 더 눈에 띄게 했던——의 이념에 대한 헌신을 쉽게 상징할 수 있었다. 유태인들은 가증스러운 자본가/재정가의 상징, 혁명 선동가의 상징, 사람들의 마음을 좀먹는 '뿌리없는 지식인들'과 새로운 대중매체의 상징, 교육을 필요로 하는 일부 직업들에서 불균형하게 큰 몫의 일자리를 유태인들에게 돌아가게 하는 경쟁 —— 경쟁이라는 것이 '불공평'하지 않을 수 있겠는가? —— 의 상징, 외국인과 외부인 그 자체의 상징 구실을 할 수 있었다. 유태인들이 예수 그리스도를 죽였다는, 구식의 기독교인들 사이에서 널리 인정된 견해는 말할 것도 없고 말이다.

유태인에 대한 혐오는 사실상 서방세계에 널리 퍼져 있었고, 19세기 사회에서 유태인들이 차지하는 위치는 사실상 모호한 것이었다. 그러나 파업 노동자들이 인종주의적이지 않은 노동운동에 속했을 때조차 유태인 가게를 공격하고 자신의 고용주를 유태인으로 생각(중부 및 동부 유럽의 광활한 지역에서 그러한 생각은 종종 옳았다)하는 경향이 있었다고 해서 그들을 국가사회주의자의 원형으로 보아서는 안 된다. 블룸즈버리 그룹(1907-30년에 런던의 블룸즈버리에서 자주 모인 영국의 작가, 철학자, 예술가 집단/역주)과 같은,

에드워드 시대(에드워드 7세의 시대[1901-10]/역주) 영국의 자유주의 지식인들이 말할 나위 없는 반유태주의를 보인다고 해서 그들을 급진적 우파의 **정치적** 반유태주의자들에 대한 동조자로 볼 수는 없는 것처럼 말이다. 유태인들이 사실상 촌락민들의 생계와, 그 생계가 의존하는 외부경제 사이의 접촉점이었던 동부 및 중부 유럽에서는 농민들의 반유태주의가 확실히 보다 영속적이었고 보다 폭발적이었으며, 슬라브, 마자르, 루마니아의 농촌사회가 갈수록 이해할 수 없는 근대세계의 지진으로 흔들리게 됨에 따라 더더욱 그렇게 되었다. 그러한 사회의 무지몽매한 사람들은 여전히, 유태인들이 기독교도 아이들을 희생물로 삼는다는 이야기를 사실로 믿는 경향이 있었고, 사회적 폭발의 상황은 종종 유태인 학살(pogrom : 특히 제정 러시아에서의 조직적인 유태인 학살[1881, 1903, 1905]/역주)로 이어졌다. 특히 1881년에 차르 알렉산드르 2세가 사회혁명가들에 의해서 암살된 뒤에 차르 제국의 반동주의자들이 고무한 유태인 학살이 그러한 대표적인 예가 될 것이다. 이 점에서 원래의 민중적 반유태주의가 제2차 세계대전 동안의 유태인 학살로 이어지는 길은 그리 멀지 않다. 확실히 대중적 지지기반을 얻은 동유럽 파시스트 운동들 —— 특히 루마니아의 철위대와 헝가리의 화살십자당 —— 에 토대를 마련해준 것은 민중적 반유태주의였다. 어쨌든 민중적 반유태주의와 파시스트 운동 사이의 관계는 독일 제국에서보다 이전에 합스부르크와 로마노프의 영토였던 곳에서 훨씬 더 두드러지게 보였다. 독일 제국에서 민중 차원의 농촌적, 지방적 반유태주의는 강하고 뿌리가 깊은 것이기는 하지만 덜 폭력적인 것—— 심지어 보다 관대하다고 이야기될 정도다 —— 이기도 했다. 1938년에, 막 점령된 빈에서 베를린으로 도망해온 유태인들은 거리의 반유태주의가 존재하지 않는 데에 놀랐다. 이곳에서 폭력은 위로부터의 법령포고 —— 1938년 11월에 그랬듯이 —— 에 의해서 등장했다(Kershaw, 1983). 그렇다 해도 제정 러시아에서 벌어졌던 유태인 학살이 보여준 임시적이고 간헐적인 잔인성은 한 세대 뒤에 나타날 잔인성과는 비교도 안 된다. 1881년의 소수의 사망과 1903년 키시

네프 유태인 학살에서의 40-50명 사망은 —— 지당하게도 —— 세계를 격분시켰는데, 그 이유는 야만성이 격화되기 전의 시대에 문명의 발전을 기대한 세계에게는 그러한 수의 희생자들만으로도 견딜 수 없는 것으로 보였기 때문이었다. 1905년 러시아 혁명의 대규모 농민봉기에 수반되었던 훨씬 더 큰 규모의 유태인 학살조차 나중의 기준으로 보면 사망자 수가 별로 크지 않은 셈 —— 모두 합해서 약 800명 —— 이었다. 이는 독일인들이 소련을 침공했던 그리고 조직적인 학살이 시작되기 전인 1941년의 사흘 동안에 리투아니아인들이 빌뉴스(러시아어로는 '빌나')에서 3,800명의 유태인을 죽인 것과 비교될 수 있다.

이러한 보다 오래된 불관용 전통에 호소하기는 했지만 그 전통을 근본적으로 바꾸어버린 새로운 급진적 우파운동은 특히 유럽 사회의 하층 및 중간집단의 관심을 끌었고, 1890년대에 부상하여 하나의 사조를 형성했던 민족주의 지식인들에 의해서 수사와 이론으로 공식화되었다. '민족주의'라는 말 자체가 바로 1890년대에, 새로 부상한 이들 반동의 대변인들을 표현하기 위해서 만들어진 것이었다. 중간계급과 하층 중간계급의 전투성은 급진적 우파의 것으로 바뀌었는데, 주로 민주주의와 자유주의 이데올로기가 지배적이지 않은 나라들(즉 프랑스 혁명이나 그에 상응하는 것을 겪어보지 않은 나라들)에서나 그러한 이데올로기에 동조하지 않는 계급들 사이에서 특히 그러했다. 실제로 서구 자유주의의 중심국들 —— 영국, 프랑스, 미국 —— 에서는 혁명전통의 전반적인 헤게모니로 인하여 이렇다 할 만한 어떠한 대중적 파시스트 운동도 출현하지 못했다. 미국 인민주의자들의 인종주의나 프랑스 공화주의자들의 국수주의를 원형적 파시즘과 혼동하는 것은 잘못이다. 이들의 운동은 좌파에 속했던 것이다.

그러나 자유, 평등, 형제애의 헤게모니가 더 이상 방해가 되지 않았을 때, 오래된 본능이 새로운 정치적 슬로건을 지지하지 않으리라는 법은 없었다. 오스트리아 알프스 산맥의 나치 활동가들이 대체로 지방의 전문직 종사자 부류 —— 수의사, 측량기사 등 —— 에서

나왔음은 거의 의심할 여지가 없다. 그들은 이전에 그 지방의 자유주의자들 —— 농민적 교권주의가 지배하던 환경에서, 교육받고 전통에 얽매이지 않은 소수에 속한 —— 이었다. 이와 똑같은 이치로, 20세기 후반에 고전적인 프롤레타리아 노동운동과 사회주의운동이 해체되자 그렇게도 많은 육체노동자들의 본능적인 국수주의와 인종주의가 활개를 쳤다. 그 이전까지 육체노동자들은 그러한 감정에 동하지 않았던 것은 아니었지만, 그러한 편협한 사고를 열렬히 반대하는 당들에 대한 충성심 때문에 그와 같은 감정을 공공연히 표현하기를 주저했다. 1960년대 이후에 서구의 외국인 혐오와 정치적 인종주의는 주로 육체노동자층에서 발견된다. 그러나 파시즘이 부화되던 몇십 년 동안에는 그러한 것들이 육체노동을 하지 않는 사람들에게 속했다.

중간계층과 하위 중간층은 파시즘이 부상하던 시기 내내 그러한 운동의 중추였다. 이는 나치 지지세력에 대한 '사실상' 모든 분석 —— 1930-80년에 이루어진 —— 에서 도출된 합의를 수정하는 데에 열심인 역사가들조차 진지하게 부인하지 않는 사실이다(Childers, 1983 ; Childers, 1991, pp.8, 14-15). 전간기 오스트리아에서의 그러한 운동의 구성원과 지지세력에 대한 여러 조사 중에서 한 가지 사례만을 들어보자. 1932년에 빈의 구의원(區議員)으로 선출된 국가사회주의자들(나치 당원/역주) 중에서 18퍼센트는 자영업자, 56퍼센트는 화이트칼라, 사무원, 공무원, 14퍼센트는 육체노동자였다. 또한 같은 해 빈 밖의 5개 오스트리아 지방의회의 의원으로 선출된 나치 당원 중에서는 16퍼센트가 자영업자와 농민이었고, 51퍼센트가 사무원 등이었으며, 10퍼센트가 육체노동자였다(Larsen et al., 1978, pp.766-67).

이는 파시스트 운동이 노동빈민들로부터 진정한 대중적 지지를 얻을 수 없었음을 의미하지는 않는다. 루마니아의 철위대는 간부의 구성이야 어떻든지 간에 빈농이 주된 지지세력이었다. 헝가리의 화살십자당에 표를 던진 세력은 대체로 노동계급이었고(공산당은 불법상태였고, 사회민주당은 호르티 체제가 용인해주는 대가로 항상 작은 규모였다), 오스트리아의 경우 1934년에 사회민주당이 패배한 뒤에 특히 지방에서 노동자들이 눈에 띄게 나치 당으로 이동했다. 게다가 이탈리아와 독일에서처럼 공적인 합법성을 지닌 파시스트 정부가 일단 수립되었던 경우, 사회당계 노동자들과 공산당계 노동자들은 —— 좌파가 전통적으로 이야기해오던 시기보다 훨씬 전부터 —— 새로운 체제에 동조했다. 그럼에도 불구하고 파시스트 운동은 (크로아티아에서처럼 카톨릭 교회와 같은 조직들로 보강되지 않는 한) 농촌사회의 진정으로 전통적인 집단들의 관심을 끄는 데에 어려움을 느꼈고, 조직된 노동계급을 대변하는 이데올로기 및 정당들의 불구대천의 원수였으므로, 핵심적 지지세력은 자연히 중간계층에게서 발견될 수 있었다.

중간계급에 대한 파시즘 본래의 호소력이 어느 정도나 되었는가 하는 것은 보다 논란의 여지가 있는 문제이다. 물론 중간계급 청년에 대한 파시즘의 호소력은 강했다. 특히, 양차 세계대전 사이에 극우파였던 것으로 유명한 유럽 대륙의 대학생들을 예로 들 수 있다. 1921년에(즉 '로마 진군' 이전에) 이탈리아 파시스트 운동의 구성원 중 13퍼센트가 대학생이었다. 독일에서는 일찍이 1930년 —— 장래 나치 당원이 될 사람의 대다수가 아직 히틀러에게 관심도 가지기 전인 —— 에 모든 대학생의 5-10퍼센트가 나치 당원이었다(Kater, 1985, p.467 ; Noelle/Neumann, 1967, p.196). 또한 앞으로 보게 되듯이 중간계급인 전(前) 장교집단의 비율이 높았다. 그들에게 제1차 세계대전은 그 참사에도 불구하고 개인적 성취가 정점에 달했던 시기였고, 앞으로의 전망은 민간인으로서의 삶이라는 실망스러운 내리막길뿐이었던 것이다. 물론 이들은 행동주의에 대한 호소가 특히 효력 있었던 부류의 중간계층이었다. 대체로 말해서, 자신들의 사회적 지위를 유지시켜주던 사회구조가 흔들리고 부서짐에 따라 중간계급 직업의 지위 —— 실제적인 것이든, 인습적으로 기대된 것이든 —— 에 대한 위협이 커지면 커질수록 급진적 우파의 호소력도 커졌다. 독일에서는 화폐의 가치를 거의 영으로 감소시킨 대(大)인플레이션과 뒤이은 대공황이라는 이중적 타격으로 중급 및 고급 공무원 같은 층의 중간계급까지도 급진화되었다. 그러한 공무원들은 안정된 지위를 가졌던 것으로 보이며, 덜 충격적인 상황이었다면 계속 구식의 보수적 애국자로 만족해하며 살았을 것이다. 또한 그들은 빌헬름 황제 시대를 그리워했지만, 육군 원수 파울 폰 힌덴부르크가 이끄는 공화국이 자신들의 힘에 굴복하여 눈에 띄게 무너지지 않았더라면 그 공화국에 대해 자신의 의무를 기꺼이 다했을 것이다. 양차 세계대전 사이에 대부분의 비정치적인 독일인들이 빌헬름 제국을 그리워했다. (이해할 만한 일이지만) 대부분의 서독인들이 독일사상 가장 좋은 시대가 **지금**이라고 결론을 내린 1960년대까지도, 60세 이상의 사람들 중 32퍼센트는 경제기적(Wirtschaftswunder)으로 인하여 마음을 돌린 데에 반해, 42퍼센트는 여전히 1914년 이전의 시대가 현재보다 더 좋았다고 생각했다(Noelle/Neumann, 1967, p.196). 부르주아 중도파와 우파에 표를 던졌던 사람들이 1930-32년에 대거 나치 당으로 넘어갔다. 그러나 이들이 파시즘의 건설자는 아니었다.

물론 그러한 보수적 중간계급은 파시즘의 잠재적 지지자였거나, 심지어 파시즘으로의 개종자이기도 했다. 이는 전간기의 정치적 전선이 그어진 양상 때문이었다. 자유주의 사회와 그것의 모든 가치에 대한 위협은 우파로부터만 나온 것으로 보였고, 사회질서에 대한 위협은 좌파로부터만 나온 것으로 보였다. 중간계급 사람들은 자신들이 무서워하는 바에 따라 정책을 선택했다. 전통적인 보수주의자들은 대체로 파시즘의 선동정치가들에게 공감했고, 주적(主敵)과 싸우기 위하여 그들과 동맹을 맺을 준비가 되어 있었다. 이탈리아 파시즘은 1920년대와 심지어는 1930년대에도 —— 자유주의 세력과 좌파로부터를 제외하고는 —— 다소 호평을 받았다. 영국의 저명한 보수당원이자 스릴러 작가인 존 버컨은 "파시즘이라는 대담한 실험이 없었더라면, 그 10년간은 건설적인 정치력을 풍성하게 보이지 않았을 것이다"라고 썼다(슬프게도, 스릴러물을 쓰는 취미는 좌파적 신념과 어울리는 일이 드물었다)(Graves/Hodge, 1941, p.248). 히틀러는 전통적 우파의 연합세력 덕분에 집권하고는 그 세력을 삼켜버렸다. 프랑코 장군은 자신의 국민전선에, 당시로서는 그리 중요하지 않았던 스페인의 팔랑헤 당(Falange : 1934년에 스페인에서 조직된 파시스트 당으로, 스페인 내전 시 프랑코 장군을 도왔고 그후 유일한 공식 정당이 되었다/역주)을 포함시켰는데, 그 이유는 그가 대표한 것이 1789년의 유령과 1917년의 유령 —— 그는 이 두 유령을 명확하게 구별하지 않았다 —— 에 대항하는 우파 전체의 연합이었기 때문이다. 그는 운 좋게도 히틀러 편으로 제2차 세계대전에 직접 개입하지는 않았지만, 독일인들과 함께 러시아의 무신론적 공산주의자들과 싸우도록 '푸른 사단'이라는 의용군을 파견했다. 앙리 필리프 페탱 원수는 확실히 파시스트나 나치 지지자가 아니었다. 전후에 충심의 프랑스 파시스트 및 친독 협력자들과, 페탱 원수의 비시 체제에 대한 주요 지지집단을 서로 구분하는 것이 그렇게도 어려웠던 한 가지 이유는 양자 사이에 실제로 명확한 구분선이 없었다는 점이다. 자신의 아버지 세대가 드레퓌스, 유태인, 몹쓸 공화국을 증오했던 사람들 —— 일부 비시 체제 인사들은 과거에 직접 그러한 증오를 했을 만큼 나이 든 사람이었다 —— 은 서서히 히틀러 유럽에 대한 열광자들로 변해갔다. 요컨대 양차 세계대전 사이에 우파의 '자연적' 동맹은 전통적 보수주의자들로부터 구식의 반동주의자들을 거쳐 외곽의 병리적 파시스트들에까지 걸쳐 있었다. 전통적인 보수주의 및 반혁명 세력은 강력했으나 종종 활력이 없었다. 파시즘은 그러한 세력에게 활력과, 아마도 훨씬 더 중요한 것으로서, 무질서세력에 대한 승리의 본보기, 둘 다를 제공해주었다('무솔리니가 기차를 정시에 달리게 했다'라는, 파시스트 이탈리아를 옹호하는 유명한 이야기도 있지 않은가?) 1933년 이후에 갈피를 못 잡고 키를 잃은 좌파에게 공산주의자들의 역동성이 매력을 발휘했던 것과 똑같이, 파시즘의 성공은, 특히 독일에서 국가사회주의자들이 권력을 장악한 이후, 파시즘을 미래의 물결로 보이게 했다. 이 시기에 파시즘이 —— 다른 어느 나라보다도 —— 보수당 영국의 정치무대에 단기간이기는 하지만 눈에 띄게 진입했다는 사실 자체가 이러한 '시위효과'의 위력을 입증해준다. 그 나라의 가장 유명한 정치가들 중 한 사람이 파시즘으로 개종했고 그 나라의 유력한 신문사주들 중 한 사람이 파시즘을 지지했다는 점이, 점잖은 정치가들이 급속히 오스월드 모슬리 경의 운동을 버렸고 로더미어 경의 「데일리 메일(*Daily Mail*)」지가 영국 파시스트 연합에 대한 지지를 곧 중단했다는 사실보다 더 중요하다. 왜냐하면 영국은 여전히 보편적으로 그리고 옳게도 정치적, 사회적 안정의 모델로 인식되었던 것이다.

III

제1차 세계대전이 끝난 뒤 급진적 우파가 부상한 것은 의심할 여지 없이, 일반적으로는, 위험물이자 사실상 현실이었던 사회혁명과 노동계급의 힘에 대한 대응이었고, 특수하게는 10월혁명과 레닌주의에 대한 대응이었다. 이러한 것들이 없었다면 파시즘도 없었을 것이다. 왜냐하면 19세기 말 이래 수많은 유럽 국가들에서 선동적인 극우파는 정치적으로 시끄럽고 공격적인 존재였지만, 1914년 이전에는 거의 예외없이 통제에서 벗어나지 않았던 것이다. 그런 만큼, 레닌이 무솔리니와 히틀러를 낳았다는 파시즘 변호자들의 주장은 아마도 옳을 것이다. 그러나 파시즘의 야만성이 이전에 러시아 혁명이 보여주었다는 야만성에 의해서 고무받고 그러한 야만성을 모방한 것이라고 주장하는 식으로 파시즘의 야만성을 정당화하는 것 —— 1980년대에 독일의 일부 역사가들이 거의 그랬듯이 —— 은 전적으로 부당하다(Nolte, 1987).

우파의 반발이 기본적으로 혁명적 좌파에 대한 반응이었다는 명제에 대해서는 두 가지 중요한 점에서 제한을 가해야 한다. 첫번째, 그러한 명제는 주로 중간계급 및 하층 중간계급이었던 민족주의적 군인들이나 청년들 —— 1918년 11월 이후 영웅적 행위를 펼칠 기회를 잃어버린 데에 분개한 —— 이라는 중요한 계층에게 제1차 세계대전이 미친 영향을 과소평가한 것이다. 이른바 '전선의 군인(frontsoldat)'이 급진적 우파운동의 신화에서 아주 중요한 역할을 할 것 —— 히틀러 자신이 그러한 사람이었다 —— 이었고, 1919년 초에 독일의 공산당 지도자인 카를 리프크네히트와 로자 룩셈부르크를 살해한 장교들, 이탈리아의 전투단(squadristi), 독일의 자유군단 (freikorps) 같은 초기의 초민족주의적 폭력단들의 주력을 구성할 것이었다. 초기 이탈리아 파시스트들 중 57퍼센트가 제대군인이었다. 앞서 보았듯이 제1차 세계대전은 세계를 야수화하는 기구였고, 이러한 부류의 사람들은 자신에게 잠재해 있던 야수성이 분출하는 것을 자랑으로 여겼다.

좌파 —— 자유주의자들부터 포함되는 —— 의 반전운동과 반군국주의운동에 대한 헌신 때문에 그리고 제1차 세계대전이 빚은 대량살해에 대한 대중들의 극도의 혐오 때문에 많은 사람들은, 상대적으로 작지만 절대적으로는 많은 수의 소수파 —— 전투경험이 1914-18년의 조건에서조차 중심적, 고무적인 것이었던 —— 의 출현을 과소평가했다. 그들 소수파에게는 제복과 규율, 희생 —— 자신과 타인들의 —— 과 피, 무기와 힘이 남성적인 삶을 가치 있는 것으로 만들어주는 요인들이었다. 그들은 전쟁에 관해서 많은 책을 쓰지는 않았다. (특히 독일에서) 한두 사람이 쓰기는 했지만 말이다. 이러한 그 시대 람보들이 급진적 우파를 충원한 타고난 신병들이었다.

두번째, 우파의 반발은 볼셰비즘 자체에 대한 것이 아니라 기존 사회질서를 위협하거나 그러한 질서를 무너뜨린 주범으로 비난받을 수 있는 모든 운동, 특히 조직된 노동계급에 대한 것이었다. 레닌은 이러한 위협의 실체라기보다는 상징이었다. 대부분의 정치가들에게 현실적인 위협이 되었던 것은 충분히 온건한 지도자들의 사회주의 노동자 정당들이라기보다는, 노동계급의 힘, 자신감, 급진성의 고조였다. 또한 그러한 고조는 기존의 사회주의 정당들에게 새로운 정치적 힘을 주었고, 사실상 그 정당들을 자유주의 국가의 필수불가결한 지주(支柱)로 만들었다. 1889년 이래 사회주의 선동자들의 중심적 요구사항이었던 8시간 노동제가 종전(終戰) 직후 몇년 동안에 유럽 거의 전역에서 인정되었던 것은 우연이 아니다.

보수주의자들의 피를 얼어붙게 한 것은 단순히 노동조합 지도자들과 야당 연사들이 정부 장관들로 바뀐 것 —— 이 역시 꽤나 쓰라린 것이었지만 —— 보다는 노동자 세력의 힘의 증가에 내재한 위협이었다. 노동조합 지도자들과 야당 연사들은 정의상 '좌파'에 속했고, 사회적 격변의 시대에 그들과 볼셰비키를 명확히 구분하는 선은 존재하지 않았다. 실제로, 공산당측에서 거부하지만 않았다면 많은 사회주의 정당들이 종전 직후 기꺼이 공산당에 합류했을 것이다. 또한 무솔리니가 '로마 진군' 뒤에 암살한 사람은 공산당 지도자가 아니라 사회당의 자코모 마테오티였다. 전통적 우파는 불경한 러시아를 세상의 사악한 모든 것의 화신으로 보았을지도 모르지만, 1936년의 장군들의 반란(1936년 7월 스페인에서 프랑코 장군의 지휘로 일어난 반란을 지칭/역주)은 공산주의자들에 대항해서 일어난 것이 아니라 —— 공산주의자들이 인민전선에서 가장 작은 부분을 차지했다는 이유만으로도 그렇다(제5장을 보라) —— 민중들의 기세가 급격히 고조된 것에 대항해서 일어난 것이며, 그러한 고조는 스페인 내전이 일어나기 전까지는 사회주의자들과 무정부주의자들에게 유리한 것이었다. 따라서 레닌과 스탈린을 파시즘에 대한 변명의 구실로 삼는 것은 사후적인 합리화이다.

그러나 여전히 해명되지 않은 사실은 제1차 세계대전 종전 이후 우파의 반발이 왜 하필 파시즘이라는 형태로 결정적인 승리를 거두었는가 하는 것이다. 극우파의 극단주의운동들 —— 병적으로 민족주의적, 외국인 혐오적이고, 전쟁과 폭력을 이상화하고, 불관용적이고, 완력으로 위압하기를 좋아하고, 열렬하게 반자유주의적, 반민주주의적, 반프롤레타리아적, 반사회주의적, 반합리주의적이고, 피와 흙을 꿈꾸고, 근대성이 무너뜨리고 있는 가치들로의 복귀를 꿈꾸는 —— 은 1914년 이전에도 존재했었다. 그러한 운동들은 정치적 우파 내에서와 일부 지식인 사회에서 정치적 영향력을 어느 정도 행사했지만, 어느 곳에서도 사회 전체를 지배하거나 통제하지는 못했다.

제1차 세계대전 종전 이후에 그러한 운동들에게 기회를 준 것은 구체제의 붕괴와 구지배계급 및 그 계급의 권력, 영향력, 헤게모니 기구의 붕괴였다. 이러한 것들이 여전히 무사했던 곳에서는 파시즘이 전혀 요구되지 않았다. 영국의 경우 앞서 언급했듯이 잠깐 신경의 혼란이 있기는 했지만 파시즘의 성장은 전혀 이루어지지 않았고, 전통적인 우파인 보수당이 여전히 지배적인 위치에 있었다. 또한 프랑스에서는 1940년의 패전 이후에 가서야 비로소 파시즘이 유력하게 성장했다. 프랑스의 전통적인 급진적 우파 —— 군주제주의적인 악시옹 프랑세즈(Action Française)와 드 라 로크 대령의 불의 십자가단(Croix de Feu) —— 는 충분히 좌파를 놀라게 했지만 엄격히 말해서 파시스트는 아니었다. 실제로 그러한 우파에 속했던 몇몇 사람들은 이후 레지스탕스에 가담하기까지 했다.

또한 새로 독립한 나라에서 새로운 민족주의적 지배계급이나 지배집단이 권력을 인수할 수 있었던 곳에서도 파시즘은 필요하지 않았다. 이들은 반동적일 수 있었고 뒤에서 살펴볼 이유들로 인하여 당연히 권위주의 정부를 선택했지만, 양차 세계대전 사이에 유럽에서 벌어진 반민주적 우파로의 변화 모두를 파시즘과 동일시하는 것은 과장이다. 권위주의적인 군국주의자들이 통치한 신흥 폴란드에서도, 체코슬로바키아의 민주주의적인 체코 지역에서도, 신흥 유고슬라비아의 (지배적인) 세르비아 중심부에서도 이렇다 할 만한 파시스트 운동은 존재하지 않았다. 통치자들이 구식의 우파 사람들이거나 반동주의자들이었던 나라에서 중요한 파시스트 운동이나 그와 유사한 운동이 존재했던 경우 —— 헝가리, 루마니아, 핀란드에서 그리고 지도자 자신이 파시스트는 아니었던 프랑코 치하의 스페인에서조차 —— 에도, (1944년의 헝가리에서처럼) 독일인들이 압박을 가하지 않는 한, 통치자들은 그러한 운동을 계속해서 통제하는 데에 별 어려움을 겪지 않았다. 이는 오래된 국가에서건 새로운 국가에서건 소수파 민족주의운동들이 파시즘의 매력을 발견하지 못했을 것임을 의미하지는 않는다. 그러한 운동들이 이탈리아로부터 그리고 1933년 이후에는 독일로부터 재정적, 정치적 지원을 기대할 수 있었다는 이유만으로도 그렇다. (벨기에의) 플랑드르, 슬로바키아, 크로아티아에서의 경우가 명백히 그러했다.

광적인 극우파가 승리할 최적의 조건은 오래된 국가와 더 이상 작동할 수 없게 된 그 국가의 통치기구, 미몽에서 깨어나 방향을 잃고 불만을 품은 대다수 시민들이 더 이상 충성을 어디에 바쳐야 할지를 알지 못하는 상황, 강력한 사회주의운동이 실제로는 사회혁명을 달성할 위치에 있지 않지만 사회혁명을 일으킬 우려가 있거나 그러할 우려가 있는 것으로 보이는 상황, 1918-20년의 강화조약들에 분개하는 민족주의적 움직임이 존재하는 상황이었다. 이는 무력한 기존의 지배 엘리트층이 급진적 극우파에 의지할 마음이 생기는 상황이었다. 1920-22년에 이탈리아의 자유당 사람들이 무솔리니의 파시스트들에게 의지했고, 1932-33년에 독일의 보수당 사람들이 히틀러의 국가사회주의당에 의지했듯이 말이다. 게다가 이는 급진적 우파의 운동을, 강력하게 조직되고 때때로 제복 차림을 한 준(準)군사적인 부대(전투단, 폭풍부대)나 대공황기 독일에서처럼 대규모의 유권자 부대로 변화시키는 상황이었다. 그러나 이 두 파시스트 국가 중 어느 쪽에서도 파시즘은 '권력을 정복'하지 않았다. 비록 이탈리아에서나 독일에서나 파시즘은 '거리를 점령'한다든지, '로마로 진군'한다든지 하는 수사적 표현을 중시했지만 말이다. 두 경우 모두 파시즘은 구체제의 묵인이나 사실상 (이탈리아에서처럼) 구체제의 주도로, 다시 말해서 '합헌적인' 방식으로 권좌에 올랐던 것이다.

파시즘의 새로운 점은, 일단 집권한 뒤에는 기존의 정치 게임 방식을 따르기를 거부하고 가능한 경우에는 완전히 권력을 인수했다는 데에 있었다. 권력의 전면적 이동, 즉 모든 경쟁자의 제거는 이탈리아의 경우(1922-28)가 독일의 경우(1933-34)보다 다소 더 오래 걸렸지만, 일단 그러한 작업이 완수되고 나면 파시즘 특유의, 인민주의적인 최고 '지도자(수령[Duce], 총통[Führer])'의 무제한적 독재를 정치적으로 제한할 길이 국내에서는 더 이상 존재하지 않았다.

이 시점에서, 파시즘에 대하여 똑같이 부적절한 두 가지 명제를 간단히 다루어야 할 것이다. 그 하나는 파시스트적인 명제이지만 많은 자유주의 역사가들이 받아들였던 것이고, 다른 하나는 정통 소련 마르크스주의가 소중히 여기는 명제이다. 결론부터 말하자면 '파시스트 혁명'은 존재하지 않았고, 파시즘은 '독점자본주의'나 대기업의 표현이 아니었다.

파시스트 운동에는 근본적인 사회변혁을 원하는 사람들 —— 종종 명백히 반자본주의적, 반과두정적인 성향을 보였던 —— 도 속해 있었으므로 파시스트 운동에 혁명운동적 요소가 있었던 것은 사실이다. 그러나 혁명적 파시즘이라는 말[馬]은 출발하는 데에도, 달리는 데에도 실패했다. 히틀러는, 독일 국가사회주의 노동자당이라는 이름에서 '사회주의'라는 구성요소를 진지하게 받아들였던 사람들을 신속하게 제거 —— 분명 그는 그러한 구성요소를 진지하게 받아들이지 않았으므로 —— 했다. 세습토지소유농, 한스 작스(독일의 구두수선공 겸 시인[1494-1576]/역주) 같은 예술가 장인(匠人), 금발 머리를 땋아 늘인 소녀들로 가득 찬 일종의 소시민적 중세로의 복귀라는 유토피아는 (인종적으로 정화된 민족을 꿈꾸는 하인리히 히믈러의 계획 같은 악몽적 형태를 제외하고는) 주요 20세기 국가들에서, 더구나 이탈리아 파시즘 체제나 독일 파시즘 체제처럼 근대화와 기술향상에 매우 전념하는 체제들에서는 실현될 수 있는 계획이 아니었다.

국가사회주의가 확실히 성취한 것은 기존의 제국 엘리트층 및 제도적 구조를 철저히 일소한 것이었다. 어쨌든 히틀러에 대해 반란을 실제로 일으킨 —— 그리고 그 결과, 대량으로 처형된 —— 유일한 집단은 1944년 7월의 구(舊)귀족 프로이센 군대였다. 이러한 기존 엘리트층 및 기존 체제의 파괴 —— 전후에 서방 점령군의 정책으로 더욱 촉진된 —— 는 결국, 패전한 제국에서 황제만 빠진 것에 불과했던 1918-33년의 바이마르 공화국보다 훨씬 더 튼튼한 토대 위에서 연방공화국을 세우는 것을 가능케 할 것이었다. 나치즘은 확실히 대중을 위한 사회적 계획을 가졌고, 그러한 계획을 부분적으로 성취했다. 휴가, 스포츠, '국민차' —— 제2차 세계대전이 끝난 뒤 폴크스바겐(Volkswagen) '딱정벌레'로 세상에 알려지게 된 —— 계획이 바로 그러한 예이다. 그러나 나치즘의 가장 중요한 성과는 다른 어떤 정부보다도 효과적으로 대공황을 이겨낸 것이었다. 왜냐하면 나치의 반자유주의는 사람들을 자유시장에 대한 선험적인 믿음에 내맡기지 않는다는 긍정적인 면을 가졌던 것이다. 그럼에도 불구하고, 나치즘 체제는 기본적으로 새롭고 다른 체제라기보다는 개조되고 활력을 되찾은 구체제였다. 그것은 (어느 누구도 혁명적 체제였다고 주장하지 않을) 1930년대의 제국적, 군국주의적 일본과 마찬가지로 눈에 띄게 역동적인 산업체제를 이룩한 비자유주의적 자본주의 경제였다. 파시스트 이탈리아의 경제적 성과 및 여타 성과는 제2차 세계대전 때 입증되었듯이 그보다는 훨씬 덜 인상적이었다. 이탈리아의 전시경제는 유별나게 취약했다. '파시스트 혁명'을 이야기하는 것은 수사적 표현 —— 이탈리아의 많은 파시스트 일반 당원들에게는 틀림없이 진지한 수사였지만 —— 에 불과했다. 이탈리아 파시즘 체제는 훨씬 더 공공연하게 기존 지배계급을 위한 체제였다. 그것은 독일에서처럼 대공황의 충격에 대한 반응으로 그리고 바이마르 정부들이 그러한 충격을 극복하지 못한 데에 대한 반발로 생겨났다기보다는, 1918년 이후의 혁명적 소요상태로부터 스스로를 지키기 위해서 생겨났던 것이다. 보다 강력하고 보다 중앙집권화된 정부를 낳음으로써 어떤 의미에서는 19세기 이래의 이탈리아 통일과정을 계속 수행한 셈인 이탈리아 파시즘은 명예로운 몇몇 중요한 성과를 냈다. 이를테면 이탈리아 파시즘은 시칠리아의 마피아와 나폴리의 카모라(Camorra : 1820년경에 이탈리아의 나폴리에서 등장한 정치적, 범죄적 비밀결사/역주)를 제압하는 데에 성공한 유일한 이탈리아 체제였다. 그러나 그 체제의 역사적 의미는 그 목표와 성과에 있는 것이 아니라, 새로운 형태의 승리한 반혁명의 세계적 선구자 역할을 했다는 데에 있었다. 무솔리니는 히틀러에게 영감을 주었고, 히틀러는 이탈리아가 영감을 주었고 선례가 되었다는 점을 인정하기를 결코 잊지 않았다. 한편, 이탈리아 파시즘은 전위예술적인 '모더니즘'을 용인하고 심지어는 어느 정도 선호하기까지 했다는 점에서 그리고 그밖의 몇몇 점 —— 특히, 무솔리니가 1938년에 독일과 행동을 같이하게 되기 전까지는 반유태주의적 인종주의에 대해서 관심이 전혀 없었다는 점 —— 에서 급진적 우파의 운동들 가운데 예외적인 것이었고, 오랫동안 예외적인 것으로 남았다.

'독점자본주의' 테제에 대해서는, 진정한 대기업의 특징이 자신을 실제로 몰수하지 않는 체제라면 어떠한 체제와도 타협할 수 있으며 또한 어떠한 체제도 대기업과 타협을 해야만 한다는 데에 있다는 점을 지적할 수 있다. 파시즘이 '독점자본의 이해관계의 표현'이 아닌 것은 미국의 뉴딜 정부나 영국의 노동당 정부 또는 바이마르 공화국이 그러한 표현이 아닌 것과 같다. 1930년대 초의 대기업이 특별히 히틀러를 원했던 것은 아니며 오히려 보다 정통적인 보수주의를 더 좋아했을 것이다. 대기업은 대공황이 시작되기 전까지는 히틀러를 거의 지지하지 않았고, 대공황 때조차 히틀러에 대한 지지는 뒤늦게 그리고 고르지 않게 이루어졌다. 그러나 히틀러가 일단 권좌에 오르자 사업계는 전심전력을 다해 협조했다. 제2차 세계대전 동안에 노예 노동력과 학살수용소 노동력을 자기 사업에 쓸 정도로 말이다. 물론, 크고 작은 기업들이 유태인 재산의 몰수로부터도 득을 보았다.

그럼에도 불구하고 파시즘은 사업가들에게, 다른 체제들에 비해 더 나은 중요한 몇몇 이점들을 주었다는 점을 말하고 넘어가야 할 것이다. 첫번째, 파시즘은 좌파 사회혁명을 말살하거나 패배시켰고, 실제로 그러한 혁명을 막는 주된 방파제로 보였다. 두번째, 파시즘은 경영진이 자신의 노동력을 관리하는 권리에 대해 노동조합이 가하던 제한과 여타 방식의 제한들을 없앴다. 사실상 대부분의 사장들과 경영간부들이 파시스트적인 '지도원칙'을 자신의 기업에서 하급자들에게 적용했고, 파시즘은 그러한 원칙을 위압적으로 정당화시켰다. 세번째, 노동운동의 파괴는 대공황을 확실히 사업가들에게 지나치게 유리한 쪽으로 해결하는 데에 일조했다. 미국에서는 1929-41년에 상위 5퍼센트 소비자들의 (국민)총소득 점유율이 20퍼센트 하락했던 반면(영국과 스칸디나비아도 이보다는 덜 평등주의적이지만 비슷한 추세를 보였다), 독일에서는 비슷한 시기 동안에 상위

5퍼센트의 점유율이 15퍼센트 늘었다(Kuznets, 1956). 마지막으로, 파시즘은 이미 언급했듯이 산업경제를 활성화하고 근대화하는 데에 능숙 —— 모험적이고 장기적인 과학기술 계획을 세우는 데에는 실제로 서구 민주주의 국가들만큼 능숙하지 않았지만 —— 했다.

IV

대공황이 없었더라면 파시즘이 세계사에서 그렇게 중요한 것이 될 수 있었을까? 아마도 그렇게 될 수 없었을 것이다. 이탈리아만으로는 세계를 뒤흔들 만한 유망한 근거지가 못 되었다. 1920년대에 유럽의 다른 어떤 급진적 우파의 반혁명운동도 장래가 그리 유망한 것으로 보이지 않았다. 공산주의적 사회혁명을 향한 봉기 시도들이 실패했던 것 —— 1917년 이후의 혁명 물결은 다시 잠잠해졌고, 경제는 회복되는 듯이 보였다 —— 과 거의 같은 이유로 말이다. 독일에서는 장군들과 공무원들을 비롯한 제국사회의 기둥들이 11월혁명 이후에 실제로 우파의 자유계약제 준(準)군사조직원들과 여타 과격분자들을 일정하게 후원했다. (당연하게도) 그러한 장군들과 공무원들은 새로운 공화국을 보수적, 반혁명적 국가로 유지시키고, 무엇보다도 국제적으로 책략을 쓸 수 있는 여지를 계속 가질 수 있는 국가로 유지시키는 데에 주된 노력을 기울였지만 말이다. 그러나 그들은 1920년에 우익이 일으킨 카프 폭동(Kapp Putsch)과 1923년의 뮌헨 폭동(München Putsch) —— 히틀러가 처음으로 신문의 표제에 등장했던 —— 때처럼 선택을 해야만 했을 때 주저하지 않고 현상유지 쪽을 지지했다. 국가사회주의노동자당은 1924년의 경기회복 뒤에 총유권자 수의 2.5-3퍼센트를 득표하는 군소정당으로 줄어들었다. 특히 1928년 선거에서의 득표 수는, 교육수준이 높은 소규모의 독일민주당보다도 반이나 적은 것이고, 독일공산당의 5분의 1에 불과한 것이며, 사회민주당의 10분의 1에도 훨씬 못 미치는 것이었다. 그러나 2년 뒤에는 총유권자 수의 18퍼센트 이상을 득표함으로써 독일 정계에서 두번째로 큰 당이 되었고, 4년 뒤인 1932년 여름에는 총투표 수의 37퍼센트 이상을 얻음으로써 단연 최대 정당이 되었다. 민주적인 선거가 계속되는 한, 이러한 지지도가 유지되지는 않았지만 말이다. 정치적 일탈현상에 불과했던 히틀러를 그 나라의 잠재적인 그리고 결국은 실제적인 지배자로 바꾸어놓은 것은 명백히 대공황이었다.

그러나 이러한 종류의 운동이 독일에서 권력을 장악하지 않았다면 대공황조차 파시즘에게, 1930년대에 명백히 발휘했던 힘이나 영향력을 가져다주지 못했을 것이다. 독일은 그 규모와 경제적, 군사적 잠재력과 특히 지리적 위치 때문에 어떠한 형태의 정부가 들어서더라도 유럽에서 정치적으로 중요한 역할을 할 수밖에 없는 국가였던 것이다. 양차 세계대전에서의 완전한 패배도 결국 20세기 말에 독일이 유럽 대륙에서 지배적인 국가가 되는 것을 막지 못했다. 좌파의 경우, 지구상에서 가장 큰 국가(양차 세계대전 사이에 공산주의자들이 즐겨 자랑했듯이 '전세계 육지의 6분의 1')에서의 마르크스의 승리가 공산주의를 국제적으로 중요한 존재로 만들었던 것 —— 소련 밖에서의 공산주의 정치세력이 무시할 만한 것이었을 때조차 —— 과 똑같이, 히틀러의 독일 장악은 무솔리니 이탈리아의 성공을 확증하고 파시즘을 하나의 강력한 전지구적인 정치적 조류로 바꾸어놓은 것으로 여겨졌다. 두 나라 모두 성공을 거둔 침략적인 군국주의적 팽창주의 정책(제5장을 보라) —— 일본의 정책으로 더욱 강화된 —— 이 1930년대의 국제정치를 지배했다. 따라서 적합한 국가들이나 운동들이 파시즘에 매혹되거나 영향받았고, 독일과 이탈리아의 지원을 얻고자 했으며, 실제로 —— 독일과 이탈리아의 팽창주의를 감안할 때 —— 그러한 지원을 종종 받았던 것은 당연한 이치였다.

유럽에서는, 명백한 이유들로 그러한 운동들이 압도적으로 정치적 우파에 속했다. 일례로, (당시는 압도적으로, 유럽에 사는 아슈케나지 유태인[독일과 폴란드에 사는 유태인/역주]들의 운동이었던) 시온주의 내에서 이탈리아 파시즘에 기울어진 쪽의 운동, 즉 블라디미르 야보틴스키의 '수정주의자들'은 (우세한 쪽인) 사회주의적, 자유주의적 시온주의 집단들과 대비되어 명백히 우파로 인식되었고, 스스로도 자신들을 우파로 규정했다. 그러나 1930년대에 파시즘의 영향력은, 파시즘이 정력적이고 활동적인 두 강국과 관련된 것이라는 이유만으로도, 어느 정도는 전지구적인 것이 될 수밖에 없었다. 그러나 유럽 밖에서는, 고향 대륙에서 파시스트 운동들을 탄생시켰던 조건이 거의 존재하지 않았다. 따라서 유럽 밖에서 파시스트 운동이나 명백히 파시즘으로부터 영향을 받은 운동이 출현했던 경우, 그러한 운동의 정치적 위치와 기능은 훨씬 더 불분명했다.

물론 유럽 파시즘의 몇몇 특징들은 해외에서도 발견되었다. 유태인들의 팔레스타인으로의 이주(그리고 그 이주를 후원한 영국인들)에 반대한 예루살렘의 이슬람 율법학자들과 여타의 아랍인들이 히틀러의 반유태주의를 좋아하지 않았다면 오히려 놀랄 만한 일이었을 것이다. 그러한 반유태주의는 다양한 종류의 이교도들과의 이슬람교의 전통적인 공존방식과 전혀 관련이 없었지만 말이다. 스리랑카의 근대적인 신할리족 극단주의자들처럼 인도의 일부 상층 카스트 힌두 교도들은 자신들이 공인된 —— 실제로 원형적인 —— '아리아족'으로서, 같은 아대륙(亞大陸)에 사는 피부색이 보다 어두운 인종들보다 우월하다고 느꼈다. 또한 제2차 세계대전 때 친독파라는 이유로 억류되었던 보어인 투사들 —— 그들 중 일부는 1948년 이후의 아파르트헤이트 시대에 그들 나라의 지도자가 되었다 —— 역시, 확신에 찬 인종주의자로서든, 네덜란드에서의 엘리트주의적인 극우파 칼뱅주의 조류의 신학적 영향 때문이든, 이데올로기적으로 히틀러와 유사했다. 그러나 이러한 사정은, 공산주의와는 달리 파시즘은 아시아와 아프리카에(아마도 몇몇 유럽인 식민지역들을 제외하고는) 존재하지 않는 셈이었다 —— 파시즘은 그 지역의 정치적 상황과 아무런 관계가 없는 것으로 보였으므로 —— 는 기본적인 명제에 대해서 별로 영향을 미치지 않는다.

이 명제는 넓게 보아서 일본에까지도 적용된다. 비록 그 나라가 독일 및 이탈리아와 동맹을 맺고 제2차 세계대전에서 그들과 같은 편에서 싸웠으며, 우파가 그 나라의 정치를 지배했지만 말이다. '추축국'의 동쪽 끝과 서쪽 끝의 지배적 이데올로기들 사이의 유사성은 실제로 컸다. 일본인들은 인종적 우월성에 대한 확신이라는 면에서나, 인종적 순수성에 대한 요구라는 면에서나, 자기희생, 명령에 대한 절대복종, 헌신, 금욕과 같은 군사적 덕목들에 대한 신념에서나 어느 누구에게도 뒤지지 않았다. 모든 사무라이가 히틀러 SS (Schutzstaffel, 친위대 / 역주)의 모토("명예는 맹목적인 복종을 의미한다"로 번역하는 것이 가장 좋을 "Meine Ehre ist Treue")에 찬동했을 것이다. 그들의 사회는 엄격한 계서제의 사회이자, 개인(그러한 말이 그 나라에서 서구적 의미를 조금이라도 가진다면)이 민족과 천황에게 전적으로 헌신하는 사회였으며, 자유, 평등, 형제애를 완전히 거부하는 사회였다. 일본인들은 야만적인 신들, 순수하고 영웅적인 중세 기사들, 명확히 독일적인 성격의 산과 숲 —— 둘 다, 독일의 순수민족적(voelkisch : '민족적[national]'이라는 말의 독일화된 표현으로서, 특히 순수한 민족적 혈통을 강조하며 반유태주의적 의미를 담고 있다/역주)인 꿈들로 가득 찬 —— 에 관한 바그너적인 유형의 신화를 이해하는 데에 전혀 어려움을 겪지 않았다. 그들은 야만적인 행동을 세련된 미학적 감수성과 결합시키는 데 —— 슈베르트 4중주를 연주하는 취미를 가진 강제수용소 고문자 —— 에도 동일한 재능을 보였다. 파시즘이 선(禪)이라는 말로 번역될 수 있는 한, 일본인들이 파시즘을 환영했을 가능성은 높다. 비록 그들에게는 파시즘이 필요하지 않았지만 말이다. 실제로, 유럽의 파시스트 열강에 파견된 외교관들 중에는 그리고 특히, 초민족주의적 테러 집단들 —— 애국심이 부족한 정치인들을 암살하는 경향의 —— 과, 만주와 중국을 정복하고 억누르고 노예화했던 관동군 중에는 이러한 유사성을 인정하고 유럽 파시스트 열강과 더욱 일체감을 가질 것을 촉구한 일본인들이 있었다.

그러나 유럽 파시즘이 제국적인 민족적 사명을 가진 동양적 봉건제가 될 수는 없었다. 파시즘이 본질적으로 민주주의와 보통 사람들의 시대에 속했던 반면, 새로운 목표, 사실상 혁명적이고자 했던 목표를 위해서, 스스로에 의해 선택된 지도자 밑으로 대중을 동원하는 '운동'이라는 개념 자체가 히로히토의 일본에서는 전혀 뜻이 통하지 않았다. 히틀러보다는 프로이센의 군대와 전통이 일본인들의 세계관에 더 잘 합치되었다. 요컨대 일본은 독일의 국가사회주의와의 유사성(이탈리아와의 유사성은 훨씬 덜했다)에도 불구하고 파시스트 체제가 아니었다.

특히, 추축국이 이길 가능성이 높은 것으로 보였던 제2차 세계대전 동안 독일과 이탈리아에 지원을 요청한 국가들과 운동들로 말하자면, 그들을 움직인 주된 동기는 이데올로기가 아니었다. 전적으로 독일의 후원 덕분에 자신들의 지위를 유지했던 유럽의 일부 군소 민족주의체제들 —— 특히 크로아티아의 우스타샤 국가 —— 은 기꺼이 자신이 SS보다 더 나치적이라고 선전했지만 말이다. 그러나 아일랜드 공화군이나 베를린에 근거지를 둔 인도의 민족주의자들을 어떠한 의미에서든 '파시스트'로 생각할 수는 없을 것이다. 왜냐하면 그들 중 일부는 제1차 세계대전 때와 마찬가지로 제2차 세계대전 때에도 "나의 적의 적은 나의 친구"라는 원칙에 입각해서 독일의 지원을 구하기 위한 협상을 벌였기 때문이다. 실제로, 그러한 협상에 들어갔던 아일랜드 공화군 지도자 프랭크 라이언은 이데올로기적으로 매우 반파시스트적이어서 스페인 내전 시 프랑코 장군과 싸우기 위하여 국제여단(International Brigades)에 들어갔고, 이후 프랑코 군대에게 붙잡혀 독일로 넘겨졌다. 이러한 사례들을 더 이상 볼 필요는 없을 것이다.

그러나 유럽 파시즘의 이데올로기적 영향을 부정할 수 없는 대륙이 하나 남았으니 아메리카 대륙이 바로 그것이다.

북아메리카의 경우, 유럽에 고무받은 사람들과 운동들은 특수한 이주민공동체 밖에서는 그리 큰 의미를 가지지 못했다. 그러한 공동체의 구성원들은, 이를테면 스칸디나비아인들과 유태인들이 사회주의 성향을 가져왔듯이, 자기가 살았던 나라의 이데올로기들을 가져왔거나 자신의 출신국에 대한 충성심을 어느 정도 유지했다. 일례로, 독일계 —— 그리고 훨씬 덜한 정도로 이탈리아계 —— 미국인들의 감정이 미국의 고립주의에 일조했다. 그들이 대거 파시스트가 되었다는 확실한 증거는 없지만 말이다. 민병대의 각종 장비들, 유색 셔츠, 지도자에 대한 경례의 표시로 팔을 드는 것은 우파의 토착적인 인종주의적 동원 —— KKK단이 가장 잘 알려진 예인 —— 의 특징이 아니었다. 물론 반유태주의는 강했지만 당대 미국 우익의 반유태주의 —— 이를테면 코플린 신부가 디트로이트에서 행한 인기 라디오 연설이 드러냈던 —— 는 아마도 파시즘보다는, 유럽 카톨릭으로부터 영감을 받은 우익 코포라티즘에 기인했을 것이다. 1930년대의 가장 성공적이고 아마도 가장 위험한 선동적 인민주의를 보여주는 사건일 휴이 롱의 루이지애나 정복이 미국적 견지에서는 명백히 급진적이고 좌파적인 전통에서 비롯되었다는 것은 1930년대 미국의 특성을 잘 나타내준다. 그 사건은 민주주의의 이름으로 민주주의를 제한한 것이었고, 프티 부르주아지의 분개나 부자들의 반혁명적인 자기보호본능에 호소한 것이 아니라 빈자들의 평등주의에 호소한 것이었으며, 인종주의적인 것도 아니었다. "모든 사람이 왕"이라는 슬로건을 가진 운동이 파시스트 전통에 속할 수는 없는 법이다.

콜롬비아의 호르헤 엘리에세르 가이탄(1898-1948)과 아르헨티나의 후안 도밍고 페론(1895-1974) 같은 정치가들 개인을 통해서나, 1937-45년 브라질에 들어섰던, 제툴리우 바르가스의 에스타도 노보(Estado Novo : 새로운 국가)와 같은 체제들을 통해서나, 유럽 파시즘의 영향이 명시적이었고 또한 그렇게 인정되었던 곳은 라틴 아메리카였다. 나치가 남쪽으로부터 포위해들어올 것이라는 미국 측의 근거 없는 우려에도 불구하고, 실제로 라틴 아메리카에서 파시즘이 영향을 미친 결과는 주로 국내적인 것이었다. 명백히 추축국을 지지했던 아르헨티나 —— 그러나 아르헨티나는 1943년에 페론이 집권한 뒤뿐만이 아니라, 그전에도 추축국을 지지했다 —— 를 제외하고는, 서반구의 정부들은 적어도 명목상으로는 미국 편으로 참전했다. 그러나 일부 남아메리카 나라들의 군대가 독일의 군제를 모델로 삼았거나 독일 간부, 심지어는 나치 간부들에 의해서 훈련받았던 것은 사실이다.

리오그란데 강(미국과 멕시코의 국경을 이루는 강/역주) 이남에서 파시즘이 영향을 미친 이유는 쉽게 설명된다. 1914년 이후 남쪽에서 본 미국은 19세기와는 달리 더 이상 국내 진보세력의 동맹군도, 제국이거나 전에 제국이었던 스페인, 프랑스, 영국에 대한 외교적 평형추도 아니었던 것이다. 1898년에 미(美) 제국이 스페인으로부터 영토를 빼앗은 사건과 멕시코 혁명 —— 석유 및 바나나 산업의 부상은 말할 것도 없고 —— 은 라틴 아메리카의 정치에 반미적 반제국주의를 도입했다. 금세기 1/3분기의 워싱턴은 명백히 포함외교(砲艦外交)와 해병대 상륙작전을 선호했으므로 그러한 사정은 더욱 강화되었다. 반제국주의적인 APRA(아메리카 민중혁명동맹)의 창립자인 빅토르 라울 아야 데 라 토레는 범(汎)라틴 아메리카적 야심을 가진 사람 —— 비록 APRA는 그의 모국 페루에서만 자리잡았지만 —— 으로서, 그의 반란군에 대한 훈련을 니카라과의 유명한 반미 반란자인 세자르 아우구스토 산디노의 간부들에게 맡길 것을 계획했다(1927년 이후 미국의 점령에 대항한 산디노의 오랜 게릴라 전쟁은 1980년대 니카라과에서 '산디니스타[Sandinista]' 혁명을 고취할 것이었다). 게다가 대공황으로 약화된 1930년대의 미국은 전처럼 무섭고 위압적인 나라로 보이지 않았다. 프랭클린 루스벨트가 선임자들의 포함외교와 해병대를 포기한 것은 '선린정책'으로 볼 수 있을 뿐만 아니라, 약체성의 징후로도 (잘못) 볼 수 있었다. 1930년대의 라틴 아메리카로서는 북쪽에 의지할 마음이 생기지 않았다.

반면, 대서양 건너편에서 본 파시즘은 의심할 바 없이 1930년대의 성공담이었다. 항상 문화적 헤게모니 지역으로부터 영감을 받아온 대륙의 정력적인 정치가들 —— 언제나, 근대화하고 부강해지는 비결을 찾는 데에 신경 쓰는 나라들의 잠재적 지도자들 —— 이 모방할 만한 모델이 세계에 하나 있다면, 그것은 틀림없이 베를린과 로마에서 발견되었을 것이다. 왜냐하면 런던과 파리는 더 이상 많은 정치적 영감을 주지 못했고, 워싱턴은 무력해졌던 것이다(모스크바는 여전히 기본적으로 사회혁명의 모델로 인식되었기 때문에 정치적 호소력이 제한되었다).

그럼에도 불구하고, 무솔리니와 히틀러에게 지적으로 진 빚을 솔

1914년부터 소련의 몰락까지

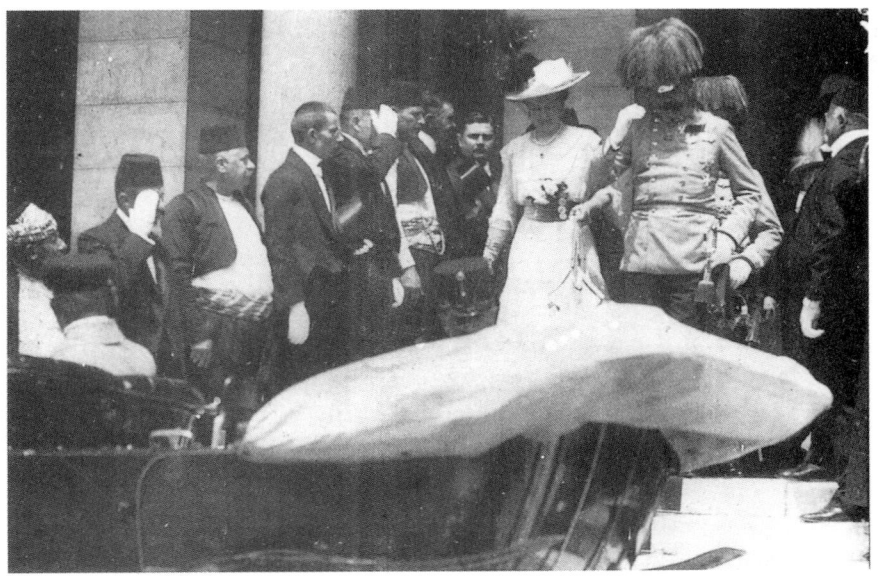

1. 사라예보 : 오스트리아의 프란츠 페르디난트 대공과 그의 아내가 암살당하기 직전에 사라예보 시청을 떠나는 모습. 이들의 암살은 제1차 세계대전의 도화선이 되었다 (1914년 6월 28일).

2. 죽어가는 사람들이 본 프랑스의 킬링필드 : 포탄이 떨어진 자리에 생긴 구덩이들 사이사이의 캐나다 병사들(1918년).

3. 생존자들이 본 프랑스의 킬링필드 : 샬롱-쉬르-마른의 전몰자묘지.

4. 1917년의 러시아 : 혁명적 깃발들("만국의 노동자여, 단결하라!") 아래 모인 병사들.

5. 10월혁명 : 레닌('프롤레타리아의 위대한 지도자')의 모습. 노동자들의 깃발에는 "모든 권력을 소비에트로"라고 씌어 있다.

6. 1920년경 소련의 노동절 포스터를 통해서 본 세계혁명. 지구를 휘감은 붉은 깃발에는 "만국의 노동자여, 단결하라!"라고 씌어 있다.

7. 오늘날까지도 독일인들의 기억 속에 남아 있는, 전후(戰後)의 충격적인 인플레이션 : 독일의 2,000만 마르크 지폐(1923년 7월).

8. 대공황에 이르는 입구 : 1929년의 월스트리트 주가폭락.

9. 직장을 잃은 사람들 : 1930년대 영국의 실업자들.

10. 파시즘의 두 지도자 : 아돌프 히틀러(1889-1945)와 베니토 무솔리니(1883-1945)가 1938년에는 웃을 일이 많았다.

11. 수령(Duce) : 무솔리니 앞에서 행진하고 있는 이탈리아의 젊은 파시스트들.

12. 총통(Führer) : 나치의 뉘른베르크 집회.

13. 1936-39년의 스페인 내전 : 급조된 장갑차 위에 올라선 무정부주의 시민군(1936년의 바르셀로나).

14. 파시즘의 승리? 1940-41년 점령당한 파리에서의 유럽 정복자 아돌프 히틀러.

15. 제2차 세계대전 : 폭탄. 베를린을 공습하고 있는 '공중요새' 미국 보잉기들.

16. 제2차 세계대전 : 탱크. 1943년 쿠르스크에서 벌어진 역사상 최대의 탱크전에서 공격을 가하고 있는 소련 장갑차들.

17. 비전투원들의 전쟁 : 1940년 불타는 런던.

18. 비전투원들의 전쟁 : 1945년 불타버린 드레스덴.

19. 비전투원들의 전쟁 : 1945년 원자폭탄 투하 뒤의 히로시마.

20. 저항자들의 전쟁: 유고슬라비아 해방을 위한 빨치산 투쟁 시기의 요십 브로즈(티토 원수[元帥], 1892-1980).

21. 몰락 이전의 제국: 영국의 전시(戰時) 포스터.

22. 몰락중의 제국 : 1961년 프랑스로부터 독립을 쟁취하기 직전의 알제(알제리의 수도/역주).

23. 제국이 몰락한 뒤 : 뉴델리에서 독립기념일 행진의 선두에 선 인디라 간디 수상 (1917-1984).

냉전 : 묵시록을 실현할 준비가 된 미사일들

24. (왼쪽) 미국의 크루즈 미사일.
25. (아래) 소련의 지대지(地對地) 미사일 격납고.

26. 분리된 두 세계: 자본주의와 '현실사회주의'를 가르는 베를린 장벽(1961-89). 브란덴부르크 문(門) 부근.

27. 격동의 제3세계: 피델 카스트로의 반군이 1959년 1월 1일 쿠바에서 권력을 장악하기 전에, 해방된 산타클라라에 들어오는 모습.

28. 게릴라 : 1980년대 엘살바도르에서 수류탄을 만들고 있는 반란자들.

29. 제3세계의 게릴라에서 제1세계의 학생으로 : 미국이 베트남에서 벌이는 전쟁에 대한 반대시위. 1968년 런던의 그로브너 광장.

30. 신의 이름으로 이루어진 사회혁명 : 1979년의 이란. 1789년의 전통과 1917년의 전통 둘 다를 거부한 20세기 최초의 사회적 대격변.

31. 냉전의 종식 : 냉전을 끝낸 사람, 소련공산당 서기장 미하일 세르게예비치 고르바초프(재임 1985-91).

32. 냉전의 종식 : 1989년 베를린 장벽의 붕괴.

33. 유럽 공산주의의 몰락 : 프라하에서 철거되는 스탈린.

직히 인정하는 사람들의 정치적 활동과 성과란 유럽의 모델과 얼마나 다른 것이었던가! 일전에, 혁명 볼리비아의 대통령이 사적인 대화에서 주저하지 않고 그러한 빚을 인정하는 데에 필자 자신이 놀랐던 일이 아직도 생각난다. 독일에서 눈을 떼지 않았던 볼리비아의 군인들과 정치가들은 1952년의 혁명을 통해서 주석 광산을 국유화했고, 인디언 농민들에게 급진적인 토지개혁을 안겨주었다. 콜롬비아의 경우, 위대한 호민관 가이탄은 정치적 우파를 선택하기는커녕 자유당의 지도권을 획득했고, 1948년 4월 9일에 보고타에서 암살되지만 않았다면 틀림없이 대통령으로서 그 당을 급진적인 방향으로 이끌었을 것이다. 그의 암살사건은 즉각 수도의 민중봉기(경찰까지 합세한)를 촉발시켰고, 전국의 수많은 지방자치체에서 혁명 코뮌의 선포를 낳았다. 라틴 아메리카의 지도자들이 유럽의 파시즘에서 받아들인 것은, 행동으로 이름난 인민주의적 지도자에 대한 신격화였다. 그러나 그들이 동원하고 싶어했고 실제로 동원했던 대중은 자신들이 가진 것을 잃을까봐 두려워하는 사람들이 아니라 잃을 것이 없는 사람들이었다. 또한 그들을 동원할 때 상정된 적(敵)은 외국인이나 외부집단이 아니라(페론주의 정치나 여타 아르헨티나 정치에 반유태주의적 요소가 존재함은 부인할 수 없지만) '과두정 세력' —— 부유한 그 나라 지배계급 —— 이었다. 페론은 자신의 핵심적 지지세력을 아르헨티나의 노동계급에서 찾았고, 자신의 기본적인 정치기구를, 자신이 육성한 대중적 노동조합운동을 중심으로 세워진 노동당과 같은 단체에서 찾았다. 브라질의 바르가스가 발견한 것도 이와 마찬가지였다. 1945년에 그를 타도한 것도, 1954년에 그를 자살로 몰고 간 것도 군대였다. 또한 그가 정치적 지지에 대한 대가로 사회적 보호책을 제공했던 대상도, 그를 인민의 아버지로 추앙하며 그의 죽음을 애도한 것도 도시 노동계급이었다. 유럽의 파시스트 체제는 노동운동을 파괴했지만, 그러한 체제로부터 영감을 받은 라틴 아메리카의 지도자들은 노동운동을 탄생시켰다. 지적인 유래가 어떠한 것이든, 역사적으로 볼 때 양자가 동일한 종류의 운동이었다고 말할 수 없다.

V

그러나 이러한 운동들 역시, 파국의 시대에 진행된 자유주의의 쇠퇴 및 몰락의 일환으로 보아야 한다. 왜냐하면 파시즘의 부상과 승리가 자유주의 후퇴의 가장 극적인 표현이기는 했지만, 1930년대에조차 그러한 후퇴를 파시즘의 견지에서만 보는 것은 잘못이기 때문이다. 따라서 이 장(章)을 끝맺는 것으로, 그러한 점을 어떻게 설명할 수 있는지를 물어야 할 것이다. 그러나 우선, 일반적으로 파시즘과 민족주의를 동일시하는 혼란부터 제거해야 한다.

파시스트 운동들이 민족주의적 열정과 편견에 호소하는 경향이 있다는 것은 분명한 사실이다. 비록 1934-38년의 포르투갈과 오스트리아 같은 반(半)파시스트 코포라티즘 국가들은 대체로 카톨릭의 영향으로, 종교가 다르거나 신을 믿지 않는 민족과 국민을 무한히 증오했지만 말이다. 게다가 단순한 민족주의는, 독일이나 이탈리아가 정복하고 점령한 나라들에서의 파시스트 운동이나, 독일이나 이탈리아가 자기 나라의 정부에 대해 승리를 거두는 데에 그 운명이 달려 있었던 파시스트 운동으로서는 유지하기 힘든 것이었다. 적합한 경우(플랑드르, 네덜란드, 스칸디나비아)의 파시스트 운동은 보다 큰 튜튼족 집단의 일부로서 스스로를 독일인들과 동일시할 수 있였지만, (전쟁 동안에 괴벨스 박사의 선전으로 강력하게 후원된) 보다 편리한 입장은 역설적이게도 **국제주의**였다. 독일은 미래의 **유럽질서**의 중추이자 유일한 보장물 —— 보통 샤를마뉴와 반공주의에 호소하는 —— 로 보였다. 이는, 전후의 유럽 공동체를 다룬 역사가들로서는 그리 강조하고 싶지 않은 사실이지만, 유럽이라는 관념의 발전과정에서의 한 국면을 나타내는 것이다. 제2차 세계대전에서 주로 SS의 일부로서 독일 깃발 아래 싸웠던 비독일인 부대는 대체로 이러한 초국적 요소를 강조했다.

다른 한편, 모든 민족주의가 파시즘에 공감한 것도 아니었다는 사실 역시 마찬가지로 분명했다. 이는 히틀러의 야심과 그보다 덜

한 정도의 무솔리니의 야심이 수많은 민족들 —— 이를테면 폴란드인들과 체코인들 —— 을 위협했기 때문만은 아니었다. 사실 앞으로 보게 되듯이(제5장), 수많은 나라들에서, 파시즘에 대항한 동원은 특히 전쟁 동안에 좌파 애국주의를 낳을 것이었다. 그 시기에 추축국에 대한 저항은, 파시스트 및 그 협력자들만을 제외한 정치적 스펙트럼 전체를 포괄하는 '국민전선'이나 정부에 의해서 수행되었다. 대체로 말해서 그 나라의 민족주의가 파시즘 편에 서느냐 안 서느냐는 추축국의 승리로 얻는 것이 많으냐 잃는 것이 많으냐 그리고 공산주의나 다른 국가, 민족, 인종집단(유태인, 세르비아인)에 대한 증오가 독일인이나 이탈리아인에 대한 혐오보다 크냐 작으냐에 달려 있었다. 이를테면 폴란드인들은 러시아인과 유태인에 대한 반감이 강했음에도 나치 독일에 별로 협력하지 않았던 반면, (1939-41년부터 소련에 의해서 점령당했던) 리투아니아인들과 일부 우크라이나인들은 적극 협력했던 것이다.

왜 자유주의는 양차 세계대전 사이에, 파시즘을 받아들이지 않은 국가들에서조차 후퇴했는가? 당시를 살았던 서구의 급진주의자들, 사회주의자들, 공산주의자들은 전지구적 위기의 시기를 자본주의체제가 단말마의 고통을 겪는 시기로 보는 경향이 있었다. 자본주의는 의회민주주의를 통해서 그리고 자유주의적 자유 —— 덧붙여 말하자면, 온건하고 개혁주의적인 노동운동에 세력기반을 마련해준 —— 아래에서 통치하는 사치를 부릴 여유를 더 이상 가질 수 없다고 그들은 주장했다. 해결할 수 없는 경제문제들과/또는 갈수록 혁명적이 되어가는 노동계급에 직면한 부르주아지는 이제 폭력과 강제, 즉 파시즘 같은 것에 의존할 수밖에 없었다.

자본주의와 자유민주주의 둘 다 1945년에 의기양양하게 복귀할 것이었으므로, 이러한 견해에 다소 지나치게 선동적인 수사뿐만 아니라 한 가지 핵심적인 진실이 담겨 있다는 것을 잊기 쉽다. 대부분의 시민들 사이에 자신들의 국가와 사회체제를 받아들일 수 있다는 데에 대한 기본적인 합의가 없다면 또는 적어도 타협적 해결을 위해서 교섭할 용의가 없다면 민주주의체제는 기능할 수 없으며, 그러한 합의나 용의가 생기는 것은 번영에 의해서 크게 촉진된다. 1918년과 제2차 세계대전 사이의 유럽 대부분 지역에서는 이러한 조건이 전혀 존재하지 않았고, 오히려 사회적 대격변이 임박한 것으로 보였거나 실제로 일어났다. 또한 혁명에 대한 공포가 너무 커서 동유럽과 남동 유럽 대부분 지역뿐만 아니라 지중해 연안 일부 지역에서는 공산당이 불법상태에서 벗어나도록 허용되는 일이 거의 없었다. 이데올로기적 우파와 온건 좌파 사이의 메울 수 없는 간극이 1930-34년에 오스트리아의 민주주의를 파산시켰다. 1945년 이후의 오스트리아에서는 카톨릭 당과 사회당이라는, 전과 똑같은 구성의 양당제 밑에서 민주주의가 번창했는데 말이다(Seton Watson, 1962, p.184). 스페인의 민주주의는 1930년대에 동일한 긴장으로 인하여 무너졌는데, 이는 프랑코 독재가 1970년대에 협상을 통해서 다원주의적 민주주의로 이행한 것과 극적인 대조를 이룬다.

그러한 체제들에 조금이나마 남아 있던 안정의 가능성도 대공황 이후에는 사라졌다. 바이마르 공화국이 무너진 것은 주로, 대공황으로 인하여 국가, 고용주, 조직 노동자 사이의 암묵적인 합의──그 공화국을 가라앉지 않게 했던──가 더 이상 유지될 수 없었기 때문이었다. 산업계와 정부는 경제적, 사회적 비용을 삭감할 수밖에 없다고 느꼈고, 나머지 역할은 대량실업이 했다. 1932년 중반의 선거에서 나치 당과 공산당의 득표 수를 합친 것이 독일의 총투표 수 중 과반수를 차지했고, 공화국을 수호하자는 쪽 정당들의 득표 수는 3분의 1 정도로 줄어들었다. 역으로, 제2차 세계대전 종전 이후의 민주주의체제들의 안정, 특히 새로 성립한 독일연방공화국(서독)의 안정이 당시 몇십 년의 경제기적에 기반한 것이었음은 부인할 수 없다(제9장을 보라). 정부가 모든 실업수당 청구자들을 만족시킬 정도로 분배할 것이 충분하고 시민들 대부분의 생활수준이 어쨌든 꾸준히 상승하는 곳에서는, 민주주의 정치의 기온이 열병상태로까지 올라가는 일이 드물다. 또한 그러한 경우에는 자본주의의 전복에 대한 가장 열렬한 신봉자들조차 실제상의 현 상태가 이론상의 상태보다는 덜 참을 수 없는 것이라고 느끼고, 가장 비타협적인 자본주의 옹호자들조차 임금인상과 특별급여를 놓고 정규적으로 노동조합과 협상을 벌이는 것과 사회보장제를 당연시했으므로 타협과 합의가 지배하는 경향이 있었다.

그러나 대공황 자체가 보여주었듯이 이는 답변의 일부에 불과하다. 매우 비슷한 상황 —— 조직된 노동자들이 공황기의 삭감을 받아들이지 않은 것 —— 이 독일에서는 의회주의 정부의 붕괴와 결국 히틀러를 정부 수반으로 임명하는 사태를 빚었지만, 영국에서는 안정적이고 확고한 의회주의체제 내에서의 단순한 정부의 변화, 즉 노동당 정부에서 (보수당 주도의) '거국내각'으로의 급전환을 낳았다.[4] 미국(루스벨트의 뉴딜 정책)과 스칸디나비아(사회민주주의의 승리)에서의 정치적 결과에서도 명백히 나타났듯이, 대공황이 자동적으로 대의제 민주주의의 중단이나 폐지로 이어지지는 않았다. 오직, 그 가격이 갑자기 극적으로 폭락한 한두 종류의 농산물의 수출에 대부분의 정부 재정이 의존했던 라틴 아메리카에서만(제3장을 보라), 공황이 주로 군사 쿠데타를 통하여 정부 —— 어떠한 정부든 —— 의 거의 즉각적이고 자동적인 붕괴를 낳았다. 칠레와 콜롬비아에서는 정반대방향의 정치적 변화 역시 일어났다는 사실을 덧붙여야 하지만 말이다.

근본적으로 자유주의 정치는 공격받기 쉬운 것이었는데, 그 이유는 그것의 특징적인 통치형태인 대의제 민주주의가 국가를 운영하는 설득력 있는 방식이 되는 경우가 드물었기 때문이다. 게다가 파국의 시대의 상황은, 대의제 민주주의를 효율적이게 하는 조건은 말할 것도 없고 존립 가능하게 하는 조건조차 보장해주는 경우가 드물었다.

이러한 조건들 중 첫번째 것은 그러한 민주주의가 일반적으로 합의되고 정통성을 가져야 한다는 것이다. 민주주의 자체는 이러한 합의에 의존하지만, 그러한 합의를 민주주의 자체가 낳지는 않는

---

[4] 1931년에 노동당 정부는 이 문제를 놓고 분열되어 일부 노동당 지도자들과 그들의 자유당 지지자들은 보수당 쪽으로 넘어갔다. 보수당은 뒤이은 선거에서 압승을 거두었고, 1940년 5월까지 마음 편히 권좌에 머물렀다.

다. 민주주의가 확립되고 안정된 나라에서 정규적인 투표과정 자체가 시민들 —— 소수파의 시민들까지 —— 에게, 선거과정이 그 과정을 통하여 태어나는 정부에 대해서 정통성을 부여해준다는 생각을 불어넣어주는 경향이 있다는 점을 제외하고는 말이다. 그러나 전간기에는 민주주의가 확립된 나라가 거의 없었다. 사실 20세기 초까지만 해도 미국과 프랑스 외에는 민주주의 국가 자체가 드물었다 (「제국의 시대」제4장을 보라). 또한 사실, 제1차 세계대전 종전 이후 유럽에서 적어도 10개국이 완전히 새로 생긴 나라였거나, 주민들에게 특별한 정통성을 전혀 보이지 못할 만큼 이전의 나라 모습과는 너무도 달라진 나라였다. 안정적인 민주주의를 보이는 나라는 훨씬 더 드물었다. 파국의 시대를 사는 국가들의 정치는 종종 위기의 정치였던 것이다.

두번째 조건은 '인민' —— 그들의 주권으로서의 표가 공동의 정부를 결정할 —— 의 다양한 구성요소들이 서로 양립할 수 있는 정도였다. 자유주의적 부르주아 사회의 공식적 이론은 '인민'을 나름의 이해관계를 가지는 집단들, 공동체들, 여타 집합체들이 모인 것으로 인식하지 않는 것이었다. 인류학자들, 사회학자들, 활동중인 모든 정치가들은 그렇게 인식했지만 말이다. 인간들의 현실적인 집합체라기보다는 이론적 개념인 인민은 공식적으로, 자기 완결적인 개인들 —— 그들의 한표 한표가 합해져서 산술적인 다수파와 소수파를 낳았고, 그러한 다수파와 소수파는 선출된 의회에서 다수 여당과 소수 야당으로 표현되었다 —— 의 집합으로 구성되었다. 민주주의가 존립할 수 있는 것은, 민주적 투표가 그 나라 주민들 사이에 존재하는 분리선들을 가로지르는 경우이거나 그들 사이의 갈등을 화해시키거나 진정시키는 것이 가능한 경우이다. 그러나 혁명과 근본적인 사회적 긴장의 시대에는 계급평화보다는 계급투쟁이 정치로 표현되는 경우가 더욱 우세했다. 이데올로기적, 계급적 비타협성은 민주주의 정부를 파산시킬 수 있었다. 게다가 서투르게 이루어진 1918년 이후의 강화협정들은, 20세기 말에 민주주의의 치명적인 바이러스로 알려진 것, 즉 시민들의 집단이 인종-민족적인 차이나 종교적인 차이에 따라 상호 배타적으로 분열되는 사례 —— 전(前) 유고슬라비아와 북아일랜드에서처럼 —— 를 증가시켰다(Glenny, 1992, pp.146-48). 보스니아에서의 각기 따로 선거를 치르는 세 개의 인종-종교적 공동체, 얼스터(Ulster : 아일랜드 북부 지방. 프로테스탄트의 영국계 주민이 사는 영국령 북아일랜드와, 카톨릭계 아일랜드 주민이 사는 아일랜드 공화국령으로 나눠져 있다/역주)에서의 서로 화해할 수 없는 두 공동체, 소말리아에서의 자신의 부족이나 씨족을 각각 대표하는 62개의 정당들은 우리가 아는 바와 같이 민주적인 정치체제를 위한 토대가 될 수 있는 것이 아니라—— 서로 다투는 집단들 중 하나 또는 어떤 외부 권위체가 (비민주적인) 지배를 확립할 수 있을 정도로 강하지 않은 한 —— 오직 불안정과 내전의 토대가 될 수 있을 뿐이었다. 오스트리아-헝가리, 러시아, 투르크라는 세 다민족 제국의 몰락은 세 개의 초민족 국가 —— 그 정부는 자신이 통치하는 다수의 민족들 사이에서 중립을 지켰다 —— 를 훨씬 더 많은 수의 다민족 국가들 —— 각 국가들은 자신의 국경 내에 있는 인종공동체들 중 **하나** 또는 많아야 두세 개와 자신을 동일시했다 —— 로 대체하는 결과를 가져왔다.

세번째 조건은 민주주의 정부가 통치하는 데에 많은 일을 할 필요가 없는 것이었다. 의회는 통치하기 위해서라기보다는 통치하는 사람들의 권력을 통제하기 위해서 생겨난 것이다. 이는 미국의 국회와 대통령 사이의 관계에서 여전히 분명하게 볼 수 있는 기능이다. 의회는 브레이크 —— 자신이 엔진 기능을 해야 한다는 사실을 깨달은 —— 로 고안된 장치였다. 물론, 제한되었지만 확대되어가는 선거권에 기반해서 선출된, 주권을 가진 의회가 혁명의 시대 이래 줄곧 갈수록 보편화되었지만, 19세기 부르주아 사회는 시민들 생활의 대부분이 정치의 영역이 아니라 자기 조절적인 경제와 사적, 비공식적 관계의 세계('시민사회')에서 이루어진다고 가정했다.[5] 19세

---

5) 서구와 동구의 1980년대는 과거를 그리워하는 수사(修辭), 즉 이러한 가정 위에 세워진 이상화된 19세기로 돌아간다는 전혀 실행 불가능한 일을 추구하는 수사로 가득 찰 것이었다.

기 부르주아 사회는 선출된 의회를 통해서 정부를 운영하는 데에 따르는 어려움을 두 가지 방법으로 피했다. 그 하나는 의회에 대해서 너무 많은 통치나 심지어 입법조차 기대하지 않는 것이고 다른 하나는 통치 —— 보다 정확히 말해서 행정 —— 가 의회의 변덕에 상관없이 수행될 수 있도록 하는 것이다. 앞서 보았듯이(제1장을 보라) 독립적인 상임공무원 집단이 근대국가의 통치에 없어서는 안 될 장치가 되었다. 의회에서 다수파가 되는 것은 오직, 중요하고 쟁점이 될 만한 행정상의 결정을 취하거나 승인해야 할 때에만 반드시 필요했고, 적절한 지지자 집단을 조직하거나 유지하는 것이 정부 지도자들의 주된 임무 —— (아메리카 대륙을 제외하고는) 의회주의 체제에서의 행정부는 대체로 직선제로 뽑히지 않았으므로 —— 였다. 제한선거제를 가진(즉 유권자가 주로 부유하거나 세력이 있거나 영향력 있는 소수로 구성된) 국가들에서는 이러한 일이 후원수단에 의해서뿐만 아니라, 지지자들의 집단적 이해관계('국민적 이해관계')를 이루는 것에 대한 공동의 합의에 의해서 더욱 쉽게 이루어졌다.

20세기에는 정부가 통치하는 것이 반드시 필요하게 된 경우가 늘어났다. 사업과 시민사회에 기본원칙을 제공하고 국내외의 위협을 막기 위해서 경찰, 감옥, 군대를 제공하는 것으로 자신의 역할을 제한하는 종류의 국가, 즉 —— 정치적 위트를 쓰면 —— '야경국가'는 그러한 비유를 낳은 '야경꾼'과 마찬가지로 시대에 뒤진 것이 되었다.

네번째 조건은 부(富)와 번영이었다. 1920년대의 민주주의 정체들은 혁명과 반혁명(헝가리, 이탈리아, 포르투갈) 또는 민족갈등(폴란드, 유고슬라비아)이 가한 압박으로 무너졌고 1930년대의 민주주의 정체들은 공황의 압박으로 무너졌다. 네번째 조건에 대하여 수긍하려면 바이마르 독일과 1920년대 오스트리아의 정치적 분위기를 서독과 1945년 이후 오스트리아의 정치적 분위기와 비교하기만 하면 된다. 각 소수민족의 정치가들이 그 국가의 공동 구유에서 먹이를 먹을 수 있는 한, 민족갈등조차 다루기가 덜 힘들었다. 중부 및 동부 유럽에서 유일하게 진정한 민주주의 국가였던 체코슬로바키아에서 농민당이 힘을 가졌던 것도 이러한 사정에 기인한 것이다. 그 당은 민족적 경계선을 넘어 이득을 주었던 것이다. 1930년대에는 체코슬로바키아조차 더 이상 체코인, 슬로바키아인, 독일인, 헝가리인, 우크라이나인의 결합을 유지할 수 없었다.

이러한 상황에서 민주주의는 어느 쪽이냐 하면, 서로 화해할 수 없는 집단들간의 불화를 공식화하는 장치였다. 가장 좋은 상황에서조차, 특히 민주적 대표제 이론이 비례대표제라는 가장 엄격한 형태로 적용될 때, 민주주의가 민주적 정부의 안정된 토대를 전혀 낳지 못하는 경우가 매우 빈번했다.[6] (영국과는 달리) 독일에서처럼 위기의 시기에 의회 내의 과반수세력이 전혀 없었던 경우에는[7] 의회 밖으로 시선을 돌리려는 욕구가 압도적으로 우세했다. 안정된 민주주의 국가에서조차 그 체제가 내포하는 정치적 분열은 많은 시민들에게 그러한 체제의 이득이라기보다는 대가로 보였다. 정치의 수사(修辭) 자체가 후보와 정당을, 협소한 당의 이해관계의 대표자로보다는 국민적 이해관계의 대표자로 선전한다. 위기의 시대에 그러한 체제의 대가는 감당할 수 없는 것으로, 이득은 불확실한 것으로 보였다.

이러한 상황에서 구(舊)제국의 후속국가들뿐만 아니라 대부분의 지중해 연안 지역과 라틴 아메리카에서도 의회민주주의가 자갈밭에서 자라는 연약한 식물이었다는 것은 충분히 이해할 만한 일이

---

6) 민주적 선거제도의 끊임없는 변경 —— 비례대표제로든 그 반대로든 —— 은 모두, 안정된 정부의 수립을 가능케 하는 안정된 다수를 확보하거나 유지하려는 시도 —— 본성상, 그러한 일을 어렵게 하는 정치체제에서 —— 다.
7) 영국에서는 어떠한 형태의 비례대표제도 거부됨으로써("승자에게 모든 것이 돌아간다") 양당제에 유리한 상황이 조성되었고, 나머지 정당들은 주변적 위치로 밀려났다. 한때 제1당이었던 자유당이 제1차 세계대전 종전 이후에 맞은 상황 —— 계속해서 총투표수의 10퍼센트를 꾸준히 얻기는 했지만(1992년에도 그러했다)—— 이 그렇게 밀려난 대표적인 사례다. 독일에서는 비례대표제 —— 약간은 대(大)정당들에게 유리했지만 —— 로 인하여 1920년 이후, 5개의 주요 정당과 12개 내외의 군소 그룹들 가운데 (1932년의 나치 당을 제외하면) 어느 당의 의석 수도 전체 의석 수의 3분의 1에도 못 미쳤다. 또한 헌법은 다수당이 안 나올 경우에 (일시적으로) 비상 대권에 의한 통치를 실시할 것, 즉 민주주의의 중단을 규정했다.

다. 의회민주주의를 옹호하는 가장 강력한 논의, 즉 의회민주주의가 나쁜 것이기는 하지만 다른 체제보다는 낫다는 식의 논의 자체가 미적지근한 것이다. 양차 세계대전 사이에 의회민주주의가 현실적이고 설득력 있는 것으로 느껴지던 경우는 매우 드물었다. 의회민주주의의 투사들조차 자신없이 이야기했다. 미국에서조차, 진지하지만 지나치게 우울한 관찰자들이 "그러한 일은 여기서도 일어날 수 있다"(Sinclair Lewis, 1935)라고 말했듯이 의회민주주의의 후퇴는 불가피한 것으로 보였다. 아무도 전후(戰後)의 의회민주주의의 부흥을 진지하게 예언하거나 예상하지 못했다. 더구나 1990년대 초에 지구상 전역에서 의회민주주의가 지배적인 정부형태로 복귀하리라는 —— 아무리 단기간이더라도 —— 것은 상상도 하지 못했을 것이다. 1990년대 초에 양차 세계대전 사이의 시기를 돌아보는 사람들에게는 자유주의 정치체제의 몰락이, 그러한 체제의 장기적인 지구정복 과정이 잠시 중단된 것으로 보였다. 불행하게도, 새로운 천년기가 가까워짐에 따라, 정치적 민주주의가 불확실성을 드러낼 날은 더 이상 그리 멀어 보이지 않았다. 세계는 불행히도, 1950-90년의 시기와는 달리 정치적 민주주의의 이점이 더 이상 명백해 보이지 않는 시기에 다시 들어가고 있는 것인지도 모른다.

제5장 공동의 적에 대항하여

내일은 젊은이들을 위하여 시인들의 열정이 폭탄처럼 폭발하고,
호숫가를 걷고, 몇 주 동안 완전한 친교를 나눈다.
내일은 여름날 저녁에 교외를 통과하는
자전거 경주를 한다. 하지만 오늘은 투쟁……

위스턴 휴 오든, "스페인", 1937년

엄마, 제가 아는 모든 사람 중에서 엄마가 가장 슬퍼하실 것이기에 저의 마지막 생각을 엄마께 적어보냅니다. 저의 죽음에 대해서 어느 누구도 탓하지 마세요. 저 자신이 제 운명을 택했으니까요.

엄마께 뭐라고 써야 할지 모르겠군요. 지금 제 머리는 맑지만 적당한 말을 찾을 수가 없거든요. 저는 해방군의 일원이었고, 승리의 빛이 이미 밝아오고 있을 때 죽게 됩니다.……곧 스물세 명의 다른 동지들과 함께 총살당할 것입니다.

전쟁이 끝나면 연금을 탈 권리를 반드시 요구하셔야 합니다. 또한 엄마는 감옥에 있던 제 물건들을 받으실 수 있을 겁니다. 저는 추위로 떨고 싶지 않아서 아빠의 속옷을 가지고 있습니다.……

다시 한번 작별인사 드립니다. 힘내세요!

엄마의 아들
스파르타코

—— 스파르타코 퐁타노, 금속노동자, 22세, 프랑스 레지스탕스 그룹 '미사크 마누시앙' 대원, 1944년(Lettere, p.306)

I

 여론조사는 1930년대 미국의 산물이다. 왜냐하면 시장조사자의 '표본조사'가 정치분야로 확대된 것은 기본적으로 1936년에 조지 갤럽(1901-84, 미국의 여론연구소 소장/역주)의 조사로 시작되었던 것이다. 이러한 새로운 기술의 초기 결과들 중 하나는 프랭클린 루스벨트 이전의 모든 미국 대통령들을 놀라게 했을 것인 동시에, 제2차 세계대전 이후에 성장한 모든 독자들을 놀라게 할 만한 것이었다. 미국인들은, 소련과 독일 사이에 전쟁이 터진다면 누가 이기기를 원하느냐는 1939년 1월의 질문에 83퍼센트가 소련의 승리를, 17퍼센트가 독일의 승리를 택했던 것이다(Miller, 1989, pp.283-84). 소련이 대표하는, 10월혁명의 반(反)자본주의적 공산주의와, 미국이 그 투사이자 주된 모범인 반공주의적 자본주의의 대립이 지배했던 세기에, 이렇듯 그 경제가 뚜렷이 자본주의적이고 반공주의 성향이 강한 나라보다 세계혁명의 고향에 대해서 더 큰 공감이나 적어도 선호를 표명했다는 사실만큼 기이하게 보이는 것도 없을 것이다. 당시는 소련에서 스탈린주의 독재가 가장 심할 때였다고 일반적으로 합의되고 있으므로, 이는 더더욱 기이한 사실이다.
 물론 그러한 역사적 상황은 예외적이었고 비교적 단명했다. 그러한 상황은, 최대한으로 잡으면 (미국이 소련을 공식적으로 인정한) 1933년부터 (두 이데올로기적 진영이 '냉전'을 통하여 서로 적이 되어 대치한) 1947년까지였지만, 보다 현실적으로 잡으면 1935년부터 1945년까지였다. 바꿔 말해서, 그러한 상황은 히틀러 독일의 부상과 몰락(1933-45)에 의해서 규정되었다(제4장을 보라). 미국과 소련은 둘 다 상대방보다 히틀러 독일을 더욱 커다란 위협으로 보았기 때문에 그 나라에 대항하여 공동전선을 폈던 것이다.
 그 두 나라가 히틀러 독일을 더욱 위험하게 보았던 이유는 관례적인 국제관계나 무력외교의 범위 밖에 있으며, 바로 이 점 때문에,

결국 제2차 세계대전에서 싸워 이긴 국가들과 운동들의 이례적인 제휴가 매우 중요한 의미를 가진다. 결국 독일에 대항하는 연합을 만든 것은, 독일이 단순히 자신의 상황에 불만을 느낄 만한 이유를 가진 국민국가가 아니라 정책과 야심이 자신의 이데올로기에 의해서 결정되는 국가라는 사실, 요컨대 파시즘 강국이라는 사실이었다. 이러한 사실을 인식하지 않거나 접어두는 한, 일상적인 현실정치적 계산이 유효했다. 해당국 국가정책의 이해관계와 전반적 상황에 따라 독일에 대한 태도는 적대가 될 수도 있었고, 회유나 견제가 될 수도 있었으며, 필요하다면 싸울 수도 있었다. 실제로 1933-41년의 이런저런 시기에 국제무대의 다른 모든 주요 국가들은 그러한 점들에 따라 독일을 다루었다. 즉 런던과 파리는 베를린을 달랬고(즉 다른 누군가를 희생시켜서 이권을 주었고), 모스크바는 영토 획득의 대가로 적대적인 자세를 버리고 우호적인 중립을 취했으며, 이해관계상 독일과 제휴했던 이탈리아와 일본조차 1939년에는 역시 이해관계상 제2차 세계대전의 초기 단계에 개입하지 않는 쪽이 유리하다고 인식했다. 공교롭게도 히틀러 전쟁의 논리가 결국은 이상의 나라들 모두뿐만 아니라 미국까지 전쟁에 끌어들였지만 말이다.

그러나 1930년대가 경과함에 따라, 단순히 국제(주로 유럽)체제를 구성하는 국민국가들 사이의 상대적인 세력균형이 문제가 아니라는 사실이 갈수록 명확해졌다. 사실 서방 —— 소련에서부터 유럽을 거쳐 아메리카 대륙까지 —— 의 정치는 국가들 사이의 싸움으로가 아니라 국제적인 이데올로기 내전으로 볼 때 가장 잘 이해될 수 있다(앞으로 보게 되듯이 이는 아시아-아프리카[Afroasia]와 극동의 정치 —— 식민주의의 현실이 지배했던 —— 를 이해하는 가장 좋은 방법은 아니다[제7장을 보라]). 또한 이후에 드러났듯이, 이 내전에서 결정적인 전선은 자본주의 자체와 공산주의 사회혁명 사이가 아니라, 이데올로기적 가족들 사이에 그어졌다. 한 쪽에는 18세기 계몽주의와 대혁명들 —— 명백히 러시아 혁명을 포함한 —— 의 후예들이 섰고, 다른 한 쪽에는 계몽주의의 반대자들이 섰다. 요컨대 전선은 자본주의와 공산주의 사이가 아니라, 19세기가 '진보'라고 불렀을 것과 '반동'이라고 불렀을 것 —— 이러한 말들이 더 이상 그리 적절하지 않지만 —— 사이에 그어졌던 것이다.

그 전쟁은 대부분의 서방국가들에서 기본적으로 동일한 문제들을 제기했으므로 국제전이었고, 친파시즘 세력과 반파시즘 세력 사이의 전선이 각 사회를 관통했으므로 내전이었다. 자국정부에 대한 시민들의 자동적인 충성이라는 의미에서의 애국주의가 이때만큼 덜 중요했던 시기도 또 없을 것이다. 제2차 세계대전이 끝났을 때, 유럽의 오래된 나라들 중 적어도 10개국의 정부 수반이 제2차 세계대전 초기에(또는 스페인의 경우, 내전 초기에) 반란자였거나, 정치적 망명자였거나, 최소한 자기 나라 정부를 부도덕하고 정통성이 없다고 보았던 사람들이었다. 또한 종종 그들 나라 정치계급의 핵심부에서 나온 남녀들이 자신의 국가에 대한 충성보다 공산주의에 대한(즉 소련에 대한) 충성을 우선시했다. '케임브리지 간첩단'과, 아마도 현실적 여파가 더욱 컸던 조르게 간첩단의 일본인 구성원들은 이러한 많은 예들 가운데 하나에 불과했다.[1] 다른 한편, 히틀러의 공격을 받은 국가 내에서 편의상으로보다는 신념에 따라 적국 편에 가담하기로 한 정치세력을 지칭하는 말로서 '퀴슬링(quisling)'이라는 특별한 용어 —— 노르웨이의 한 나치 당원 이름을 딴 —— 가 만들어졌다.

이러한 사정은 전지구적 이데올로기보다는 애국주의에 의해서 움직인 사람들에게조차 적용되었다. 왜냐하면 이제 전통적인 애국주의조차 분열되었기 때문이다. 처칠과 같이 제국주의적, 반공주의적 성향이 강한 보수주의자들과, 드골과 같이 반동적인 카톨릭 배경을 지닌 사람들은 파시즘에 대한 특별한 적의 때문이 아니라, '프랑스라는 어떤 관념'이나 '영국이라는 어떤 관념' 때문에 독일과 싸

---

1) R. 조르게가 가장 믿을 만한 소식통에 근거해서 제공한, 1941년 말에 일본이 소련을 공격할 의사가 **없다**는 정보 덕분에 스탈린은, 독일인들이 모스크바 교외까지 왔을 때 극히 중요한 지원군을 서부전선으로 이동시킬 수 있었다고 전해진다(Deakin and Storry, 1964, chap. 13 ; Andrew and Gordievsky, 1991, pp.281-82).

우기를 선택했다. 그러나 이들의 경우조차 그 행동이 국제적인 **내전**의 일부가 될 수도 있었다. 왜냐하면 그들의 애국주의 개념이 반드시 그들 정부의 개념과 일치하지는 않았기 때문이다. 드골이 런던에 가서 6월 18일에, '자유 프랑스'는 자신의 지도 아래 계속해서 독일과 싸울 것이라고 선언한 것은 프랑스의 합법적인 정부에 대한 반란행위였다. 프랑스 정부는 전쟁을 끝낼 것을 합헌적으로 결정했고 그러한 결정은 거의 확실히 당시 프랑스인들 대다수로부터 지지를 받았던 것이다. 처칠 역시 그러한 상황에 처했다면 동일한 방식으로 대응했을 것임에 틀림없다. 독일이 전쟁에서 이겼다면 처칠은 자신의 정부로부터 반역자 취급을 받았을 것이다. 독일인들과 함께 소련과 싸웠던 러시아인들이 1945년 이후에 자신의 나라로부터 반역자 취급을 받았듯이 말이다. 이와 마찬가지로, (제한된) 국가독립의 첫경험을 히틀러 독일의 위성국가로서 획득했던 슬로바키아인들과 크로아티아인들은 그들의 전시(戰時) 국가의 지도자들을 이데올로기적인 근거에 입각해서 애국적인 영웅이나 파시스트 협력자로 회고했다. 그들은 양쪽 진영 모두에서 싸웠던 것이다.[2]

이러한 각국의 국내분열들 모두를 단일한 세계전쟁 —— 국제전인 동시에 내전인 —— 으로 결합시킨 것은 히틀러 독일의 부상이었다. 아니, 보다 정확히 말하자면 1931-41년에 몇몇 국가들 —— 독일, 이탈리아, 일본(히틀러 독일이 곧 중심축이 되었다) ——이 공동으로 정복과 전쟁을 향하여 행진한 것이었다. 히틀러 독일은 혁명의 시대('혁명의 시대'는 저자의 저서 제목이기도 하며 1789-1848년을 가리킨다/역주)의 '서구문명'의 가치들과 제도들을 파괴하는 데에 보다 무자비하고 보다 명백하게 몰두했던 동시에, 자신의 야만적인 계획을 실행에 옮길 능력이 있었다. 일본, 독일, 이탈리아의 잠재적 희생국들은 '추축국'이라 불리게 된 국가들이 단계적으로 정복을

---

[2] 그러나 이러한 사실이 양쪽 모두가 저지른 잔학행위를 정당화하는 데에 이용되어서는 안 될 것이다. 1942-45년의 크로아티아 국가의 잔학행위는 확실히, 그리고 슬로바키아 국가의 잔학행위는 아마도, 그들의 적이 저지른 잔학행위보다 규모가 컸으며, 어느 쪽의 행위도 옹호될 수 없다.

확대해가며 전쟁 —— 1931년부터 줄곧 피할 수 없는 것으로 보인——을 향하여 나아가는 것을 지켜보았다. 어느 경구처럼 "파시즘은 전쟁을 의미한다." 1931년에 일본은 만주를 침략했고 그곳에 괴뢰국을 세웠다. 또한 1932년에는 만리장성 북부의 중국을 점령했고 상해에 도달했다. 1933년에는 히틀러가, 은폐할 마음이 전혀 없었던 계획을 가지고 독일에서 권력을 장악했다. 1934년에 오스트리아에서 단기간 발생한 내전은 그 나라의 민주주의를 말살하고 반(半)파시즘 체제를 가져왔다. 그 체제는 주로, 독일에 통합되는 데에 저항했다는 점과, 오스트리아의 수상을 살해한 나치 쿠데타를 (당시 이탈리아의 지원을 받아) 패배시켰다는 점에서 파시즘 체제와 구별되었다. 1935년에 독일은 강화조약들의 파기를 통고했고, 주요 육해군 강국으로 재부상하여 (국민투표를 거쳐) 서부 변경의 자르 지역을 탈환했고, 무례하게 국제연맹에서 탈퇴했다. 같은 해, 무솔리니 역시 국제여론을 무시해가며 에티오피아를 침공했다. 1936-37년에 이탈리아는 에티오피아를 식민지로서 정복, 점령하기 시작했고 그 뒤에 역시 국제연맹을 탈퇴했다. 1936년에는 독일이 라인란트를 탈환했고, 스페인에서 발생한 군사 쿠데타가 이탈리아와 독일 둘 다의 공개적인 지원과 개입으로, 스페인 내전이라는 큰 싸움을 야기했다. 스페인 내전에 대해서는 뒤에 가서 보다 상세히 이야기할 것이다. 두 파시즘 강국은 로마-베를린 추축(樞軸)이라는 이름으로 공식적인 동맹체제에 들어갔고, 독일과 일본은 '반(反)코민테른 협정'을 맺었다. 1937년에 일본이 중국을 침략하고, 1945년에 가서야 중단된 야전(野戰)을 개시한 것은 놀랄 만한 일이 아니었다. 1938년에는 독일 역시 정복을 개시할 때가 왔다고 명백히 느꼈다. 3월에 오스트리아가 침공을 받고 군사적 저항 없이 독일에 합병되었다. 또한 다양한 협박 뒤에 체결된 10월의 뮌헨 협정은 체코슬로바키아를 분할하여 그 나라의 상당 지역을 히틀러에게 —— 역시 평화적으로 —— 넘겨주었다. 나머지 지역은 1939년 3월에 점령되었고, 이는 몇 달 동안 제국적인 야심을 보이지 않았던 이탈리아로 하여금 알바니아를 점령하도록 고무했다. 거의 즉각적으로 폴란드 위기가 다시 한번 독일의 영토 요구로부터 발생하여 유럽을 마비시켰다. 그 위기로 1939-41년의 유럽 전쟁이 일어났고, 그 전쟁은 제2차 세계대전으로 발전했다.

그러나 각국의 정치라는 실들로 단일한 국제적 직물을 짤 수 있도록 하는 또 하나의 요인이 있었으니, (공교롭게도 제1차 세계대전의 승전국들이기도 한) 자유민주주의 국가들의 고질적이고 갈수록 심해지는 취약성과, 그 나라들이 단독으로든 연합해서든 적국들의 전진을 저지할 능력도, 의지도 없었다는 사실이 바로 그것이다. 앞서 보았듯이 파시즘과 권위주의 정부의 주장과 힘 둘 다를 강화한 것은 자유주의의 위기였다(제4장을 보라). 1938년의 뮌헨 협정은 한 쪽의 자신만만한 공격과 다른 한 쪽의 공포 및 양보의 결합을 완벽하게 보여주었고, 이 때문에 '뮌헨'이라는 말 자체가 이후 몇 세대 동안 서구의 정치적 담론에서 비겁한 후퇴의 대명사가 되었다. 협정을 조인한 사람들조차 거의 즉각적으로 느꼈던 뮌헨의 치욕은 단순히 히틀러에게 값싼 승리를 안겨주었다는 데에 있는 것이 아니라, 전쟁에 앞섰던, 전쟁에 대한 명백한 공포에 있었고, 어떻게든 전쟁을 피했다는 훨씬 더 명백한 안도감에 있었다. 프랑스의 수상 에두아르 달라디에가 프랑스의 한 동맹국(체코슬로바키아/역주)의 생명을 넘겨준 뒤에 파리로 돌아왔을 때, 그는 야유를 받을 것을 예상했는데 열광적인 환호만을 받자 경멸적으로 "바보 같은 놈들(bande de cons)"이라고 중얼거렸다고 전해진다. 소련의 인기와, 그곳에서 일어나는 일에 대하여 비판하기를 꺼렸던 사람들의 태도는 주로, 나치 독일에 대한 소련의 일관된 반대 —— 서구의 주저하는 태도와는 명백히 대비되었던 —— 에 기인한 것이었다. 따라서 1939년 8월에 독일과 맺은 조약(독소[獨蘇]불가침조약/역주)이 준 충격은 더더욱 컸다.

II

 그러므로 파시즘에 대항하는 데에, 즉 독일 진영에 대항하는 데에 잠재적인 지지세력을 충분히 동원하려면 다음의 세 가지가 요구되었다. 추축국의 전진을 막는 데에 이해관계를 같이하는 모든 정치세력의 단결에 대한 요구, 실질적인 저항정책에 대한 요구, 그러한 정책을 수행할 태세가 되어 있는 정부에 대한 요구가 바로 그것이다. 실제로 이러한 동원을 성취하는 데에는 8년 이상 —— 세계전쟁에 이르는 경주의 출발점을 1931년으로 잡는다면 10년 —— 이 걸렸다. 왜냐하면 이러한 세 가지 요구 모두에 대한 반응은 불가피하게 주저하거나 소리를 죽이거나 혼란스러웠기 때문이다.

 반(反)파시즘 세력의 단결에 대한 요구는 몇 가지 점에서 가장 즉각적인 반응을 얻을 것으로 보였다. 파시즘은 공공연하게, 다양한 종류의 자유주의자들, 사회주의자들, 공산주의자들, 모든 종류의 민주주의체제, 소비에트 체제를 똑같이 파괴해야 할 적으로 다루었던 것이다. 오래된 영국 격언의 표현을 빌리자면, "따로따로 교수형 당하고 싶지 않다면 모두가 단결해야 했다(they had all to hang together if they did not want to hang separately : 둘 다 'hang'이 쓰인다는 점에 주목하라/역주)." 그전까지는 계몽주의 좌파에서 가장 분열주의적인 세력이었던 공산주의자들 —— (슬프게도 정치적 급진파의 특징이 그렇듯이) 공격의 초점을 명백한 적이 아닌 가장 가까운 잠재적 경쟁자에게, 특히 사회민주주의자들에게 맞추었던(제2장을 보라) —— 이 히틀러의 집권으로부터 18개월내에 노선을 바꾸었고, 반(反)파시즘 세력 단결의 가장 조직적이고 —— 늘상 그랬듯이 —— 가장 유능한 투사로 변신했다. 이는 좌파의 단결에 대한 주된 장애물을 제거한 것 —— 깊이 뿌리박은 상호 불신까지 제거하지는 않았지만 —— 이었다.

 (1933년의 국회의사당 방화사건 재판[3])에서 나치 당국에 용감하
---
3) 히틀러가 집권한 지 한 달이 채 안 되었을 때, 베를린의 독일 국회의사당이 원인

게 공공연히 도전함으로써 전세계 반(反)파시스트들을 감동시켰던 불가리아인 게오르기 디미트로프를 새로운 총서기로 선출한) 공산주의 인터내셔널이 (스탈린과 함께) 제안한 전략은 본질적으로 동심원적인 전략이었다. 단결한 노동자 세력('통일전선[United Front]')이 민주주의자들 및 자유주의자들과의 보다 넓은 선거적, 정치적 연합('인민전선[Popular Front]')의 토대가 될 것이었다. 독일의 세가 계속 확대됨에 따라 공산주의자들은 이러한 연합보다 훨씬 더 넓은 범위의 연합체, 즉 이데올로기나 정치적 신념과는 상관없이 파시즘(또는 추축국들)을 첫번째 위험으로 간주하는 모든 세력의 '국민전선[National Front]'으로 단결의 범위를 확대할 것을 고려했다. 이렇게 정치적 중도파를 넘어 우파로 반파시스트 연합을 확대하는 것 —— 프랑스 공산주의자들이 '카톨릭 세력에 손을 내민 것'이라든가 영국 공산주의자들이, 공산당을 탄압하기로 유명한 처칠을 기꺼이 받아들이고자 한 것 —— 은 전통적인 좌파 내에서 보다 큰 저항에 부딪쳤지만, 전쟁의 논리가 결국 그러한 확대를 강제했다. 그러나 중도파와 좌파의 연합은 정치적으로 의미가 있었다. '인민전선'이 (이러한 고안물을 창안한) 프랑스와 스페인에서 수립되어 자국에서의 우파의 공격을 격퇴했고, 스페인(1936년 2월)과 프랑스(1936년 5월)의 선거에서 극적인 승리를 거두었다.

중도파와 좌파의 통합된 후보자 명부가 원내의 실질적인 과반수를 얻었으므로, 이러한 승리는 과거의 분열로 인한 손실을 극적으로 표현하는 것이었다. 그러나 이러한 승리는, 특히 프랑스에서 좌파 **내의** 지지도가 공산당 쪽으로 두드러지게 변화한 것을 보여주기

모를 화재로 전소되었다. 나치 정부는 즉각 공산당에게 책임을 물었고 그 사건을 공산당을 탄압할 구실로 삼았다. 한편 공산주의자들은 나치가 바로 그러한 목적으로 방화를 꾸몄다고 비난했다. 정서가 불안정하고 고립적인 네덜란드인 혁명 지지자 반 데어 루베뿐만 아니라 공산당 원내 그룹 지도자와, 베를린에서 공산주의 인터내셔널 활동을 했던 세 명의 불가리아인들이 체포되어 재판받았다. 반 데어 루베가 방화에 관련된 것은 확실했지만, 네 명의 체포된 공산주의자들은 분명히 방화에 관련되지 않았으며 독일공산당 역시 명백히 관련되지 않았다. 그러나 현재의 역사학적 지식은 나치의 도발에 대한 암시를 뒷받침하지도 않는다.

는 했지만, 반파시즘에 대한 정치적 지지의 커다란 확대를 나타내지는 않았다. 처음으로 사회주의자 —— 레옹 블룸(1872-1950)이라는 지식인 —— 를 수반으로 한 프랑스 정부를 낳은 프랑스 인민전선의 승리는, 사실 1932년 선거에서 급진당과 사회당과 공산당이 얻었던 표를 모두 합친 것에서 겨우 1퍼센트 증가한 득표로 이루어진 것이었고, 스페인 인민전선이 선거에서 승리한 것은 이보다는 약간 더 큰 폭의 증가율에 의한 것이었지만, 역시 새로운 정부에게 자신에 반대투표한 거의 절반 가량의 유권자들(그리고 전보다 좀더 강력해진 우파)을 남겨주었다. 그러나 이러한 승리들은 해당국의 노동운동과 사회주의운동에 희망과 심지어는 도취감을 불어넣어주었다. 한편, 영국노동당의 사정은 이보다 못했다. 그 당은 공황과 1931년의 정치적 위기로 큰 타격을 받았는데 —— 50석의 잔당으로 줄어들었다 —— 4년 뒤에도 공황 전의 득표 수를 완전히 회복하지도, 1929년 의석 수의 절반을 훨씬 넘는 수의 의석을 얻지도 못했던 것이다. 1931-35년에 보수당의 득표율은 약 61퍼센트에서 약 54퍼센트로 떨어졌을 뿐이다. 1937년부터 계속해서 네빌 체임벌린 —— 히틀러에 대한 '유화정책'의 대명사가 되어버린 —— 을 수반으로 한, 영국의 이른바 '거국'내각은 확고한 과반수 지지에 기반한 것이었다. 1939년에 전쟁이 발발하지 않고 예정대로 1940년에 선거를 치렀다면, 보수당이 선거에서 또다시 거뜬히 승리를 거두었을 것이라고 가정하지 못할 이유가 없다. 사실상, 사회민주당이 확실한 기반을 얻은 대부분의 스칸디나비아 지역을 제외하고는 1930년대 서유럽에서 선거결과가 두드러지게 좌파 쪽으로 이동한 흔적이 없었고, 선거가 여전히 치러졌던 동유럽 및 남동 유럽 일부 지역에서는 우파 쪽으로 꽤 크게 바뀌었다. 이 점에서 구세계와 신세계는 뚜렷한 대조를 보였다. 1932년에 벌어진, 공화당에서 민주당으로의 극적인 전환(대통령 선거에서 민주당의 득표 수는 4년 만에 1,500만-1,600만 표에서 약 2,800만 표로 증가했다) 같은 것은 유럽 어디에서도 일어나지 않았다. 그러나 프랭클린 루스벨트가 선거결과 면에서 최고점에 달한 것이 1932년이었다는 점 —— 1936년에도 (그 나라 국민을 제외한 모든 사람들에게 놀랍게도) 1932년 선거결과에 거의 육박하는 성과를 보이기는 했지만 —— 은 말하고 넘어가야 한다.

따라서 반파시즘은 우파의 전통적인 적들을 조직했으나, 그들의 수를 늘리지는 않은 셈이었다. 또한 반파시즘은 다수보다는 소수를 더욱 쉽게 동원했다. 이러한 소수 중에서도 특히 지식인들과 예술에 관계하고 있는 사람들(민족주의적, 반[反]민주주의적 우파가 고취한 국제적인 문학조류는 제외하고 —— 제6장을 보라)에게 반파시즘의 호소력이 컸다. 왜냐하면 지금까지 유지해온 문명의 가치에 대한 국가사회주의의 오만하고 공격적인 적대가 즉시 명백하게 드러난 곳이 바로 그러한 사람들이 관계하던 분야였기 때문이다. 나치의 인종주의는 즉각 유태계 학자들과 좌파 학자들의 대량출국을 낳았다. 그들은 관용적인 나머지 세계 곳곳으로 흩어졌다. 지적 자유에 대한 나치의 적대로 인하여 거의 즉각적으로 독일의 대학교수들 가운데 약 3분의 1이 강단에서 쫓겨났다. '모더니즘' 문화에 대한 공격과 '유태인' 서적 및 여타의 바람직하지 않은 서적들에 대한 공개 분서(焚書)는 사실상 히틀러가 정부에 들어가자마자 시작되었다. 보통 시민들이 그 체제의 보다 야수적인 만행들 —— 강제수용소라든가 (조부모 중 적어도 한 사람이 유태인인 사람들 모두를 포함하는) 독일의 유태인들을 권리가 없고 격리된 최하층민의 지위로 떨어뜨린 것 —— 에 찬성하지 않았을지 모르지만, 놀랄 만큼 많은 수의 시민들이 그러한 만행들을 기껏해야 제한된 탈선 정도로 보았다. 어쨌든 강제수용소는 여전히, 공산당의 잠재적 저항을 억제하고 체제전복세력의 핵심 인물들을 잡아넣는 것이 주된 기능이었으므로 많은 전통적 보수주의자들이 다소 공감하는 대상이었고, 전쟁이 터졌을 때 수용소 안에 있던 사람들의 수는 모든 수용소를 통틀어 약 8,000명에 불과했다(이러한 수용소들이, 수십만 명 내지 심지어는 수백만 명이 테러, 고문, 죽음을 겪는 수용소 세계[univers concentrationnaire]로 확대된 것은 전쟁 동안에 일어난 일이다). 또한 전쟁 이전까지의 나치 정책은, 유태인들에 대한 대우가 아무리 잔인했다고 해도 '유태인 문제'의 '마지막 해결책'으로 여전히 대량

학살보다는 대량추방을 고려했던 것으로 보인다. 독일 자체가 비정치적 관찰자에게는, 인기 있는 정부를 가진 안정적이고 실제로 경제적 번영을 누리는 나라 —— 몇몇 특징들은 매력적이지 않지만—— 로 보였다. 반면, 총통 자신의 「나의 투쟁(Mein Kampf)」을 비롯한 책들을 읽은 사람들은 인종주의 선동가들의 피에 굶주린 수사(修辭)와 다하우(독일 뮌헨 북서쪽의 도시로서, 1933년에 최초의 나치 강제수용소가 세워졌다/역주)나 부헨발트(독일 바이마르 근처의 마을로, 1937년에 나치의 강제수용소가 세워졌다/역주)에서의 국지화된 고문과 살인, 의식적인 문명 전복에 기반한 전세계의 재건 기도를 보다 잘 인식했을 것이다. 따라서 서구의 지식인들(당시는 일부 대학생들에 불과했지만 대부분 '상당한 지위의' 중간계급의 아들이자 미래의 중간계급 구성원에 속했던)이 1930년대에 파시즘에 대한 반대에 대거 동원된 첫번째 사회계층이었다. 그 계층은 여전히 다소 작은 계층이었다. 특히 서구의 비(非)파시스트 국가들에서, 보다 보수적인 독자들과 정책결정자들에게조차 국가사회주의의 본성에 대하여 경계시키는 데에 핵심적인 역할을 한 언론인들이 그러한 계층에 속했으므로, 매우 영향력 있는 계층이기는 했지만 말이다.

파시즘 진영의 부상에 대한 실질적인 저항정책 역시 이론상으로는 단순하고 논리적이었다. 침략국들에 맞서 모든 나라들을 단결시키고(국제연맹은 이를 위한 잠재적인 틀을 마련해주었다), 침략국들에게 전혀 양보를 하지 않고, 공동 행동을 하겠다고 위협하거나 필요하다면 실제로 공동 행동을 벌임으로써 침략국들을 막거나 패배시키는 것이 바로 그러한 정책이었다. 소련의 외무인민위원인 막심 리트비노프(1876-1952)가 이러한 '집단안전보장'의 대변인이 되었다. 말하는 것은 행동하는 것보다 쉬웠다. 지금이나 그때나 주된 장애물은, 침략국들에 대한 공포와 의심을 공유한 국가들조차, 자신들을 서로 분열시키거나 분열시키는 데에 이용될 수 있는 또 다른 이해관계를 가졌다는 데에 있었다.

가장 명백한 분열, 즉 이론상 부르주아 체제들의 전복과 도처에 있는 그 제국들의 종식에 헌신하는 소련과, 소련을 체제전복을 고무하고 부추기는 나라로 보는 나머지 국가들 사이의 분열이 어느 정도 중요했는지는 분명치 않다. 각국 정부들 —— 1933년 이후 모든 주요 국가의 정부들이 소련을 승인했다 —— 은 자신의 목표달성에 필요할 때에는 언제라도 소련과 화해할 준비가 되어 있었지만, 정부 구성원들과 정부기관들 중 일부는 —— 1945년 이후의 냉전 식으로 —— 계속해서 볼셰비즘을 국내에서나 해외에서나 최대의 적으로 보았다. 특히 영국 정보부는 공산당의 위협에 대해 공격을 집중하기로 유명해, 1930년대 중반에 가서야 그러한 위협을 주된 표적으로 삼지 않게 되었다(Andrew, 1985, p.530). 그럼에도 불구하고 특히 영국의 많은 보수주의자들은 독일-소련 전쟁 —— 두 적 모두를 약화시키고 아마도 파괴할 —— 이 가장 좋은 해결책이 될 것이며 약화된 독일이 볼셰비즘을 패배시키는 것이 그리 나쁜 일은 아닐 것이라고 느꼈다. 반(反)히틀러 동맹의 절박성을 더 이상 어느 누구도 부인하지 않았던 1938-39년에조차 서방정부들이 공산국(소련을 지칭한다/역주)과의 효과적인 협상에 들어가기를 너무도 꺼렸다는 것은 유감스럽게도 명백한 사실이다. 실제로, 1934년 이래 히틀러에 대항하는 서방과의 동맹에 대한 확고한 옹호자였던 스탈린이 결국 1939년 8월에 스탈린-리벤트로프 조약(독소불가침조약/역주)을 체결하기에 이른 것은 혼자서 히틀러와 싸우도록 남게 되지 않을까 우려했기 때문이었다. 스탈린은 그 조약을 통해서, 소련을 전쟁에 끼지 않게 하면서 독일과 서구열강이 서로를 약화시키기를 —— 자신의 국가에게 유리하도록 —— 원했다(또한 소련은, 혁명 뒤에 잃었던 서부 영토의 상당 부분을 조약의 비밀조항을 통해서 얻었다). 이러한 계산은 잘못된 것으로 드러났지만, 이상의 것들은 히틀러에 대항하는 공동전선을 창출하려는 시도의 실패와 마찬가지로, 1933-39년에 나치 독일의 사실상 저항받지 않은 엄청난 부상(浮上)을 가능케 한, 국가들 사이의 분열을 입증해주었다.

게다가 지리, 역사, 경제가 각 정부들에게 세계에 대한 상이한 전망들을 가져다주었다. 유럽 대륙 자체는, 그 정책이 태평양과 아메리카 대륙 차원의 것이었던 일본과 미국에 대하여 그리고 여전히 세계규모의 제국과 전지구적인 해양전략에 몰두하는—— 둘 중 어느 것도 유지하기에 너무 약해졌지만—— 영국에 대하여 거의 또는 전혀 관심이 없었다. 동유럽 나라들은 독일과 러시아 양쪽으로부터 압박을 받았고, 명백히 이러한 사정이 그 나라들의 정책을 결정—— 특히 (결국 그렇게 드러났듯이) 서구열강이 그 나라들을 보호할 수 없었을 때—— 했다. 그중 몇몇 나라들은 1917년 이후에 전(前) 러시아 영토를 획득했고, 따라서 독일에 대하여 적대적인 입장이더라도 러시아 군대를 자기 영토에 다시 불러들일 어떠한 반(反)독일 동맹도 거부했다. 그러나 제2차 세계대전이 입증했듯이 유일하게 효과적인 반파시스트 동맹은 소련을 포함한 동맹이었다. 경제로 말하자면, 자신의 재정능력을 넘는 비용을 써가며 제1차 세계대전을 수행했다고 인식한 영국과 같은 나라들은 재무장 비용 때문에 주춤했다. 요컨대 추축국들을 주된 위험으로 인식한다는 것과 그에 대해서 무언가를 한다는 것 사이에는 엄청난 괴리가 있었던 것이다.

(정의상, 파시즘 및 권위주의 진영에는 존재하지 않는) 자유민주주의가 이러한 괴리를 더욱 넓혔다. 자유민주주의는 특히 미국에서 정치적 결정을 지체시키거나 방해했고, 인기 없는 정책을 추구하는 것을 분명 어렵게 했으며 때때로 불가능하게 했다. 의심할 바 없이 몇몇 정부들은 자신의 무기력을 정당화하는 데에 자유민주주의를 이용했지만, 미국의 사례는 프랭클린 루스벨트와 같은 강력하고 인기 있는 대통령조차 유권자의 의사를 무시하고 자신의 반파시스트 대외정책을 수행할 수는 없었음을 보여준다. 진주만 공격과 히틀러의 선전포고가 없었더라면, 미국은 끝까지 제2차 세계대전에 개입하지 않았을 것이 거의 확실하다. 다른 어떠한 상황에서 미국이 개입할 수 있었을지는 분명치 않다.

그러나 유럽의 중심적인 민주주의 국가들인 프랑스와 영국의 결단력을 약화시킨 것은 민주주의적인 정치적 메커니즘이라기보다는 제1차 세계대전에 대한 기억이었다. 이는 유권자와 정부 둘 다 고통스러워한 상처였는데, 그 이유는 그 전쟁의 충격이 전례 없는 것이었던 동시에 전반적이었기 때문이다. 프랑스와 영국 둘 다에게 그 전쟁의 충격은 인적인 면에서(물적인 면에서는 아니지만), 제2차 세계대전의 충격으로 드러난 것보다 훨씬 더 컸다(제1장을 보라). 그러한 전쟁이 재발하는 사태는 어떠한 대가를 치르고라도 피해야 했다. 그러한 전쟁은 확실히 정치의 최후수단이었다.

다른 어떤 교전국보다도 고생한 프랑스인들의 잠재적 사기(士氣)는 확실히 1914-18년의 충격에 의해서 약화되었지만, 전쟁에 나가기를 꺼리는 것을, 싸우기를 거부하는 것과 혼동해서는 안 된다. 제2차 세계대전에서는 아무도 노래를 부르며 싸움에 나가지 않았다. 독일인들조차 그랬다. 다른 한편, 무조건적인 (비종교적) 평화주의는 1930년대 영국에서 매우 인기를 끌기는 했지만 결코 대중운동이 되지 못했고, 1940년에 서서히 사라져갔다. 제2차 세계대전에서는 '양심적 병역 기피자'에 대한 폭넓은 관용에도 불구하고, 싸우기를 거부할 권리를 주장하는 사람들의 수가 적었다(Calvocoressi, 1987, p.63).

(이론적으로) 1914년 이전보다 1918년 이후에 훨씬 더 감정적으로 전쟁과 군국주의를 증오했던 비(非)공산주의 좌파에서도, 무조건적인 평화를 주장하는 쪽은 그러한 주장이 가장 강력했던 프랑스에서조차 소수파로 남았다. 영국에서는, 뜻밖의 선거 재난으로 1931년 이후 노동당을 이끌게 된 평화주의자 조지 랜즈버리가 1935년에 지도부에서 신속하고도 거칠게 쫓겨났다. 사회주의자를 수반으로 한 1936-38년의 프랑스 인민전선 정부와는 달리 영국의 노동당은 파시스트 침략국들에 대해 단호한 태도가 부족해서가 아니라, 재무장이나 징병과 같이 저항을 유효하게 하는 데에 반드시 필요한 군사적 조치들을 지지하기를 거부했다는 점에서 비판받을 수 있었다. 결코 평화주의에 끌리지 않은 공산주의자들 역시 동일한 이유로 비판받을 수 있었다.

좌파는 사실상 곤경에 빠졌다. 한편으로는 반파시즘의 힘이 전쟁 —— 최후의 전쟁인 동시에 너무도 혐오스러운 다음 전쟁 —— 을 두려워하는 사람들을 동원했다. 파시즘이 전쟁을 의미한다는 것은 파시즘과 싸울 설득력 있는 이유가 되었다. 다른 한편, 무력 사용을 고려하지 않고 파시즘에 저항하는 것은 성공할 수 없었다. 게다가, 집단적이지만 평화적인 행동을 통해서 나치 독일이나 무솔리니의 이탈리아를 붕괴시킬 수 있다는 희망은 히틀러에 대한 환상과 독일 내의 반대세력으로 상상된 것에 대한 환상에 근거한 것이었다. 어쨌든, 그 시대를 직접 겪었던 우리는 전쟁이 일어날 것임을 **알았다**. 비록, 전쟁을 피하기 위한 설득력 없는 시나리오를 대충 그리기는 했지만 말이다. 우리 —— 역사가는 자신의 기억에도 호소할 수 있다 —— 는 다음 번 전쟁에서 싸울 것을 그리고 아마도 죽을 것을 **예상했다**. 또한 우리는 반파시스트로서, 때가 되었을 때 싸우는 길밖에 없다는 것을 의심하지 않았다.

그럼에도 불구하고, 좌파의 정치적 딜레마가 정부들이 실패한 이유를 설명하는 데에 사용될 수는 없다. 효과적인 전쟁준비는, 당 대회에서 통과된(또는 통과되지 않은) 결의안에 의존하지 않으며, 심지어 —— 몇 년 동안 —— 선거에 대하여 걱정하는 데에 의존하지 않는다는 이유만으로도 그렇다. 정부들, 특히 프랑스와 영국의 정부는 제1차 세계대전으로 지울 수 없는 상처를 입은 정부들이기도 했다. 전쟁이 끝났을 때 프랑스는 정력을 다 써버린 상태였고, 잠재력 면에서, 패전한 독일보다도 더 작고 약한 나라로 남았다. 프랑스는 기운을 되찾은 독일에 대항하는 데에 동맹국들 없이는 아무 힘도 쓰지 못했고, 프랑스와 동맹하는 데에 동일한 이해관계를 가진 유럽 국가는 합스부르크 제국을 계승한 국가들과 폴란드뿐이었는데 그 나라들은 독일에 맞서기에는 명백히 너무 약했다. 프랑스인들은 베르됭에서의 실패(제1장을 보라) 같은 것을 예상하여 독일인들의 공격을 막고자 방벽(곧 잊혀진 한 장관의 이름을 딴 '마지노선')을 쌓는 데에 돈을 쏟아부었다. 그들은 이것말고는 영국에, 그리고 1933년 이후에는 소련에 의지할 수밖에 없었다.

영국의 정부도 마찬가지로 근본적인 취약성을 의식했다. 재정면에서 영국 정부는 전쟁을 또 한번 치를 여력이 없었다. 또한 전략면에서는, 3대양과 지중해에서 동시에 움직일 수 있는 해군이 더 이상 존재하지 않았다. 동시에, 진정으로 영국 정부를 괴롭혔던 문제는 유럽에서 일어나는 일이 아니라, 너무도 부족한 군대를 가지고, 어느 때보다도 지리적으로 커졌을 뿐만 아니라 명백히 해체에 직면한 세계제국을 어떻게 유지하느냐 하는 것이었다.

따라서 두 나라 모두, 대체로 1919년에 자신들을 만족시키는 방향으로 확립되었던 질서를 수호하기에는 자신들이 너무나 약하다는 것을 알았던 셈이다. 또한 양국 모두 이러한 질서가 불안정하며 유지될 수 없다는 것 역시 알았다. 양국 모두, 전쟁을 또 한번 하는 데에서 얻을 것은 없었고 잃을 것은 많았다. 이로부터 대번에 알 수 있는 논리적인 정책은 보다 영속적인 유럽 질서를 확립하기 위해서, 기운을 되찾은 독일과 협상하는 것이었고, 이는 의심할 바 없이, 강대해져가는 독일에 양보한다는 것을 의미했다. 그런데 불행하게도, 기운을 되찾은 독일은 아돌프 히틀러의 독일이었다.

이른바 '유화'정책은 1939년 이후 너무도 여론이 좋지 않았으므로, 골수 반(反)독일파나 열렬한 원칙적 반파시스트가 아닌 그리도 많은 서구 정치가들에게, 특히 대륙지도의 변화 —— 특히 "우리가 아는 것이 거의 없는 아득히 먼 나라들"(1938년에 체코슬로바키아에 관해서 체임벌린이 한 말)에서의 —— 가 혈압을 높이지 않았던 영국에서, 그러한 정책이 얼마나 분별 있는 것으로 보였던가를 잊기 쉽다. (프랑스인들은 당연히, 독일에 유리한 **어떠한** 조치 —— 조만간 자신들에게 불리해질 것임에 틀림없는 —— 에 대해서도 훨씬 더 우려했지만 프랑스는 약했다). 세계대전이 또다시 일어난다면 영국 경제는 파멸하고 대영제국의 상당 부분이 해체될 것이라고 쉽게 예견할 수 있었고, 실제로 그러한 일이 일어났다. 그것은 사회주의자들, 공산주의자들, 식민지 해방운동, 프랭클린 루스벨트 대통령으로서는 파시즘을 패배시키기 위하여 기꺼이 치를 준비가 된 대가였지만, 영국의 합리적인 제국주의자들의 관점에서는 지나친 대가였다는 것을 잊지 말자.

그러나 국가사회주의 정책의 목표는 비합리적이고 무제한적이었으므로 히틀러 독일과의 타협과 협상이란 불가능한 것이었다. 팽창과 침략은 국가사회주의체제 자체의 속성이어서, 독일의 지배를 미리 받아들이지 않는다면, 즉 나치의 전진에 대한 무저항을 택하지 않는다면 전쟁발발이 앞당겨지는 것은 불가피했다. 1930년대에 정책이 형성되는 데에 이데올로기가 핵심적인 역할을 했던 것은 바로 이러한 사정에서 나온 것이다. 이데올로기가 나치 독일의 목표를 결정했다면, 현실정치는 배제된 셈이었다. 히틀러와는 어떠한 타협도 있을 수 없다는 것 —— 현실적인 상황판단인 —— 을 인식한 사람들은 전적으로 비실용적인 이유들로 그렇게 인식한 것이었다. 그들은 파시즘을 원칙적으로 그리고 선험적으로 견딜 수 없는 것으로 보았거나, (처칠의 경우처럼) 그들 자신이, 그들의 나라와 제국이 '대표'하는 것이자 희생할 수 없는 것에 대한 마찬가지로 선험적인 관념에 의해서 움직였다. 처칠의 역설은, 1914년 이래 모든 문제에 대해서 거의 일관되게 잘못된 정치적 판단을 내렸던 —— 그가 자부했던, 군사전략에 대한 판단을 포함해서 —— 이 위대한 낭만주의자가 독일 문제라는 한 가지 문제에 대해서만큼은 현실적이었다는 데에 있었다.

역으로, 유화정책을 추구한 정치적 현실주의자들의 상황판단 —— 1938-39년에 히틀러와의 협상을 통하여 합의에 도달할 가능성이 전혀 없다는 것이 어떠한 합리적인 관찰자에게도 명백하게 보였을 때조차 변경하지 않았던 —— 은 전적으로 비현실적이었다. 이것이 1939년 3-9월의 블랙 희비극이 빚어진 이유였다. 그 희비극은 아무도(독일조차) 원하지 않은 시간과 장소에서 아무도 원하지 않은 전쟁이 일어나는 것으로 끝났으며, 실제로 영국과 프랑스는 1940년의 전격전으로 큰 타격을 받기 전까지는 교전국으로서 무엇을 해야 할지에 대해서 전혀 몰랐다. 영국과 프랑스의 유화정책 추구자들은 그들 자신이 인정한 증거 앞에서도 여전히 소련과의 동맹을 위한 진지한 협상을 벌일 수 없었는데, 소련 없이는 전쟁을 연기할 수도, 전쟁에서 승리할 수도 없었고, 체임벌린이 갑자기 부주의하게 동유럽 여기저기에 대해 산발적으로 작성한 —— 믿기지 않는 일이지만, 소련에 문의하거나 충분히 **알리지도** 않은 채 —— 독일의 공격을 막아준다는 보증서들 역시 소련 없이는 휴지조각에 불과했다. 런던과 파리는 싸우기를 원한 것이 아니라 기껏해야 무력시위로 싸움을 막기를 원했던 것이다. 이는 히틀러에게나, 그점에 관한 한 스탈린에게나 조금도 그럴듯하게 보이지 않았다. 스탈린측 협상자들은 발트 해에서의 전략적인 합동작전을 제안했으나 허사였다. 독일 군대가 폴란드로 진격했을 때조차 여전히, 히틀러의 계산대로 체임벌린의 정부는 히틀러와 타협할 태세가 되어 있었다.(Watt, 1989, p.215)

결국 히틀러의 계산은 틀렸다. 서구의 국가들은 독일에 선전포고를 했는데, 이는 그 나라들의 정치가들이 전쟁을 원해서가 아니라 뮌헨 협정 이후 히틀러 자신의 정책이 유화정책 주장자들의 논거 자체를 잠식했기 때문이었다. 지금까지 어느 편도 아니었던 대중들을 파시즘에 대항하는 쪽으로 몰고 간 것은 히틀러였다. 기본적으로 1939년 3월 독일의 체코슬로바키아 점령이 영국의 여론을 저항 쪽으로 전환시켰고, 그럼으로써 미온적이던 정부로 하여금 행동을 취하게 했으며, 영국 정부의 행동은 연쇄적으로 프랑스 정부—— 유일하게 유능한 동맹국과 보조를 맞추는 것 외에는 선택권이 없었던 —— 로 하여금 행동을 취하게 했다. 처음으로 히틀러 독일과의 싸움이 영국인들을 분열시키기보다는 단결시켰지만 아직까지는 별 효과가 없었다. 독일인들이 신속하고도 가차없이 폴란드를 파괴하고 그 잔해를 불운한 중립으로 후퇴한 스탈린과 분할함에 따라 서구에서의 믿기 어려운 평화가 끝나고 '기묘한 전쟁(phony war : 제2차 세계대전 초기에 서부전선에서 영불연합군과 독일군이 군사행동에 나서지 않았던 시기[1939년 9월-1940년 5월]/역주)'이 시작되었다.

어떠한 종류의 현실정치도 뮌헨 협정 이후의 유화정책을 설명할 수 없다. 일단 전쟁이 충분히 일어날 것으로 보이면 —— 1939년에 누가 이를 의심했겠는가? —— 해야 할 일은 오직, 가능한 한 효과적으로 전쟁에 대비하는 것뿐이었는데 이는 이루어지지 않았다. 왜냐하면 영국은, 체임벌린의 영국조차도 확실히, 히틀러가 유럽을 지배할 것이라는 사실을 받아들일 준비가 되어 있지 않았던 —— 그러한 일이 실제로 벌어지기 전까지는 —— 것이다. 프랑스가 무너진 뒤에 평화협상을 벌이자는 것 —— 즉 패배를 인정하자는 것 —— 에 대한 지지가 상당 정도 존재했지만 말이다. 패배주의에 가까운 비관주의가 정치가들과 군인들에게 훨씬 더 만연했던 프랑스에서조차, 1940년 6월에 군대가 붕괴하기 전까지 정부는 단념할 생각이 없었거나 단념하지 않았다. 이들 유화정책 추구자들의 정책은 미적지근한 것이었다. 왜냐하면 그들은 과감히 무력외교의 논리를 따르지도, 레지스탕스 —— **그 무엇도** 파시즘(파시즘이든 히틀러의 독일이든)과 싸우는 것보다 중요할 수 **없는** —— 의 선험적인 신념이나, "히틀러의 패배가, 공산주의혁명을 막아내는 주된 보루인 권위주의체제들의 붕괴를 의미할"(Thierry Maulnier, 1938 in Ory, 1976, p.24) 반공주의자들의 선험적인 신념을 따르지도 않았기 때문이다. 무엇이 이러한 정치가들의 행동을 결정했는지는 말하기 쉽지 않다. 왜냐하면 그들은 지성에 의해서만이 아니라, 은연중에 그들의 시각을 굴절시킨 편견과 선입견, 희망과 공포에 의해서도 움직였기 때문이다. 제1차 세계대전에 대한 기억이 존재했고, 자신들의 자유민주주의적인 정치체제와 경제가 최후의 퇴각을 벌이고 있다고 본 정치가들의 자신감 상실이 있었다. 이는 영국보다 대륙에서 더욱 전형적으로 보이는 정신상태였다. 그러한 상황에서 성공적인 저항정책의 예측할 수 없는 결과가 그러한 정책에 들지도 모르는 과중한 비용을 정당화할 수 있을지가 실로 불확실했다. 어쨌든 영국과 프랑스의 정치가들 대부분에게 최상의 정책은, 그리 만족스럽지 않고 아마도 더 이상 유지할 수 없을 현 상태를 유지하는 것이었다. 또한 이 모든 것 이면에는, 어쨌든 현 상태가 운이 다한 것이라면 파시즘이, 사회혁명과 볼셰비즘이라는 대안보다는 낫지 않은가라는 문제가 존재했다. 제시된 파시즘의 종류가 이탈리아 파시즘뿐이었다면, 망설이는 보수주의 정치가나 온건파 정치가들이 거의 없었을 것이다. 처칠조차 친이탈리아적이었다. 문제는 그들의 상대가 무솔리니가 아닌 히틀러였다는 데에 있었다. 그러나 1930년대의 그렇게도 많은 정부들과 외교관들의 주된 희망이 이탈리아와 사이좋게 지냄으로써 유럽을 안정시키거나 적어도 무솔리니를 그의 제자(히틀러를 지칭한다/역주)와의 동맹으로부터 떼어놓는 것이었다는 것은 의미가 없지 않다. 그런 희망은 실현되지 않았다. 비록 무솔리니 자신은 행동의 자유를 일정하게 유지할 —— 1940년 6월에, 전적으로 부당하지는 않지만 잘못된 판단으로 독일인들이 이겼다고 단정하고 스스로 선전포고하기 전까지는 —— 정도로 충분히 현실적이었지만 말이다.

III

따라서 국가 내에서의 쟁점이든, 국가들 사이에서의 쟁점이든, 1930년대의 쟁점들은 초국적인 것이었다. 1936-39년의 스페인 내전보다 더 생생하게 이러한 사실을 드러낸 사건도 없을 것이다. 그 내전은 이러한 종류의 전세계적 대결의 정수를 보여주었던 것이다.

돌이켜보면, 스페인 내전이 유럽과 아메리카 대륙의 좌파와 우파 모두의 공감, 특히 서방세계의 지식인들의 공감을 **즉각** 얻었다는 것은 놀랄 만한 일로 보일 수도 있다. 스페인은 유럽의 주변부 지역이었고 그의 역사는 언제나 대륙의 나머지 지역 —— 피레네 산맥이라는 장벽이 그 경계선을 이루는 —— 의 역사와 맥을 달리했다. 스페인은 나폴레옹 전쟁 이래 어떠한 유럽 전쟁에도 끼지 않았고, 제2차 세계대전에도 끼지 않을 것이었다. 19세기 초 이래 스페인 문제는 유럽 정부들에게 어떠한 현실적 중요성도 띠지 않았다. 미국이 스페인으로부터, 오래된 16세기 세계제국의 마지막 남은 지역인 쿠바, 푸에르토리코, 필리핀을 강탈하기 위해서 1898년에 스페인과 단기간의 전쟁을 벌이기는 했지만 말이다.[4] 실제로, 그리고 필자 세대의 믿음과는 반대로, 스페인 내전은 제2차 세계대전의 첫 국면이 아니었으며, 앞서 보았듯이 파시스트로 전혀 볼 수 없는 프랑코 장

---

4) 스페인은 모로코에 근거지 —— 스페인 군대에 막강한 전투부대를 제공하기도 한 그 지역의 호전적인 베르베르 부족민들이 그 소유권에 도전했다 —— 를 보유했고, 보다 남쪽에 몇몇 아프리카 영토 —— 모두에게 잊혀진 —— 를 보유했다.

군의 승리는 중요한 세계적 결과를 전혀 낳지 않았다. 그 승리는 단지 스페인(과 포르투갈)을 30년 더 스페인 밖의 세계사로부터 고립시켰을 뿐이다.

그러나 이례적이고 자기완결적이기로 유명한 이 나라의 국내정치가 1930년대 국제적 투쟁의 상징이 된 것은 우연이 아니었다. 스페인의 국내정치는 당시의 근본적인 정치적 문제들을 제기했다. 한 쪽에는 민주주의와 사회혁명 —— 스페인은 사회혁명이 막 폭발하려 하는 유일한 유럽 국가였다 —— 이 있었고, 다른 한 쪽에는 마르틴 루터 이래 세상에서 일어난 모든 것을 거부하는 카톨릭 교회에 의해서 고취된 유별나게 비타협적인 반혁명 내지 반동 진영이 있었던 것이다. 기묘하게도 모스크바 공산주의 세력도, 파시즘에 의해서 고취된 세력도 내전 이전에는 그 나라에서 그리 중요한 존재가 아니었는데, 그 이유는 스페인이 극좌파(무정부주의)로 보나, 극우파(카를로스주의[5])로 보나 독자적인 길을 걸어왔기 때문이다.

19세기 라틴 국가식으로 반교권적, 프리메이슨적이었던 선량한 자유주의자들 —— 1931년에 평화적인 혁명을 통해서 부르봉 왕가로부터 권력을 인수한 —— 은 도시와 농촌 양쪽 모두의 스페인 빈민들의 사회적인 소요를 억누르지도 못했고, 효과적인 사회개혁(주로 토지개혁)을 통해서 그러한 소요를 진정시키지도 못했다. 그들은 1933년에 보수주의 정부에 의해서 밀려났는데, 1934년 아스투리아스 광부들의 봉기와 같은 지방적 폭동과 선동을 진압하는 보수주의 정부의 정책은 잠재적인 혁명적 압력을 더욱 증가시키는 데에 일조할 뿐이었다. 바로 이러한 상황에서 스페인의 좌파는 코민테른의 인민전선 —— 이웃 프랑스로부터 촉구되던 —— 을 발견했다. 모든 정당들이 우파에 맞서 단일한 선거전선을 구성해야 한다는 생각은, 무엇을 해야 할지를 잘 모르던 좌파에게 적절한 것으로 보였다. 무정부주의자들조차 세계 최후의 대중적인 본거지인 이곳에서, 자

---

[5] 카를로스주의는 주로 나바라에서 농민의 강력한 지지를 받은, 맹렬한 군주제주의 및 초전통주의 운동이었다. 카를로스주의자들은 1830년대와 1870년대에 스페인 왕가의 한 계열을 지지하는 내전을 벌였다.

신의 지지자들에게 선거에서 투표를 한다는 부르주아적 악덕―― 이전까지는 진정한 혁명가에게 무가치한 것이라고 하여 거부했던 ―― 을 실행하라고 권고하는 경향이 있었다. 어떠한 무정부주의자도 실제로 선거에 입후보함으로써 자신을 더럽히지는 않았지만 말이다. 1936년 2월에 인민전선은 근소한 표차로 승리했으나―― 결코 압도적인 승리가 아니었다 ―― 정당간의 조정 덕분에 스페인 의회, 즉 코르테스(Cortes)에서 상당히 큰 다수 의석을 차지했다. 이러한 승리는 효율적인 좌파 정부를 낳기보다는 누적된 사회적 불만이라는 용암이 분출할 수 있는 틈을 낳았고, 그러한 사실은 다음 몇 달 동안 점점 더 분명해졌다.

정통적인 우파 정치는 실패했으므로 이 단계에서 스페인은 자신이 개척했던 정치형태이자 이베리아 세계를 특징짓게 된 프로눈시아멘토(pronunciamento), 즉 군사 쿠데타로 되돌아갔다. 그러나 스페인 좌파가 국경을 넘어 인민전선 정책에 시선을 돌렸던 것과 똑같이 스페인 우파는 파시스트 열강에 마음이 끌렸고, 그러한 과정은 세력이 미약한 그 나라 파시스트 운동인 팔랑헤 당을 통해서보다는 교회와 군주제주의자들을 통해서 이루어졌다. 교회와 군주제주의자들에게는, 똑같이 불경한 자유주의자들과 공산주의자들 사이에 차이가 거의 없었고 둘 중 어느 쪽과도 타협의 여지가 전혀 없었다. 이탈리아와 독일은 우파의 승리로부터 일정한 정신적 이득과 아마도 정치적인 이득을 얻기를 기대했다. 선거가 끝난 뒤 쿠데타 음모를 진지하게 꾸미기 시작한 스페인 장군들은 재정적인 지원과 실천상의 도움을 필요로 했고, 그에 대하여 이탈리아와 협상을 벌였다.

그러나 민주주의자들의 승리와 정치적인 대중동원의 시기는 군사 쿠데타를 벌이기에 이상적인 조건이 아니다. 군사 쿠데타의 성공은 민간인들 ―― 어느 편도 아닌 군대 일부는 말할 것도 없고 ―― 이 신호를 받아들이는 관습에 달려 있다. 마찬가지로, 신호가 받아들여지지 않은 군사반란자들은 조용히 자신의 실패를 인정한다. 고전적인 프로눈시아멘토는 대중들이 휴식중이거나 정부가 정통성을 잃은 시기에 가장 잘 이루어지는 게임이다. 그런데 이러한 조건들은 스페인에 존재하지 않았다. 1936년 7월 17일의 장군들의 쿠데타는 몇몇 도시들에서는 성공했지만, 다른 몇몇 도시들에서는 민중과, 정부에 대한 충성을 유지한 군대로부터 격렬한 저항을 받았다. 그 쿠데타는 수도인 마드리드를 포함한, 스페인의 두 주요 도시를 장악하지 못했다. 따라서 스페인 일부에서 쿠데타는 사회혁명의 기선을 제압한다는 애초의 목표와는 정반대로 오히려 그러한 혁명을 촉진하는 결과를 낳았다. 또한 스페인 전역에서 쿠데타는, 합법적이고 정식으로 선출된 공화국 정부 —— 이제는 사회주의자, 공산주의자, 일부 무정부주의자까지 포함할 정도로 확대되었지만, 쿠데타를 물리친 대중 반란세력과 불편한 동거관계에 들어간 —— 와, 공산주의에 대항한 민족주의 십자군을 자임하는 반란장군들 사이의 장기화된 내전으로 발전했다. 이러한 장군들 중에서 가장 젊고 정치적으로 가장 명민한 프란시스코 프랑코 이 바아몬데(1892-1975)가 새로운 체제의 지도자가 되었고, 그 체제는 전쟁 동안에 일당제—— 파시즘 세력에서부터 기존의 군주제주의자와 카를로스주의 극우파까지 포괄하는 우파 복합체인, '스페인 전통주의 팔랑헤 당'이라는 모순된 당명의 정당을 유일정당으로 하는 —— 의 권위주의 국가가 되었다. 그러나 내전에 들어간 두 진영 모두 지원을 필요로 했고, 두 진영 모두 자신의 잠재적인 후원자들에게 호소했다.

  장군들의 반란에 대한 반파시즘 여론의 반응은 비(非)파시즘 정부들의 반응과는 달리 즉각적이었고 자발적이었다. 비파시즘 정부들의 반응은, 프랑스에 방금 들어선 사회주의자가 이끄는 인민전선 정부나 소련 정부처럼 공화국측을 강력히 지지하는 경우조차 훨씬 더 조심스러운 것이었다(이탈리아와 독일은 즉각 자기 편에 무기와 병력을 보냈다). 프랑스는 공화국을 몹시 도와주고 싶어했고, 실제로 약간의(공식적으로는 '부인할 수 있는') 원조를 제공했다. 국내 분열과 영국 정부에 의해서 공식적인 '불간섭'정책을 수행하도록 압력을 받기 전까지는 말이다. 영국 정부는 이베리아 반도에서 사회혁명과 볼셰비즘의 진전으로 보이는 것에 대하여 깊은 적대감을 드러냈다. 서방의 중간계급 및 보수주의 여론은 대체로 이러한 태도를 공유했다. (카톨릭 교회와 친파시스트들을 제외하고는) 장군들을 열렬히 지지하지는 않았지만 말이다. 확고히 공화국 편에 섰던 러시아 역시 영국이 주창한 불간섭협정에 참가했다. 장군들에 대한 독일과 이탈리아의 원조를 막는다는 협정의 목표가 성취되리라고는 아무도 기대하거나 바라지 않았고, 그 결과 협정은 "모호한 말 쓰기에서 위선으로 점차 변해갔다."(Thomas, 1977, p.395) 러시아는 1936년 9월부터 줄곧, 완전히 공식적으로는 아니지만 성심성의껏 공화국을 돕기 위한 인력과 물자를 보냈다. 단지, 영국과 프랑스가 스페인에 대한 추축국들의 대대적인 개입에 맞서 어떠한 일도 하기를 거부했다는 것 그리고 그럼으로써 공화국을 버렸다는 것만을 의미했던 '불간섭'은, 불간섭주의자들에 대한 파시스트와 반파시스트 둘 다의 경멸을 더욱 굳혔다. 불간섭은 또한 스페인의 합법적인 정부를 도와준 유일한 강국인 소련과 스페인 안팎의 공산주의자들의 위신을 엄청나게 높여주었는데, 그 이유는 그들이 이러한 원조를 국제적으로 조직했기 때문만이 아니라, 그들이 곧 공화국이 기울인 군사적 노력의 주력으로 자리잡았기 때문이었다.

그러나 소련이 자신의 자원을 동원하기 전부터 이미 자유주의자들로부터 극좌파에 이르기까지 모두가 즉각 스페인 투쟁을 자신들의 투쟁으로 보았다. 1930년대의 가장 뛰어난 영국 시인 위스턴 휴 오든은 다음과 같이 썼다.

> 뜨거운 아프리카에서 떨어져나와
> 창의력이 풍부한 유럽에 자연 그대로 결합된 땅 조각인
> 척박한 저 네모꼴 땅(스페인을 지칭한다/역주) 위에서
> 강들이 그어진 저 고원 위에서
> 우리의 사상은 육체를 얻었네. 우리의 열기가 위협하는 모양이
> 명확히 보이고 생생하네.

게다가 사기를 꺾는 끝없는 좌파의 퇴각이, 무장한 우파의 진군에 맞서 싸우는 남녀에 의해서 중단되는 일이 거기서, 오직 거기서만

일어났다. 공산주의 인터내셔널이 국제여단(그 첫 분견대는 10월 중순에 장래의 기지에 도착했다)을 조직하는 일을 시작하기도 전에 또한 사실상, 조직된 최초의 의용군 부대(이탈리아의 자유주의-사회주의 운동단체인 '정의와 자유[Giustizia e Libertá]'의 부대)가 전선에 등장하기도 전에, 이미 몇몇 외국인 의용군들이 공화국을 위해서 싸웠다. 결국 50개국 이상에서 4만 명 이상의 외국 젊은이들[6]이 싸우러 왔고, 그들 중 많은 수가, 그들 대부분이 아마도 학교 지도에서 본 것외에는 아는 바가 없을 나라에서 죽었다. 프랑코 편에서 싸운 외국인 의용군이 1,000명에 불과했다는 사실은 의미심장하다(Thomas, 1977, p.980). 20세기 후반의 정신적 분위기에서 자란 독자들을 위해서는, 이들이 용병도, 극소수의 경우를 제외하면 모험가도 아니었다는 점을 덧붙여 강조해야 할 것이다. 그들은 대의를 위해서 싸우러 갔던 것이다.

이제는, 1930년대를 직접 겪은 자유주의자들과 좌파 사람들에게 스페인이 의미했던 것을 기억하기가 어렵다. 이제 모두들 성서상의 수명은 다 산 우리 생존자들 중 많은 수에게 스페인이 여전히, 되돌아보더라도 1936년처럼 순수하고 절박한 대의로 와닿는 유일한 정치적 대의인 것은 사실이지만 말이다. 스페인은 이제 스페인에서조차 유사 이전의 과거에 속한 것으로 보인다. 그러나 당시에 파시즘과 싸운 사람들에게 스페인은 자신들 싸움의 중심적인 전선으로 보였다. 왜냐하면 스페인은 2년 반 넘게 행동이 결코 중단되지 않은 유일한 전선이었고, 군복은 안 입었더라도 돈을 모금하고, 피난민을 도와주고, 자신들의 소심한 정부에 압력을 가하는 운동을 끊임없이 벌임으로써 개인 자격으로 참여할 수 있었던 유일한 전선이었기 때문이다. 민족주의 진영의 승리를 향한, 점진적이지만 뒤집을 수 없

---

6) 이들은 아마도 1만 명의 프랑스인, 5,000명의 독일인과 오스트리아인, 5,000명의 폴란드인과 우크라이나인, 3,350명의 이탈리아인, 2,800명의 미국인, 2,000명의 영국인, 1,500명의 유고슬라비아인, 1,500명의 체코인, 1,000명의 헝가리인, 1,000명의 스칸디나비아인, 기타 수많은 사람들로 이루어졌던 것으로 보인다. 2,000-3,000명의 러시아인은 의용군으로 분류하기 힘들다. 이들 중 약 7,000명이 유태인이었던 것으로 전해진다(Thomas, 1977, p.982-84 ; Paucker, 1991, p.15).

음이 분명한 전진과, 공화국의 예측 가능한 패배와 죽음은 세계 파시즘에 맞서 단결할 필요성을 더욱더 절박하게 만들었을 뿐이다.

스페인 공화국은 우리의 모든 공감과 공화국이 받은 (불충분한) 도움에도 불구하고 처음부터 수세에 몰렸다. 돌이켜보건대 이는 분명 공화국 자신의 약체성에 기인한 것이었다. 20세기 인민전쟁 — 이긴 것이든 진 것이든 — 의 기준에서 보면 공화국이 수행한 1936-39년의 전쟁은 그 용맹성에도 불구하고 낮은 점수를 매길 수밖에 없다. 그 이유는 부분적으로는 공화국측이, 우세한 전통적 군대에 대항하는 강력한 무기인 게릴라전을 별로 사용하지 않았다는 데에 있다. 이러한 형태의 비정규전에 이름을 붙여준 나라로서는 기묘한 경시(輕視)였다. 단일한 군사적, 정치적 지도부를 가진 민족주의자들과는 달리 공화국은 여전히 정치적으로 분열되어 있었고, 공산주의자들의 기여에도 불구하고 단일한 군사적 의지 및 전략사령부를 획득하지 못했거나 너무 늦게서야 획득했다. 공화국이 할 수 있는 일은 기껏해야, 치명적일 수 있는 상대방의 공세를 이따금씩 격퇴하는 것이었고, 그럼으로써 사실상 1936년 11월에 마드리드 점령으로 끝났을 전쟁을 계속 연장시키는 것이었다.

당시에 스페인 내전은 파시즘이 패배할 좋은 징조로 보이지 않았다. 국제적으로 그 전쟁은 파시스트 국가와 공산주의 국가가 싸운 — 후자가 전자보다 훨씬 더 신중하고 훨씬 덜 단호한 — 유럽 전쟁의 축소판이었다. 서구의 민주주의 국가들은 여전히 불개입 외에는 아무것도 확신하지 못했다. 국내적으로 그 전쟁은 우파의 동원이 좌파의 동원보다 훨씬 더 효과적인 것으로 드러난 전쟁이었다. 그 전쟁은 완전한 패배로 끝났다. 수십만 명이 죽었고, 수십만 명 — 극히 드문 예를 제외하고는 공화국 쪽에 집결했던, 스페인의 살아남은 지적, 예술적 인재들 대부분을 포함한 — 이 자신들을 받아들인 나라들로 피난을 갔던 것이다. 공산주의 인터내셔널은 스페인 공화국을 위해서 자신의 뛰어난 인재들을 전부 동원했다. 공산주의 유고슬라비아의 해방자이자 지도자인 미래의 원수(元帥) 티토는 파리에서 국제여단에 밀려드는 지원자들을 조직화했고, 이탈리아의 공산당 지도자인 팔미로 톨리아티는 경험이 없는 스페인 공산당을 실제로 지휘했다. 그는 1939년에 마지막으로 그 나라를 탈출한 사람들 중 하나이기도 했다. 공산주의 인터내셔널 역시 실패했으며, 스스로도 자신이 실패하고 있다는 것을 알았다. 가장 인상적인 군인들 중 몇몇(예를 들면 미래의 원수들인 이반 스테파노비치 코네프, 로디온 야코블레비치 말리노프스키, 겐나디 이바노비치 보로노프, 콘스탄틴 콘스탄티노비치 로코소프스키와 미래의 소련 해군 사령관인 바실리 바실례비치 쿠즈네초프 제독)을 스페인에 파견했던 소련이 실패했듯이 말이다.

IV

그럼에도 불구하고 스페인 내전은, 프랑코의 승리로부터 몇 년 지나지 않아 파시즘을 파괴하게 될 세력의 형태를 예기했고 준비했다. 그 전쟁은 제2차 세계대전의 정치, 즉 국민적인 적을 패배시키기 위한 동시에 사회를 쇄신하기 위하여 애국적 보수주의자들에서부터 사회혁명가들까지 포괄하는 국민전선이라는 독특한 동맹을 예기했다. 왜냐하면 제2차 세계대전은 승리한 쪽 사람들에게, 단순히 군사적 승리를 위한 투쟁이었을 뿐만 아니라 —— 영국과 미국에서조차 —— 더 나은 사회를 위한 투쟁이기도 했던 것이다. 전후(戰後)에는 어느 누구도, 제1차 세계대전이 끝난 뒤 정치가들이 1913년의 세계로 돌아갈 것을 꿈꾼 것처럼, 1939년 —— 또는 심지어 1928년이나 1918년 —— 으로 돌아갈 것을 꿈꾸지 않았다. 처칠이 이끄는 영국 정부는 전황이 극도로 절망적인 시기에 포괄적인 복지 국가와 완전고용을 약속했다. 이 모든 것을 권고한 베버리지 보고서가, 영국의 절망적인 전쟁에서 어느 때보다도 암울했던 해인 1942년에 나온 것은 우연이 아니었다. 미국의 전후계획에서, 또 다른 히틀러가 등장하는 것을 어떻게 막을 것인가 하는 문제는 부수적으로만 다루어졌다. 전후계획 입안자들은 대공황과 1930년대의 교훈을 배워서 그러한 일들이 다시는 일어날 수 없도록 하는 데에 실질적인 지적 노력을 기울였던 것이다. 추축국에게 패배하고 점령당했던 나라들의 저항운동으로서는 해방과 사회혁명 또는 적어도 대변혁이 서로 뗄래야 뗄 수 없는 과제라는 것이 말할 필요도 없는 사실이었다. 게다가 동유럽이든 서유럽이든 전에 점령당했던 적이 있는 유럽의 모든 지역에서 동일한 종류의 정부들이 승전의 결과로 대두했다. 이데올로기적 구별 없이 파시즘에 반대하는 모든 세력에 기반한 거국적 정부가 그것이다. 대부분의 유럽 국가들에서 역사상 전무후무하게 공산주의자들이 보수주의자들이나 자유주의자들이나 사회민주주의자들과 함께 내각을 구성했다. 이러한 상황은 확실히 오래 지속되지는 않을 운명이었지만 말이다.

공동의 위협이 그들을 단결시키기는 했지만, 적수들의 단결, 즉 루스벨트와 스탈린, 처칠과 영국의 사회주의자들, 드골과 프랑스 공산주의자들의 이러한 놀라운 단결은 10월혁명의 옹호자들과 적대자들 사이의 적대감과 상호 불신이 어느 정도 약화되지 않았더라면 불가능했을 것이다. 스페인 내전으로 인해서 그러한 적대감의 약화는 훨씬 더 촉진되었다. 반혁명적인 정부들조차, 자유주의자인 대통령과 수상이 이끄는 스페인 정부가 반란장군들에 대항하기 위해서 원조를 청했을 때, 그 정부가 헌법상으로나 도덕적으로나 완전한 정통성을 가졌다는 것을 잊을 수 없었다. 자신의 목숨을 잃을까 두려워서 스페인 정부를 배반했던 민주주의 국가의 정치가들조차 양심의 가책을 느꼈다. 스페인 정부나, 보다 중요하게는, 정부업무 수행에서 갈수록 영향력이 커진 공산주의자들이나 모두 사회혁명이 자신의 목표가 아니라고 주장했으며, 실제로 열성적 혁명가들을 전율케 할 정도로 눈에 띄게, 사회혁명을 통제하거나 뒤집기 위하여 할 수 있는 일은 다 했다. 스페인 정부나 공산주의자들이나 모두 혁명이 문제가 아니라 민주주의의 수호가 문제라고 주장했다.

흥미로운 점은 이것이 단순한 기회주의나, 극좌파의 순수주의자들이 생각하듯이 혁명에 대한 배반이 아니었다는 점이다. 이는 권력에 이르는 봉기적인 길에서 점진주의적인 길로, 대결적인 길에서

협상적인 길로, 심지어는 의회주의적인 길로의 의식적인 전환을 반영하는 것이었다. 쿠데타에 대한 스페인 민중의 명백히 혁명적이었던 반발[7] 덕분에 공산주의자들은 이제, 히틀러의 집권 이후 공산주의운동이 맞은 절망적인 상황에 의해 요청되었던, 본질적으로 방어적인 전술이 어떻게 전진의 전망, 즉 '새로운 유형의 민주주의' —— 전시(戰時)의 정치와 경제 둘 다에 의해 긴급하게 요청된—— 로 이어지는지를 알 수 있게 되었다. 반란자들을 지원한 지주들과 자본가들은 자신의 재산을 잃게 될 것이었는데, 지주와 자본가로서가 아니라 반역자로서 몰수될 것이었다. 정부는 경제를 계획하고 떠맡아야 할 것이었는데, 이데올로기적인 이유로가 아니라 전시경제의 논리에 의해서 그럴 것이었다. 따라서, 승리하려면 "그러한 새로운 유형의 민주주의는 보수주의 정신의 적이 될 수밖에 없다.……그러한 민주주의는 스페인의 근로인민에게 그 이상의 경제적, 정치적 획득을 보장해준다."(ibid., p.176)

따라서 1936년 10월의 코민테른 팜플렛은 1939-45년의 반파시즘 전쟁에서 드러날 정치의 형태를 상당히 정확하게 표현한 셈이다. 그 전쟁은 유럽에서 포괄적인 '인민적' 또는 '국민전선적' 정부 내지 저항연합에 의하여 수행되는 전쟁, 국가 주도의 경제에 의해서 수행되며, 점령당했던 영토에서는 자본가들 —— 자본가 자체로서가 아니라 독일인이나 독일인에 대한 협력자로서 —— 의 재산몰수 덕분에 공공부문의 대폭적인 증대로 끝나는 전쟁이 될 것이었다. 중부 및 동부 유럽 여러 나라에서 반파시즘은 곧장 '새로운 민주주의' —— 공산주의자들이 지배하고 결국은 삼켜버린 —— 로 이어졌지만, 냉전이 발발하기 전까지 이러한 전후 체제들의 목표는 분명 사회주의체제로의 즉각적인 전환이라든가 정치적 다원주의와 사유재산제의 폐지가 **아니었다**.[8] 서구국가들에서의 전쟁과 해방의

---

7) 코민테른의 말에 따르면 스페인 혁명은 "가장 넓은 사회적 기반에 근거한 반파쇼 투쟁의 필수적인 부분이다. 그것은 민중혁명이요, 국민혁명이요, 반파쇼 혁명이다."(Ercoli, 1936년 10월, Hobsbawm, 1986, p.175에서 인용)
8) 냉전기에 새로 생긴 공산주의 정보국(코민포름)의 창립회의 때까지도 여전히 불가리아 대표인 블코 체르벤코프는 자기 나라의 전망을 단호하게 이러한 식으로 표현

최종적인 사회적, 경제적 결과 역시 이와 그리 다르지 않았다. 정치적인 상황은 매우 달랐지만 말이다. 사회-경제개혁이 (제1차 세계대전 종전 이후처럼) 대중적 압력에 대한 반응이나 혁명에 대한 공포에서가 아니라, 원칙적으로 그러한 개혁에 헌신하는 정부들 — 일부는 미국의 민주당이나 이제 영국의 여당이 된 노동당과 같은 구래의 개혁주의 유형의 당들이 이끄는 정부들, 일부는 다양한 반파쇼 저항운동들로부터 직접 부상한 개혁 및 국가재건 정당들이 이끄는 정부들 — 에 의해서 도입되었다. 요컨대 반파시즘 전쟁의 논리는 좌파를 향한 것이었다.

V

1936년에는 그리고 1939년에는 훨씬 더, 스페인 내전의 이러한 함의들이 먼 장래의 일로 보였고 심지어는 비현실적인 것으로 보였다. 거의 10년에 걸쳐 코민테른의 반파쇼 통일전선이라는 노선이 명백히 전면 실패로 돌아간 뒤 스탈린은 적어도 당분간은 그러한 노선을 자신의 의제에서 삭제했고, 히틀러와 화해했을 뿐만 아니라 (양쪽 다 이러한 화해가 오래 지속될 수는 없으리라는 것을 알았지만), 국제운동에 반파쇼 전략을 버릴 것을 지시하기까지 했다. 이는 아마도, 그가 최소한의 위험조차 싫어하는 것으로 유명하다는 점에 의해서 가장 잘 설명될 수 있을 분별 없는 결정이었다.[9] 그러나 1941년에 코민테른 노선의 논리가 그 진가를 충분히 발휘했다. 왜냐하면 독일이 소련을 침공하고 미국을 전쟁에 끌어들임에 따라 — 요컨대 파시즘에 대한 투쟁이 결국 세계전쟁이 됨에 따라 — 전쟁은 군사적인 것만큼이나 정치적인 것이 되었기 때문이다. 코민테른

했다(Reale, 1954, pp.66-67, 73-74).
9) 아마도 그는, 프랑스나 영국의 반파쇼 전쟁에 공산당이 열성적으로 참여하는 것이, 히틀러에게 자신이 은밀하게 배신한 증거로 인식되고 따라서 자신을 공격할 구실이 될지 모른다고 걱정했던 것 같다.

노선은, 국제적으로는 미국의 자본주의와 소련의 공산주의 사이의 동맹을 요구하는 것이 되었고, 유럽 각국 내에서는 —— 그 시기에, 서구 제국주의에 종속된 세계는 안 그랬지만 —— 독일이나 이탈리아에 저항할 각오가 된 모든 사람들을 단결시킬 것을, 즉 정치적 스펙트럼 전체에 걸친 레지스탕스 연합을 구성할 것을 촉구했다. 영국을 제외한 모든 유럽 교전국들이 추축국들에 의해서 점령되었으므로, 이러한 저항자들의 전쟁은 본질적으로 민간인들의 전쟁 또는 민간인 출신 부대의 전쟁이었다. 독일과 이탈리아의 군대는 그렇게 보지 않고, 모두에게 정치적 선택을 강요하는, 빨치산들의 야만적인 투쟁으로 보았지만 말이다.

(어느 정도는 독일 자체를 제외하고) 전후의 체제와 정부의 정통성이 기본적으로 그들의 레지스탕스 경력에 근거했으므로, 유럽 레지스탕스 운동의 역사는 대체로 신화적인 성격을 띤다. 프랑스가 그러한 극단적인 경우다. 그곳에서 해방 이후의 정부들은, 독일인들과 강화를 맺고 협력했던 1940년의 프랑스 정부와는 어떠한 실질적인 연속성도 가지지 않았으며, 무장했음은 물론이요 조직되기까지 했던 레지스탕스는 어쨌든 1944년 이전까지는 다소 약했고 대중적 지지 역시 빈약했던 것이다. 전후의 프랑스는 드골 장군에 의해서, 영원한 프랑스는 본질적으로 패배를 인정한 적이 결코 없었다는 신화에 기반하여 재건되었다. 드골 자신이 말했듯이 "레지스탕스는 잘 통하는 허세였다."(Gillois, 1973, p.164) 오늘날 프랑스의 전쟁기념일에 기념되는, 제2차 세계대전의 전사(戰士)들이 레지스탕스 전사들과 드골 부대 사람들뿐이라는 것은 정책적인 행위의 결과였다. 그러나 프랑스가 레지스탕스 신화 위에 세워진 국가의 유일한 사례는 결코 아니다.

유럽의 레지스탕스 운동에 관해서는 두 가지 사실을 말해야 한다. 첫번째, 그 운동의 군사적 중요성은 1943년에 이탈리아가 전쟁에서 이탈하기 전까지는 (아마도 러시아를 제외하고는) 무시할 만한 것이었으며, 아마도 발칸 반도 일부 지역을 제외하고는 어느 곳에서도 결정적이지 않았다. 그 운동의 주된 의미는 정치적, 정신적인 데에 있었다는 점을 거듭 강조해야 할 것이다. 일례로 이탈리아의 공적 생활은, 지식인들에게서조차 상당한 지지를 누렸던 파시즘의 시대를 20여 년이나 겪은 뒤, 1943-45년 레지스탕스의 유별나게 인상적이고 광범위한 동원 —— 10만 명이 싸우고 4만5,000명이 죽은, 중부 및 북부 이탈리아의 무장 빨치산 운동을 비롯한 —— 에 의해서 일변했다(Bocca, 1966, pp.297-302, 385-89, 569-70 ; Pavone, 1991, p.413). 따라서 이탈리아인들이 떳떳하게 무솔리니 시대에 대한 기억을 떨쳐낼 수 있었던 반면, 끝까지 확고하게 자신의 정부 편으로 남았던 독일인들은 1933-45년의 나치 시대와 자신들 사이에 거리를 둘 수 없었다. 독일 내의 저항자들, 즉 소수의 공산주의자 투사들, 프로이센의 보수주의 군인들, 소수의 종교적, 자유주의적 반대자들은 죽었거나 정치범 수용소에서 나왔다. 물론, 역으로 파시즘을 지지했거나 점령당국에 협력했던 사람들은 1945년 이후 한 세대 동안 공적 생활로부터 실질적으로 배제되었다. 비록, 공산주의에 맞선 냉전 덕분에 그러한 사람들이 고용될 자리가, 서구의 군사 및 정보 업무가 이루어지는 지하세계에 많이 생겨나기는 했지만 말이다.[10]

레지스탕스에 관한 두번째 관찰결과는, 그것의 정치가 명백한 이유들로 —— 폴란드의 주목할 만한 사례는 해당되지 않지만 —— 좌파 쪽으로 기울어져 있다는 점이다. 각 나라에서 파시스트적, 급진

---

10) 1990년에 이탈리아의 한 정치가에 의해서 그 존재가 폭로된 뒤 글라디오(Gladio, 검)로 알려지게 된 비밀 반공부대가, 소련의 점령 —— 그러한 상황이 벌어질 경우 —— 이후 유럽 여러 나라들에서 국내저항을 계속할 목표로 1949년에 창설되었다. 그 부대의 구성원들은 미국으로부터 무기와 보수를 받았고, CIA와 영국의 비밀 특수부대에게 훈련을 받았으며, 부대의 존재에 대해서는 그들이 활동하는 영토의 정부 —— 선별된 개인들을 제외하고는 —— 도 몰랐다. 이탈리아에서 그리고 아마도 다른 곳에서도 그 부대는 본래, 최후까지 버틴 파시스트들로 구성되었다. 이들은 패배한 추축국이 핵심적 저항세력으로 뒤에 남긴 자들로서 이후 열광적인 반공주의자로서 새로운 가치를 획득했다. 미국의 첩보기관원들조차 더 이상 적군(赤軍)의 침공 가능성이 없다고 본 1970년대에, 글라디오 성원들은 우익 테러리스트 —— 때때로 좌익 테러리스트로 가장한 —— 에서 새로운 활로를 찾았다.

적 우파와 보수주의자들, 그 나라의 부자들, 주된 공포대상이 사회혁명인 그밖의 사람들은 독일인들에게 동조하거나 적어도 반대하지 않는 경향이 있었다. 수많은 지역주의운동이나 보다 작은 민족주의운동들 역시 그랬다. 그러한 운동들 자체가 전통적으로 이데올로기상 우파에 속했고 그들 중 일부, 특히 플랑드르, 슬로바키아, 크로아티아 민족주의는 실제로 독일인들에 대한 협력을 통해서 득을 보기를 원했다. 또한 카톨릭 교회의 철저하고도 비타협적으로 반공주의적인 세력들과 전통적으로 독실한 신자집단 역시 그랬다는 점을 잊어서는 안 될 것이다. 비록, 카톨릭 정치가 어떤 곳에서도 단순히 '협력주의'로 분류되기에는 너무 복잡했지만 말이다. 이상의 사실로 볼 때, 저항을 택한 정치적 우파 사람들은 당연히 자신의 정치적 지지자들의 전형이 아니었던 셈이다. 처칠과 드골 장군은 자신의 이데올로기적 계보의 전형적인 일원이 아니었다. 조국을 수호하지 않는 애국주의란 상상도 할 수 없었던, 군사적 본능을 지닌 골수 우익 전통주의자가 한 사람만은 아니었다는 점을 말하고 넘어가야겠지만 말이다.

이는 레지스탕스 운동에서 공산주의자들의 역할이 유별나게 컸고, 그 결과 전쟁 동안에 그들의 정치적 위치가 놀랄 만큼 향상되었던 이유를 설명해 —— 특별한 설명이 약간이라도 필요하다면—— 준다. 유럽 공산주의운동의 영향력은 바로 이러한 이유로 1945-47년에 절정에 달했다. 1933년에 공산주의운동이 압살되고 이후 3년 동안 영웅적이지만 자멸적으로 저항시도를 한 뒤 이전 상태를 회복하지 못한 독일을 제외하고 말이다. 벨기에, 덴마크, 네덜란드와 같이 사회혁명과 거리가 먼 나라들에서조차 공산당은 총투표 수의 10-12퍼센트 —— 이전 득표 수의 몇 배에 해당하는 —— 를 득표함으로써 자국의회 내에서 서너번째로 큰 블록을 형성했다. 프랑스에서 공산당은 1945년 선거에서 제1당으로 부상했고, 이는 처음으로 자신의 오랜 경쟁자인 사회당을 압도한 것이었다. 이탈리아에서 공산당의 기록은 훨씬 더 놀랄 만한 것이었다. 전쟁 전에는 작고, 탄압에 시달리고, 실패하기로 유명한 비합법 간부들의 집단에 불과했던 이탈리아 공산당 —— 1938년에는 실제로 코민테른에 의해서 해산당할 뻔했다 —— 이 2년의 레지스탕스 끝에 80만 당원 —— 곧(1946) 거의 200만 당원에 달할 —— 의 대중정당으로 부상했던 것이다. 추축국과의 전쟁이 기본적으로 국내 무장 레지스탕스에 의해서 수행되었던 나라들 —— 유고슬라비아, 알바니아, 그리스 —— 에서는 빨치산 군대가 거의 공산주의자들에 의해 지배되어서, 공산주의에 최소한의 공감도 가지지 않았던 처칠이 이끄는 영국 정부가 자신의 지지 및 원조 대상을 왕당파 드라자 미하일로비치에게서 공산주의자 티토로 바꿀 —— 독일인들에게 후자가 전자보다 비교할 수 없을 정도로 더 위험하다는 것이 분명해졌을 때 —— 정도였다.

공산주의자들이 레지스탕스에 몰두했던 것은 레닌의 '전위당' 구조가, 효율적인 행동을 목표로 하는, 단련되고 헌신적인 간부들의 부대를 창출하도록 고안되었기 때문만이 아니라, 불법상태, 탄압, 전쟁 같은 극한상황이 바로 이러한 '직업적 혁명가들'의 단체를 요구했기 때문이기도 하다. 사실상 공산주의자들"만이 레지스탕스 전쟁의 가능성을 예견했다."(M.R.D. Foot, 1976, p.84) 이 점에서 그들은 사회주의 대중정당들과 달랐다. 사회주의 정당들은, 자신들의 활동을 정의하고 규정한 합법성 —— 선거, 공공집회 등 —— 이 없는 상태에서 움직이는 것이 거의 불가능하다고 여겼던 것이다. 파시스트의 집권이나 독일의 점령에 직면한 사회민주주의 정당들은 동면에 들어가는 경향이 있었고, 최선의 경우 독일사회민주당이나 오스트리아 사회민주당처럼 암흑시대가 끝났을 때 동면에서 깨어나 기존의 지지 대부분을 받으며 정치를 재개할 준비를 하기도 했다. 그러한 정당들도 레지스탕스에 전적으로 불참한 것은 아니었지만 구조적인 이유들로 그 비중이 작았다. 극단적인 예에 속하는 덴마크의 경우, 독일의 점령 시 사회민주당 정부가 실제로 정권을 잡고 있었고 —— 아마도 나치에 공감하지는 않았겠지만 —— 전쟁 **내내 계속해서 집권했다**(이러한 에피소드의 후유증을 극복하는 데에 몇 년이 걸렸다).

공산주의자들이 레지스탕스에서 두드러진 역할을 하는 것을 용이하게 한 특성은 두 가지가 더 있다. 그들의 국제주의와, 자신의 목숨을 대의에 바칠 정도로 열렬하고 거의 천년왕국적인 신념이 그것이다(제2장을 보라). 첫번째 특성인 국제주의 덕분에 공산주의자들은 어떠한 애국적 요구보다도 반파쇼적인 호소를 더 잘 받아들이는 사람들을 동원할 수 있었다. 프랑스를 예로 들자면, 스페인 내전 난민들이 그 나라 남서부의 무장 빨치산 레지스탕스의 대부분을 차지했으며 —— 디데이 전에 그러한 전사들의 수는 약 1만2,000명이었다(Pons Prades, 1975, p.66) —— 17개국에서 온 여타의 난민들과 노동계급 이주민들이 MOI(Main d'Oeuvre Immigrée, 이민노동자)라는 이니셜 아래 당의 가장 위험한 일 중 일부 —— 파리에서 독일 장교들을 공격한 마누시앙 그룹(아르메니아인들과 유태계 폴란드인들)이 그 예다 —— 를 해냈다.[11] 두번째 특성은, 적들조차 감명시킨 용감성, 자기희생, 가차없음의 결합을 낳았다. 이에 대해서는 경이로울 정도로 정직한 저작인, 유고슬라비아인 밀로반 질라스의 「전시(Wartime)」(1977)가 아주 생생하게 묘사하고 있다. 정치적으로 온건한 한 역사가의 의견에 따르면 공산주의자들은 "용감한 자들 중에서도 가장 용감한 자"(Foot, 1976, p.86)에 속했으며, 그들의 단련된 조직이 그들에게 감옥과 강제수용소에서 가장 잘 살아남을 가능성을 주었음에도 불구하고 그들의 인명손실은 컸다. 프랑스 공산당에 대한 불신 —— 다른 공산주의자들조차 그 당의 지도부를 좋아하지 않았다 —— 에도 불구하고, "총살당한 자들의 당"이라고 불릴 자격은 전적으로 부인될 수 없었다. 적어도 1만5,000명의 당 투사들이 적에게 처형당했던 것이다(Jean Touchard, 1977, p.258). 공산주의자들이 용감한 남자들과 여자들, 특히 젊은이들에게 강한 호소력을 지녔다는 것 —— 아마도 특히, 프랑스와 체코슬로바키아처럼 적극적인 저항운동에 대한 대중적 지지가 부족했던 나라들에서 —— 은 놀랄 만한 일이 아니다. 공산주의자들은 지식인들에게도 호소력이 컸다.

---

11) 결국, 체코인 아르투르 론돈이 이끄는 MOI의 부사령관이 된, 필자의 친구 중 하나는 폴란드 출신의 오스트리아 유태인으로서, 프랑스에 있는 독일 군대 내에서 반(反)나치 선전을 조직하는 일이 레지스탕스로서의 그의 임무였다.

지식인들은 반파시즘의 깃발 아래 가장 쉽게 동원된 집단이었고, 무당파(일반적으로 좌파에 속했지만) 레지스탕스 조직들의 핵심을 구성했다. 마르크스주의에 대한 프랑스 지식인들의 애착과, 공산당과 관련된 사람들의 이탈리아 문화에 대한 지배 —— 둘 다 한 세대 동안 지속되었다 —— 는 레지스탕스의 산물이었다. 지식인들은, 자기 회사의 **전(全)**사원이 빨치산으로서 무기를 들었다고 자랑스럽게 기록한 전후의 어느 일급 출판업자처럼 직접 레지스탕스에 뛰어들었든, 아니면 자신이나 자신의 가족이 실제 레지스탕스가 **아니었기** 때문에 —— 그들은 심지어 적(敵) 진영일 수도 있었다 —— 공산당의 동조자가 되었든지 간에 그들 모두가 공산당에 매력을 느꼈다.

공산주의자들은, 발칸 반도의 게릴라 본거지에서의 경우를 제외하고는 혁명적 체제를 수립하려는 시도를 전혀 하지 않았다. 사실 그들은, 권력장악 시도를 원했더라도 트리에스테(아드리아 해 북쪽 끝 이탈리아의 도시로서 유고슬라비아와의 접경지역에 위치해 있다/역주) 서쪽의 어느 곳에서도 그러한 체제를 수립할 만한 위치에 있지 않았고, 뿐만 아니라 그들의 당들이 전적으로 충성을 바친 소련은 그러한 일방적인 권력장악 기도를 적극 제지했다. 실제로 이루어진 공산주의혁명들(유고슬라비아, 알바니아, 나중의 중국)은 스탈린의 조언에 **거역하여** 이루어진 것이었다. 소련의 입장은, 국제적으로나 각국 내에서나 전후의 정치가 포괄적인 반파쇼 동맹의 틀 속에서 계속되어야 한다는 것이었다. 즉 소련은 자본주의체제와 공산주의체제의 장기적인 공존, 보다 정확히 말해서 공생을 기대했고, 그 이상의 정치적, 사회적 변화는 아마도, 전시연합(戰時聯合)에서 나올 '새로운 유형의 민주주의' 내에서의 변화에 의하여 이루어질 것을 기대했던 것이다. 이러한 낙관주의적인 시나리오는 곧 냉전의 밤 속으로 너무도 완전히 사라져서, 스탈린이 유고슬라비아의 공산주의자들에게 왕정을 유지할 것을 촉구했던 것이나, 1945년에 영국의 공산주의자들이 처칠의 전시연합의 붕괴에 반대했던 것, 즉 노동당 정부를 들어서게 할 선거운동에 반대했던 것을 기억하는 사람이 거의 없을 정도이다. 그럼에도 불구하고 스탈린이 이 모든 것을 진지하게 의도했으며, 1943년에 코민테른을 해산하고 1944년에 미국 공산당을 해산함으로써 이를 입증하고자 했다는 것은 의심할 바 없는 사실이다.

"우리는 단결……을 위태롭게 하거나 약화시킬 수 있는 형태와 방식으로 사회주의 문제를 제기하지는 않을 것이다"(Browder, 1944, in J. Starobin, 1972, p.57)라는 미국의 한 공산당 지도자의 말 속에 표현된 스탈린의 결정은 자신의 의도를 명확히 한 것이었다. 반대파 혁명가들이 인지했듯이 그러한 결정은 실질적으로 세계혁명에 대한 영원한 작별인사였다. 사회주의는 소련과, 외교적 협상에 의해서 소련의 영향권으로 할당된 지역, 즉 기본적으로, 전쟁이 끝났을 때 적군(赤軍)이 점령한 지역에 국한될 것이었다. 그러한 영향권 내에서조차 사회주의는 여전히, 새로운 '인민민주주의'의 당면 계획이라기보다는 미래를 위한 막연한 전망으로 남을 것이었다. 역사는 정책의 의도에 거의 신경 쓰지 않은 채 다른 길로 갔다— 한 가지 점을 제외하고는 말이다. 1944-45년에 협상을 통해서 지구 또는 지구의 상당 부분이 두 개의 영향권으로 분리된 것은 계속해서 안정적인 상태로 남았다. 30년 동안 둘 중 어느 쪽도 그 경계선을 넘었던 것은 극히 짧은 기간에 불과했다. 양쪽 다 공개적인 대결에서 물러나 있었고, 그럼으로써 세계 냉전이 결코 열전으로 발전하지 않을 것임이 보장되었다.

VI

전후 미소(美蘇) 협력에 대한 스탈린의 짧았던 꿈이, 파시즘에 대항하는 자유주의적 자본주의와 공산주의의 세계적 동맹을 강화한 것은 아니었다. 오히려 그러한 동맹은 스스로 자신의 힘과 폭을 입증해주었다. 물론 그 동맹은 군사적 위협에 맞선 것이었고, 소련 침공과 미국에 대한 선전포고로 정점에 달한 나치 독일의 일련의 침략이 없었더라면 결코 생겨나지 않았을 동맹이었다. 그럼에도 불구하고 전쟁의 성격 자체가 스페인 내전의 함축에 대한 1936년의 통찰력 —— 군인 및 민간인의 동원과 사회변혁의 결합 —— 을 확증해주었다. 연합국 쪽에서 볼 때 전쟁은 —— 파시스트 쪽보다 더한 정도로 —— 개혁가들의 전쟁이었다. 이는 부분적으로는, 가장 자신만만한 자본주의 강국조차 '평상시와 같은 사업'을 포기하지 않고서는 오랜 전쟁에서 승리하기를 바랄 수 없었기 때문이며, 부분적으로는, 제2차 세계대전이 일어났다는 사실 자체가 전간기의 실패 —— 침략자들에 맞서 단결하는 데에 실패한 것은 전간기의 실패에 대한 작은 징후에 불과했다 —— 를 극적으로 표현했기 때문이다.

승전과 사회적 희망이 결합되었다는 것은, 여론을 표현할 자유가 있는 교전국들이나 해방된 나라들의 여론의 발전에 대해서 우리가 알고 있는 것으로 보아도 확실히 알 수 있다. 여기서 기묘하게도, 1936년 이후 계속해서 민주당 대통령 후보의 득표 수가 조금씩 줄어든 반면 공화당 득표 수가 두드러지게 회복되었던 미국은 제외된다. 미국은 국내문제에 대한 관심이 지배적이었던 나라이자, 다른 어느 나라보다도 전쟁피해가 적은 나라였던 것이다. 진정한 선거가 있었던 나라들 —— 미국을 제외한 —— 에서는 선거결과가 좌파로의 뚜렷한 전환을 보여주었다. 가장 극적인 경우는 영국이었다. 1945년 선거를 통해서, 널리 사랑받고 찬미되었던 전쟁지도자 처칠이 패배하고 득표 수가 50퍼센트 증가한 노동당이 정권을 잡게 되었다. 다음 5년 동안 노동당은 전례 없는 사회개혁의 시기를 주도했다. 양대 정당(보수당과 노동당/역주) 모두 전쟁 수행에 몰두하기는 마찬가지였는데, 유권자는 승전과 사회변혁 둘 다를 약속한 당을 선택했던 것이다. 이는 서유럽 교전국들에서 일반적인 현상이었다. 비록 그 현상의 규모나 급진성이 전(前) 파시스트 및 협력주의 우파의 일시적 제거에 의해서 과장 —— 그 현상의 공적 이미지가 그렇게 되는 경향이 있듯이 —— 되어서는 안 되지만 말이다.

게릴라 혁명이나 적군(赤軍)에 의해서 해방된 유럽 국가들의 상황은 판단하기가 더욱 어렵다. 대량학살, 대량주민퇴거, 대량추방, 강제이주 등으로 인하여 전전(戰前)의 나라와 이전의 이름을 지닌 전후의 나라를 비교하는 것이 불가능해졌다는 이유만으로도 그렇다. 이러한 지역 전역에서, 추축국의 침공을 받은 나라의 주민들 대부분은 자신들을 추축국의 희생물로 보았다. 독일의 후원으로 명목상 독립국의 지위를 획득한, 정치적으로 분열된 슬로바키아인들과 크로아티아인들, 독일의 동맹국인 헝가리와 루마니아의 다수민족 그리고 물론 사방에 분산된 많은 수의 독일인들은 제외하고 말이다. 이는 그들이 러시아(전통적으로 친러시아적인 발칸 반도의 슬라브족을 제외하고)에 대한 공감은 말할 것도 없고, 공산당이 고취한 레지스탕스 운동 —— 아마도, 다른 모든 이들로부터 박해받은 유태인들을 제외하고 —— 에 공감했다는 것을 의미하지는 않았다. 폴란드인들은 반유태주의적이었음은 말할 것도 없고 압도적으로 반독일적인 동시에 반러시아적이었다. 1940년에 소련에게 점령당했던 발트 지역의 군소민족들은 1941-45년에 선택권이 있었을 때 반러시아적인 동시에 반유태주의적인 동시에 친독일적이었다. 루마니아에서는 공산주의자들도 레지스탕스도 볼 수 없었고, 헝가리에서는 그들의 존재가 극소수에 불과했다. 한편 불가리아에서는 레지스탕스가 미약했지만 공산주의와 친러시아 감정 둘 다 강했고, 체코슬로바키아에서는 항상 대중정당이었던 공산당이 진정한 자유선거를 통하여 단연 최대 정당으로 부상했다. 소련의 점령은 곧 이러한 정치적 차이를 탁상공론 차원의 것으로 만들었다. 게릴라의 승리가 국민투표에 의한 것은 아니었지만, 대부분의 유고슬라비아인들이 티토가 이끈 빨치산의 승리를 환영했다는 것은 거의 의심할 바 없다. 소수파에 해당하는 독일인들, 크로아티아의 우스타샤 체제의 지지자들 —— 세르비아인들이 이전의 학살에 대해서 잔인하게 보복한 대상인 —— 과 세르비아 —— 티토의 운동과, 따라서 반(反)독일 전쟁이 결코 번성한 적이 없었던 —— 의 전통주의적 핵심 세력은 제외하고 말이다.[12] 그리스는, 스탈린이 그리스의 공산주

---

12) 그러나 (빨치산 군대에 장교들의 17퍼센트를 제공한) 몬테네그로인들뿐만 아니라 크로아티아와 보스니아의 세르비아인들은 크로아티아인들 —— 티토 자신의 민족 —— 의 주요 계층들이나 슬로베니아인들과 마찬가지로 티토를 강력히 지지했다. 전투의 대부분은 보스니아에서 일어났다.

및 친공산주의 세력이 그들의 적들을 지원하는 영국인들과 싸우는 것을 도와주기를 거부했음에도 불구하고, 잘 알려져 있듯이 여전히 분열상태에서 벗어나지 못했다. 또한 공산주의자들이 승리한 뒤의 알바니아인들의 정치적 감정에 대해서는 혈족관계 연구 전문가들만이 과감히 추측해보려 할 것이다. 그러나 이 모든 나라에서 대대적인 사회변혁의 시대가 이제 막 시작될 참이었다.

기묘하게도 소련은 (미국과 함께) 전쟁이 어떠한 중요한 사회적, 제도적 변화도 가져오지 않은 유일한 교전국이었다. 그 나라는 개전 시나, 종전 시나 스탈린 치하에 있었다(제13장을 보라). 그러나 전쟁이, 특히 심하게 압박받은 농촌에서, 체제의 안정성에 엄청난 긴장을 부과했던 것은 분명하다. 슬라브족을 인간 이하의 노예인종으로 보는 국가사회주의의 뿌리깊은 믿음이 없었더라면, 독일의 침략자들은 소련의 많은 민족들로부터 지속적으로 지지를 얻을 수 있었을 것이다. 역으로 소련이 승리할 수 있었던 현실적 토대는 소련의 다수민족인 대(大)러시아인의 애국주의였다. 그들이 항상 적군(赤軍)의 핵심을 구성했고, 위기의 순간에 소련 체제가 도움을 청한 대상도 그들이었다. 실제로 제2차 세계대전은 소련에서 공식적으로 '대조국전쟁'으로 알려지게 되었는데, 이는 타당한 표현이다.

VII

이 지점에서 역사가는 순전히 서양중심적인 분석이라는 함정에 빠지는 것을 피하기 위해서 크게 한번 도약해야만 한다. 왜냐하면 지금까지 이 장에 쓴 것 중에서 지구의 보다 큰 부분에 적용되는 것은 아주 적기 때문이다. 초민족주의적인 우파정책이 지배하는 일본이 나치 독일과 동맹을 맺었고 중국 내의 주된 저항세력이 공산주의자들이었으므로, 지금까지의 내용이 일본과 동아시아 대륙 사이의 투쟁과 완전히 무관하지는 않다. 또한 그 내용은 파시즘이나 공산주의 같은 최신 유행의 유럽 이데올로기들의 대(大)수입자인 라틴 아메리카와 특히, 1930년대에 라사로 카르데나스 대통령(재임 1934-40)의 주도로 자국의 대혁명을 소생시키고 스페인 내전에서 공화국 쪽을 열렬히 지지한 멕시코에도 어느 정도 적용된다. 사실, 스페인 공화국이 패배한 뒤에도 멕시코는 계속해서 공화국을 스페인의 합법정부로 인정한 유일한 국가로 남았다. 그러나 대부분의 아시아, 아프리카, 이슬람 세계에서 파시즘은 이데올로기로서나 침략국의 정책으로서나 유일한 적은 말할 것도 없고 주된 적조차 아니었으며, 결코 주된 적이 되지 않았다. 유일한 적은 '제국주의' 또는 '식민주의'였고, 제국주의 열강은 압도적으로 자유민주주의 국가들── 영국, 프랑스, 네덜란드, 벨기에, 미국 ── 이었다. 게다가 일본 하나만을 제외하고는 모든 제국열강이 백인국가였다.

논리적으로 제국열강의 적은 식민지 해방을 위한 투쟁에서 잠재적인 동맹군이기도 했다. 한국인, 대만인, 중국인 등이 증언할 수 있듯이, 무자비한 식민주의를 보였던 일본조차 동남아시아와 남아시아에서는 백인에 대항하는 비(非)백인의 투사로서 반(反)식민주의 세력에 호소할 수 있었다. 따라서 반제국주의 투쟁과 반파쇼 투쟁은 서로 반대방향으로 움직이는 경향이 있었다. 일례로 1939년에 스탈린이 독일인들과 맺은 조약은 서구의 좌파를 혼란시켰지만, 인도와 베트남의 공산주의자들로 하여금 영국인들과 프랑스인들에 대항하는 싸움에 제대로 집중할 수 있게 해주었다. 반면에 1941년 독일의 소련 침공은 인도와 베트남의 공산주의자들로 하여금 충실한 공산주의자로서 우선 추축국을 패배시키도록, 즉 자기 나라의 해방을 훨씬 덜 중요한 의제로 취급하도록 강제했다. 이는 인기 없는 조치일 뿐만 아니라, 서방의 식민제국들이 가장 취약해진── 실제로 붕괴하지는 않았더라도 ── 시기에 전략상 분별없는 조치이기도 했다. 또한 실제로, 코민테른에 대한 충성에 구속받지 않은 각국의 좌파 사람들은 그러한 기회를 이용했다. 인도의 국민회의는 1942년에 인도 철수(Quit India) 운동을 개시했고, 벵골인 급진주의자인 수바스 보스는 초기의 전격적인 진격 시에 잡힌 인도군 포로들로 일본인들을 위한 인도 해방군을 충원했다. 버마와 인도네시아의 반식민주의 투사들도 같은 식으로 문제를 바라보았다. 이러한 반식민주의 논리의 극단적인 예는 팔레스타인의 한 극단주의적 유태인 집단이 팔레스타인을 영국인들로부터 해방시키는 것 —— 그들이 시온주의의 최우선적인 과제로 간주한 —— 을 도와줄 것에 대해서 **독일인들**과 협상(처음에는 다마스쿠스를 통해서, 다음에는 비시 정부의 프랑스인들 밑에서)하고자 한 시도였다(이러한 임무에 몰두한 집단의 한 투사인 이츠하크 샤미르는 결국 이스라엘의 수상이 되었다). 그러한 접근은 분명 파시즘에 대한 어떠한 이데올로기적 공감도 수반하지 않았다. 비록 나치 반유태주의가 시온주의자 정착민들과 사이가 나쁜 팔레스타인 아랍인들에게 호소력이 있을 수 있었고, 남아시아의 몇몇 집단들이 스스로를 나치 신화에 나오는 우월한 아리아족으로 보았을지도 모르지만 말이다. 그러나 이러한 것들은 특별한 경우였다(제12장과 제15장을 보라).

설명이 필요한 것은 왜 반제국주의와 식민지 해방운동이 결국 압도적으로 좌파 쪽으로 기울었고, 그럼으로써 적어도 전쟁이 끝났을 때 전지구적인 반파쇼 동원에 수렴되었는가 하는 점이다. 근본적인 이유는 서방의 좌파가 반제국주의 이론 및 정치의 양성소였고 식민지 해방운동에 대한 지원이 압도적으로 국제적 좌파, 특히 (바쿠에서 열린 볼셰비키의 1920년 동양민족대회 이래) 코민테른과 소련으로부터 나왔다는 데에 있다. 게다가, 주로 서구적 교육을 받은 자기 나라 엘리트층에 속한 독립운동의 활동가들과 장래 지도자들은 식민본국에 왔을 때, 다른 어떤 분위기보다도 그 나라 자유주의자들, 민주주의자들, 사회주의자들, 공산주의자들의 비인종주의적, 반식민주의적 분위기에서 편안함을 느꼈다. 어쨌든 그들은 거의 모두가 근대화론자들이었고, 과거를 그리워하는 중세 찬미적 신화라든가 나치 이데올로기라든가 그러한 이론들의 인종주의적 배타성은 그들에게 '공동체주의' 경향과 '종족주의' 경향을 생각나게 할 뿐이었다. 그러한 경향들은 그들이 보기에 제국주의에게 이용되는 그들 나라의 후진성의 징후였다.

요컨대 "나의 적의 적은 나의 친구이다"라는 원칙에 입각한, 추축국과의 동맹은 전술적인 것일 수밖에 없었다. 일본의 지배가 이전 식민주의자들의 지배보다 덜 억압적이고 백인에 맞선 비백인의 지배로서 행사되었던 동남아시아에서조차 그러한 동맹은 단명할 수밖에 없었다. 왜냐하면 일본은, 자신의 투철한 인종주의는 아예 차치하고라도, 식민지를 해방시키는 것 그 자체에는 전혀 관심이 없었기 때문이다(실제로 그러한 동맹은 일본이 곧 패배했기 때문에 단명했다). 파시즘이나 추축국 민족주의는 전혀 특별한 매력을 가지지 못했다. 다른 한편, 대영제국의 위기의 해인 1942년에 (공산주의자들과는 달리) 인도 철수 반란에 투신하는 데에 망설이지 않았던 자와할랄 네루 같은 사람은 해방된 인도가 사회주의 사회를 건설할 것이라는 점 그리고 그러한 사업에서 소련이 동맹세력이자, 아마도 심지어는 —— 제한조건에도 불구하고 —— 모범이 될 것이라는 점을 굳게 믿었다.

식민지 해방의 지도자들과 대변인들이 대체로, 그들이 해방하고자 한 주민들 중에서 비전형적인 소수에 속했다는 사정이 실제로 반파시즘에 대한 합류를 더욱 쉽게 해주었다. 왜냐하면 식민지 주민의 대부분은, 파시즘이 (인종적 우월성을 강조하지 않았더라면) 호소했을지 모르는 정서와 사고 —— 전통주의, 종교적, 민족적 배타성, 근대세계에 대한 불신 —— 에 의해서 움직였거나 적어도 동원 가능했기 때문이다. 실제로는 이러한 정서들이 아직 이렇다 할 규모로 동원되지는 않았거나, 동원되었더라도 아직 정치적으로 지배적인 것이 되지는 않았다. 이슬람교의 대중동원은 1918-45년에 이슬람 세계에서 매우 강력히 발전되었다. 일례로, 자유주의와 공산주의에 대해서 극도로 적대적인 근본주의운동인, 하산 알-반나의 이슬람 형제단(1928)은 1940년대에 이집트 대중의 불만의 주된 대변자가 되었는데, 그 운동의 추축국 이데올로기에 대한 잠재적인 친화성은 특히 시온주의에 대한 적대성을 고려할 때 전술적인 차원 이상의 것이었다. 그러나 이슬람교 국가들에서 실제로 정상에 오른 —— 이따금 근본주의적인 대중들의 지지를 받고서 —— 운동들과 정치가들은 비종교적이고 근대화를 추구하는 세력이었다. 1952년에 혁명을 일으키게 될 이집트의 대령들은 이집트의 공산주의 소그룹들 —— 덧붙여 말하자면 그 지도부가 대체로 유태인들로 구성되었던 —— 과 접촉했던, 전통에 얽매이지 않은 지식인들이었다(Perrault, 1987). 인도 아(亞)대륙에서 파키스탄(1930-40년대의 산물)은 "이슬람 교도 주민의 [영토상의] 불통일과 다수파인 힌두 교도와의 경쟁 때문에 자신들의 정치사회를 민족분리주의적인 것으로보다는 '이슬람교'적인 사회로 불러야 했던 세속화된 엘리트들의 프로그램"(Lapidus, 1988, p.738)이라고 표현하는 것이 정확하다. 시리아에서 선두를 달린 것은, 파리에서 교육받은 두 명의 교사 —— 아랍적 신비주의에도 불구하고 이데올로기적으로 반제국주의적이며 사회주의적이었던 —— 에 의해서 1940년대에 창립된 바트 당이었다. 시리아의 헌법은 이슬람교에 대한 어떠한 언급도 담지 않았다. 이라크의 정치는 (1991년의 걸프 전쟁 이전까지는) 민족주의 장교들, 공산주의자들, 바트 당원들의 다양한 결합에 의해서 결정되었다. 그들 모두 아랍 세계의 단결과 사회주의(적어도 이론상으로는)에 헌신적이었지만 코란 법에 헌신하지는 않았던 것이 명백하다. 알제리 고유의 이유들 때문에 그리고 알제리 혁명운동의 대중적 기반이 넓었기 때문에(특히 프랑스에 이민을 간 수많은 노동자들 사이에서) 알제리 혁명에는 이슬람교적 요소가 강했다. 그러나 혁명가들은 (1956년에) "그들의 투쟁은 시대착오적인 식민지 지배를 깨부수기 위한 투쟁이지 종교전쟁이 아니다"(Lapidus, 1988, p.693)라는 데에 명확히 동의했고, 사회적, 민주적 공화국 —— 헌법상으로 일당(一黨) 사회주의 공화국이 된 —— 을 수립할 것을 제안했다. 실제로 반파시즘의 시기는 사실상의 공산당들이 이슬람교 세계의 일부 지역, 특히 시리아, 이라크, 이란에서 상당한 지지와 영향력을 획득했던 유일한 시기이다. 정치적 지도부의 비종교적이고 근대화론적인 목소리가, 부활한 근본주의적 대중정치의 소리에 묻혀 들리게 되고 침묵당하게 된 것은 훨씬 뒤에나 가서였다(제12장과 제15장을 보라).

서방 선진국들의 반파시즘과 그 식민지들의 반제국주의는, 전후에 재발하게 될 이해관계의 충돌에도 불구하고, 양자 모두가 전후 미래의 사회적 변혁으로 상정한 것을 향하여 수렴되었다. 소련과 각국 공산주의는 한 세계에게는 반제국주의를, 또 한 세계에게는 승전에 대한 완전한 헌신을 의미했으므로 선진국들의 반파시즘과 식민지들의 반제국주의 사이의 차이를 좁히는 데에 일조했다. 그러나 유럽의 전쟁무대와는 달리 비유럽 무대는 공산주의자들에게 중요한 정치적 승리를 가져다주지 않았다. (유럽에서처럼) 반파시즘과 민족/사회해방이 일치한 몇몇 특별한 경우, 즉 식민통치자가 일본인이었던 중국과 한국, 독립의 직접적인 적이 여전히 프랑스인이었다가 일본이 동남아시아를 침략하자 일본인의 통치를 받았던 인도차이나(베트남, 캄보디아, 라오스)는 제외하고 말이다. 이러한 나라들은 전후 시기에 공산주의가 각각 모택동(毛澤東), 김일성(金日成), 호치민의 지도로 승리하게 될 운명의 나라들이었다. 다른 곳에서는, 이제 막 식민지에서 벗어날 국가들의 지도자들이 일반적으로 좌파운동에서 배출되었지만, 그들은 1941-45년에 추축국의 패배를 다른 모든 것에 우선시할 필요성을 덜 절박하게 느꼈다. 그러나 이들조차 추축국의 패배 이후에는 세계적 상황을 다소 낙관적으로 보지 않을 수 없었다. 양대 초강대국은 적어도 이론상으로는 구(舊)식민주의 편이 아니었다. 잘 알려진 한 반(反)식민주의 정당이 세계 최대의 제국 한복판에서 정권을 잡았다. 구식민주의의 힘과 정통성은 심하게 손상되었다. 독립를 위한 기회는 전의 어느 때보다도 유리한 것으로 보였다. 그러한 관측은 옳았던 것으로 판명되었지만, 구제국들의 야만적인 지연작전이 일부 없지 않았다.

VIII

따라서 추축국 — 보다 정확히 말하면 독일과 일본 — 의 패배는, 인민들이 충성을 굽히지 않고 엄청난 능력을 발휘하여 마지막 날까지 싸운 독일과 일본 자체에서를 제외하고는 슬픔을 뒤에 거의 남기지 않았다. 결국 파시즘은 자신의 중심국들 밖에서는 아무것도 동원하지 못했다. 그 대부분이 자신의 나라에서 여전히 정치적 극단론자들로 남았을 급진적 우파라는 드문드문 존재한 이데올로기적 소수파, 독일과 동맹을 맺음으로써 자신들의 목적을 달성할 것을 기대한 몇몇 민족주의 그룹들, 나치 점령지의 야만적인 보조군으로 징병되었던, 전쟁과 정복의 수많은 부랑자들을 제외하고는 말이다. 일본인들은 일시적으로 백색 피부보다는 황색 피부로 쏠린 공감밖에 동원하지 못했다. 유럽의 파시즘은 주로, 노동계급운동, 사회주의, 공산주의 그리고 이들 모두를 고취하는 모스크바의 불경한 악마 본부의 공격을 막아준다는 호소력 덕분에 보수주의적 부자들에게서 상당한 지지를 받았다. 비록 대사업가들의 지지는 항상 원칙적이라기보다는 실용적인 차원의 것이었지만 말이다. 파시즘의 호소력은 실패와 패배 이후에도 살아남을 수 있는 것은 아니었다. 어쨌든 국가사회주의 12년의 최종적 결과는 유럽의 상당 부분이 이제 볼셰비키의 손에 맡겨지게 되었다는 것이었다.

그러므로 파시즘은 강에 내던져진 흙덩어리처럼 녹아버린 셈이었고, 이탈리아 —— 무솔리니에게 경의를 표하는, 그리 크지 않은 신(新)파시스트 운동(Movimento Sociale Italiano)이 이탈리아 정치에 영속적으로 존재했다 —— 에서의 경우를 제외하고는 정치무대에서 사실상 영원히 사라졌다. 이는 단순히, 이전에 파시스트 체제에서 두드러진 역할을 했던 사람들이 정계에서 추방된 —— 경제계는 말할 것도 없고 공직과 공적 생활로부터는 결코 추방되지 않았지만 —— 데에 기인한 것도, 심지어 선량한 독일인들(그리고 다른 식으로, 충성스러운 일본인들)이 받은 충격에 기인한 것도 아니었다. 그들의 세계는 1945년의 육체적, 정신적 혼돈 속에서 무너졌고 그들의 이전 신념에 대한 단순한 충성은 그들에게 실제로 역효과를 가져왔다. 그러한 충성은, 자신의 제도와 방식을 그들에게 부과한 점령국들 치하에서의 새롭고도 처음에는 이해할 수 없었던 생활에 적응하는 데에 방해가 되었다. 점령국들은 그들(독일인들과 일본인들/역주)의 기차가 이제부터 반드시 지켜야 하는 노선의 철도를 놓았던 것이다. 국가사회주의는 1945년 이후의 독일인들에게 기억 외에는 줄 것이 전혀 없었다. 히틀러 독일에서 국가사회주의가 강했던 지역인 오스트리아(국제외교에 의해서 굴절되어 유죄보다는 무죄로 분류된)에서 전후의 정치가 곧 정확히, 1933년에 민주주의가 폐지되기 전의 상태로 역전되었던 것 —— 좌파 쪽으로 약간 이동한 것을 제외하고는 —— 은 전형적인 현상이다(Flora, 1983, p.99를 보라). 파시즘은, 그것이 등장할 수 있게 해준 세계공황과 함께 사라졌다. 파시즘은 이론적으로조차 보편적인 프로그램이나 정치적 계획이었던 적이 전혀 없었다.

다른 한편, 반파시즘은 그 동원이 아무리 이질적이고 비영구적이었다 해도 엄청난 범위의 세력을 단결시키는 데에 성공했다. 게다가 이러한 단결은 소극적인 것이 아니라 적극적인 것이었고 몇몇 점에서 지속적이었다. 이데올로기적으로 그 단결은 계몽주의와 혁명의 시대의 공유된 가치와 열망 —— 이성과 과학의 적용에 의한 진보, 교육과 민주정치, 태생이나 혈통에 기초한 불평등의 거부, 과거보다는 미래를 지향하는 사회 —— 에 기초한 것이었다. 이러한 유사성들 중 일부는 순수히 이론적으로만 존재했다. 비록, 멩기스투의 에티오피아, 시야드 바레가 몰락하기 전의 소말리아, 김일성의 북한, 알제리, 공산주의 동독처럼 서구민주주의, 아니 사실상 어떠한 민주주의와도 거리가 먼 정치체들이 민주주의 공화국이나 인민민주주의 공화국이라는 공식적 칭호를 내걸기로 했다는 것이 전적으로 무의미하지는 않지만 말이다. 그러한 칭호는 전간기의 파시스트 체제와 권위주의체제 그리고 전통적인 보수주의체제조차 경멸하며 거부했을 명칭이다.

다른 몇몇 점에서 공동의 열망은 공동의 현실과 그리 거리가 멀지 않았다. 서구의 입헌적 자본주의, 공산주의 체제, 제3세계가 똑같이, 모든 인종과 성(性)의 동등한 권리 획득에 몰두했고, 따라서 이들 모두 —— 한 쪽의 몫을 다른 쪽의 몫과 체계적으로 구별했다는 점을 제외하고는[13] —— 공동의 목표를 달성하지 못한 셈이다. 또

---

13) 특히 이들 모두가 전쟁, 레지스탕스, 해방에서 여성들이 행한 중요한 역할을 잊었다.

한 이들 모두가 세속국가들이었다. 보다 중요하게는, 1945년 이후에 이들 모두가 실제로, 의식적이고도 적극적으로 시장의 지배권을 거부하고 국가에 의한 경제의 적극적인 관리와 계획을 선호한 국가들이었다. 신자유주의 경제학이 숭배되는 시대에 상기하기는 어려운 일이겠지만, 1940년대 초와 1970년대 사이에 프리드리히 폰 하이에크 같은, 가장 유명하고 전에 영향력 있었던, 완전한 자유시장의 옹호자들은 자신들과 자신들 같은 사람들을, 조심성 없는 서구자본주의에게 "농노제에 이르는 길"(Hayek, 1944)을 따라 돌진하고 있다고 경고하지만 소용없는 광야의 선지자들로 보았다. 실제로는 서구자본주의가 경제기적의 시대로 전진하고 있었다(제9장을 보라). 자본주의 정부들은 경제에 대한 개입만이 양차 세계대전 사이의 경제적 파국으로 돌아가는 것을 막을 수 있으며, 인민들이 이전에 히틀러를 택했듯이 공산주의를 택할 정도로 급진화될 정치적 위험을 피할 수 있다고 확신했다. 제3세계 나라들은 정부의 행동만이 그들의 경제를 후진성과 종속성으로부터 탈피시킬 수 있다고 믿었다. 탈식민화된 세계에서는 소련으로부터 영감을 받아, 전진할 수 있는 길을 사회주의로 볼 것이었다. 소련과 소련의 새로 확대된 가족은 중앙계획만을 믿었다. 또한 세계의 세 지역 모두, 피와 철에 의해서뿐만 아니라 정치적 동원과 혁명적 정책에 의해서 성취된, 추축국에 대한 승리가 사회변혁의 새 시대를 열었다는 확신을 가지고 전후 세계로 나아갔다.

어떤 의미에서 그들은 옳았다. 지구의 표면과 인간의 생활이, 히로시마와 나가사키의 버섯구름 아래 시작된 시대만큼 그렇게 극적으로 변모한 적은 일찍이 없었다. 그러나 언제나처럼 역사는 인간의 의도 —— 국가정책 결정자들의 의도조차 —— 에 아주 조금만 주의할 뿐이었다. 실질적인 사회변혁은 의도된 것도, 계획된 것도 아니었다. 어쨌든 세 지역 모두가 직면해야 했던 첫번째 우연적인 사건은 반파쇼 대동맹의 거의 즉각적인 붕괴였다. 단결해 맞설 대상으로서의 파시즘이 더 이상 존재하지 않게 되자마자, 자본주의와 공산주의는 다시 한번 서로 불구대천의 적으로 대치할 준비를 했다.

제6장 1914-45년의 예술

> 초현실주의자들의 파리 역시 하나의 작은 '우주(universe)'이다.……보다 큰 우주인 코스모스(cosmos)의 상황도 이와 달라 보이지 않는다. 거기에도 유령과 같은 신호들이 통행하며 반짝거리는 교차로가 있으며, 사상(事象)들 사이의 상상할 수 없을 정도의 유사성과 관련성이 일상적 질서이다. 그곳은 초현실주의의 서정시가 보고하고 있는 지역이다.
> ── 발터 벤야민, "초현실주의",「일방통행로」(1979, p.231) 중에서

> 신건축(New Architecture)은 미국에서 별로 확산되지 않은 것으로 보인다.……그러한 새로운 양식의 주창자들은 아주 진지하며, 그들 중 일부는 단일세 지지자 같은 날카로운 교육자적인 방식으로 계속 활동하고 있다.…… 그러나 그들은 공장 디자인 수준에서의 경우를 제외하고는 개종자들을 그리 많이 만들지 못한 것으로 보인다.
> ── 헨리 루이스 멩컨, 1931년

I

비분석적이기로 유명한 뛰어난 패션 디자이너들이 앞으로 벌어질 상황의 양상을 예견하는 데에 때때로 직업적 예언가들보다 더 잘 성공하는 이유가 무엇인가 하는 것은 역사에서 가장 불투명한 문제들 중 하나이며 문화사가에게는 가장 핵심적인 문제들 중 하나이다. 그것은 분명 고급문화계, 즉 엘리트 예술과 무엇보다도 전위예술에 격변의 시대가 미친 충격을 이해하고 싶어하는 사람 누구에게나 중대한 문제이다. 왜냐하면 이러한 예술들이 자유주의-부르

주아 사회의 실질적 붕괴를 여러 해 앞질러 미리 보여주었다는 사실이 일반적으로 인정되기 때문이다(「제국의 시대」 제9장을 보라). 1914년까지는, 실제로 '모더니즘'이라는 넓고 다소 막연한 덮개 아래 보호될 수 있는 모든 것 —— 입체파, 표현주의, 미래파, 순수추상화, 건축에서의 기능주의와 장식으로부터의 탈피, 음악에서의 음조의 포기, 문학에서의 전통과의 단절 —— 이 이미 자리를 잡았다.

대부분의 저명한 '모더니스트' 명부에 오를 수많은 이름들 모두가 1914년에 이미 원숙한 존재였고 왕성한 생산력을 보였거나 유명하기까지 했다.[1] 자신의 시가 1917년 이후에 가서야 발표된 T. S. 엘리엇조차 그전까지는 분명히 [(에즈라 파운드와 함께) 퍼시 윈덤 루이스의 「돌풍(Blast)」지의 기고자로서] 런던의 전위예술계에 속했다. 늦어도 1880년대에 태어난 이들이 40년 뒤에도 여전히 모더니티의 우상들이었다. 종전(終戰) 이후에 겨우 등장하기 시작한 수많은 남녀들 역시 고급문화적인 저명한 '모더니스트' 후보 목록들 대부분에 오르게 될 것이라는 점은 이전 세대의 지배보다는 덜 놀라운 일이다[2](이를테면 쇤베르크의 계승자들 —— 알반 베르크와 안톤 베베른 —— 조차 1880년대 세대에 속한다).

사실, '기성' 전위예술계에서 1914년 이후에 이루어진 형식의 혁신은 두 가지뿐이었던 것으로 보인다. 서부 유럽에서의 **다다이즘**(Dadaism) —— **초현실주의**(surrealism)로 점차 변화했거나 초현실주의를 예기한 —— 과 동구에서의 소련산(產) **구성주의**(constructivism)가 그것이다. 실생활에서의 가장 가까운 유사물을 일부 박람회 구조물들(거대한 바퀴, 대형 국자 등)에서 볼 수 있는, 해골 같고 입체

---

1) 앙리 마티스와 파블로 피카소 ; 아르놀트 쇤베르크와 이고르 페도로비치 스트라빈스키 ; 발터 그로피우스와 루트비히 미스 반 데어 로에 ; 마르셀 프루스트, 제임스 조이스, 토마스 만, 프란츠 카프카 ; 윌리엄 버틀러 예이츠, 에즈라 파운드, 알렉산드르 알렉산드로비치 블로크, 안나 아드레예프나 아흐마토바.
2) 많은 사람들 중에서도 특히 다음 사람들을 들 수 있다. 이사크 바벨(1894년생), 르 코르뷔지에(1897), 어니스트 헤밍웨이(1899), 베르톨트 브레히트, 가르시아 로르카, 한스 아이슬러(모두 1898년생), 쿠르트 바일(1900), 장 폴 사르트르(1905), 위스턴 휴 오든(1907).

적이며 가급적이면 움직이는 구조물로의 탈선인 구성주의는 곧, 주로 바우하우스(이에 대한 보다 자세한 것은 뒤에서 다시 이야기할 것이다)를 통해서 건축 및 산업 디자인의 주류에 흡수되었다. 공산주의 인터내셔널을 기념하는 블라디미르 예프그라포비치 타틀린의 유명한 회전 사탑(斜塔) 같은, 구성주의의 가장 야심적인 계획들은 결코 실행에 옮겨지지 않았거나, 소련의 초기 공공의식에 쓰이는 장식물로서 극히 짧은 기간 동안만 존속했다. 구성주의는 참신하기는 했지만, 모더니즘 건축의 레퍼토리를 늘리는 역할 이상은 거의 하지 않았다.

다다이즘은 1916년에 취리히의 혼성 망명자집단(그곳의 또 다른 망명자집단은 레닌의 지도 아래 혁명을 기다렸다) 속에서, 세계대전과 그것을 부화한 사회 —— 그 사회의 예술을 포함한 —— 에 대한, 고뇌에 찼지만 빈정대는 허무주의적 항의로 구체화되었다. 다다이즘은 모든 예술을 거부했으므로 어떠한 형식상의 특징도 가지지 않았다. 1914년 이전의 입체파 및 미래파 전위예술가들로부터 약간의 기교들 —— 특히 콜라주(사진의 일부 등의 조각들을 붙여서 맞추는 기법)를 비롯한 —— 을 빌려오기는 했지만 말이다. 기본적으로, 인습적인 부르주아 예술애호가들을 기절시킬 수 있는 것이라면 어떠한 것도 다다이즘으로 받아들일 수 있었다. 물의를 일으키는 것이 다다이즘의 일관된 원칙이었다. 일례로 마르셸 뒤샹(1887-1968)이 1917년 뉴욕에서 공중소변기를 '예술품으로 취급되는 일용품(ready-made art)'으로 전시한 것은 다다이즘 정신에 완전히 들어맞는 것이었지만 —— 그는 미국에서 돌아오자마자 다다이즘에 합류했다 —— 그뒤에 예술에 관계하기를 조용히 거부한 것 —— 그는 체스 두기를 더 좋아했다 —— 은 다다이즘 정신에 들어맞지 않았다. 다다이즘에 조용한 것이란 전혀 없었던 것이다.

초현실주의는 지금까지 알려진 예술의 거부에 마찬가지로 몰두하고 공개적인 물의를 마찬가지로 좋아하며, (앞으로 보게 되듯이) 사회혁명에 훨씬 더 끌렸지만 소극적인 항의 이상의 것이었다. 모든 유행이 이론을 요구하는 나라인 프랑스에 기본적으로 집중된 운동

답게 말이다. 실제로, 다다이즘이 1920년대 초에 전쟁과 전쟁을 낳은 혁명의 시대와 함께 무너졌을 때 초현실주의가 그러한 시대로부터 "마술, 우연, 비합리성, 상징, 꿈을 새로이 강조하며, 정신분석에 의해서 드러나는 무의식에 기반한, 상상력의 부활에 대한 요청"(Willett, 1978)이라고 불린 것으로서 등장했다고 말할 수 있다.

몇몇 점에서 초현실주의는 낭만주의가 20세기의 옷을 입고 부활한 것(「혁명의 시대」제14장을 보라)이었다. 불합리하고 장난스럽다는 느낌은 더 했지만 말이다. 초현실주의는 주류 '모더니즘' 전위예술과는 달리 그러나 다다이즘과는 비슷하게, 형식의 혁신 자체에는 관심이 없었다. 무의식을 닥치는 대로의 말의 흐름('자동 기술[automatic writing]')으로 표현할 것인가, 아니면 꼼꼼한 19세기 전통주의 예술가의 스타일 ── 살바도르 달리(1904-89)가 사막풍경에서 녹고 있는 시계들을 그린 ── 로 표현할 것인가 하는 것은 중요하지 않았다. 중요한 것은 이성적인 통제체계에 의하여 매개되지 않은 자발적 상상의 능력을 인정하는 것이고, 일관되지 않은 것을 가지고 일관된 것을, 명백히 비논리적이거나 불가능하기까지 한 것을 가지고 명백히 필연적인 논리를 생산하는 것이었다. 그림엽서식으로 주의 깊게 그린, 르네 마그리트(1898-1967)의 "피레네 산맥의 성(城)"은 거대한 바위 꼭대기 위에, 마치 거기서 자란 것처럼 솟아 있으며, 거대한 달걀과 같은 바위만이, 마찬가지로 사실주의적으로 주의를 기울여 그린 바다 위의 하늘에 떠 있다.

초현실주의는 전위예술의 레퍼토리에 대한 하나의 진정한 부가물이었다. 그것의 참신함은 보다 오래된 전위예술가들 사이에서조차 충격이나 몰이해 또는 몰이해나 다름없는, 때때로 당혹해하는 웃음을 낳는 능력에 의해서 입증되었다. 이는 1936년에 런던에서 열렸던 국제 초현실주의 전람회와, 이후 파리의 초현실주의 화가 친구 ── 유화로 인간의 내장 사진과 정확히 똑같은 것을 그릴 것을 고집한 것이 필자로서는 이해하기 어려웠던 ── 에 대한 필자 자신의 반응 ── 확실히 소년다운 ── 이기도 했다. 그럼에도 불구하고, 초현실주의는 돌이켜보건대, 두드러지게 수확이 많았던 운동으로 보아야만 한다. 주로 프랑스와, 프랑스의 영향이 강하게 작용한 스페인어권 국가들과 같은 나라들에서였지만 말이다. 초현실주의는 프랑스(폴 엘뤼아르, 루이 아라공), 스페인(가르시아 로르카), 동유럽, 라틴 아메리카(페루의 세사르 바예호, 칠레의 파블로 네루다)의 일급 시인들에게 영향을 끼쳤고, 실제로 초현실주의 중 일부는 훨씬 뒤인 현재까지 라틴 아메리카 대륙에서 '마술적 리얼리즘' 저작을 통하여 반향되고 있다. 초현실주의의 이미지와 상상력 ─ 막스 에른스트(1891-1976), 르네 마그리트, 호안 미로(1893-1983) 또한 살바도르 달리까지도 ─ 은 우리의 이미지와 상상력의 일부가 되었다. 또한 이전의 서구전위예술 대부분과는 달리 초현실주의는 실제로, 20세기의 중심적 예술인 카메라 예술을 발전시켰다. 루이스 부뉴엘(1900-83)뿐만 아니라 이 시기 프랑스 영화의 주요한 각본가인 자크 프레베르(1900-77)의 경우에는 영화가, 앙리 카르티에-브레송(1908-)의 경우에는 포토저널리즘이 각각 초현실주의에 빚진 것은 우연이 아니다.

그러나 이 모두를 종합해서 본다면, 이것들은 세계가 실제로 산산조각 나기 전에 고급예술에서 이미 일어났던 전위예술혁명 ─ 세계의 붕괴를 표현한 ─ 이 확대된 것이었다. 격변의 시대에 일어난 이 혁명에 관해서는 다음의 세 가지 사실을 언급할 수 있다. 전위예술은 말하자면 기성문화의 일부가 되었다. 또한 전위예술은 적어도 부분적으로는 일상생활의 구조에 흡수되었다. 그리고 ─ 아마도 무엇보다도 ─ 전위예술은 아마도 혁명의 시대 이래 어느 시기의 고급예술보다도 더 극적으로 정치화되었다. 그러나 이 시기 내내 전위예술은 서구에서조차 일반 대중의 취미와 관심으로부터 여전히 동떨어져 있었다는 사실을 결코 잊어서는 안 된다. 비록 지금은 전위예술이, 대중들이 일반적으로 인정하는 것보다 더한 정도로 대중들에게 영향을 미치게 되었지만 말이다. 전위예술은 1914년 이전보다는 약간 더 커진 소수만이 즐긴 것으로, 대부분의 사람들이 실제로 그리고 의식적으로 즐긴 것은 아니었다.

새로운 전위예술이 기성예술에서 중심적이 되었다고 말하는 것은 그 예술이 고전예술과 최신유행을 대체했다고 주장하는 것이 아니라 양자 모두를 보충했다고 주장하는 것이며, 문화문제에 대한 진지한 관심의 증거가 되었다고 주장하는 것이다. 국제적인 오페라의 레퍼토리는 본질적으로 여전히 제국의 시대 것 —— 대체로 말해서 지금도 여전히 그렇듯이 —— 이었다.[3] 즉 그 작곡가들은 1860년대 초(리하르트 슈트라우스, 피에트로 마스카니)나 훨씬 더 전(자코모 푸치니, 루지에로 레온카발로, 레오시 야나체크)에 태어난 사람들로서 '모더니티' 영역 가장자리에 위치한다.

  그러나 오페라의 전통적인 파트너인 발레는 주로 제1차 세계대전 동안에 러시아의 오페라 대(大)흥행주인 세르게이 디아길레프(1872-1929)에 의해서 의식적인 전위예술 매체로 변형되었다. 그의 "퍼레이드(Parade)"의 1917년 파리 상연(디자인 : 파블로 피카소, 음악 : 에리크 사티, 대본 : 장 콕토, 프로그램 해설 : 기욤 아폴리네르) 이후에, 입체파인 조르주 브라크(1882-1963)와 후안 그리스(1887-1927) 같은 사람들에 의한 무대장식과, 이고르 스트라빈스키, 마누엘 데 파야, 다리우스 미요, 프랑시스 풀랑크가 작곡하거나 편곡한 음악이 유행하게 되었고, 그에 따라 무용 스타일과 안무 스타일도 근대화되었다. 1914년 이전에는 적어도 영국에서 '포스트-인상파 전람회'가 속물근성의 대중으로부터 조롱을 받았던 반면, 이제는 스트라빈스키가 가는 곳마다 센세이션을 일으켰다. 뉴욕과 그밖의 다른 곳에서의 병기 전시회가 그랬듯이 말이다. 전쟁이 끝난 뒤에는 속물들이, 신용을 잃은 전전(戰前) 세계로부터의 의식적인 독립선언이자 문화혁명의 선언인, '모더니즘'의 도발적인 표명 앞에서 침묵하게 되었다. 또한 전위예술은 모더니즘 발레를 통해서 속물적인 호소력과 (새로운 「유행(Vogue)」[1892년에 창간된 프랑스의 유행 복식(服飾) 잡지 이름이며, 영국판과 미국판은 1915년에

---

[3] 비교적 드문 사례 —— 알반 베르크, 에드워드 벤저민 브리튼 —— 를 제외하고는 1918년 이후의 음악극을 위한 주요 작품들 —— 이를테면 "서푼짜리 오페라(Die Dreigroschenoper)", "마하고니(Mahagonny)", "포기와 베스(Porgy and Bess)" —— 은 공식적인 오페라 극장을 위해서 작곡된 것이 아니었다는 점이 중요하다.

창간되었다/역주]이 추가된) 유행의 자성(磁性)과 엘리트 예술적 지위를 독특하게 결합함으로써 자신의 울타리를 뛰쳐나왔다. 1920년대 영국 문화언론계의 한 특징적인 인물은 디아길레프 덕분에 "군중들은 명확히, 살아 있는 화가들 중 최고이자 가장 놀람 받던 자들에 의한 장식을 즐겼다. 그는 우리에게 눈물 없는 현대음악과 웃음 없는 현대회화를 주었다"라고 썼다(Mortimer, 1925).

디아길레프의 발레는 전위예술 보급의 한 매체에 불과했다. 어쨌든 전위예술은 나라마다 달랐던 것이다. 실제로 서구세계 전역에서 동일한 전위예술이 보급된 것도 아니었다. 엘리트 문화의 상당 지역에 대해서 파리의 헤게모니가 지속되었음 —— 이는 1918년 이후, 국외에서 살던 미국인들(어니스트 헤밍웨이와 스콧 피츠제럴드의 세대)의 쇄도로 더욱 강화되었다 —— 에도 불구하고 구세계에는 실제로 더 이상 통일된 고급문화가 존재하지 않았던 것이다. 유럽에서 파리는, 스탈린과 히틀러의 승리가 러시아나 독일의 전위예술가들을 침묵시키고 흩어지게 하기 전까지, 모스크바-베를린 추축과 경쟁했다. 합스부르크 제국과 오스만 제국이 분해된 나라들에서의 문학은, 1930년대 반파시스트들의 분산의 시대 전까지는 아무도 진지하게 또는 체계적으로 번역을 시도하지 않았던 언어로 인하여 고립된 채 각자의 길을 갔다. 대서양 양쪽에서 스페인어로 된 시가 엄청나게 번성한 것은 1936-39년의 스페인 내전으로 그점이 드러나기 전까지는 국제적으로 영향을 거의 미치지 않았다. 바벨탑에 의하여 가장 방해받지 않은 예술인 시각예술과 청각예술조차, 이를테면 파울 힌데미트의 독일 안에서의 지위와 밖에서의 지위를 비교한 결과나 풀랑크의 프랑스 안에서의 지위와 밖에서의 지위를 비교한 결과가 보여주듯이, 생각보다는 덜 국제적이었다. 전간기 에콜 드 파리(École de Paris : 제1차 세계대전 후에 파리로 이주해 온 일군의 외국인 화가들/역주)의 별로 중요하지 않은 성원들에 대해서까지도 아주 잘 아는 영국의 교양 있는 예술애호가들이 에밀 놀데와 프란츠 마르크 같은 독일의 중요한 표현주의 화가들에 대해서는 이름을 들어본 적조차 없을 수도 있었다.

모든 관련국들에서 예술상의 새로움을 주창하는 모든 기수들이 찬미할 것이 확실한 전위예술은 실제로 두 가지뿐이었다. 영화와 재즈가 바로 그것으로, 둘 다 구세계보다는 신세계에서 나왔다. 영화는 일찍이 제1차 세계대전 동안에 전위예술에 의해서 신입회원으로 —— 그 이전에는 까닭 모르게 무시당했다가(「제국의 시대」를 보라) —— 받아들여졌다. 영화예술과 특히 그것의 가장 위대한 인물인 찰리 채플린(자존심 있는 현대시인들 중에서 그에게 시를 바치지 않은 사람은 거의 없었다)을 찬미하는 것이 기본적인 일이 되었을 뿐만 아니라, 전위예술가들 자신이 특히 바이마르 독일과 소련에서 직접 영화제작에 뛰어들었다. 그곳에서 그들은 실제로 영화제작을 지배했다. 격변의 시대에 지식인 영화광들이 소규모의 전문 영화신전들에서 숭배할 것으로 예상되는 '예술영화'들의 목록은, 지구 한쪽 끝에서 다른 쪽 끝까지, 기본적으로 그러한 전위예술 작품들로 구성되었다. 특히 세르게이 미하일로비치 에이젠슈테인(1898-1948)의 1925년 작품 "전함 포템킨(Bronenosets Potemkin)"은 일반적으로 전대미문의 걸작으로 간주되었다. 이 작품의 오데사 계단 시퀀스는 그것을 본 사람이라면 어느 누구도 결코 잊지 못할 —— 필자 자신이 1930년대에 차밍 크로스(Charming Cross) 전위영화관에서 보고 그랬듯이 —— 장면으로서 "무성영화의 고전적 시퀀스이자 아마도 영화사(映畵史)에서 가장 영향력 있는 6분"(Manvell, 1944, pp.47-48)으로 평가되어왔다.

1930년대 중엽부터 지식인들은 프랑스의 대중주의적 영화, 즉 르네 클레르, (특징적이게도 화가[오귀스트 르누아르/역주]의 아들인) 장 르누아르, 마르셀 카르네, 전에 초현실주의자였던 자크 프레베르, 전위예술 음악가 '육인조(Les Six : 리하르트 바그너와 리하르트 슈트라우스의 심각한 독일 낭만주의 음악이나 클로드 드뷔시의 화려한 인상주의에 반대한 20세기 초 프랑스의 6명의 젊은 작곡가들/역주)'에 속했던 조르주 오리크의 영화들을 선호했다. 이들 영화는 지적이지 않은 평론가들이 즐겨 지적했듯이 재미가 덜 했지만, 매주 (지식인들을 포함해서) 수억 명이, 갈수록 거대해지고 사치스러워지는 영화궁전들에서 보는 헐리우드 영화 대부분보다 예술적으로 수준이 높았음에는 틀림없다. 다른 한편, 빈틈없는 헐리우드 흥행사들은 수익성에 대한 전위예술의 기여도를 인정하는 데에 거의 디아길레프만큼이나 빨랐다. 유니버설 스튜디오 —— 아마도 헐리우드 대(大)영화사들 가운데 가장 덜 지적으로 야심적인 영화사일 —— 의 사장인 '엉클' 칼 램리는 자신의 모국인 독일을 매년 방문할 때마다 최신의 사람들과 생각들을 공급받는 데에 주의를 기울였고, 그 결과 그의 스튜디오의 특징적인 성과물인 공포영화("프랑켄슈타인[Frankenstein]", "드라큘라[Dracula]" 등)는 때때로 독일의 표현주의 모델들에 꽤 가까운 복사물이 되었다. 또한 대서양 너머로부터 프리츠 랑, 에른스트 루비치, 빌리 와일더 같은 중부 유럽의 감독들이 흘러들어온 것 —— 실제로 그들 모두가 자신의 모국에서 지식인들로 간주될 수 있다 —— 은 헐리우드 자체에 상당한 영향을 주었다. 카를 프로인트(1890-1969)나 오이겐 슈프탄(1893-1977) 같은 기술자들의 영향은 말할 것도 없고 말이다. 그러나 영화와 대중예술의 행로에 대해서는 뒤에 가서 검토하겠다.

'재즈 시대'의 '재즈'는 미국 흑인들과, 리드미컬한 당김음의 댄스뮤직과, 전통적인 기준에서 볼 때 비인습적인 기악편성법의 일종의 결합물로서 전위예술가들로부터 전반적으로 인정받은 것이 거의 확실하다. 그 자체의 가치 때문이라기보다는 아직은 과거와의 단절, 근대성, 기계시대의 또 다른 상징 —— 요컨대 또 하나의 문화혁명 선언 —— 으로서 받은 인정이었다. 바우하우스의 교사들은 색소폰을 든 채 사진을 찍었다. 지금에 와서는 20세기 음악에 대한 미국의 중요한 기여로 인정되고 있는 재즈류에 대해서 전위예술가이든 아니든 기존 지식인들이 진정으로 열정을 보이는 경우는 세기 후반이 되기 전까지는 여전히 드물었다. 1933년에 듀크 엘링턴이 런던을 방문한 뒤의 필자처럼 재즈에 취미를 붙인 사람들은 작은 소수파였다.

각국의 모더니즘의 변형들이 무엇이든 간에 모더니즘은 양차 세계대전 사이에 자신이 교양 있는 동시에 시대에 뒤지지 않았다는 것을 입증하기를 원하는 사람들의 상징이 되었다. 인정된 이름의 작가들 —— 이를테면 1930년대 전반기 영국의 문학소년들 사이에서의 T. S. 엘리엇, 에즈라 파운드, 제임스 조이스, D. H. 로렌스 —— 의 작품을 실제로 좋아하든 안하든 또는 심지어 읽거나 보거나 들었든 그렇지 않든 그들에 대한 지식을 이야기하지 않는다는 것은 상상도 할 수 없었다. 아마도 더욱 흥미로운 사실은 각국의 문화적 전위들이 당대의 요구에 맞게 과거를 다시 쓰거나 재평가했다는 점이 될 것이다. 영국인들은 존 밀턴과 알프레드 테니슨에 관해서는 잊고 대신 존 던을 찬미하라는 단호한 말을 들었다. 그 시기 영국의 가장 영향력 있던 평론가인 케임브리지의 프랭크 레이먼드 리비스는 '위대한 전통'을 나타내는 영국 소설의 목록을 작성하기까지 했는데, 그 목록은 역사적으로 이어져 내려온 소설들 가운데 그 평론가가 좋아하지 않는 것이라면 어떠한 것도 빼버렸으므로 실제 전통과 정반대되는 것이었다. 이를테면 찰스 디킨스의 모든 저작 —— 당시까지 그 거장의 그리 중요치 않은 저작들 중 하나로 간주되어온 소설인 「어려운 시절(Hard Times)」 하나를 제외하고 —— 이 제외되었던 것이다.[4]

스페인 회화의 애호가들에게는 이제 바르톨로메 에스테반 무릴료의 시대가 끝나고 대신 엘 그레코에 대한 찬미가 의무적인 것이 되었다. 그러나 무엇보다도 자본의 시대 및 제국의 시대(그 시대의 전위예술은 제외하고)와 관계가 있는 것이라면 그 어떠한 것도 거부되었을 뿐만 아니라 사실상 보이지 않게 되었다. 이는 격식을 존중한 19세기 그림의 가격이 급격히 떨어졌을 뿐만 아니라(그에 따라 인상파 그림들과 이후에는 모더니즘 계열의 그림들의 가격이 여전히 근소한 폭이지만 올랐다) 1960년대 전까지는 계속해서 실제로 팔리지 않았다는 사실로 입증되었다. 또한 빅토리아기(빅토리아 여왕의 시대[1837-1901]/역주)의 건물에 대해서 약간의 가치라도 인정하려는 시도 자체가 **진짜** 멋을 안다는 의도적인 도발 —— 반동진영과 관련된 —— 이라는 양상을 띠었다. 빈의 옛 '도심'을 둘러싸고

---

[4] 결국 공정하게도 리비스 박사는 다소 마지못해서이지만 이 위대한 작가에 대해서 덜 부적절한 평을 하게 되었다.

있는, 자유주의 부르주아의 대(大)기념건축물들 사이에서 자란 필자는 일종의 문화적 삼투에 의해서, 그러한 건축물들이 가짜이거나 과시적인 것으로 또는 그 둘 다인 것으로 간주될 것이라는 사실을 알았다. 그러한 건축물들은 실제로 1950년대와 1960년대가 되어서야 무더기로 헐렸다. 그 시기는 현대건축에서 가장 피해가 심한 시기였는데, 1840-1914년의 건물들을 보호하기 위한 빅토리아 협회가 영국에서 1958년에야 창립된 이유도 바로 거기에 있다(덜 버림받은 18세기 유산을 보호하자는 협회가 생겨난 것은 조지 그룹 [Georgian Group] 이후 20여 년 뒤였다).

상업영화에 대한 전위예술의 영향은 '모더니즘'이 일상생활에 자신의 흔적을 남기기 시작했음을 이미 암시해준다. 매우 간접적인 방식으로, 즉 광범위한 대중이 '예술'이라고 생각하지 않고 그 결과 선험적인 미학적 가치기준에 의해서 판단되지 않는 작품들 —— 주로 광고물, 산업 디자인, 상업적 인쇄물 및 그림, 순수한 물건 자체 —— 을 통해서 자신의 흔적을 남겼다. 일례로, 마르셀 라요스 브로이어의 유명한 관(管) 모양 의자(1925-29)는 모더니티의 옹호자들 사이에서 엄청난 이데올로기적, 미학적 비난을 불러일으켰다 (Giedion, 1948, pp.488-95). 하지만 그 의자는 하나의 선언으로서가 아니라, 수수하지만 널리 유용하게 쓰이는, 고정되지 않은 스태킹 체어로 현대세계 전역에서 번창할 것이었다. 그러나 제1차 세계대전이 터진 지 20년도 못 되어 서방세계 전역 —— 1920년대에는 모더니즘을 전혀 받아들일 것 같지 않았던 미국과 영국 같은 나라들에서조차 —— 의 대도시생활이 두드러지게 모더니즘에 의해서 특징지어졌다는 것은 전혀 의심할 바 없는 사실이다. 1930년대 초부터 어울리든 어울리지 않든 미국 제품들의 디자인을 휩쓴 유선형은 이탈리아의 미래파 예술이 반향된 것이었다. 또한 (1925년 파리의 장식예술 박람회에서 유래한) 아르데코 스타일은 모더니즘적인, 모가 난 형태와 추상성을 친숙하게 만들었다. 1930년대의 현대 페이퍼백 혁명(펭귄 문고)은 얀 치콜트(1902-74)의 전위예술적 인쇄술의 기치를 든 것이었다. 모더니즘의 직접적인 공격은 여전히 빗나갔다. 이른바 국제주의 양식(International Style)으로서의 모더니즘 건축이 도시의 풍경을 바꾸어버린 것은 제2차 세계대전 이후에 가서야였다. 그러한 건축의 주요 선전가들과 실천가들 —— 발터 그로피우스, 르 코르뷔지에, 루트비히 미스 반 데어 로에, 프랭크 로이드 라이트 등 —— 이 활동한 지는 오래되었지만 말이다. 사회적으로 의식 있는 새로운 건축에 공감할 것으로 예상되는 좌파 지방당국의 공영주택단지를 비롯한 공공건물 대부분은 몇몇 예외를 차치한다면, 장식을 명백히 싫어했다는 점을 제외하고는 그러한 새로운 건축이 영향을 끼친 흔적을 거의 보이지 않았다. 1920년대에 이루어진, 노동계급 '적색 빈(Wien)'의 대대적인 건물재건의 대부분은 대부분의 건축사(建築史)에 거의 나오지 않는 건축가들에 의해서 수행되었다. 그러나 보다 작은 일상생활용품은 모더니티에 의해서 모양이 급속히 바뀌었다.

이러한 사실이 어느 정도로 공예미술과 아르누보 운동 —— 전위예술이 일상적인 용도를 떠맡은 —— 의 유산에 기인하고, 어느 정도로 러시아의 구성주의자들 —— 그들 중 일부는 의도적으로 대량생산 디자인을 혁명적으로 바꾸기 시작했다 —— 에 기인하며, 어느 정도로 현대 가사(家事) 테크놀러지(이를테면 부엌 디자인)에 대한 순수 모더니즘의 진정한 적합성에 기인하는지를 판별하는 일은 예술사학에 맡겨야 할 것이다. 그러나 거의 전위예술의 정치적, 예술적 중심지로 출발한 하나의 단명(短命)한 시설이 두 세대 동안 건축과 응용미술 둘 다의 색조를 결정하게 되었다는 사실은 여전히 남는다. 바이마르에서 설립되었다가 뒤에 중부 독일의 데사우로 옮긴 미술 및 디자인 학교인 바우하우스(1919-33)가 바로 그것이다. 바우하우스가 존재한 기간은 바이마르 공화국과 일치 —— 그 학교는 히틀러의 권력장악 직후에 나치 당에 의해서 해산당했다 —— 하고 있다. 바우하우스와 이런저런 방식으로 연관된 이름들의 목록은 라인 강과 우랄 산맥 사이의 선진미술의 인명사전 —— 발터 그로피우스와 루트비히 미스 반 데어 로에 ; 라이오넬 파이닝어, 파울 클레, 바실리 칸딘스키 ; 카지미르 말레비치, 엘 리시츠키, 라슬로 모호이

너지 등 —— 을 연상케 한다. 바우하우스의 영향력은 이러한 인재들에게만 기반한 것이 아니라 —— 1921년부터 —— 기존의 공예 및 (전위)미술 전통으로부터 실생활에서의 사용과 공업제품을 위한 디자인 —— (그로피우스의) 차체, 항공기 좌석, (러시아의 구성주의자 엘 리시츠키가 열중한) 광고 그래픽, 1923년 독일의 초인플레이션 동안의 100만 마르크 지폐와 200만 마르크 지폐의 도안 —— 으로의 의식적인 전환에도 기반한 것이었다.

바우하우스는 —— 그 학교에 공감하지 않는 정치가들과의 문제가 보여주듯이 —— 철저히 체제전복적인 것으로 간주되었다. 사실상 이런저런 종류의 정치적 입장이 파국의 시대의 '진지한' 예술들을 지배했다. 이러한 사정은 1930년대에, 유럽 혁명의 와중에서도 여전히 사회적, 정치적 안정을 누린 피난처였던 영국과, 대공황으로부터는 멀리 떨어지지 않았지만 전쟁과는 멀리 떨어졌던 미국에까지 미쳤다. 정치적 입장은 결코 좌파에 대한 것만이 아니었다. 급진적인 예술애호가들로서는, 특히 젊었을 때, 창조적인 천재성과 진보적인 견해가 결합되지 않는 경우를 받아들이기가 어렵겠지만 말이다. 그러나 특히 문학의 경우, 철저히 반동적인 신념 —— 때때로 파시스트적인 실천에 옮겨지는 —— 이 서유럽에서 꽤 보편적으로 발견되었다. 고국을 떠나 영국에서 활동한 시인인 T. S. 엘리엇과 에즈라 파운드, 아일랜드의 윌리엄 버틀러 예이츠(1865-1939), 나치에 대한 열렬한 협력자인 노르웨이의 소설가 크누트 함순(1859-1952), 영국의 D. H. 로렌스(1859-1930)와 프랑스의 루이 페르디낭 셀린(1894-1961)이 그러한 명백한 예들이다. 물론 러시아에서 이민 온 뛰어난 인재들이 —— 그들 중 일부는 실제로 반동적이었거나 그렇게 되었지만 —— 자동적으로 '반동적'인 인물로 분류될 수는 없다. 왜냐하면 매우 다양한 정치적 입장을 가진 망명자들이 볼셰비즘에 대한 거부를 공유했기 때문이다.

그럼에도 불구하고 세계전쟁과 10월혁명 직후에 그리고 1930-40년대의 반파시즘 시대에는 더더욱, 전위예술가들의 주목을 끈 것은 주로 좌파 —— 종종 혁명적 좌파 —— 였다고 말하는 것이 아마도 무난할 것이다. 실제로 전쟁과 혁명은 프랑스와 러시아에서 전쟁 전에 명백히 비정치적이었던 수많은 전위예술운동들을 정치화했다. (그러나 러시아의 전위예술가들 대부분은 초기에 10월혁명에 대해서 전혀 열광하지 않았다.) 레닌의 영향이 마르크스주의를 유일하게 중요한 사회혁명 이론 및 이데올로기로서 서방세계에 다시 복귀시켰듯이, 그의 영향은 또한 전위예술을, 나치 당이 옳게도 '문화적 볼셰비즘(Kultur-Bolschewismus)'이라고 불렀던 것으로 확실히 전환시켰다. 다다이즘은 혁명의 편이었고, 그것의 계승물인 초현실주의는 어떤 종류의 혁명을 편들지를 결정하는 데에만 어려움을 겪었다. 그 분파의 다수는 스탈린이 아니라 트로츠키를 택했다. 바이마르 문화의 그렇게도 많은 부분을 형성한 모스크바-베를린 추축은 정치적 공감대에 기반한 것이었다. 미스 반 데어 로에는 살해당한 스파르타쿠스단 지도자들인 카를 리프크네히트와 로자 룩셈부르크에 대한 기념비를 독일 공산당을 위해 세웠다. 발터 그로피우스, 브루노 타우트(1880-1938), 르 코르뷔지에, 한네스 마이어 그리고 '바우하우스 여단' 전체가 소련의 지시를 받아들였다. 당시는 명백히, 대공황으로 인해서 소련이 서방의 건축가들에게 이데올로기적으로뿐만 아니라 직업상으로도 매력적으로 보였던 시기였다. 기본적으로 그리 정치적이지 않았던 독일 영화까지도 급진화되었다. 놀랄 만한 감독 게오르그 빌헬름 파브스트(1885-1967)가 입증하고 있듯이 말이다. 그는 공적인 문제보다는 여성들을 등장시키는 데에 훨씬 더 관심이 있었고 나중에는 나치 밑에서 일할 준비가 되었던 사람인데, 바이마르 시기 말년에 브레히트와 바일의 "서푼짜리 오페라"를 비롯한 가장 급진적인 영화들 중 몇몇을 만들었던 것이다.

    훨씬 더 효과적인 정치적 입장을 가졌던, 모더니즘 예술가들 자신의 대중운동과 정치가들 —— 그들의 적들은 말할 것도 없고—— 이 그 예술가들을 거부한 것은 좌파와 우파를 막론한 모든 모더니즘 예술가들의 비극이었다. 미래파의 영향을 받은 이탈리아 파시즘을 일부 제외하고는 우파와 좌파 모두 새로운 권위주의체제들은,

건축의 경우 구식의 거대한 기념물로서의 건물과 전망대를, 회화와 조각의 경우 영감을 주는 표현을, 연극의 경우 고전물의 공들인 상연을, 문학의 경우 이데올로기적으로 용인할 수 있는 것을 보다 선호했다. 물론 히틀러는 좌절한 미술가였고, 결국 자신의 거창한 개념을 실현할 적임의 젊은 건축가인 알베르트 슈페어를 발견했다. 그러나 무솔리니도, 스탈린도, 프랑코 장군도 —— 그들 모두가 자기 자신의 공룡 같은 건축물들을 짓기를 고무했다 —— 그러한 개인적 야심을 가지고 인생을 시작하지는 않았다. 따라서 독일의 전위예술도, 러시아의 전위예술도 히틀러와 스탈린이 떠오른 후 살아남지 못했고, 1920년대 예술에서 선진적이고 뛰어난 모든 것의 선봉이었던 그 두 나라는 문화계에서 거의 사라지게 되었다.

우리는 되돌아봄으로써, 히틀러와 스탈린의 승리 둘 다 얼마나 문화적 재난으로 드러났는가를, 다시 말해서 전위예술이 중부 및 동부 유럽의 혁명적 토양에 얼마나 뿌리박은 것인가를 당대인들보다 더 잘 볼 수 있다. 예술에서의 최상의 포도주는 화산의 용암이 흘러내리는 비탈 위에서 생겼던 것으로 보인다. 이는 단지 정치적으로 혁명적인 체제의 문화당국이, 그러한 체제가 대체했던 보수적 체제의 문화당국에 비해서, 혁명적인 예술가들을 공식적으로 인정하는 경우, 즉 물질적으로 지원하는 경우가 보다 많았기 —— 비록 정치당국은 전혀 열의를 보이지 않았지만 —— 때문만은 아니었다. 예술에 대한 레닌의 취미는 매우 전통적인 차원의 것이었지만 '계몽 담당 인민위원'인 아나톨리 루나차르스키는 전위예술가들을 고무했다. 프로이센의 사회민주당 정부는, 1932년에 (저항하지 않은 채) 보다 우익적인 독일제국의 당국에 의해서 권좌에서 쫓겨나기 전에, 급진적인 지휘자 오토 클렘페러로 하여금 베를린의 오페라 극장들 중 하나를 1928-31년에 음악에서 선진적인 모든 것의 진열장으로 만들도록 고무했다. 그러나 또한 격변의 시대가 다소 정의 내리기 힘든 방식으로 중부 및 동부 유럽에서 그 시대를 살아온 사람들의 감수성을 고조시키고 열정을 더욱 강화했던 것 같다. 그들의 통찰력은 거칠며 행복하지 않은 것이었고, 그 통찰력이 거칠다는 사실 자체와 그러한 통찰력을 고취한 비극적 감각은 그 자체로는 눈에 띄지 않는 인재들에게, 신랄하게 비난할 수 있는 능력을 때때로 가져다주었다. 이를테면 한때 1919년의 단명한 뮌헨 소비에트 공화국에 관계한 별로 중요하지 않은 보헤미안 이주민 무정부주의자인 B. 트래번은 선원들과 멕시코에 관한 감동적인 글을 쓰는 데에 몰두했는데(험프리 보가트가 나오는 존 휴스턴의 "시에라마드레 산맥의 보물[Treasure of Sierra Madre]"[트래번의 소설 원제는 「*Der Schatz der Sierra Madre*」/역주]은 트래번의 글을 원본으로 삼은 것이다) 그러한 통찰력이 없었더라면 당연히 무명인사로 남았을 것이다. 그러한 예술가가 세상은 견딜 수 없는 곳이라는 감각을 잃어버리는 경우에는, 독일의 가차없는 풍자가 조지 그로스가 1933년 이후 미국에 이민 가자마자 그렇게 되었듯이, 기술적으로 유능한 감상주의밖에는 남지 않았다.

격변의 시대의 중부 유럽 전위예술이 희망을 명확히 표현하는 일은 드물었다. 비록 정치적으로 혁명적인 예술가들은 자신들의 이데올로기적 신념에 의해서 명확히 낙관적인 미래관을 가졌지만 말이다. 중부 유럽 전위예술의 가장 강력한 성과들은, 그 대부분이 히틀러와 스탈린이 대권을 쥐기 이전 시기의 것 —— 제1차 세계대전이 잠자코 있도록 내버려두지 않았던, 오스트리아의 탁월한 풍자가 카를 크라우스는 "나는 히틀러에 관하여 뭐라고 말해야 할지 도무지 모르겠다"[5]라고 빈정댔다(Kraus, 1922) —— 으로서, 묵시록과 비극에서 나왔다. 알반 베르크의 오페라 "보체크(Wozzek)"(1926년에 초연), 브레히트와 바일의 "서푼짜리 오페라"(1928)와 "마하고니"(1931), 브레히트와 아이슬러의 "조치(Die Massnahme)"(1930), 이사크 바벨의 소설집 「붉은 기병대」(1926), 에이젠슈테인의 영화 "전함 포템킨"(1925), 알프레트 되블린의 「베를린-알렉산더 광장(*Berlin-Alexanderplatz*)」(1929)이 바로 그러한 것들이다. 합스부르

---

5) "Mir fällt zu Hitler nichts ein." 크라우스는 결국 오랜 침묵 끝에 그 주제에 대하여 몇백 페이지를 썼지만, 그럼에도 불구하고 그 주제는 그의 이해력을 넘어서는 것이었다.

크 제국의 붕괴로 말하자면, 카를 크라우스의 탄핵문「인류 최후의 날들(Die letzten Tage der Menschheit)」(1922)에서부터 야로슬라프 하셰크의 모호한 익살「선량한 병사 슈베이크(Dobrý voják Švejk)」(1921), 그리고 요세프 로트의 우울한 비가 「라데츠키 행진(Radetzkymarsch)」(1932)과 로베르트 무질의 끝없는 자아성찰「특성 없는 남자(Der Mann Ohne Eigenschaften)」(1930)에 이르기까지 문학의 엄청난 폭발을 낳았다. 20세기의 다른 어떤 정치적 사건들도 창조적 상상력에 대해서 이에 비견될 만큼 깊은 영향을 준 것은 없었다. 비록 나름대로, 아일랜드 혁명과 내전(1916-22)이 신 오케이시를 통해서 그리고 멕시코 혁명(1910-20) —— 러시아 혁명은 안 그랬지만 —— 이 보다 상징적인 방식으로 벽화가들을 통해서 자국에서의 예술을 고무했지만 말이다. 그 자체가 손상되고 무너져가는 서구 엘리트 문화에 대한 비유로서 무너질 운명의 제국이라는 이미지는 중부 유럽 상상력의 어두운 귀퉁이에 오래 전부터 출몰해왔다. 그 체제의 종말은 대시인 라이너 마리아 릴케(1875-1926)의 「두이노의 비가(Duineser Elegien)」(1913-23)를 통해서 표현되었다. 프라하의 또 다른 독일어 작가인 프란츠 카프카(1883-1924)는 인간의 곤경 —— 일 개인의 곤경이든 집단적인 곤경이든 —— 의 이해할 수 없는 점에 대한 훨씬 더 절대적인 인식을 제시했다. 그의 거의 모든 저작들이 그가 죽은 뒤에 출판되었다.

전위예술과는 거리가 먼 고전학자이자 시인인 앨프레드 에드워드 하우스먼의 글을 인용하자면 이것은

세상이 무너져가는 날들에
땅의 토대가 사라지는 시간에

창조된 예술이었다(Housman, 1988, p.138). 이것은 유태계 독일인 마르크스주의자인 발터 벤야민(1892-1940)이 파울 클레의 그림 "안젤루스 노부스(Angelus Novus)"에서 보았다고 주장한 '역사라는 천사'의 안목을 지닌 예술이었다.

그의 얼굴은 과거를 향하고 있다. 우리가 사건들의 연쇄를 보는 반면, 그는 폐허 위에 잔해들을 자기 발에 닿을 때까지 계속 쌓아올리는 단 하나의 파국을 본다. 그가 계속 있으면서 죽은 자를 깨우고 부서진 것의 파편들을 다시 결합시킬 수만 있다면! 그러나 천국에서 폭풍이 불어와 그 천사의 날개를 어찌나 세게 붙드는지 그는 더 이상 파편들에 접근할 수가 없다. 이 폭풍은 그가 등을 돌리고 있는 미래로 불가항력적으로 그를 몰고 가며, 그러는 동안 그의 발 밑에 있던 잔해더미는 하늘에 닿을 정도로 쌓인다. 이 폭풍이 바로 우리가 진보라고 부르는 것이다(Benjamin, 1971, pp.84-85).

붕괴와 혁명의 지역 서쪽에서는 비극과 피할 수 없는 격변에 대한 느낌이 덜했지만, 미래는 마찬가지로 수수께끼와 같은 것으로 보였다. 제1차 세계대전이 남긴 충격에도 불구하고 1930년대 —— 대공황과 파시즘의 시기이자 끊임없이 전쟁이 다가온 시기 —— 전까지는 과거와의 연속성이 그리 명백히 깨지지 않았다.[6] 돌이켜보건대 1930년대에조차 서구 지식인들의 분위기는, 모스크바에서 헐리우드까지 흩어지고 고립된 중부 유럽인들이나 실패와 공포로 인해서 말을 잃은 억류된 동유럽인들의 분위기보다는 덜 절망적이고 더 희망적이었던 것으로 보인다. 서구 지식인들은 여전히 자신들이, 위협받고 있지만 아직은 파괴되지 않은 가치들을 수호하고 있으며 그럼으로써 그들의 사회에서 살아 있는 것에 다시 활기를 불어넣어주고 있다── 필요하다면 사회를 변화시킴으로써 —— 고 느끼고 있었다. 앞으로 보게 되듯이(제18장), 서구인들이 스탈린주의 소련의 실책들을 보지 못한 것은 상당부분, 어쨌든 소련이 이성의 붕괴에 맞서 계몽주의의 가치들을 대변하고, 발터 벤야민의 '천국에서 불어 오는 바람'보다 훨씬 덜 의심스러운 오래되고 단순한 의미에서의 '진보'의 가치들을 대변한다는 신념에 기인한 것이었다. 세상을 이해할 수 없는 비극, 보다 정확히 말해서, 당시 영국의 가장 뛰어난 소설가 에블린 워

---

6) 실제로 제1차 세계대전의 주된 문학적 반향은, 에리히 마리아 레마르크의 「서부전선 이상 없다(*Im Westen nichs Neues*)」(1929년, 헐리우드 영화는 1930년)가 25개 어로 출판되어 18개월 동안에 250만 부가 팔렸던 1920년대 말쯤이 되어서야 울려 퍼지기 시작했다.

(1903-66)에게서 보듯이 금욕주의자를 위한 블랙 코메디 또는 프랑스의 소설가 루이 페르디낭 셀린(1894-1961)에게서 보듯이 냉소주의자조차 벗어나지 못할 악몽으로 보는 인식은 초(超)반동주의자들에게서만 발견되었다. 당시 영국의 젊은 전위예술 시인들 중 가장 우수하고 가장 지적인 시인인 위스턴 휴 오든(1907-73)은 역사를 비극으로 보는 감각을 지녔지만 ──「스페인, 미술의 궁전(Spain, Palais des Beaux Arts)」── 그가 중심이 된 그룹의 분위기는 인간의 곤경을 충분히 받아들일 만하다고 느끼는 것이었다. 영국의 가장 인상적인 전위예술가인 조각가 헨리 무어(1898-1986)와 작곡가 벤저민 브리튼(1913-76)은 세계공황이 강제로 들이닥치지만 않았더라면 자신들이 공황을 비껴가도록 만들 준비가 되어있었을 것이라는 인상을 주고 있다. 그러나 공황은 강제로 들이닥쳤다.

전위예술은 여전히 유럽의 문화와, 해외의 유럽인들 및 유럽 속국들의 문화에 국한된 개념이었으며, 거기에서조차 예술혁명의 신분야 개척자들은 여전히 종종 동경의 눈으로 파리와 심지어는 ── 파리보다는 덜하지만 놀랄 만한 정도로 ── 런던을 바라보았다.[7] 예술혁명은 아직은 뉴욕에 눈길을 돌리지 않았다. 이것이 의미하는 것은 비유럽계 전위예술가가, 예술실험과 사회혁명 둘 다에 확고히 닻을 내린 서반구 밖에는 거의 존재하지 않았다는 것이다. 이 시기에 가장 잘 알려진 전위예술의 대표자인 멕시코 혁명의 벽화가들은 스탈린과 트로츠키에 관해서는 의견이 일치하지 않았지만 에밀리아노 사파타와 레닌에 관해서는 일치했다. 디에고 리베라(1886-1957)는 뉴욕의 새로 지은 록펠러 센터(크라이슬러 빌딩에 버금가는 아르데코의 승리)에 그릴 프레스코 벽화에 사파타와 레닌을 포함시키자고 주장하여 록펠러 재단측을 불쾌하게 했다.

---

7) 아르헨티나의 작가 호르헤 루이스 보르헤스(1899-1986)는 영국을 좋아하고 영국지향적이기로 유명했고, 알렉산드리아의 비범한 그리스 시인 콘스탄티노스 페트로우 카바피스(1863-1933)는 실제로 금세기 포르투갈의 가장 위대한 시인 페르난도 페소아(1888-1935) ── 적어도 글을 쓰는 경우에 ── 와 마찬가지로 영어를 자신의 제1언어로 삼았다. 또한 베르톨트 브레히트에 대한 키플링의 영향은 잘 알려져 있다.

그러나 비서방세계의 예술가들 대부분에게 기본적인 문제는 모더니즘이 아니라 모더니티였다. 그 세계의 작가들은 어떻게, 인도에서 벵골인들이 19세기 중엽 이래 그래왔듯이, 구어인 자국어를 현대세계를 위한 유연하고 포괄적인 문어로 전환시키고자 했는가? 남자들은(아마도 이 새로운 시기에 여자들까지도) 어떻게 시를, 당시까지는 그러한 용도에 의무적으로 쓰였던 고전적인 페르시아어 대신에 우르두어로 그리고 아타튀르크 혁명이 터키모(帽)와 여자들이 쓰는 차도르와 함께 역사의 쓰레기통으로 던져버린 고전적인 아랍어 대신에 터키어로 쓰고자 했는가? 오래된 문화를 가진 나라들에서 사람들은 그들의 전통으로 또는 전통에 대해서 무엇을 하고자 했으며, 아무리 매력적이라고 해도 20세기에 속하지 않는 예술로써 또는 그러한 예술에 대해서 무엇을 하고자 했는가? 과거를 포기하는 것은, 서방에서 볼 수 있는, 한 국면의 근대성에 대한 또 다른 국면의 근대성의 반란을, 부적절하거나 심지어는 이해할 수 없는 것으로 보이게 할 정도로 혁명적인 것이었다. 근대화를 주장하는 예술가가 동시에 정치적 혁명가였을 때 —— 그럴 가능성은 높았다 —— 과거에 대한 포기는 더더욱 혁명적이었다. 자신의 임무 —— 와 자신에게 영감을 주는 것 —— 가 '민중 속으로 가는' 것이고, 민중의 고통을 화폭에 사실주의적으로 그리는 것이며, 그들이 일어서도록 도와주는 것이라고 느낀 사람들에게는 체호프와 톨스토이가 제임스 조이스보다 더 적절한 모델로 보였을지도 모른다. 1920년대부터는 (아마도 이탈리아 미래파와의 접촉을 통해서) 모더니즘에 전념했던 일본 작가들조차 강력하고 때때로 지배적인, 사회주의적이거나 공산주의적인 '프롤레타리아' 분견대를 가졌다(Keene, 1984, 제15장). 실제로 중국 최고의 위대한 근대적 작가인 노신(魯迅, 1881-1936)은 의식적으로 서구의 모델을 거부하고, "피억압자들의 다정다감한 영혼과 그들의 고통 및 투쟁을 볼 수 있는"(Lu Hsün, 1975, p.23) 러시아 문학에 눈길을 돌렸다.

자신의 전통에 틀어박히지도 않고 단순한 서구화론자들도 아니었던, 비유럽 세계의 독창적인 인재들 대부분에게는 주된 임무가 자기 나라 민중의 당대현실을 발견하고 그러한 현실로부터 베일을 벗기고 그 현실을 제시하는 것으로 여겨졌다. 리얼리즘이 그들의 운동이었던 것이다.

II

어느 정도는 이러한 욕구가 동양의 예술과 서양의 예술을 일치시켰다. 왜냐하면 20세기는 보통 사람들의 세기였고 보통 사람들에 의해서 보통 사람들을 위해서 생산된 예술이 지배한 세기였다는 것이 갈수록 명백해졌기 때문이다. 또한 두 가지의 서로 연관된 도구가 보통 사람의 세계를 전의 어느 때보다도 더 눈에 잘 보이게 해주었고, 그 세계에 대한 상세한 보도를 가능케 했다. 르포르타주와 카메라가 바로 그것이다. 둘 중 어느 것도 새로운 것은 아니지만(「자본의 시대」 제15장과 「제국의 시대」 제9장을 보라) 둘 다 1914년 이후에 자의식적인 황금시대에 들어갔다. 특히 미국에서 작가들은 자신을 기록자나 보고자로 여겼을 뿐만 아니라, 신문에 직접 기고했고 실제로 신문기자였거나 신문기자 출신이었다. 어니스트 헤밍웨이(1899-1961), 시어도어 드라이저(1871-1945), 싱클레어 루이스(1885-1951)가 바로 그러한 예다. '르포르타주'——이 말은 프랑스어 사전에는 1929년에, 영어 사전에는 1931년에 처음 나온다——는 주로, 유럽 좌파가 인민의 아편이라고 항상 비난해온 대중연예물에 맞서 사실을 찬양한 러시아의 혁명적 전위예술가들의 영향으로 1920년대에 사회비판적인 문학 및 시각표현물의 공인된 장르가 되었다. '돌진하는 보고자'라는 이름을 자랑으로 여긴, 체코의 공산주의자 저널리스트 에곤 에르빈 키슈(「돌진하는 보고자(*Der rasende Reporter*)」[1925]는 그가 쓴 최초의 르포르타주의 제목이었다)가 르포르타주라는 말을 중부 유럽에서 유행시켰던 것으로 보인다. 르포르타주는 주로 영화를 매개로 서구의 전위예술가들을 통해서 확산되었다. 그것의 기원은 명백히, 소설가 존 도스 패소스(1896-

1970)가 좌파 시절에 쓴 삼부작 「미국(*USA*)」에서 이야기 사이사이에 삽입된 '뉴스 영화'나 '카메라의 눈' —— 전위예술적 다큐멘터리 영화작가인 지가 베르토프를 연상시키는 말 —— 이라는 제목을 단 부분들에서 볼 수 있다. '다큐멘터리 영화'는 좌파 전위예술가들에 의하여 자의식적인 운동이 되었지만, 1930년대에는 뉴스 및 잡지 사업의 빈틈없는 전문가들조차, 대체로 만드는 데에 큰 힘이 들지 않는 단편영화들인 몇몇 뉴스 영화들을 보다 웅대한 다큐멘터리 시리즈 '시간의 행진(March of Time)'으로 발전시키고 전위예술 사진작가들의 기술혁신 —— 1920년대에 공산주의적인 *AIZ*(*Arbeiter Illustrierte Zeitung* : 「노동자화보신문」. 1921년에 창간된 화보지/역주)가 개척한 —— 을 빌려옴으로써 지적, 창조적인 면에서 보다 높은 지위를 주장했다. 한편, 사진작가들의 기술혁신은 사진잡지의 황금시대를 낳았다. 미국의 「라이프(*Life*)」지, 영국의 「픽처 포스트(*Picture Post*)」지, 프랑스의 「뷔(*Vu*)」지가 바로 그러한 예들이다. 그러나 앵글로-색슨계 나라들 밖에서는 사진잡지가 제2차 세계대전 종전 이후에야 비로소 대대적으로 번창하기 시작했다.

새로운 포토저널리즘이 거둔 성과는 매체로서의 사진을 발견한 재능 있는 남자들 —— 심지어는 몇몇 여자들 —— 과, '카메라는 거짓말을 할 수 없다', 즉 카메라는 어쨌든 '진정한' 진실을 대변한다는 환상적 믿음과, 새로운 소형 카메라(1924년에 나온 라이카)의 도입으로 자세를 취하지 않은 사진을 찍기 쉽게 한 기술개선뿐만 아니라, 아마 무엇보다도 영화의 보편적인 지배에 기인한 것이었다. 사람들은 카메라 렌즈를 통해서 현실을 보는 법을 배웠다. 왜냐하면 인쇄된 말의 유통이 (이제는 또한 그 자체가 타블로이드판 신문에서 갈수록 윤전 그라비어 사진들과 뒤섞인 채) 증가하기는 했지만, 그러한 형태의 말은 영화에게 우세한 지반을 빼앗겼기 때문이었다. 파국의 시대는 커다란 영화 스크린의 시대였다. 1930년대 말에 영화표를 산 영국인의 수는 일간신문을 산 영국인 수의 2배에 해당했다(Stevenson, pp.396, 403). 실제로, 불황이 심화되고 세계가 전쟁에 휩쓸림에 따라 서구의 영화관객 수는 전대미문의 절정에 달했다.

새로운 시각매체를 통해서 전위예술과 대중예술은 서로를 풍요하게 만들었다. 실제로 오래된 서방국가들에서는 식자층의 지배와 일정한 엘리트주의가 영화라는 대중매체에까지 침투했고, 그럼으로써 바이마르 시기에 독일 무성영화, 1930년대에 프랑스 유성영화 그리고 재능을 억눌렀던 파시즘이 제거되자마자 이탈리아 영화의 황금시대를 낳았다. 이들 중에서 아마도 1930년대의 인민주의적인 프랑스 영화가 지식인들이 원하는 교양과 폭넓은 대중이 원하는 오락을 결합시키는 데에 가장 성공적이었던 것으로 보인다. 그것은 이야기 —— 특히 사랑과 범죄에 관한 —— 의 중요성을 결코 잊지 않은 유일한 지식인 영화이자 유쾌한 농담을 할 줄 아는 유일한 영화였다. 전위예술(정치적인 것이든 예술적인 것이든)은 완전히 자기 뜻대로 기능하는 경우, 다큐멘터리 운동이나 선전선동 예술에서 보듯이, 그 활동이 미치는 대상이 대체로 극소수에 불과했던 것이다.

그러나 전위예술의 도입이 당시의 대중예술을 중요하게 만든 것은 아니다. 그렇게 만든 것은 갈수록 자명해지는 대중예술의 문화적 헤게모니였다. 앞서 보았듯이 미국 밖에서는 대중예술이 여전히 식자층의 통제에서 그리 벗어나지 않았지만 말이다. 지배적이 된 예술(보다 정확히 말해서 연예)은, 수가 많고 계속 증가하는, 전통적인 취미를 가진 중간계급 및 하층 중간계급 대중보다는 오히려 가능한 한 가장 넓은 대중을 겨냥한 것이었다. 전통적인 취미는 적어도 히틀러가 그러한 취미와 관련된 작품들의 제조자들을 흩어지게 하기 전까지 유럽의 '불바르(boulevard : 도시의 폭이 넓은 가로수길로서 특히 파리의 대로를 가리킨다/역주)'나 '웨스트 엔드(West End : 런던 중앙부에서 서쪽에 가까운 지구로, 고급주택 및 상업 지구이며 특히 극장, 레스토랑, 큰 상점 등으로 유명하다/역주)' 무대, 또는 그와 비슷한 곳을 여전히 지배했지만 그러한 취미의 중요성은 대단치 않은 것이다. 이러한 중류 교양층 지역에서 볼 수 있는 가장 흥미로운 현상은, 1914년 이전에 약간의 생기를 보였으나 이후에 승리를 거둘 기미가 전혀 보이지 않았던 장르인 탐정소설 —— 이제는 주로 책의 길이로 쓰여지게 된 —— 의 엄청난 폭발적 성장이었다. 그 장르는 주로 영국 것 —— 아마도, 1890년대에 국제적으로 알려지게 된, 아서 코넌 도일의 셜록 홈즈 덕분에—— 이었고, 더욱 놀랍게도 대체로 여성적이거나 학구적인 성격을 띠었다. 그 장르의 선구자인 애거서 크리스티(1891-1976)는 오늘날까지도 여전히 베스트셀러 작가이다. 이 장르의 국제적 변형물들은 여전히 주로 그리고 명백히 영국 모델로부터 영감을 받았다. 즉 그것들은 거의 언제나 살인에 관한 것이었고, 살인을 수수께끼의 실마리를 갖춘 고급 크로스워드 퍼즐 —— 훨씬 더 독점적으로 영국의 특산물인 —— 처럼 일정한 재치를 요구하는 일종의 실내 게임으로 다루었다. 그 장르는, 위협받고 있지만 아직 금이 가지 않은 사회적 질서에 대한 기묘한 방식의 호소로 보는 것이 가장 좋을 것이다. 이제는 탐정을 동원하는 중심적이고도 거의 유일한 범죄가 된 살인사건이, 특유의 질서 잡힌 환경 —— 시골 저택이나 친숙한 전문직 환경 —— 에서 갑자기 발생하고, 그 살인이 썩은 사과가 저지른 것임이 밝혀짐으로써 통에 든 나머지 사과들은 상하지 않았음이 확증된다. 그리고는 그 자신(그는 여전히 남성인 경우가 압도적으로 많았다) 스스로 그러한 환경을 대표하는 탐정에 의해서 문제해결에 사용된 이성을 통해 질서가 회복된다. **사립**탐정을 강조하는 성향 —— 경찰 자신이 자신이 속한 부류의 사람들 대부분과 달리 상층계급이나 중간계급의 일원인 경우를 제외하고 —— 은 아마도 바로 이로부터 나왔을 것이다. 이는 현대에 부상한 보다 히스테리적인(역시 주로 영국의 것인) 스파이 스릴러물 —— 20세기 후반에 매우 유망했던 장르 —— 과는 달리, 여전히 자신에 차 있기는 하지만 철저히 보수적인 장르였다. 그 장르의 저자들은 문학적 자질이 별로 뛰어나지 않은 사람들로서, 적합한 직업을 종종 자국의 첩보기관에서 찾았다.[8]

1914년에 이르면 근대적 규모의 대중매체가 수많은 서방국가들

---

8) 현대 '하드보일드' 스릴러물이나 '사립탐정' 소설의 문학적 선조들은 훨씬 더 민중적이었다. 새뮤얼 대실 해밋(1894-1961)은 핑커턴 탐정회사의 사립탐정으로 출발해서 싸구려 잡지들을 발행했다. 또한 그러한 경우로서, 탐정소설을 진정한 문학으로 전환시킨 유일한 작가인 벨기에의 조르주 심농(1903-89)은 독학한 글품팔이 작가였다.

에서 이미 당연한 것으로 받아들여질 수 있었다. 그럼에도 불구하고 격변의 시대에 이루어진 대중매체의 성장은 엄청난 것이었다. 미국에서 신문의 발행부수는 인구수보다 훨씬 더 빨리 증가해서 1920-50년에 두 배로 늘었다. 1950년경에 이르면 전형적인 '선진' 국에서 성인남녀 및 아동 100명당 300-350장의 신문이 팔렸다. 스칸디나비아인들과 오스트레일리아인은 신문용지를 훨씬 더 많이 소비했고, 도시화된 영국인들은 아마도 그들 신문이 지방신문이라기보다는 전국신문이었기 때문에 놀랍게도 인구 1,000명당 600부의 신문을 샀지만 말이다(*UN Statistical Yearbook*, 1948). 신문은 글을 아는 사람들에게 호소력 있었다. 비록 학교교육이 대중화된 나라들에서는 신문이 그림과 연재만화 —— 아직은 지식인들에게서 찬미를 받지 못한 —— 를 통해서 그리고 화려하고 주의를 끄는 사이비 민중적인 관용어 —— 너무 많은 음절의 말은 피한 —— 를 개발함으로써, 읽고 쓰는 능력이 떨어지는 사람들을 만족시키는 데에 최선을 다했지만 말이다. 또한 문학에 대한 신문의 영향은 무시할 수 없는 것이었다. 다른 한편 영화는 읽고 쓰는 능력을 거의 요구하지 않았고, 1920년대 말에 영화가 말을 할 줄 알게 된 후에는 영어 사용 대중에게는 그러한 능력을 실제로 전혀 요구하지 않았다.

그러나 영화는, 세계의 대부분 지역에서 소수의 엘리트에게만 흥미를 끈 신문과는 달리 거의 처음부터 국제적인 대중매체였다. 무성영화의 잠재적으로 보편적인 언어 —— 서로 다른 문화간의 커뮤니케이션을 위한 검증된 부호를 가진 —— 에 대한 포기는 아마도 구어(口語)로서의 영어를 국제적으로 친숙하게 만드는 데에 큰 역할을 했을 것이며, 그럼으로써 그 언어를 20세기 후반의 전지구적인 의사소통 보조어로 확립하는 데에 일조했을 것이다. 왜냐하면 헐리우드의 황금시대에 영화는 기본적으로 미국영화였기 때문 —— 온전한 길이의 영화가 미국에서와 거의 같은 수로 만들어졌던 일본에서를 제외하고 —— 이다. 세계의 나머지 지역들로 말하자면 제2차 세계대전 직전에 헐리우드는 거의, 다른 모든 산업체 —— 일본만큼 그리고 거의 미국만큼 수가 많은 관객을 위하여 1년에 약 170

편을 이미 생산한 인도를 포함하더라도 —— 가 만든 영화들을 합친 수만큼의 영화를 생산했다. 1937년에 헐리우드는 567편의 영화를 생산했다. 일주일에 10편을 약간 넘는 수를 생산한 셈이다. 자본주의의 헤게모니 역량과 관료주의화된 사회주의의 헤게모니 역량 사이의 차이는, 바로 이러한 수치와, 소련이 1938년에 생산했다고 주장한 영화 편수(41편) 사이의 차이에서 볼 수 있다. 그럼에도 불구하고 명백히 언어상의 이유들 때문에, 단일 산업체의 그렇게도 유별난 세계적 우위가 이후에도 계속될 수는 없었다. 어쨌든 그러한 우위는 '스튜디오 시스템'이 붕괴된 이후까지 계속되지는 않았다. '스튜디오 시스템'은 이 시기에 꿈을 대량생산하는 장치로 절정에 달했으나 제2차 세계대전 종전 직후에 무너졌던 것이다.

세번째 대중매체는 전적으로 새로운 것인 라디오였다. 다른 두 매체와 달리 라디오는 주로, 여전히 복잡한 기계장치였던 것의 사적 소유에 기반한 것이었고 따라서 기본적으로, 비교적 부유한 '선진'국들에 국한되었다. 이탈리아에서 라디오의 수는 1931년이 되어서야 비로소 자동차의 수를 넘어섰다(Isola, 1990). 제2차 세계대전 직전에 라디오를 소유한 인구의 비율이 가장 높았던 곳은 미국, 스칸디나비아, 뉴질랜드, 영국이었다. 이러한 나라들에서는 라디오가 엄청난 속도로 증가했고 빈민들조차 그것을 살 여유가 있었다. 1939년 영국에서는 900만 대 중 절반이 일주일에 2.5-4파운드—— 별로 많지 않은 수입 —— 를 버는 사람들에 의해서 구입되었고, 200만 대가 그보다도 수입이 적은 사람들에 의해서 구입되었다(Briggs, II, p.254). 라디오 청취자의 수가 대공황 시기에 두 배로 증가한 것은 아마도 놀라운 일이 아닐 것이다. 그 시기에 라디오의 증가율은 전무후무하게 높았다. 라디오가 빈민의 생활, 특히 두문불출하는 빈민여성들의 생활을 변화시켰던 것 —— 다른 어떠한 것도 그러한 역할을 하지 못했을 때 —— 이다. 라디오는 세계를 그들의 안방으로 가지고 들어왔다. 이제부터는 가장 외로운 사람들이 결코 다시는 완전히 혼자일 필요가 없었다. 말할 수 있고 노래할 수 있고 연주할 수 있고 그밖에 소리로 표현될 수 있는 모든 종류의 것을 이제 그들이 마음대로 이용할 수 있게 되었다. 제1차 세계대전이 끝났을 때 알려지지 않았던 매체가 증권거래소 폭락의 해(대공황이 발생한 1929년/역주)까지는 미국에서 1,000만 세대를 획득했고 1939년까지는 2,700만 이상의 세대를, 1950년까지는 4,000만 이상의 세대를 획득한 것이 놀랄 만한 일일까?

영화나 심지어 혁명적으로 바뀐 대중신문과는 달리 라디오는 인간이 현실을 인지하는 방식을 크게 바꾸지 않았다. 라디오는 인상과 관념 사이의 관계를 보거나 수립하는 새로운 방식을 창출하지도 않았다(「제국의 시대」를 보라). 그것은 메시지가 아니라 매체에 불과했다. 그러나 라디오는 수백만 명에게 동시에 말할 수 있는—그들 각자는 라디오가 자신을 개인으로 대한다고 느꼈다—능력으로 인해서, 대중에 대한 정보 전달을 위한 그리고 통치자들과 세일즈맨들 양쪽 모두 즉각 인식했듯이 선전과 광고를 위한, 상상할 수 없을 정도로 강력한 도구가 되었다. 1930년대 초에 이르면 미국의 대통령이 라디오 '노변한담'의 잠재력을 발견했고, 영국의 왕이 성탄절 왕실방송의 잠재력을 발견했다(각각 1932년과 1933년). 뉴스에 대한 수요가 끊이지 않았던 제2차 세계대전에서는 라디오가 정치적 도구와 정보전달의 매체로서 진가를 충분히 발휘했다. 유럽대륙에서 라디오의 수는 전투의 최대 희생국 몇몇을 제외한 모든 나라에서 상당히 증가했다(Briggs, III, Appendix C). 몇몇 경우에는 두 배 또는 그 이상으로 늘었다. 비유럽국 대부분에서는 증가가 훨씬 더 급격했다. 방송의 민영화는 미국에서는 처음부터 우세했지만, 그밖의 곳에서는 보다 어려운 일이었다. 왜냐하면 각국 정부들은 시민들에게 영향을 미치는 그렇게도 강력한 매체에 대한 통제권을 포기하기를 전통적으로 꺼렸기 때문이다. BBC는 공적인 독점권을 유지했다. 민영방송이 허용된 경우에도 그 방송은 공식적인 목소리에 복종할 것이 요구되었다.

라디오 문화가 이룬 혁신을 인식하기란 어렵다. 왜냐하면 라디오 문화가 개척한 많은 것들—스포츠 중계, 뉴스 속보, 명사초청쇼, 연속 홈드라마 또는 사실상 모든 종류의 연속 프로그램—이 일상생활용품의 일부가 되어버렸기 때문이다. 라디오 문화가 가져온 가장 깊은 변화는 생활을 개인화하는 동시에 엄격한 시간표에 따라 조직했다는 점이다. 이제부터는 그러한 시간표가 노동의 영역뿐만 아니라 여가의 영역도 지배했다. 그러나 기묘하게도 이 매체—— 그리고 비디오 및 VCR이 부상하기 전까지는, 라디오의 계승물인 텔레비전의 ——는, 본질적으로 개인과 가족에 집중하기는 했지만, 나름의 공적인 영역을 창출했다. 역사상 처음으로, 서로 알지 못하는 사람들이 각자가 전날 밤에 무엇을 들었을지(또는 뒤에 가서는, 무엇을 보았을지) —— 큰 시합, 인기 코메디쇼, 윈스턴 처칠의 연설, 뉴스 속보의 내용 —— 를 알았던 것이다.

라디오는 소리가 들리는 범위의 청각적, 기계적 한계를 무너뜨렸으므로, 라디오의 영향을 가장 크게 받은 예술은 음악이었다. 구두 커뮤니케이션을 구속하는 육체라는 감옥을 탈출한 마지막 예술인 음악은 1914년 이전에 축음기가 도입됨으로써 이미 기계적 재생산의 시대에 돌입했다. 아직은 축음기가 대중들의 손이 쉽게 닿는 곳에 있지는 않았지만 말이다. 확실히 축음기와 음반 둘 다 대중들의 손 안에 들어온 것은 양차 세계대전 사이의 시기였다. 미국의 공황기에 '흑인 레코드' —— 전형적인 빈민음악 —— 시장이 사실상 붕괴한 것은 이러한 팽창의 취약성을 입증하지만 말이다. 기술적 성능이 1930년경 이후에 개선되기는 했지만, 음반은 자체의 한계—— 길이만의 한계이지만 —— 를 가지고 있었다. 게다가 그것의 길이는 판매고에 좌우되었다. 라디오는 최초로 음악을 일정한 거리에서 5분 이상 끊기지 않고 이론상 무제한의 청취자들이 들을 수 있게 해주었다. 따라서 라디오는 (고전음악을 비롯한) 소수파 음악의 유일한 보급자이자 음반판매의 단연 가장 강력한 수단 —— 사실상 오늘날도 여전히 그렇듯이 —— 이 되었다. 라디오는 음악을 변화시키지는 않았지만 —— 확실히 라디오는, 역시 곧 소리를 재생산할 줄 알게 된 연극이나 영화보다 음악에 영향을 덜 미쳤다 —— 현대생활에서 음악이 차지하는 역할 —— 일상생활을 위한 청각 벽지(壁紙)로서의 역할을 포함한 —— 은 라디오가 없었더라면 상상할 수도 없을 것이다.

따라서 대중예술을 지배한 세력은 주로 과학기술적, 산업적인 것 —— 신문, 카메라, 영화, 음반, 라디오 —— 이었다. 그러나 19세기 말 이래 자율적인 창조적 혁신의 진정한 발흥은 몇몇 대도시들의 민중적인 부문과 연예 부문에서 눈에 띄게 이루어졌다(「제국의 시대」를 보라). 그러한 혁신은 전혀 고갈되지 않았고, 대중매체혁명은 그 혁신의 성과물을 원래의 환경에서 멀리 떨어진 곳에까지 전달해 주었다. 이를테면, 일정한 형태를 갖추게 되고 특히 춤에서 노래로 확대된 아르헨티나의 탱고는 아마도 1920-30년대에 성과와 영향력의 면에서 절정에 달했고, 탱고의 최대 스타인 카를로스 가르델(1890-1935)이 1935년에 비행기 충돌사고로 죽었을 때 스페인어권 중남미 전역에서 그의 죽음을 애도했으며 (음반 덕분에) 그는 영구적인 존재가 되었다. 탱고가 아르헨티나를 상징했듯이 브라질을 상징하게 될 운명의 삼바는 1920년대에 리오 카니발이 민주화된 결과의 산물이다. 그러나 이러한 종류로서 가장 인상적이고 장기적으로 가장 영향력 있었던 것은 미국에서의 재즈의 발전이었다. 이는 주로 흑인들이 남부의 주들에서 중서부 및 북동부의 대도시들로 이주한 것의 영향으로 이루어졌다. 재즈는 직업적 연예인(주로 흑인)의 독자적인 예술음악이었다.

이러한 대중적 혁신이나 발전 중 일부의 영향은 아직까지는 원래의 환경 밖에서는 제한적인 것이었고, 또한 아직까지는 세기 후반보다는 덜 혁명적이었다. 세기 후반에는 —— 명백한 예를 들자면 —— 미국의 흑인 블루스에서 직접 나온 한 언어가 로큰롤로서 청년문화의 세계어가 되었던 것이다. 대중매체와 대중적 창조물의 영향 둘 다 —— 영화를 제외하고는 —— 세기 후반(이는 뒤에 검토할 것이다)보다는 미약했지만, 그럼에도 불구하고 그 영향은 이미 양적으로 막대했고 질적으로 두드러졌다. 특히, 자신의 엄청난 경제적 우위와, 상업과 민주주의에 대한 확고한 헌신과, 대공황 이후에는 루스벨트의 대중주의의 영향 덕분에 이 분야에서 도전 불가능한 헤게모니를 행사하기 시작한 미국에서 그러했다. 대중문화의 영역에서 세계는 미국적인 세계 아니면 지방적인 세계였다. 한 가지 예외를 제외하면 다른 어떤 민족적, 지역적 모델도 세계적으로 정착되지는 못했다. 몇몇 모델이 지역적으로는 상당한 영향력을 가졌고 (이를테면 이슬람 세계 내에서의 이집트 음악), 댄스 뮤직의 카리브적, 라틴 아메리카적 요소에서 보듯이 때때로 이국적인 특성이 세계적인 상업적 대중문화 속에 침투하기는 했지만 말이다. 유일한 예외는 스포츠였다. 이러한 대중문화 부문 —— 어느 누가 전성기 때의 브라질 팀을 보고도 스포츠의 예술성을 부인하겠는가? —— 에서 미국의 영향력은 여전히, 워싱턴이 정치적으로 지배하는 지역에 국한되었다. 크리켓이 한때 영국 국기가 휘날렸던 곳에서만 대중 스포츠가 되었던 것처럼, 야구는 한때 미국의 해병대가 상륙했던 곳을 제외하고는 별 영향을 주지 않았다. 전세계가 자신의 것으로 만든 스포츠는 영국의 세계경제적 존재의 산물인 축구였다. 그것은 극지의 빙판으로부터 적도에 이르기까지, 영국 회사들로부터 이름을 따거나 (상파울루 스포츠 클럽처럼) 추방된 영국인들로 구성된 팀들을 도입했던 것이다. 복잡한 규칙과 장비에 얽매이지 않고 일정한 규모의 다소 평평하고 트인 공간에서 행해질 수 있는, 이러한 단순하고도 품위 있는 경기는 전적으로 자신의 장점 덕분에 세계 전역에서 번창했고, 1930년에 월드컵 대회(우루과이가 월드컵을 차지했다)가 창설됨으로써 진정으로 국제화되었다.

그럼에도 불구하고 우리의 기준으로 볼 때 대중 스포츠는 이제 세계화되기는 했지만 여전히 극도로 원시적이었다. 스포츠 종사자들은 아직은 자본주의 경제에 흡수되지 않았다. 대스타들은 (전통적인 부르주아 지위에 동화된) 테니스에서처럼 여전히 아마추어 선수였거나, 영국 축구에서처럼 숙련 공업노동자보다 그다지 높지 않은 임금을 받는 직업선수였다. 사람들은 여전히 그들을 직접 보며 즐겨야 했다. 라디오조차 경기나 경주의 실제 장면을 실황 방송자의 고조되는 목소리로 전달할 수밖에 없었던 것이다. 영화 스타처럼 돈을 받는 운동선수와 텔레비전의 시대가 온 것은 여전히 몇 년 뒤의 일이었다. 그러나 앞으로 보게 되듯이(제9-11장), 그렇게 여러 해 뒤의 일은 아니었다.

제7장 제국들의 종식

그는 1918년에 테러리스트 혁명가가 되었다. 그의 결혼식 날 밤에는 그의 구루(gurū : 힌두교에서 혼자 힘으로 영적 혜안을 얻은 정신적 스승이나 지도자를 가리키는 말/역주)가 대신 왔고, 그는 1928년에 그의 아내가 죽을 때까지 10년 동안 결코 그녀와 살지 않았다. 여자를 멀리하는 것은 혁명가의 철칙이었다.······그는 인도가 어떻게 아일랜드인들이 싸웠던 방식으로 싸움으로써 해방될 것인지 내게 말해주곤 했다. 내가 댄 브린의 「아일랜드의 자유를 위한 나의 투쟁(*My Fight for Irish Freedom*)」을 읽은 것은 그와 함께 있을 때였다. 댄 브린은 마스테르다의 이상(理想)이었다. 그는 그의 조직의 이름을, 아일랜드 공화군의 이름을 따서 인도 '공화군 치타공 지부'라고 지었다.

—— 칼파나 두트(1945, pp.16-17)

하늘에서 태어난 식민통치자들 종족은 뇌물-매수 방식을 용인했고 고무하기까지 했다. 왜냐하면 그러한 방식이, 불안정하고 종종 반체제적인 주민들에게 통제를 행사하는 값싼 장치가 되었기 때문이다. 그 방식이 실제로 의미하는 것은 자신이 원하는 것(이를테면 소송에서 이기거나, 정부계약을 따내거나, 국왕 탄생일에 작위를 받거나, 관직을 얻는 것)을, 그러한 특혜를 주거나 보류할 수 있는 힘을 가진 사람의 호감을 삼으로써 얻을 수 있다는 것이다. '호감'을 사는 데에 반드시 돈을 줄 필요는 없었다(그것은 거친 방식이었고, 인도에서 그러한 식으로 손을 더럽히는 유럽인들은 거의 없었다). 호감을 사는 것은 우정과 존경 그리고 후한 접대의 결과이거나 '훌륭한 대의'를 위한 기금을 낸 결과일 수 있었지만, 무엇보다도 중요한 것은 영국의 인도 통치에 대한 충성이었다.

—— M. 캐릿(1985, pp.63-64)

I

19세기 동안에 몇 안 되는 나라들 —— 대체로 북대서양에 면해 있는 나라들 —— 이 나머지 비유럽 세계를 우스울 정도로 쉽게 정복했다. 서방국가들이 그러한 세계를 점령하고 지배하는 데에 고생하지 않는 한, 그들은 자신의 경제적, 사회적 체제와 그 체제의 조직 및 과학기술을 통해서, 훨씬 더 도전받지 않는 우위를 확립했다. 자본주의와 부르주아 사회가 세계를 변화시키고 지배했으며, 역사라는 괴물에게 잡아먹히거나 버림받기를 원치 않는 자들에게 모델 —— 1917년 이전까지는 **유일한** 모델 —— 이 되었다. 1917년 이후에는 소련 공산주의가 대안적 모델이 되었으나 본질적으로 동일한 유형의 모델이었다. 사기업과 자유주의제도들을 필요로 하지 않았다는 점만 제외하고 말이다. 따라서 비서구세계, 보다 정확히 말해서 비북서유럽 세계의 20세기 역사는 본질적으로, 19세기에 인류의 주인으로 자리잡은 나라들과의 관계에 의해서 결정되었다.

이러한 만큼 단기 20세기의 역사는 지리적으로 여전히 한 쪽에 편중되었고 또한 전지구적 변화의 원동력에 집중하기를 원하는 역사가로서는 그렇게 쓸 수밖에 없다. 이는 겸손한 척하지만 유감스럽게도 종종 자민족중심적이거나 심지어 인종주의적이기까지 한 우월감과 전적으로 부당한 자기만족 —— 혜택을 받는 나라들에게서 여전히 보편적으로 발견되는 —— 을 공유한다는 것을 의미하지는 않는다. 실제로, 필자는 E. P. 톰슨이 세계의 후진적이고 가난한 나라들에 대한 '엄청난 겸양'이라고 불렀던 것에 열렬히 반대한다. 그럼에도 불구하고 단기 20세기에 세계사 대부분의 원동력이 자생적인 것이 아니라 유도된 것이라는 점은 여전히 사실이다. 그러한 원동력은 본질적으로, 비(非)부르주아 사회의 엘리트들이 서구에서 개척된 모델을 모방하려는 시도에 있다. 그 모델은 기본적으로, 경제와 과학기술의 '발전' —— 자본주의식 발전이든 사회주의식 발전이든[1] —— 을 통해서 재력과 문화라는 형태로 진보를 낳는 사회의 모델로 인식되었다. '서구화'나 '근대화' —— 또는 뭐라고 부르기로 하든 —— 와는 다른 실행 모델은 전혀 없었다. 역으로, 국제외교에서 탈식민화된 세계를 지칭하는, '후진성(레닌이 주저하지 않고 자신의 나라와 '식민지 및 후진국들'의 상황을 묘사했던 표현)'의 다양한 동의어들('저개발', '개발도상국' 등)은 정치적 완곡어법의 산물이다.

'발전'이라는 실행 모델은 다양한 종류의 다른 신념들이나 이데올로기들과 결합될 수 있었다. 그러한 것들이 그 모델과 충돌—— 이를테면 공항이 코란이나 성경에 의해서 인정받지 않았거나, 영감을 주는 중세 기사도 전통과 상충되었거나, 심원한 슬라브 정신과 양립할 수 없다는 이유로 해당국이 공항의 건설을 금지하는 등의—— 하지 않는 한 말이다. 한편 그러한 종류의 신념들이 이론에서만이 아니라 **실천상으로도** '발전'과정에 대립되는 경우에는 실패나 패배로 끝날 것이 확실했다. 마법의 힘으로 기관총 탄알들이 비껴갈 것이라는 신념이 아무리 강하고 진지하더라도, 그러한 힘이 큰 효과를 보는 경우는 너무도 드물었다. 전화와 전신이 성자의 텔레파시보다 나은 통신수단이었다.

이는 전통 —— 신념이든 이데올로기든, 변하지 않는 것이든 수정된 것이든 —— 을 버릴 것을 의미하지는 않는다. '발전'이라는 새로운 세계와의 접촉에 들어간 사회는 바로 그 전통을 통하여 새로운 세계에 대해서 판단했던 것이다. 전통주의와 사회주의 모두, 경제적 —— 그리고 정치적 —— 으로 승리한 자본주의적 자유주의의 한가운데에서 도덕상의 공백을 발견하는 데에 일치했다. 자본주의적 자유주의는, 애덤 스미스의 '교환을 하는 성향'과 자신의 개인적인

---

1) '자본주의'/'사회주의'라는 단순한 이분법은 분석적인 것이라기보다는 정치적인 것이라는 점을 알아둘 필요가 있다. 그러한 이분법은 대중적인 정치적 노동운동 —— 그것의 사회주의 이데올로기가 실제로는 현 사회('자본주의')가 뒤집힌 상태의 개념과 거의 다를 바 없는 —— 의 출현을 반영하는 것이다. 그것은 1917년 10월 이후에 단기 20세기의 오랜 공산주의/반공주의 냉전으로 강화되었다. 이를테면 미국, 남한, 오스트리아, 홍콩, 서독, 멕시코의 경제체제들을 '자본주의'라는 동일한 종류의 체제로 분류하지 않고 여러 종류의 체제들로 분류할 수도 있을 것이다.

만족과 이익을 추구하는 성향에 기반한 유대를 제외하고는, 개인들 간의 어떠한 유대도 파괴해버렸던 것이다. 하나의 도덕체계 —— 세계에서 인간이 차지하는 위치를 규정하는 방식 —— 로서 그리고 '발전'과 '진보'가 무엇을 파괴했고 얼마나 많이 파괴했는가를 인식하는 방식으로서 전(前)자본주의 또는 비(非)자본주의 이데올로기 및 가치체계들이 포함(砲艦), 상인, 선교사, 식민통치자들이 가지고 온 신념보다 종종 우월했다. 그러한 이데올로기 및 가치체계들은, 근대화 —— 자본주의적인 것이든 사회주의적인 것이든 —— 에 맞서, 아니 보다 정확히 말해서 근대화를 가지고 들어온 외부인들에 맞서 전통사회의 대중들을 동원하는 수단으로서 몇몇 상황에서는 매우 효과적일 수도 있었다. 실제로 1970년대 이전에는 후진세계에서 성공한 어떠한 해방운동도 전통적이거나 신(新)전통적인 이데올로기들에 의해서 고취되거나 성취된 경우가 없었지만 말이다. 그러한 경우에 속했던 운동인, 영국령 인도에서의 단명한 킬라파트 운동(Khilafat agitation, 1920-21) —— 계속해서 투르크의 술탄을 모든 신자의 칼리프로 모실 것, 오스만 제국을 1914년 당시의 국경 그대로 유지할 것, (팔레스타인을 포함한) 이슬람 성지들에 대한 이슬람 교도의 통제권을 유지할 것 등을 요구한 —— 이 아마도, 망설이던 인도의 국민회의로 하여금 대중들의 비협력운동과 시민불복종운동을 벌이도록 강제했던 사실이 있기는 하다(Minault, 1982). 종교의 후원 아래 이루어진 —— '교회'는 보통 사람들에게 '왕'보다 나은 지배력을 계속 행사했다 —— 가장 특징적인 대중동원은 후위전이었다. 세속화를 추구하는 멕시코 혁명에 대항하여 농민들이 '그리스도 왕'의 기치 아래 벌인 저항(1926-32) —— 그것을 다룬 주요 역사가가 '크리스티아드(Christiad)'라는 서사시적 표현으로 묘사했던(Meyer, 1973-79) —— 처럼 때때로 완강하고 영웅적인 후위전이었지만 말이다. 성공을 거둔 대중동원의 주요 세력으로서의 근본주의 종교는 20세기 말 몇십 년의 현상에 속한다. 이 시기에는 일부 지식인들이, 자신들의 교육받은 할아버지들이 미신과 야만이라고 묘사했을 법한 양식으로의 기묘한 복귀를 보이기까지 했다.

반대로, 종속국을 종속상태로부터, 후진국을 후진성으로부터 해방시키는 것을 고취한 이데올로기와 강령, 심지어는 정치조직의 방법과 형태조차 서구적인 것 —— 자유주의적인 것, 사회주의적인 것, 공산주의적이자/이거나 민족주의적인 것, 세속주의적이고 교권주의를 의심스러워하는 것, 부르주아 사회에서 공적인 생활을 위해 개발된 장치들(언론, 공공집회, 정당, 대중 캠페인)을 사용하는 것 —— 이었다. 채택된 화법이 대중들이 사용한 종교적 어휘로 이루어졌거나 그래야만 했을 때조차 말이다. 이것이 의미했던 것은 금세기 제3세계 변혁을 이룬 사람들의 역사가 소수 엘리트, 때때로 비교적 극소수 엘리트의 역사라는 것이었다. 왜냐하면 —— 거의 모든 곳에서 민주주의 정치제도가 없었다는 사실은 아예 차치하고라도 —— 소수계층만이 필요한 지식과 교육수준 또는 심지어 초보적인 읽고 쓰는 능력을 지녔기 때문이다. 어쨌든 독립 전에 인도 아대륙 인구의 90퍼센트 이상이 문맹이었다. 서방어(즉, 영어)를 읽고 쓸 줄 아는 사람들의 수는 훨씬 더 적었다 —— 1914년 이전에 3억 명 내외의 인구 중에서 50만 명, 즉 600명 중 한 명꼴이었다.[2] 독립한 시기에(1949-50) 교육열이 단연 가장 높았던 지역(서부 벵골)에서조차 주민 10만 명당 대학생 수는 272명에 불과했는데, 그래도 이 수치는 북부 인도 핵심지역의 다섯 배나 되는 것이었다. 수적으로 대수롭지 않은 이 소수계층이 행한 역할은 막대한 것이었다. 19세기 말에, 영국령 인도의 주요 행정구역들 중 하나인 봄베이 관구의 파르시 교도(Parsi : 7-8세기경 회교도의 박해로 인도로 피신한 조로아스터 교도의 후손/역주) 3만8,000명 —— 그들 중 4분의 1 이상이 **영어를** 읽고 쓸 줄 알았다 —— 이 아대륙 전역에서 상인, 산업가, 재정가 엘리트가 된 것은 놀랄 만한 일이 아니었다. 1890-1900년에 봄베이 고등법원의 변호사 자격을 얻은 100명 중에는 독립 인도의 양대 국민적 지도자(모한다스 카람찬드 간디와 사다르 발라바이 파텔)와 미래의 파키스탄 건국자 무하마드 알리 지나가 끼어 있

---

[2] 서구식 중등교육을 받고 있는 사람들에 대한 자료에 근거한 것이다(Anil Seal, 1971, pp.21-22).

었다(Seal, 1968, p.884 ; Misra, 1961, p.328). 서구식 교육을 받은 그러한 엘리트들의 만능 역할은, 필자가 알고 있는 인도의 한 가문의 사례가 잘 보여주고 있다. 영국의 통치하에서 지주이자 성공한 변호사이자 사교계 인사였던 아버지는 1947년 이후에 외교관이 되었고 결국 주지사가 되었다. 어머니는 1937년의 인도 국민회의 지방정부에서 최초의 여성 장관이었다. 또한 네 명의 자녀(모두 영국에서 교육받았다) 중에서 세 명이 공산당에 가입했다. 한 명은 인도 군대의 총사령관이 되었고, 또 한 명은 결국 공산당 의원이 되었다. 다른 한 명은 —— 파란 많은 정치경력 끝에 —— 간디 여사 정부의 장관이 되었고, 나머지 한 명은 사업가가 되었다.

이러한 사실들 중 어떠한 것도, 서구화를 추구한 엘리트들이 자신들의 모델로 삼은 국가와 문화의 모든 가치기준을 반드시 받아들였음을 의미하지는 않는다. 그들의 개인적 견해는 100퍼센트 동화 정책에서부터 서방에 대한 깊은 불신 —— 서방의 혁신들을 채택함으로써만 자국문명의 고유한 가치를 보존하거나 회복할 수 있다는 확신과 결합된 —— 에 이르기까지 다양했다. 메이지 유신 이래 일본이 보여준, 가장 열렬하고 성공적이었던 '근대화'계획의 목표는 서구화하는 것이 아니라 그와는 반대로 전통적 일본을 살리는 것이었다. 마찬가지로, 제3세계 활동가들이 그들 자신의 것으로 삼은 이데올로기와 강령으로 해석한 것은 표면상의 텍스트라기보다는 그들 자신의 서브텍스트(subtext : 텍스트 속에 숨겨진 뜻/역주)였다. 일례로, 독립시기에 사회주의(소련 공산주의식 사회주의)가 탈식민화된 정부들에게 호소력 있었던 것은 반제국주의라는 대의가 언제나 식민본국의 좌파에 속했기 때문만이 아니라, 그 정부들이 소련을 계획된 공업화를 통해서 후진성을 극복할 —— 그 문제는 그들에게, 자신의 나라에서 '프롤레타리아'라고 부를 수 있는 어떠한 것의 해방보다도 훨씬 더 긴급한 관심사였다 —— 수 있기 위한 모델로 보았기 때문이기도 하며, 두번째 이유가 첫번째 이유보다 훨씬 더 컸다(p.484와 p.518를 보라). 이와 비슷한 예로, 브라질 공산당은 마르크스주의에 대한 헌신이란 면에서 결코 동요하지 않았지만 특수한 종류의 개발 민족주의가 1930년대 초부터 당 정책의 '기본적 구성요소'가 되었다. 그러한 민족주의가 노동자의 이해관계 —— 다른 계급들의 이해관계와 구별되는 것으로서의 —— 와 상충되었을 때조차 말이다(L. M. Rodrigues, p.437). 그럼에도 불구하고, 후진국들의 역사를 이끈 사람들의 의식적, 무의식적 목표가 무엇이었든 간에 근대화, 즉 서구에서 유래한 모델을 모방하는 것은 그러한 목표를 달성하는 데에 필요하고 없어서는 안 될 방법이었다.

이러한 사실은, 제3세계 엘리트들의 시각과 주민대중의 시각이 서로 크게 달랐으므로 더더욱 두드러졌다. 백인측(즉 북대서양) 인종주의가 토후국의 왕에서 청소부에 이르기까지 다 같이 분노케 함으로써 이들 모두를 결속시켰던 경우는 제외하고 말이다. 또한 그러한 경우에조차, 어느 사회에서도 피부색과 무관하게 보통 낮은 지위에 있었던 남자들 그리고 특히 여자들이 분개를 덜 느낀 것은 당연한 일이었다. 한편, 공통의 종교가 그러한 결속 —— 이 경우는 이교도에 대한 불변의 우월성에 의한 결속 —— 을 가능케 한 경우는 이슬람 세계 밖에서는 드물었다.

II

제국의 시대의 자본주의 세계경제는 사실상 지구상의 전지역에 침투해서 그곳을 변화시켰다. 그러한 과정이 10월혁명 이후에 소련 국경 앞에서 일시적으로 중단되기는 했지만 말이다. 바로 그러한 점이 1929-33년의 대공황이 반(反)제국주의와 제3세계 해방운동의 역사에서 그토록 획기적인 사건이 될 수 있었던 이유이다. 그 나라의 경제, 부, 문화, 정치체제가 북대서양 문어발의 세력권에 들어오기 전에 어떠했든지 간에, 일단 그 안에 들어오면 예외없이 세계시장에 빨려들어갔다. 자신들의 황량한 거주지에서 석유나 천연가스가 발견되기 전의 대사막의 베두인(Beduin : 아라비아, 시리아, 북아프리카 사막 지방의 유목 아랍인/역주)처럼, 변화가 많기는 하지만 경제적으로 흥미없다는 이유로 서방의 사업가들과 정부들에 의해서 받아들여지지 않는 경우를 제외하고 말이다. 세계시장에 대한 그 나라들의 가치는 기본적으로 1차 산물 —— 공업 및 에너지 원료와 농업 및 목축 생산물 —— 의 공급처이자, 주로 정부차관과 교통, 통신, 도시의 기간설비 —— 그것 없이는 종속국의 자원을 효율적으로 이용할 수 없었다 —— 에 대한 투자 형식의 북쪽 세계(부국들을 '북', 빈국들을 '남'으로 규정했을 때의 '북'이다/역주) 자본투자의 대상으로서의 역할에 있었다. 1913년에 영국의 전체 해외투자의 4분의 3 이상 —— 영국인들은 나머지 세계의 수출자본 전체를 합친 것보다 많은 자본을 수출했다 —— 이 정부공채, 철도, 항구, 선박에 대한 것이었다(Brown, 1963, p.153).

그 지역에서 생산된 고기 등의 식료품을 소금에 절인 고기 통조림처럼 보다 운송하기 쉬운 형태로 가공하는 것이 논리적으로 보였던, 라틴 아메리카 남단의 원뿔 모양 지역에 속한 나라들 같은 경우에조차, 종속국들을 공업화한다는 것은 여전히 어느 누구의 작전계획에도 들지 않았다. 어쨌든, 정어리를 통조림하고 포트 와인을 병에 담는 일은 포르투갈을 공업화시키지 않았고 그러할 것으로 생각되지도 않았다. 실제로 대부분의 북쪽 세계 정부들과 기업가들이 품은 생각의 기본유형은 종속국들이 1차 산물을 팔아서, 북쪽 세계로부터 수입한 공산품의 값을 치른다는 것이었다. 이것이 1914년 이전 시기에 영국이 지배한 세계경제의 토대였다(「제국의 시대」제2장). 이른바 '식민자 자본주의(settler capitalism)' 나라들을 제외하고는 종속국들이 제조업자들에게 특별히 수지맞는 수출시장이 되지 못했지만 말이다. 3억 명의 인도 아대륙 주민과 4억 명의 중국인은 너무 가난했고 그들의 일용품 중 너무 많은 부분을 자기 나라에서 공급받았기 때문에, 어느 나라로부터도 그리 많은 것을 살 수 없었다. 영국이 경제적 헤게모니를 쥔 시대의 영국인들에게는 운좋게도, 그들의 7억 페니어치 물건이 랭커셔의 면공업을 유지하기에 충분한 양이었다. 북쪽 세계의 모든 생산자들의 관심처럼 랭커셔 면공업의 관심은 명백히, 종속국의 시장 —— 빈약한 규모의 것이더라도 — 을 자신들의 생산에 완전히 종속시키는 것, 즉 농업화하는 것이었다.

그들 생산자들이 이러한 목표를 가졌든 가지지 않았든 간에 그들은 성공할 수 없었는데, 그 이유는 부분적으로는, 그곳 경제가 세계시장사회 — 구매와 판매의 사회 — 에 흡수됨으로써 창출된 그 나라 시장이 그 나라의 소비재 생산을 자극했기 — 그곳에서 생산하는 것이 더 쌌으므로 — 때문이었고, 또 부분적으로는, 종속지역들 — 특히 아시아의 — 의 많은 수의 경제가 긴 역사의 제조업, 상당한 정교함 그리고 인상적인 기술적, 인적 자원 및 잠재력을 지닌 고도로 복잡한 구조로 이루어졌기 때문이었다. 일례로, 북쪽 세계와 종속세계를 잇는 특징적인 고리가 된 거대한 화물통과항(貨物通過港) 도시들 — 부에노스아이레스와 시드니에서 봄베이, 상해, 사이공에 이르기까지 — 은 수입품들의 침탈로부터 일시적으로 보호받으며 자국공업을 발달시켰던 것이다. 그러한 일이 그곳 통치자들의 의도가 아니었다고 해도 말이다. 그전까지는 멀고 비용이 많이 드는 랭커셔에서 수입해오던 면제품을 아메다바드나 상해의 섬유 생산자들 — 토착민이든 외국회사의 대리인이든 — 로 하여금 바로 곁의 인도나 중국 시장에 공급하게 하는 데에는 그리 많은 힘이 들지 않을 것이었다. 실제로 이러한 일은 제1차 세계대전 종전 직후에 일어났으며, 그럼으로써 영국 면공업은 어려운 고비를 넘길 수 있었다.

그럼에도 불구하고, 산업혁명이 결국 세계의 나머지 지역으로 확산될 것이라는 마르크스의 예언이 얼마나 논리적으로 보이는가를 생각할 때, 제국들의 시대가 끝나기 전에, 사실상 1970년대 전에 얼마나 작은 비율의 공업이 선진 자본주의 세계를 떠났는가 하는 것은 놀랄 만한 일이다. 1930년대 후반에 세계공업화지도상에서 이루어진 유일한 큰 변화는 소련의 5개년계획들에 기인한 것이었다(제2장을 보라). 1960년까지도 서구와 북미의 기존의 공업화 핵심지역들이 세계 총생산고의 70퍼센트 이상과 세계의 '제조업 부가가치', 즉 공업생산고의 거의 80퍼센트를 생산했다(N. Harris, 1987, pp.102-03). 구(舊)서방으로부터의 진정으로 극적인 이동 —— 1960년에 세계 공업생산고의 4퍼센트 정도밖에 생산하지 않았던 일본 공업의 상당한 부상을 비롯한 —— 은 금세기의 3/3분기에 이루어졌다. 1970년대에 와서야 경제학자들은 '새로운 국제적 분업', 즉 구(舊)핵심지역들의 탈공업화의 시작에 관하여 책을 쓰기 시작했다.

명백히 제국주의, 즉 기존의 '국제적 분업'은 기존 핵심국들의 공업독점을 강화하는 고유의 경향이 있었다. 그러한 한, 전간기의 마르크스주의자들과 1945년 이후 다양한 종류의 '종속이론가들'이 제국주의에 대해서, 후진국들의 후진성을 확실하게 지속시키는 양식이라고 공격했던 것은 일리가 있는 것이었다. 그러나 역설적이게도, 공업을 원래의 나라들에 계속 위치시킨 것은 자본주의 세계경제 —— 보다 정확히 말해서 운송 및 통신기술 —— 의 상대적으로 미숙한 발전정도였다. 이윤창출사업과 자본축적의 논리에는 펜실베이니아나 루르에 있는 제강업을 그 지역에 영원히 유지시키도록 할 만한 요소가 전혀 없었다. 비록, 공업국들의 정부가 특히 보호무역주의 성향이 있거나 커다란 식민제국을 가진 경우, 그 정부가 잠재적인 경쟁국들이 본국의 공업을 해치는 사태를 막는 데에 최선을 다할 것이란 것은 전혀 놀랄 만한 일이 아니지만 말이다. 그러나 제국의 정부들조차 자신의 식민지를 공업화할 만한 이유가 있을 수 있었다. 체계적으로 그러한 사업을 벌였던 유일한 경우는, (1911년에 합병된[한일합방은 1910년의 일이므로 이는 저자의 실책이다/역주]) 한국에서 그리고 1931년 이후에는 만주와 대만에서 중공업을 발전시킨 일본이었지만 말이다. 자원이 풍부한 이 식민지들은, 빈약하고 원료가 부족하기로 유명한 식민본국과 아주 가까운 거리에 있어서 일본의 공업화에 직접 봉사할 수 있었던 것이다. 그러나 가장 큰 식민지인 인도에서조차, 공업상의 자급과 군사적 방위에 충분할 정도로 제조업을 발전시킬 수 없었다는 사실에 대한, 제1차 세계대전 동안의 발견은 그 나라의 공업을 발전시키는 데에 정부가 직접 참여하고 보호하는 정책으로 이어졌다(Misra, 1961, pp.239, 256). 전쟁이 식민지의 불충분한 공업이 가지는 결점을 제국 행정가들에게까지 확신시켰다면, 1929-33년의 공황은 그들에게 재정적 압박을 가했다. 농업소득이 하락했으므로 식민지 정부의 수입은 공산품 —— 영국, 프랑스, 네덜란드 등의 식민본국 자체에서 만든 것을 포함해서 —— 에 매기는 세금을 인상함으로써 보충되어야 했다. 이전까지는 자유롭게 수입했던 서방회사들이 처음으로, 이러한 주변부 시장에서 생산시설을 세울 필요성을 절실히 느끼게 되었다(Holland, 1985, p.13). 그러나 전쟁과 공황을 감안하더라도 단기 20세기 전반기의 종속국들은 여전히 압도적으로 농업적, 농촌적인 세계로 남았다. 바로 이러한 점이, 금세기 3/4분기에 이루어진 세계경제의 '대약진'이 세계경제의 운명의 그렇게도 극적인 전환점으로 판명된 이유이다.

III

실제로 아시아, 아프리카, 라틴/카리브 아메리카의 모든 지역이 소수의 북반구 국가들에서 일어나는 일에 좌우되었고 또한 그렇게 느꼈을 뿐만 아니라, (아메리카 대륙 밖에서는) 그 지역들 대부분이 그 소수 국가들에 의해서 소유되고 통치되었거나 다른 식으로 지배되고 통솔되었다. 이러한 사실은 자신의 토착당국의 존재가 허용된 지역들(예를 들면 '보호령'이나 토후국)에조차 적용되었다. 왜냐하면 그 지역의 에미르(emir : 아라비아의 왕족, 수장/역주), 베이(bey : 터키의 지사/역주), 라자(rāja : 인도의 왕, 말라야 및 자바의 추장/역주), 왕, 술탄의 궁정에서 영국이나 프랑스 대표의 '조언'이 강제성을 띠고 있었다는 것은 말할 것도 없었기 때문이다. 이는 중국처럼 형식상 독립국이었던 경우에조차 적용되었다. 그곳에서는 외국인들이 치외법권을 누렸고, 세금징수와 같은, 주권국가의 중심적인 일부 업무들을 통제했던 것이다. 이러한 지역들에서는 외국의 지배로부터의 탈피에 대한 문제가 제기될 수밖에 없었다. 거의 전부가 주권국들로 구성된 중남미에서는 그렇지 않았다. 비록 미국 ——

다른 어떤 국가도 못 그랬지만 —— 이 특히 금세기의 1/3분기와 3/3분기에 중앙 아메리카의 작은 나라들을 사실상의 보호령으로 다루는 경향이 있었지만 말이다.

식민지 세계는 1945년 이후에 명목상 주권국들의 집합체로 너무도 완벽히 바뀌어서, 당시를 되돌아볼 때 그러한 변화가 불가피한 것이었을 뿐만 아니라 식민지 민족들이 항상 원했던 것으로 보일 정도다. 이는 정치체로서의 긴 역사를 가졌던 나라들, 즉 아시아의 대제국들 —— 중국, 페르시아, 오스만 —— 과 아마도, 이집트 같은 다른 한두 나라의 경우에는 거의 확실히 들어맞는 말이다. 특히, 그 나라가, 중국의 한족(漢族) 같은 실질적인 '슈타츠폴크(staatsvolk)', 즉 '국가인민'이나, 사실상 이란의 국민종교인 시아파 이슬람교의 신자들을 중심으로 건립되었을 경우에 그러했다. 그러한 나라들에서는 외국인에 대한 인민의 반감이 쉽게 정치화될 수 있었다. 중국, 터키, 이란 세 나라 모두가 주요 자생적 혁명의 무대가 된 것은 우연이 아니다. 그러나 이러한 경우는 예외적인 것이었다. 보다 많은 경우는, 고정된 국경으로 동류의 다른 정치체와 구분되고 오직 하나의 영속적 권위에만 복속한다는, 영속적인 영토정치체라는 개념 —— 즉 우리가 당연한 것으로 받아들이는 독립주권국이라는 개념 —— 자체가, 적어도 (영속적이고 고정된 농업이 이루어지는 지역에서조차) 촌락 수준을 넘어서면, 인민들에게 무의미한 경우였다. 사실상, 명확히 자신을 '인민'으로 표현하거나 인식하는 인민 —— 유럽인들이 '부족'이라고 표현하기를 좋아하는 —— 이 존재하는 경우에조차, 자신이 다른 인민 —— 자신과 공존하고 뒤섞이고 역할을 분담한 —— 과 영토상으로 구분될 수 있다는 생각은 이해하기 어려운 것이었다. 그러한 생각은 그들에게 거의 뜻이 통하지 않았던 것이다. 그러한 지역들에서는 20세기형 독립국들의 유일한 토대가, 제국의 정복과 경쟁으로 인해서 대체로 그 지역의 구조를 전혀 고려하지 않은 채 분할되었던 영토였다. 따라서 탈식민세계는 거의 전적으로 제국주의의 국경들에 의해서 분할되었다.

게다가, 서방인들(이교도로서이든, 모든 종류의 파괴적이고 불경스러운 근대적 혁신들을 가져온 자들로서이든, 아니면 단순히 보통 사람들의 생활방식에서 일어날 어떠한 변화 —— 그것이 보다 나빠지는 변화일 것이라고 생각한 것은 부당한 생각이 아니었다 —— 에도 반발한 것이든)에게 가장 분개했던 제3세계 주민들은, 근대화가 반드시 필요하다는 엘리트들의 정당한 신념에 대해서도 마찬가지로 반대했다. 이는, 인민들 모두가 열등민족에 대한 식민통치자들의 멸시로 인해서 공통의 고통을 받았던 식민지 나라들에서조차, 제국주의자들에 대항하는 공동전선을 이루는 것을 어렵게 만들었다.

그러한 나라들에서 중간계급 민족주의운동의 주된 임무는, 자신의 근대화계획을 위태롭게 하지 않은 채, 본질적으로 전통주의적이고 반(反)근대적인 대중들의 지지를 어떻게 획득하느냐 하는 것이었다. 정력적인 발 강가다르 틸라크(1856-1920)가 인도 민족주의의 초창기에, 하층 중간계급 —— 그가 태어난 서부 인도 지역에서만이 아닌 —— 에게서조차 대중적인 지지를 얻는 최선의 길은 암소의 신성성과 10세 소녀의 결혼을 옹호하고, 예로부터의 힌두 내지 '아리아' 문명 및 종교가 근대 '서구' 문명과 그것을 찬미하는 토착민들보다 영적으로 우월하다고 주장하는 것이라고 생각한 것은 옳았다. 1905-10년에, 첫번째 주요 국면의 인도 민족주의 투쟁은 대체로 그러한 '토착문화주의' 성향 —— 특히 벵골의 젊은 테러리스트들 사이에서 —— 을 보였다. 결국 모한다스 카람찬드 간디(1869-1948)는 힌두 정신과 민족주의에 거의 같은 정도로 호소함으로써 수천만 개에 달하는, 인도의 촌락들과 시장(市場)들을 동원하는 데에 성공할 것이었다. 또한 그는 근대화론자들(현실적 의미에서 그 자신이 거기에 속했다 —— 「제국의 시대」제13장을 보라)과의 공동전선을 깨지 않는 동시에 이슬람교 인도에 대한 적대 —— 전투적 힌두교의 민족주의관에 항상 내재해 있는 —— 를 피하는 데에도 신경을 썼지만 말이다. 그는 진화하는 힌두교 —— 끊임없이 변화하는 포괄적인 모호성을 지닌 —— 에 내재한 개혁적 잠재력을 활용함으로써, 성자로서의 정치가, 수동적 집단행동('비폭력적인 비협력운동')에 의한 혁명 그리고 심지어는 카스트 제도의 거부와 같은 사회적 근대화조차 고안해냈다. 그는 어느 누구의 가장 무모한 희망(또는 공포)보다도 크게 성공했다. 그러나 그 자신이 생애 말년에, 힌두교적 배타성의 틸라크 전통에 속한 한 투사에 의해서 암살되기 전에 인정했듯이, 그의 근본적인 노력은 실패로 돌아갔다. 대중을 움직이는 것과 해야만 하는 것을 서로 조화시키기란 결국 불가능했던 것이다. 결국, 자유 인도는 "옛날 인도의 부활을 바라지 않고", "옛 시절에 대해서 공감하지도 이해하지도 않으며……서방에 시선을 돌리고 서방의 진보에 크게 매력을 느낀"(Nehru, 1936, pp.23-24) 사람들에 의해서 통치될 것이었다. 그러나 이 책을 쓰고 있을 때 틸라크의 반(反)근대주의 전통 —— 이제는 전투적인 BJP 당에 의해서 대변되는 —— 은 여전히 대중적 저항의 주된 초점으로 남아 있었고, 그러한 전통은 그때나 지금이나 인도에서 대중 사이에서뿐만 아니라 지식인들 사이에서도 불화를 낳는 주된 요인이다. 인민주의적인 동시에 진보적인 힌두교를 수립하고자 했던 마하트마 간디의 단기간의 시도는 시야에서 사라졌다.

이와 비슷한 유형이 이슬람 세계에도 출현했다. 비록 거기서는 (혁명이 성공한 뒤를 제외하고는) 모든 근대화론자들이 자신들의 개인적 신앙과 무관하게 민중들의 보편적인 신앙을 항상 존중해야 했지만 말이다. 그러나 인도와 달리, 이슬람교를 개혁과 근대화의 메시지로 해석하려는 시도는 대중을 동원하기 위한 것이 아니었고 그렇게 하지도 않았다. 자말 앗-딘 알-아프가니(1839-97)의 이란과 이집트와 터키 제자들, 그의 신봉자인 무하마드 아브두(1849-1905)의 이집트 제자들, 알제리의 아브둘 하미드 벤 바디스(1889-1940)의 제자들은 농촌이 아니라 학교와 대학 —— 어쨌든 유럽 열강에 대한 저항의 메시지에 공감하는 청중이 존재했을 —— 에서 발견될 수 있었다.[3] 그럼에도 불구하고 이슬람 세계의 진정한 혁명가들과 그 세계에서 정상에 오른 자들은, 앞서 보았듯이(제5장) 비이

---

3) 프랑스령 북아프리카에서는, 특히나 개혁가들의 비난의 표적이 되었던, 다양한 수피교 성자들('무라비트[murābit]')이 농촌의 신앙을 지배했다.

슬람계 세속 근대화론자들, 즉 (그 자체가 19세기에 새로 도입되었던 것인) 터키모를 중산모로 대체하고, 이슬람교에 물든 아랍 문자를 로마자로 대체하고, 사실상 이슬람교와 국가, 법 사이의 관계를 끊어버린 케말 아타튀르크 같은 사람들이었다. 그러나 최근의 역사가 다시 확증해주고 있듯이, 대중동원은 반(反)근대적인 대중신앙('이슬람 근본주의')에 기반할 때 가장 쉽게 이루어졌다. 요컨대, 민족주의자(전적으로 비전통적인 개념)들이기도 한 근대화론자들과 제3세계의 일반 민중 사이에는 깊은 갈등이 존재했다.

따라서 1914년 이전의 반제국주의, 반식민주의 운동들은, 제1차 세계대전이 터진 지 반세기 안에 서방과 일본의 식민제국들이 거의 전부 사라졌다는 사실에 비추어서 생각할 수 있는 양상보다는 덜 두드러진 것이었다. 라틴 아메리카에서조차, 일반적으로는 경제적 종속에 대해서, 특수하게는 그 지역에서의 군사적 존재를 고집하는 유일한 제국국가인 미국에 대해서 가지는 적대감이 당시에는 그 지역 정치에서의 주요 자산이 아니었다. 일부 지역에서 심각한 문제— 즉 경찰력으로 다룰 수 없는 문제 — 에 부딪친 유일한 제국은 대영제국이었다. 대영제국은 1914년까지는 이미, 백인들이 집단적으로 정착한 식민지들 —— 1907년부터 '자치령'으로 알려진(캐나다, 오스트레일리아, 뉴질랜드, 남아프리카) —— 에 내부 자치권을 부여했고 항상 골칫거리였던 아일랜드에 자치권('홈 룰[Home Rule : '아일랜드 자치'를 의미/역주]')을 줄 것을 약속했다. 인도와 이집트에서는 자치권과 심지어는 독립에 대한 그 나라의 요구와 제국의 이해관계가 정치적 해결책을 필요로 할지 모른다는 것이 이미 분명해졌다. 1905년 이후에는 인도와 이집트의 민족주의운동이 어느 정도 대중적 지지를 받았다는 말까지 할 수 있게 되었다.

그러나 제1차 세계대전이, 두 제국을 파괴시키고(독일 제국과 오스만 제국이 그것으로, 그 두 제국의 전(前) 속령들은 주로 대영제국과 프랑스 제국이 나누어 가졌다) 또 하나의 제국인 러시아를 일시적으로 때려눕혔을 뿐만 아니라(러시아는 아시아의 보호령들을 몇 년 내에 되찾았다) 세계식민체제의 구조를 심각하게 뒤흔든 최초의 사건이었다. 전쟁이 보호령들 —— 영국이 그곳의 자원을 동원할 필요가 있었던 —— 에 가한 압박은 소요를 낳았다. 10월혁명의 충격, 구체제들의 전반적인 붕괴 그리고 아일랜드 남부 26개 주의 사실상의 독립(1921)으로 인해 해외제국들은 처음으로, 사멸할 운명으로 보이게 되었다. 전쟁이 끝날 무렵, 이집트의 정당인 사드 자글룰의 와프드 당('대표단')(이집트 최초의 민족주의 정당[1918-52]/역주)은 윌슨 대통령의 수사(修辭)에 고무받아 처음으로 완전독립을 요구했다. 3년간의 투쟁(1919-22)은 영국인들로 하여금 그들의 보호령을 영국의 통제를 받는 반(半)독립적 이집트로 바꾸도록 강제했다. 이는 영국이 투르크 제국에게서 넘겨받은 아시아 지역 중 한 곳을 제외한 모든 지역 —— 이라크와 트란스요르단(Trans-Jordan : 1949년 이전의 요르단의 명칭/역주) —— 을 관리하는 데에도 편리하다는 것을 발견한 방식이었다. (그 예외란 팔레스타인이었다. 영국은 전시에 독일과 싸우는 데에 지원해준 대가로 시온주의 유태인들에게 했던 약속과, 투르크와 싸우는 데에 지원해준 대가로 아랍인들에게 했던 약속을 동시에 만족시키는 데에 실패하고는 팔레스타인을 직접 통치했다.)

영국으로서, 최대의 식민지인 인도에 대한 통제를 계속 유지할 수 있는 간단한 방식을 찾기란 덜 쉬운 것이었다. 그곳에서는, 인도 국민회의가 1906년에 처음으로 채택했던 '자치(스와라지[Swaraj])'라는 슬로건이 갈수록 완전독립을 향해 접근했다. 1918-22년의 혁명적 시기는 그 아대륙의 민족주의적 대중정치를 변화시켰다. 그 변화는 부분적으로는 이슬람 교도 대중이 영국에 반감을 가짐으로써, 부분적으로는, 소란스러웠던 해인 1919년에 한 영국 장군의 피에 굶주린 히스테리 —— 그는 출구 없는 곳에서 비무장 군중을 학살하여 수백 명을 죽였다('암리차르 학살') —— 에 빠짐으로써 일어난 것이었지만, 변화의 주된 요인은 간디와 급진화된 국민회의가 촉구한 대규모 시민불복종운동이 노동자들의 파업물결과 결합된 것이었다. 잠시 동안 거의 천년왕국적인 분위기가 해방운동을 지배했다. 간디는 스와라지가 1921년 말까지는 쟁취될 것이라고 공표했다. 도시들은 비협력운동에 의해서 마비되었고 북부 인도, 벵골, 오리사, 아삼의 광대한 농촌지역은 소란스러웠으며 "전국의 이슬람교도 주민 대부분은 격분하고 기분이 언짢았으므로", 정부는 "그러한 상황(자치가 쟁취된 상황/역주)이 극도의 불안을 낳을 것이라는 사실을 전혀 최소화하려고 하지 않았다."(Cmd 1586, 1922, p.13) 이제부터 인도는 간헐적으로 통제 불가능한 상태가 되었다. 영국의 인도 통치를 구제해준 것은 아마도, 그 나라를 대중의 통제할 수 없는 폭동이라는 야만적인 암흑상태로 몰고 간, 간디를 포함한 국민회의 지도자들 대부분의 결단력 부족, 그들 자신의 자신감 부족 그리고 영국인들이 인도의 개혁에 진정으로 헌신한다는 대부분의 민족주의 지도자들의 신념 —— 흔들렸지만 완전히 파괴되지는 않은 —— 이 될 것이다. 간디가 1922년 초에, 한 촌락에서 경찰관들의 학살을 초래했다는 이유로 시민불복종운동을 취소한 뒤에는, 영국의 인도 통치가 간디의 온건성에 의존했다 —— 경찰과 군대에 의존한 것보다 훨씬 더 —— 고 주장해도 과언이 아닐 것이다.

민족주의 지도자들의 신념은 부당한 것이 아니었다. 완강하게 제국주의를 옹호하는 강력한 세력 —— 처칠이 그 대변인이 된 —— 이 영국에 존재하기는 했지만, 1919년 이후 영국 지배계급의 유력한 견해는, '자치령 지위'와 비슷한 일정한 형태의 인도 자치가 결국 불가피하며 인도에서의 영국의 미래는 민족주의자들을 포함한 인도 엘리트와 타협하는 데에 달려 있다는 것이었다. 인도에서 영국의 일방적인 통치가 끝나는 것은 이제 시간문제에 불과했다. 인도는 대영제국 전체의 핵심이었으므로 이제는 제국 전체의 미래가 불확실해 보였다. 가부장적 온정주의가 여전히 도전받지 않은 채 지배한 아프리카에서와 카리브 해 및 태평양에 산재해 있는 섬들에서의 경우를 제외하고 말이다. 영국의 공식적, 비공식적 지배에 들어간 지구상의 지역의 규모가 양차 세계대전 사이의 시기보다 더 컸던 적도 결코 없었지만, 영국의 지배자들이 자신들의 오래된 제국 지배권을 유지하는 데에 당시보다 더 자신이 없던 적도 결코 없었다. 바로 이러한 점이, 영국인들이 제2차 세계대전 종전 이후에 제국으로서의 지위를 더 이상 유지할 수 없게 되었을 때 탈식민화에 대체로 반발하지 않았던 한 가지 주된 이유였다. 그점은 아마도, 다른 제국들, 특히 프랑스 제국 —— 뿐만 아니라 네덜란드 제국도 —— 이 1945년 이후에 자신의 식민지들을 유지하기 위해서 무력으로 싸웠던 이유이기도 하다. 그 제국들은 제1차 세계대전에 의해서는 흔들리지 않았다. 프랑스인들의 유일한 큰 골칫거리는 모로코 정복을 아직 완수하지 못했다는 것이었다. 그러나 아틀라스 산맥의 호전적인 베르베르족은 본질적으로 정치적 문제라기보다는 군사적 문제였고, 사실, 스페인령 모로코에게 더 큰 문제였다. 그곳에서 한 고지대 지식인인 아브드 엘-크림이 1923년에 리프 공화국을 선포했던 것이다. 프랑스의 공산주의자들과 여타 좌파의 열렬한 지지를 받은 아브드 엘-크림은 1926년에 프랑스의 후원으로 패배당했고, 그후에 산악지대 베르베르인들은 해외에서는 프랑스 및 스페인의 식민지 군대의 병사로서 싸우고 국내에서는 어떠한 종류의 중앙정부에 대해서도 저항하던 관행으로 돌아갔다. 프랑스의 이슬람 식민지들과 프랑스령 인도차이나에서, 근대화를 지향하는 반식민주의 운동은 제1차 세계대전이 끝나고 훨씬 뒤에 가서야 발전했다. 튀니지에서의 작은 선례를 제외하고는 말이다.

IV

몇 년간의 혁명적 시기(1918-22년/역주)는 주로 대영제국을 뒤흔들었으나 1929-33년의 대공황은 종속국들 전체를 뒤흔들었다. 실제로 종속국들 모두에게 제국주의의 시대는, 세계전쟁 —— 그 나라들 대부분은 세계전쟁에서 멀리 떨어져 있었다 —— 으로도 중단되지 않은, 거의 지속적인 성장의 시대였다. 물론 종속국들의 많은 주민들은 팽창하는 세계경제에 아직은 그리 깊이 흡수되지 않았거나, 그리 새로운 방식으로 흡수되었다고 느끼지 않았다. 시간이 시작된 이래 계속해서 땅을 파고 짐을 날라온 가난한 남자들과 여자들에게 자신들이 정확히 어떠한 세계적 맥락에서 그러한 일을 하는 지가 무슨 의미가 있었겠는가? 그러나 제국주의 경제는 특히 수출 지향적인 1차 산물 생산지역에서 보통 사람들의 삶에 상당한 변화를 가져왔다. 때때로 이러한 변화는, 토착 지배자들이나 외국 지배자들이 승인했던 종류의 정책에서 이미 나타났다. 일례로, 페루의 아시엔다(hacienda : 라틴 아메리카의 전통적인 대농장/역주)가 1900-30년에 해안의 설탕공장과 고지의 상업용 양 목장으로 바뀌고 인디언 노동자들이 해안과 도시로 조금씩 이주하던 것이 급증함에 따라, 새로운 사상이 전통적인 오지까지 침투했다. 1930년대 초에 이르면, 접근할 수 없는 안데스 산맥 비탈에서 약 3,700미터 더 올라간 곳에 위치한, '특히나 외딴' 지역인 우아시칸차가 이미 급진적인 두 국민정당 중 어느 쪽이 자기들의 이해관계를 더 잘 대변할 것인지에 대해서 논쟁하고 있었다(Smith, 1989, 특히 p.175). 그러나 아직까지는 그 나라 사람들 외에는 어느 누구도 그들이 어떻게 변화할지에 대하여 모르거나 별로 신경쓰지 않았던 경우가 훨씬 더 많았다.

이를테면, 인도양-태평양에서 보듯이, 화폐를 거의 사용하지 않았거나 제한된 범위의 목적으로만 사용했던 경제에게, 화폐가 보편적인 교환수단으로 쓰이는 경제 안에 들어온다는 것은 어떠한 의미를 가졌는가? 재화와 용역의 의미와 사람들 사이의 거래가 가지는 의미가 변화되었고 그 결과, 사회의 도덕적 가치기준과 사실상 사회적 분배형태도 변화되었다. 벼농사를 짓는 네그리 셈빌란(말레이시아)의 모계사회 농민들의 경우, 주로 여성들에 의해서 경작된 조상의 땅은 오직 여성들에 의해서나 여성들을 통해서만 상속될 수 있었던 반면, 남성들에 의해서 밀림지대에서 개간되고 과일과 야채 같은 보조작물들이 재배된 새로운 땅은 남성들에게 직접 물려줄 수 있었다. 그러나 쌀보다 수익성이 훨씬 더 높은 작물인 고무의 부상으로, 성(性)의 균형이 바뀌어 남성에게서 남성에게로 물려주는 것이 우세해졌다. 또한 이는 그 지방의 모계라는 호수에 떠 있는 부계 혈통이라는 섬에 해당하는, 그 지방의 통치자와 그의 친척들은 말할 것도 없고 가부장적 성향의 정통 이슬람교 지도자들 —— 어떠한 경우에도 지방적 관습법보다 정통교리를 우선시하고자 한 —— 의 힘을 강화시켰다(Firth, 1954). 종속국들에서는, 보다 넓은 세계와의 직접적인 접촉이 극히 미미했던 주민공동체가 그렇게 변화하고 변모하는 일이 비일비재했다. 아마도 이 경우에는 그러한 접촉이 오직 중국 상인을 통해서만 이루어졌는데, 그 상인 자신이 대부분의 경우 복건(福建 : 중국 남동부의 대만해협에 면한 지방/역주)에서 이민 온 농민이나 수공업자 출신이었다. 복건의 문화로 인해서 그들은 일관된 노력을 기울이는 데에 익숙했고 무엇보다도 돈 문제에 익숙했지만, 다른 점에서 볼 때 그 문화는 헨리 포드나 제너럴 모터스의 세계와는 마찬가지로 거리가 먼 것이었다(Freedman, 1959).

그럼에도 불구하고, 세계경제 그 자체는 멀리 떨어진 것으로 보였다. 세계경제의 즉각적이고 인지할 수 있는 영향은 격변적인 것이 아니었던 것이다. 아마도, 인도와 중국 같은 지역 내에 고립적으로 존재하는, 급성장하고 노동력이 값싼 공업지역 —— 1917년 이후 노동자투쟁과 심지어는 서구형 노동자조직까지도 확산된 —— 과 대규모의 항구-공업도시 —— 종속국들이, 자신의 운명을 결정한 세계경제와 교류하던 관문인 —— 에서를 제외하고는 말이다. 봄베이, 상해(그곳 인구는 19세기 중반에 20만 명이었던 것이 1930년대에 350만 명으로 늘었다), 부에노스아이레스 또는 보다 작은 규모의 카사블랑카 —— 그곳 인구는 근대적 항구로 개항하고 나서 30년도 안 되어 25만 명에 달하게 되었다 —— 가 바로 그러한 곳들이다 (Bairoch, 1985, pp.517, 525).

대공황은 이 모든 것을 바꾸어놓았다. 종속국 경제의 이해관계와 본국 경제의 이해관계가 처음으로 눈에 보이게 충돌했다. 단지, 제3세계가 의존한 농산물의 가격이 서구로부터 사오는 공산품의 가격보다 훨씬 더 급격히 폭락했다는 이유만으로도 그랬다(제3장을 보라). 처음으로 식민주의와 종속성이 이전까지 그로부터 득을 보았던 자들에게까지도 받아들일 수 없게 되었다. "카이로, 랑군, 자카르타(바

타비아)에서 학생들이 폭동을 일으켰는데, 그 이유는 그들이 일종의 정치적 천년왕국이 임박했다고 느껴서가 아니라 공황이, 부모세대가 그렇게도 받아들일 만한 것으로 느꼈던 식민주의에 대한 지지를 갑자기 무너뜨렸기 때문이었다."(Holland 1985, p.12) 게다가, (전시를 제외하면) 처음으로 보통 사람들의 삶이 명백히 자연적 원인에 의하지 않은 지진 —— 기도보다는 항의를 요구하는 —— 으로 뒤흔들렸다. 특히, 서아프리카 연안과 동남아시아처럼 농민들이 세계시장 환금작물경제에 깊이 개입하게 된 곳에서는 정치적 동원의 대중적 기반이 생겨났다. 그와 동시에 대공황은 종속국들의 국내정치와 국제정치 모두를 불안정하게 만들었다.

그러므로 1930년대는 제3세계에게 결정적인 시기 —— 대공황이 정치적 급진화를 낳았기 때문이라기보다는 대공황으로 인해, 정치화된 소수파와 그들 나라의 보통 사람들이 접촉하게 되었기 때문에 —— 였다. 민족주의운동이 이미 대중적 지지를 동원했던 인도와 같은 나라들에서조차 그랬다. 1930년대 초 대중적 비협력운동의 두번째 물결과 영국이 용인한 새로운 절충헌법 그리고 1937년의 최초의 전국규모 지방선거는 국민회의에 대한 전국적 지지를 보여주었다. 갠지스 심장지대의 경우 국민회의파 사람들의 수는 1935년에 약 6만 명이었는데 1930년대 말에는 150만 명으로 늘었다(Tomlinson, 1976, p.86). 이전까지 대중동원이 적었던 나라들에서는 이러한 점이 훨씬 더 명백해 보였다. 장래 대중정치가 될 것의 윤곽이 어렴풋하게든 명확하게든 나타나기 시작했다. 도시노동자들의 지지를 추구하는 권위주의적 지도자들에 기반한 라틴 아메리카 인민주의, 영국령 카리브 해 지역에서처럼 장래 당지도자가 될 노동조합 지도자들에 의한 정치적 동원, 알제리에서처럼 프랑스로 이민 갔다가 돌아온 노동자들이 강력한 지지기반이 된 혁명운동, 베트남에서처럼 공산당에 기반하고 농민과의 강력한 유대를 지닌 민족적 저항운동 등이 바로 그러한 예들이다. 공황기는 최소한, 말라야에서처럼 식민당국과 농민대중 사이의 유대를 깸으로써 미래의 정치가 부상할 여지를 남겨주었다.

1930년대 말까지는 식민주의의 위기가 다른 제국들로 확산되었다. 두 제국, 즉 (이제 막 에티오피아를 정복한) 이탈리아 제국과 (중국을 정복하려 하는) 일본제국은 여전히 팽창하고 있었지만—— 그 팽창이 오래 지속되지는 않았지만 —— 말이다. 인도에서는, 부상하는 인도 민족주의 세력과의 부적절한 타협물인 1935년의 새 헌법이, 국민회의의 거의 전국적인 선거승리를 통해서 민족주의에 대한 커다란 양보인 것으로 드러났다. 프랑스령 북아프리카에서는 만만치 않은 정치운동이 튀니지와 알제리에서 —— 모로코에서조차 약간의 소요가 있었다 —— 처음으로 등장했고, 프랑스령 인도차이나에서는 공산주의자 —— 정통이든 이단이든 —— 가 지도하는 대중선동이 처음으로 상당한 규모를 띠게 되었다. 네덜란드인들은 그럭저럭 인도네시아에 대한 지배를 유지했다. 그곳은 조용했기 때문이 아니라 주로 저항세력 —— 이슬람 교도, 공산주의자, 세속 민족주의자 —— 이 뭉치지 못하고 서로 대립했기 때문에 "운동들이 동양의 다른 많은 나라들과는 다른 식으로 느껴진"(Van Asbeck, 1939) 지역이었다. 식민부(植民部)들이 졸리는 카리브 해라고 보았던 곳에서조차 1935-38년에 트리니다드의 유전과 자메이카의 대농장들 및 도시들에서 발생한 일련의 파업들이 폭동과 섬 전체의 충돌로 발전함으로써 이전까지 인식되지 않았던 대중들의 불만을 드러냈다.

오직 사하라 이남의 아프리카만이 여전히 조용했다. 비록 거기서조차 공황기에 최초의 대규모 노동자파업 —— 1935년 이후 중앙아프리카의 구리산출지대에서 시작된 —— 이 발생했지만 말이다. 런던은 식민정부들에게 노동부를 만들 것과, 노동자들의 상태를 개선하고 노동력을 안정시키는 —— 농촌민들이 농촌에서 광산으로 이주하던 당시 관행이 사회적, 정치적으로 불안정을 낳는다는 인식하에 —— 조치를 취할 것을 촉구하기 시작했다. 1935-40년의 파업 물결은 전(全)아프리카 규모로 일어났다. 그러나 그것은 아직 반(反)식민주의적인 의미에서 정치적인 것은 아니었다. 흑인성향의 아프리카 교회들 및 예언자들의 확산과, 구리산출지대에서의 (미국에서 유래한) 천년왕국적인 여호와의 증인 운동 같은 세속정부 거부자들의 확산을 정치적인 것으로 보지 않는 한 말이다. 식민정부들은 처음으로, 경제적 변화가 농촌적인 아프리카 사회 —— 주목할 만한 번영기를 실제로 맞았던 —— 를 동요시킨 영향에 대해서 숙고하고 사회인류학자들에게 이 주제에 대해서 연구하도록 장려하기 시작했다.

그러나 정치적으로는 위험이 아직은 멀리 떨어진 것으로 보였다. 농촌에서 당시는 백인 통치자의 황금시대였다. 식민통치가 '간접적'인 경우, 때때로 바로 그러한 목적으로 만들어진 고분고분한 '족장'이 있건 없건 말이다. 반면 도시에서는, 교육받은 아프리카 도시인들로 구성된 불만계급이 이미 1930년대 중반에, 황금해안(가나)의 「애프리컨 모닝 포스트(*African Morning Post*)」, 나이지리아의 「웨스트 애프리컨 파일럿(*West African Pilot*)」, 상아해안(코트디부아르)의 「에클레뢰르 드 라 코트디부아르(*Éclaireur de la Côte d'Ivoire*)」 같은 번창한 정치신문들을 보유할 정도로 컸다("그들은 나이 많은 족장들과 경찰에 대한 반대운동을 이끌었고, 사회개혁조치를 요구했으며, 경제위기로 타격을 받은 실업자들과 아프리카 농부들을 위한 조치를 취할 것을 촉구했다.")(Hodgkin, 1961, p.32). 각국의 정치적 민족주의 지도자들이, 미국의 흑인운동과 인민전선기 프랑스에서 건너온 사상, 런던의 서아프리카 학생연합 내에 퍼진 사상, 심지어는 공산주의운동에서 나온 사상[4] 등의 영향을 받으며 이미 등장하고 있었다. 장래 아프리카 공화국이 될 나라들의 대통령이 될 사람들 중 일부가 이미 무대에 등장했다. 케냐의 조모 케냐타(1889-1978)와, 나중에 나이지리아의 대통령이 될 남디 아지키웨 박사가 그 예이다. 그러나 아직은 이들 중 어느 누구도 유럽 식민성들을 잠 못 이루게 하지는 않았다.

식민제국들의 전반적인 종말 —— 있음직한 일이지만 —— 이 1939년에 실제로 임박한 것으로 보였는가? 그해 영국과 '식민지'의 공산

---

[4] 그러나 아프리카의 지도인사 중 단 한 명도 공산주의자가 되지도, 공산주의자로 계속 남지도 않았다.

주의자 대학생들을 위한 '학교'에 대한 필자 자신의 기억이 약간이라도 지침이 된다면 대답은 아니오가 될 것이다. 그 당시에, 열정과 희망에 찬 젊은 마르크스주의 투사들보다 더 식민제국들의 종말을 기대했던 사람은 없었을 것이다. 이러한 상황을 바꾼 것이 바로 제2차 세계대전이었다. 그러한 점은 제2차 세계대전의 극히 일부 측면이었지만 그 전쟁은 의심할 바 없이 제국주의간 전쟁이었고 1943년까지는 대(大)식민제국들이 지는 쪽에 속했다. 프랑스는 불명예스럽게 무너졌고, 그 나라의 보호령들 중 다수는 추축국들의 허락으로 존속했다. 일본인들은 동남아시아와 서태평양에 있는 영국, 네덜란드 등 서구 나라들의 식민지들을 침략했다. 북아프리카에서조차 독일인들은 그들이 통제하기로 한, 알렉산드리아에서 서쪽으로 몇십 마일 떨어진 곳까지의 지역을 점령했다. 한때 영국인들은 이집트에서 철수할 것을 진지하게 고려했다. 사막 이남의 아프리카만이 여전히 서구의 확고한 통제하에 있었고, 실제로 영국인들은 아프리카의 뿔 모양 지역(Horn of Africa : 아프리카 북동부의 속칭. 소말리아와 그 인근지역/역주)에서 이탈리아 제국을 별 문제 없이 해체할 수 있었다.

구(舊)식민주의 세력에게 치명적인 타격을 입힌 것은, 백인들과 그들의 국가가 수치스럽고 불명예스럽게 패배할 수 있다는 사실 그리고 구(舊)식민지 열강이 전쟁에서 승리한 뒤에조차 자신의 이전 지위를 회복하기에는 명백히 너무 약하다는 사실이었다. 영국의 인도 통치를 시험대에 오르게 한 것은, 국민의회가 1942년에 '인도 철수' 슬로건하에 조직한 대반란이 아니라 —— 영국인들은 그 반란을 큰 어려움 없이 진압했으므로 —— 처음으로, 5만5,000명에 달하는 인도 병사들이 적에게로 넘어가 국민의회의 좌파 지도자 수바스 찬드라 보스 —— 인도의 독립을 위해서 일본에게 지지를 구하기로 한 —— 가 이끄는 '인도국민군'을 구성한 것이었다(Bhargava/Singh Gill, 1988, p.10 ; Sareen, 1988, pp.20-21). 아마도, 육군보다 세련된 해군의 영향을 받았을 일본의 정책은 식민지의 해방자를 자임하는 데에 자신들의 피부색을 이용했고, 이는 (화교들 사이에서와, 일본이 프랑스인들의 통치를 지속시킨 베트남에서의 경우를 제외하고는) 상당한 성공을 거두었다. 1943년에는, 일본의 후원을 받는 중국, 인도, 타이, 버마, 만주(일본의 '독립' 제안조차 패전한 뒤에야 이루어진 인도네시아는 제외되었다)의 '대통령'이나 '수상'들이 참석한 '대동아회의(Assembly of Greater East Asiatic Nations)'[5]가 동경에서 열리기까지 했다. 식민지 민족주의자들은, 일본이 제공한 지원에 감사해하기는 —— 특히 인도네시아에서처럼 그러한 지원이 컸던 경우 —— 했지만, 친일적이 되기에는 너무도 현실주의적이었다. 일본의 패색이 짙어지자 그들 민족주의자들은 일본인들로부터 등을 돌렸지만, 서구의 구(舊)제국들이 얼마나 약한 것으로 드러났는가 하는 것을 결코 잊지 않았다. 또한 그들은, 추축국들을 실제로 패배시킨 양대 강국인 루스벨트의 미국과 스탈린의 소련 둘 다 (서로 다른 이유로) 구(舊)식민주의에 적대적이었다는 사실을 간과하지도 않았다. 미국의 반공주의로 인해 워싱턴은 곧 제3세계에서 보수주의의 수호자가 되었지만 말이다.

V

구(舊)식민지체제들이 아시아에서 처음으로 무너진 것은 놀랄 만한 일이 아니다. (프랑스령이었던) 시리아와 레바논은 1945년에, 인도와 파키스탄은 1947년에, 버마와 실론(스리랑카)과 팔레스타인(이스라엘)과 네덜란드령 동인도(인도네시아)는 1948년에 독립했다. 1946년에는 미국이, 1898년 이래 점령해온 필리핀에 독립국 지위를 정식으로 부여했다. 일본제국은 물론 1945년에 사라졌다. 이슬람 북아프리카도 이미 흔들리고 있었으나 아직은 버텼다. 사하라 이남 아프리카 대부분과 카리브 해 및 태평양의 섬들은 여전히 비교적 조용했다. 이러한 정치적 탈식민화는 동남아시아 일부 지역,

---
[5] 'Asian'이라는 말은 제2차 세계대전이 끝난 뒤에서야 통용되었는데 그 이유는 불분명하다.

특히 프랑스령 인도차이나(지금의 베트남, 캄보디아, 라오스)에서만 심각한 저항에 부딪쳤다. 그곳에서는 유명한 호치민의 지도로 해방이 이루어진 후, 공산주의 저항세력이 독립을 선언했다. 프랑스인들은 영국의 지원과 나중에는 미국의 지원을 받으며, 승리한 혁명에 맞서 한 나라를 재정복하고 차지하기 위해서 필사적으로 후위전을 벌였다. 그들은 패배했고 1954년에 철수해야 했으나, 미국이 그 나라의 통일을 막고 분단된 베트남의 남쪽 지역에 위성체제를 지속시켰다. 또한 그 체제 역시 무너질 것처럼 보이자 미국은 베트남 자체에서 10년 동안 큰 전쟁을 벌였다. 미국은 제2차 세계대전 전기간 동안에 사용한 것보다 더 많은 양의 고성능폭탄을 그 불운한 나라에 투하하고 나서 결국은 패배했고 1975년에 철수해야 했다.

동남아시아 나머지 지역에서의 탈식민화에 대한 저항은 보다 무력했다. (자신들의 인도 제국을 분할하지 않은 채 탈식민화한 점에서 영국인들보다 약간 더 나은 것으로 드러난) 네덜란드인들은 거대한 인도네시아 군도——그 섬들 대부분은 5,500만 병력의 자바인의 우위에 대한 균형추로서 네덜란드인들을 붙잡아둘 태세가 되어 있었을 것이다——에서 적절한 군사력을 유지하기에는 너무 약했다. 그들은 미국이 인도네시아를 베트남과는 달리 세계 공산주의에 대항하는 주요 전선으로 간주하지 않는다는 것을 알게 된 뒤 그곳을 포기했다. 실제로, 새로운 인도네시아 민족주의자들은 공산당의 지도를 받기는커녕, 1948년에 그 지역 공산당이 일으킨 봉기를 막 진압했던 터였다. 그 사건은 미국에게, 네덜란드 군사력이 그들의 제국을 유지하는 데에보다는 유럽에서 소련의 위협이라고 가정된 것을 막아내는 데에 더욱 유용할 것이라는 점을 확신시켰다. 그리하여 네덜란드인들은 포기했고, 멜라네시아의 큰 섬인 뉴기니의 서반부에서 식민근거지를 유지하는 데에 그쳤다. 이곳 역시 1960년대에 인도네시아로 넘어갔다. 말라야의 영국인들은, 제국으로 득을 보아온 전통적 술탄들과, 서로 경계하는 양대 주민집단인 말레이인들 및 중국인들——각각 상이한 방식으로 급진화된——사이에 끼어 오도가도 못하게 되었다. 중국인들은, 일본에 대한 유일한 저항

집단으로 상당한 영향력을 획득한 공산당에 의해서 급진화되었다. 일단 냉전이 발발하자 중국 공산주의자들은 물론이고 공산주의자들이 전(前) 식민지의 정부에 들어오거나 공직을 맡는 것을 허용한다는 문제는 아예 제기될 수 없었으나, 1948년 이후 영국인들이 주로 중국인들로 구성된 게릴라 봉기 및 전쟁을 패배시키는 데에 12년이 걸렸고 5만 명의 병력과 6만 명의 경찰 그리고 20만 명의 국내 방위군이 필요했다. 말라야의 주석과 고무가 그렇게도 믿을 만한 달러 제조기 —— 파운드의 안정을 보장해주는 —— 가 아니었다면 영국인들이 과연 이러한 군사행동의 비용을 그렇게 기꺼이 댔을 것인가 하는 질문은 당연히 제기할 수 있다. 그러나 말라야의 탈식민화는 어쨌든 다소 복잡한 문제였을 것이고, 1957년이 되어서야 말레이인 보수주의자들과 중국인 백만장자들에게 만족스러운 방식으로 성취되었다. 1965년에는 주로 중국인들이 사는 싱가포르 섬이 떨어져나와 매우 부유한 도시국가 독립국을 구성했다.

프랑스인이나 네덜란드인들과는 달리 영국인들은 인도에서의 오랜 경험을 통해서, 만만치 않은 민족주의운동이 일단 생겨나면, 공식적 지배로부터 해방시켜주는 것만이 제국의 이점을 고수할 수 있는 길이라는 것을 배웠다. 영국인들은 인도 아대륙을 통제하는 데에 무능력이 명백하게 드러나기 전인 1947년에 최소한의 반발도 없이 그곳에서 철수했다. 실론(1972년에 스리랑카로 개칭했다)과 버마 역시 독립이 허용되었다. 전자는 놀라워하며 환영했고, 후자는 보다 망설였다. 버마의 민족주의자들은 반파시스트 인민자유연맹이 이끌기는 했지만 일본인들과도 제휴했던 것이다. 실제로 그들은 영국에 너무도 적대적이어서, 버마는 탈식민화된 영국의 모든 속령들 중에서 유일하게, 영연방 —— 성격이 애매한 연합체로서, 런던은 이를 통해서 적어도 대영제국에 대한 기억을 유지하고자 했다—— 에 가입하기를 즉각 거부했다. 이 점에서 버마는, 같은 해 영연방 밖의 공화국을 선포한 아일랜드조차 앞질렀다. 그때까지 외국의 정복자가 정복, 통치해온 곳 중 가장 인구가 많은 지역으로부터 영국이 신속하고도 평화적으로 물러난 것은 제2차 세계대전이 끝났을 때 들어선 영국 노동당 정부의 명예가 되었지만 완전히 성공한 것은 결코 아니었다. 영국의 철수는 인도를 이슬람교 파키스탄과 초교파적이지만 힌두교가 압도적으로 우세한 인도로 유혈분할하는 대가로 완수되었다. 그러한 분할과정에서 아마도 수십만 명의 사람들이 상대방 종교 신도들에 의하여 학살당했고, 그밖에 수백만 명이 조상 대대로의 고향에서 쫓겨나 이제 외국이 되어버린 곳으로 가야만 했다. 이는 인도 민족주의의 계획에도, 이슬람 운동의 계획에도, 제국 통치자들의 계획에도 속하지 않았던 것이다.

분리된 '파키스탄'이라는 관념 —— 그 개념과 이름 자체는 1932-33년이 되어서야 일부 학생들에 의해서 고안된 것이다 —— 이 1947년에 어떻게 현실이 되었는가 하는 것은 역사에서의 '만약'에 대한 학자들과 몽상가들 모두의 머리에서 떠나지 않는 물음이다. 사후적으로 알 수 있듯이, 종교상의 차이에 따른 인도의 분할은 세계미래의 불길한 선례가 되었으므로 이에 대해서 약간의 설명이 필요하다. 어떤 의미에서 그 분할은 아무의 실책도 아니거나 모든 이의 실책이었다. 1935년 헌법에 따른 선거에서 국민회의는 대부분의 이슬람교 지역에서조차 승리했고, 소수파집단의 대변을 자처하는 국민정당인 이슬람 연맹은 별로 좋은 기록을 거두지 못했다. 힌두교가 우세한 나라에서 국민회의 지도자들 다수파가 힌두교도이기 쉬웠으므로 세속적, 초교파적인 인도 국민회의의 부상은 당연히, 많은 이슬람 교도들 —— 그들 대부분은 (대부분의 힌두 교도처럼) 여전히 투표권이 없었다 —— 로 하여금 힌두교 세력의 힘에 대해 과민하게 만들었다. 선거는 이러한 우려를 인정하고 이슬람 교도들에게 특별한 대표권을 준 것이 아니라 오히려, 자신이 힌두 교도와 이슬람 교도 둘 다를 대표하는 **유일** 국민정당이라는 국민회의의 주장을 강화한 것으로 보였다. 이로 인해, 무서운 지도자 무하마드 알리 지나가 이끄는 이슬람 연맹은 국민회의와 관계를 끊고 잠재적인 분리주의에 이르는 길에 들어섰다. 그러나 지나가 이슬람 국가 분리에 대한 반대를 포기한 것은 1940년에 와서였다.

인도를 둘로 쪼갠 것은 전쟁이었다. 어떤 의미에서 전쟁은 영국의 인도 통치의 마지막 대승리 —— 동시에 지칠 대로 지친 최후순간—— 였다. 영국의 인도 통치는 마지막으로, 영국의 전쟁을 위해서 인도의 사람들과 경제를 —— 1914-18년보다 훨씬 더 큰 규모로 —— 동원했다. 이번에는, 민족해방정당을 지지하는 대중들의 반대와—— 제1차 세계대전 때와 달리 —— 일본의 임박한 군사적 침략에 맞선 동원이었다. 그 성과는 놀라운 것이었으나 대가는 비쌌다. 국민회의의 전쟁반대는 그 지도자들을 정치에서 밀어냈고, 1942년 이후에는 감옥으로 몰아넣었다. 전시경제의 압박으로 인해, 특히 펀자브의 이슬람교도 중에서 영국의 인도 통치를 정치적으로 지지했던 주요 집단들이 영국으로부터 멀어지고 이슬람 연맹 쪽으로 넘어갔다. 이슬람 연맹은 이제 대중적 세력이 되었는데 바로 그 순간에, 국민회의의 전시동원 방해능력에 대해서 우려한 델리의 정부는 민족운동을 움직이지 못하게 하기 위해서 힌두 교도와 이슬람 교도의 경쟁을 의도적, 조직적으로 이용했다. 이번에는 영국이 '분할하여 통치했다'라고 말하는 것이 옳다. 영국의 인도 통치는 전쟁에서 이기려는 최후의 필사적인 시도를 하는 과정에서 인도 통치 자체뿐만 아니라, 그러한 통치의 도덕적 정당성 —— 한 쪽에 치우치지 않았기 때문에 단일한 정부와 법 아래 여러 공동체 모두가 비교적 평화롭게 공존할 수 있었던 단일한 인도 아대륙을 달성한 것 —— 까지도 파괴했다. 일단 발동이 걸린, 공동체 중심의 정치는 전쟁이 끝난 뒤에도 역전될 수 없었다.

아시아의 탈식민화는 1950년까지는 인도차이나에서를 제외하고는 완료되었다. 한편 페르시아(이란)부터 모로코까지의 서부 이슬람 지역이 일련의 민중운동, 혁명적 쿠데타, 봉기를 통해서 변모했다. 이 변화는 이란의 서방 석유회사에 대한 국유화(1951)와, 그 나라가 당시 강력했던 투데 당(공산당)이 지지하는 무하마드 무사디크(1880-1967) 박사의 지도하에 인민주의로 방향을 바꾼 것으로 시작되었다(소련이 대승리를 거둔 직후에 중동의 공산당들이 일정한 영향력을 얻은 것은 놀라운 일이 아니다). 무사디크 정부는 1953년에 영미(英美) 첩보기관의 쿠데타로 전복될 것이었다. 반면, 가말 아브델 나세르(1918-70)가 이끈 이집트의 자유장교단혁명(1952)과 이어서 이라크(1958)와 시리아에서 서방의 후원을 받던 체제들이 전복된 것은 다시 역전될 수 없었다. 비록 영국과 프랑스가 새로운 반(反)아랍 국가인 이스라엘과 함께 1956년의 수에즈 전쟁을 통해서 나세르 정부를 전복하는 데에 전력을 다했지만 말이다(p.496를 보라). 또한 프랑스인들은 알제리의 민족독립봉기에 대해서 격렬히 저항했다(1954-62). 알제리는 남아프리카와 —— 다른 의미에서—— 이스라엘처럼 토착주민이 대규모의 유럽 이민집단과 공존했기 때문에 탈식민화라는 문제를 해결하기가 특히 어려운 영토 중 하나였던 것이다. 따라서 알제리 전쟁은 유례없이 잔인한 싸움이 되었고, 문명화되었다고 하는 나라들의 군대, 경찰, 비밀경찰에서의 고문을 제도화하는 데에 일조했다. 그 전쟁은, 이후 확산된 악명높은 고문인, 혀, 젖꼭지, 성기에 전기충격을 가하는 고문의 사용을 대중화시켰고 제4공화정을 전복시켰으며(1958), 알제리가 독립 —— 드골 장군이 오래 전부터 불가피한 것으로 인식해온 —— 을 획득하기 전에, 제5공화정 역시 거의 전복시킬 뻔했다(1961). 동시에 프랑스 정부는 다른 두 북아프리카 보호령 —— (공화국이 된) 튀니지와 (왕정으로 남은) 모로코 —— 의 자치와 독립(1956)을 조용히 결정했다. 같은 해 영국은, 이집트에 대한 통제권 상실로 더 이상 지배할 수 없게 된 수단을 조용히 독립시켰다.

구제국들이 제국의 시대가 확실히 끝났다는 것을 깨달았는지는 분명치 않다. 돌이켜볼 때 확실히, 영국과 프랑스가 1956년의 수에즈 모험에서 세계적 제국열강으로서의 지위를 재천명하려 한 시도는, 이스라엘과 함께 나세르 대령의 이집트 혁명정부를 전복하려는 군사작전을 계획한 런던의 정부와 파리의 정부가 명백히 느꼈던 것 이상으로 운이 다한 것으로 보인다. 그 에피소드는 (이스라엘의 관점에서를 제외하면) 파국적인 실패작이었고, 영국 수상 앤소니 이든이 우유부단, 망설임, 의문스러운 부정직(不正直)을 동시에 드러냄으로써 더더욱 우스꽝스러운 실패작이 되었다. 간신히 시작된 그 군사작전은 미국의 압력으로 취소되었고, 이집트를 소련 쪽으로 가도록 했으며, '중동의 영국시대'라고 불리어온 것, 즉 1918년 이래 중동지역에서 영국의 헤게모니가 문제시되지 않았던 시대를 영원히 끝장냈다.

어쨌든 1950년대 말까지는, 공식적 식민주의가 청산되어야 한다는 것이 살아남은 구제국들에게 자명해졌다. 포르투갈만이 공식적 식민주의의 해체에 계속 반대했다. 포르투갈의 후진적이고 정치적으로 고립되고 주변화된 식민본국 경제는 신식민주의를 수행할 여유가 없었던 것이다. 그 나라는 자신의 아프리카 자원을 이용해야 했는데, 그 경제가 경쟁력이 없었으므로 직접지배를 통해서만 그 자원을 이용할 수 있었다. 상당수의 백인 정착민들이 사는 아프리카 국가(케냐를 제외하고)인 남아프리카와 남로디지아(Sothern Rhodesia: 1923-65년의 짐바브웨의 명칭/역주) 역시, 아프리카인이 지배하는 체제를 불가피하게 낳게 될 정책에 동의하기를 거부했고, 남로디지아는 그러한 운명을 피하기 위해서 영국으로부터의 백인 정착민들의 독립을 선언하기까지 했다(1965). 그러나 파리, 런던, 브뤼셀(벨기에령 콩고)은 경제적, 문화적 종속을 온존시킨 채 형식적 독립을 자발적으로 허용하는 것이 좌파체제하의 독립으로 끝나기 쉬운 장기적 투쟁보다 낫다고 판단했다. 케냐에서만 상당 규모의 민중봉기와 게릴라 전쟁이 벌어졌다. 주로, 일부 종족인 키쿠유족에 국한된 것이기는 했지만 말이다(이른바 마우마우 운동, 1952-56). 다른 곳들 —— 벨기에령 콩고를 제외하고 —— 에서는 예방적 탈식민화 정책이 성공리에 수행되었다. 벨기에령 콩고의 경우에는 그러한 정책이 거의 즉각 좌절되어 무정부상태와 내전에 빠지고 국제 무력외교가 지배하게 되었다. 영국령 아프리카에서는, 재능 있는 아프리카 정치가이자 범아프리카주의 지식인인 크와메 은크루마가 이끄는 대중정당이 이미 존재했던 황금해안(지금의 가나)이 1957년에 독립을 허용받았다. 프랑스령 아프리카에서는 기니가 1958년에, 피폐한 상태에서 독립을 일찍 강제로 맞이했다. 당시에 기니의 지도자인 세쿠 투레는 드골이 제안한 '프랑스 공동체' —— 자치를 프랑스 경제에의 엄격한 종속과 결합한 —— 에 가입하기를 거부했고, 그리하여 —— 블랙 아프리카의 지도자들 중에서는 처음으로 —— 모스크바에서 도움을 찾아야 했다. 아프리카의 잔존한 영국, 프랑스, 벨기에 식민지들 거의 모두가 1960-62년에 해방되었고 나머지도 곧 해방되었다. 오직 포르투갈과 독립적인 식민자 국가들만이 그러한 추세에 저항했다.

영국령의 카리브 해 식민지들 가운데 큰 섬들은 1960년대에, 작은 섬들은 1960년대와 1981년 사이의 여러 시기에, 인도양 및 태평양의 섬들은 1960년대 말과 1970년대에 조용히 탈식민화되었다. 실제로 1970년경에 이르면, 중남부 아프리카 —— 와 물론, 적군(敵軍)에게 포위당한 베트남 —— 를 제외하고는 어느 정도 규모 있는 영토 중 어느 곳도 이전의 식민주의 열강이나 그들의 식민자체제들의 직접통치하에 남지 않았다. 제국의 시대는 끝났다. 4분의 3세기 전만 해도 그러한 시대는 불멸의 것으로 보였었다. 불과 30년 전만 해도 그러한 시대는 지구상의 민족들 대부분을 포괄했었다. 그러나 식민지였던 나라들 출신의 신세대 토착작가들이 독립의 시대와 더불어 시작된 문학을 생산하기 시작함에 따라, 제국의 시대는 돌이킬 수 없는 과거의 일부로서 왕년의 제국국가들의 문학 및 영화상의 감상적인 추억에 속하게 되었다.

제2부
황금시대

제8장 냉전

소련은 가능한 모든 수단을 다해 자신의 영향력을 확대할 생각을 가지고 있지만, 세계혁명은 더 이상 소련이 품은 계획의 일부가 아니며 소련 국내의 상황에도 이전의 혁명전통으로의 복귀를 고무할 만한 것이 전혀 존재하지 않는다. 전쟁 전 독일의 위협과 오늘날 소련의 위협을 비교할 때에는……반드시 근본적인 차이를 고려해야 한다.……따라서 러시아인들이 갑자기 파국을 낳을 위험은 독일인들의 경우보다 훨씬 작다.
—— 1946년에 모스크바 주재 영국 대사관의 프랭크 로버츠가 런던의 외무부에 보낸 글(Jensen, 1991, p.56)

전시경제는, 핵무기를 설계하거나 핵전쟁을 계획하러 매일 사무실로 출근하는 —— 군복을 입었든 입지 않았든 —— 수만 명의 관료들, 자신의 일자리가 핵테러 체제에 달려 있는 수백만 명의 노동자들, 완벽한 안전을 보장해 줄 수 있는 최종적인 '과학기술상의 돌파구'를 찾기 위해서 고용된 과학자들과 공학자들, 얻기 쉬운 이윤을 포기하기를 꺼리는 청부인들, 위협을 팔고 전쟁을 축복하는 전사(戰士) 지식인들, 이들 모두에게 편안한 일자리를 제공해준다.
—— 리처드 바넷(1981, p.97)

I

원자폭탄 투하에서 소련의 몰락까지의 45년은 세계사에서 단일한 동질적 시기를 이루지 않는다. 다음 장들에서 보게 되듯이 그 시기는 반씩 둘로, 즉 1970년대 초의 분수령 양쪽의 몇십 년씩으로 나누어진다(제9장과 제14장을 보라). 그럼에도 불구하고 그 시기 전체의 역사는 소련이 몰락하기 전까지 그 역사를 지배한 독특한 국제적 상황에 의해서 단일한 유형으로 결합되었다. 제2차 세계대전을 통해서 부상한 두 초강대국의 끊임없는 대결, 이른바 '냉전'이 바로 그 상황이다.

제2차 세계대전이 끝나자마자 인류는 제3차 세계대전이라고 보는 것이 합당할 상태 —— 매우 독특한 전쟁이기는 하지만 —— 로 돌진했다. 대철학자 토머스 홉스가 말했듯이 "전쟁은 단순히 전투, 즉 싸우는 행위에만 있는 것이 아니라, 전투를 통해서 다투려는 의지가 충분히 알려진 일정 기간의 시기에도 있다."(Hobbes, 1651, 제13장) 단기 20세기 후반의 국제무대를 전적으로 지배한, 미국 진영과 소련 진영 사이의 냉전은 의심할 바 없이 바로 그러한 일정 기간의 시기였다. 전(全)세대가 전지구적인 핵전쟁 —— 어느 때라도 일어나서 인류를 황폐시킬 수 있다고 많은 사람들이 생각한 —— 의 그늘 밑에서 자랐다. 실제로, 어느 쪽도 상대쪽을 공격할 의사가 없다고 믿은 사람들조차 비관주의적이 되지 않기가 어렵다고 느꼈다. 머피의 법칙은 인간사에 관한 가장 설득력 있는 일반화 중 하나인 것이다('잘못될 수 있다면 조만간 그렇게 될 것이다'). '상호 확실파괴(mutually assured destruction)'(타당하게도 MAD라는 두문자로 약칭되는)에 대한 공포만이, 계획된 문명자멸을 행하라고 언제라도 내릴 수 있는 신호를 어느 쪽도 내리지 못하도록 할 것이라는 가정에 기반한 영구적 핵대결 속에서, 시간이 지남에 따라 정치적으로나 과학기술적으로나 잘못될 수 있는 일이 갈수록 많아졌다. 그러한 신호를 내리는 일은 결국 일어나지 않았지만 약 40년 동안 언제라도 일어날 수 있는 일로 보였다.

냉전의 독특성은 객관적으로 말해서 세계전쟁이 곧 일어날 위험은 전혀 존재하지 않는다는 데에 있었다. 게다가 양측 —— 특히 미국측 —— 의 묵시록적인 언사에도 불구하고, 두 초강대국 정부 모두 제2차 세계대전이 끝났을 때의 지구상의 세력분배상태 —— 지극히 불균등하지만 본질적으로 도전받지 않은 세력균형상태였던 —— 를 받아들였다. 소련은 지구상의 일부 지역 —— 전쟁이 끝났을 때 적군(赤軍)과/또는 여타 공산군이 점령한 지역 —— 에서 지배하거나 지배적인 영향력을 행사했고, 군사력을 통해서 자신의 영향권을 그 이상으로 확대하고자 하지 않았다. 미국은 나머지 자본주의 세계에 대해서뿐만 아니라 예전 식민열강의 잔존한 기존의 제국적 헤게모니를 인수함으로써 서반구와 대양들에 대해서도 통제력과 지배력을 행사했다. 그 대신 미국은 소련의 헤게모니가 인정된 지역에 간섭하지 않았다.

1943-45년에 유럽에서 경계선을 그은 것은 루스벨트, 처칠, 스탈린 사이의 여러 정상회담에서의 합의와, 적군(赤軍)만이 독일을 실제로 패배시킬 수 있다는 사실이었다. 특히 독일과 오스트리아에 관해서는 몇몇 불확실한 점들이 남았는데, 이는 동쪽 점령군과 서쪽 점령군 사이의 분계선을 따라 독일을 분할하고 오스트리아에서 모든 전(前) 교전국 군대가 철수함으로써 해결되었다. 오스트리아는 일종의 제2의 스위스 —— 중립을 공언하고 불변의 번영으로 부러움을 사고 따라서 (옳게도) '지루한' 곳으로 묘사되는 작은 나라 —— 가 되었다. 소련은 서베를린을 자신의 독일 영토 내에 위치한 서방영토로 마지못해 인정했지만 그 문제에 관해서 싸울 준비가 되어 있지 않았다.

유럽 밖의 상황은 일본을 제외하고는 덜 명확했다. 일본에서는 미국이 소련뿐만 아니라 다른 어떤 공동교전국도 배제하며 처음부터 완전히 일방적으로 점령했다. 문제는, 구식민제국들의 종말이 예측 가능하고 사실상 1945년에는 아시아 대륙에서 명백히 임박했으나, 탈식민화된 새로운 국가들의 장래 지향성은 전혀 분명치 않았다는 데에 있었다. 앞으로 보게 되듯이(제12장과 제15장) 이 곳은 두 초강대국이 냉전시기 내내 계속해서 지지와 영향력을 얻기 위해 다투었던 지역이었고, 따라서 양국 사이에 마찰이 일어난 주된 지역이었으며, 사실상 무력충돌이 가장 일어나기 쉽고 실제로 일어난 지역이었다. 유럽과는 달리, 앞으로 공산당의 지배 아래 들어갈 지역의 경계선조차 미리 협상을 통해서 합의할 —— 임시적이고 모호하게라도 —— 수 있기는커녕 예측도 할 수 없었다. 일례로, 소련은 중국에서 공산당이 집권하는 것을 그리 원하지 않았으나[1] 그럼에도 불구하고 그러한 일은 이루어졌다.

그러나 탈식민화된 새로운 국가들 대부분이 미국 및 그 진영을 지지하지는 않더라도 비공산주의적이었고 사실상, 국내정치에서는 반공을, 국제문제에서는 '비동맹(즉 소련의 군사적 블록에 속하지 않을 것)'을 주로 표방했음이 분명해짐에 따라, 곧 '제3세계'라고 불리게 된 곳에서조차 국제적 안정을 위한 조건이 몇 년내에 나타나기 시작했다. 요컨대 '공산주의 진영'은 중국혁명과 1970년대 사이에 그리 팽창하지 않았으며, 1970년대에 이르면 공산주의 중국도 더 이상 그 진영에 속하지 않게 되었다(제16장을 보라).

사실상 세계상황은 종전 직후에 꽤 안정적이 되었고, 1970년대 중반 —— 국제체제와 그 구성단위들이 또다시 장기간의 정치적, 경제적 위기의 시기에 들어간 —— 까지는 계속 안정을 유지했다. 그 때까지는 두 초강대국 모두, 불균등한 세계분할을 받아들였고, 양국간의 전쟁에 이를 수 있는 공공연한 무력충돌 없이 세력권 분쟁을 해결하는 데에 전력을 기울였으며, 이데올로기나 냉전적 수사(修辭)와는 반대로 양국간의 장기적인 평화공존이 가능하다는 가정 위에서 움직였다. 실제로 막상 위기의 순간이 왔을 때 공식적으로 전쟁 직전에 처하거나 심지어는 전쟁에 들어갔을 때조차 양국 모두 서로의 절제를 믿었다. 일례로, 미국인들이 공식적으로 참전했으나 러시아인들은 참전하지 않은 1950-53년의 한국전쟁 동안에 워싱턴은 150대에 달하는 중국 비행기들이 실제로는 소련 조종사가 조종하는 소련 비행기라는 것을 매우 잘 알고 있었다(Walker, 1993,

---

1) 1947년 9월 공산주의 정보국(코민포름) 창립회의의 서두를 장식한, 즈다노프의 세계상황에 관한 보고서에서 인도네시아와 베트남은 '반(反)제국주의 진영에 가담한' 것으로, 인도, 이집트, 시리아는 그러한 진영에 '동조한' 것으로 분류되었던 반면, 중국에 대한 언급 —— 어떠한 문맥에서도 —— 은 유별나게 부족했다(Spriano, 1983, p.286). 장개석이 자신의 수도인 남경(南京)을 포기했던 1949년 4월까지도 소련 대사는 —— 당시 외교관들 중 **유일하게** —— 장개석이 광동으로 퇴각하는 데에 동행했다. 여섯 달 뒤 모택동은 인민공화국을 선포했다(Walker, 1993, p.63).

pp.75-77). 그러한 정보는 계속 비밀에 부쳐졌는데 그 이유는 모스크바가 가장 원하지 않는 것이 전쟁이라고 생각되었기 —— 그것은 타당한 생각이다 —— 때문이었다. 이제는 알 수 있듯이, 1962년의 쿠바 미사일 위기 동안에는(Ball, 1992 ; Ball, 1993) 호전적인 제스처가 실제로 전쟁을 하려는 움직임으로 오해받는 것을 어떻게 하면 막을 수 있을까 하는 것이 양측 모두의 주된 관심사였다.

 1970년대 이전까지는 냉전(Cold War)을 냉평화(Cold Peace)로 다루려는 이러한 암묵적인 합의가 효력 있었다. 소련은 미국이 공산주의에 대한 '반격(roll back)'을 촉구한 것이 라디오 연극에 불과하다는 것을 일찍이 1953년에 알았다(보다 정확히 말하자면, 배웠다). 그때 소련 탱크가 동독에서 심각한 노동계급반란을 진압하고 공산당의 지배를 재확립하는 것이 조용히 묵인되었던 것이다. 그때부터 줄곧, 1956년의 헝가리 혁명이 입증했듯이, 서방은 소련이 지배하는 지역에 개입하지 않을 것이었다. 패권이나 절멸을 위한 투쟁의 수사(修辭)에 실제로 부합하고자 했던 냉전은 기본적인 결정을 정부가 취하는 전쟁이 아니라 공인, 비공인의 다양한 첩보기관들이 서로 벌이는 그늘 속의 싸움이었다. 그러한 싸움은 서방에서, 국제적 긴장의 가장 특징적인 부산물인 스파이 및 암살 소설을 낳았다. 이 장르에서는 영국 것이 이안 플레밍의 제임스 본드와 존 르 카레의 각양각색의 영웅들 —— 두 작가 모두 영국 첩보기관에서 일했었다 —— 을 통해서 꾸준히 우위를 차지했고 그럼으로써 현실적인 힘의 세계에서의 영국의 쇠락을 보상해주었다. 그러나 제3세계의 몇몇 약소국에서를 제외하고는 KGB, CIA 등의 움직임은 현실적 무력외교의 관점에서 볼 때 사소한 것 —— 종종 극적이기도 했지만 —— 이었다.

 이러한 상황에서, 현실적으로 세계전쟁이 일어날 위험이 이렇듯 장기간의 긴장시기 동안에 —— 충분히 얇은 빙판 위에서 충분히 오래 스케이트를 탐으로써 불가피하게 맞게 될 종류의 사고에 의한 경우는 물론 제외하고 —— 나타난 적이 있는가? 이는 대답하기 어려운 질문이다. 아마도 가장 폭발적인 시기는 '트루먼 독트린'이 공식적으로 선언된 1947년 3월("나는 무장한 소수나 외부압력에 의한 정복 기도에 저항하고 있는 자유인들을 지원하는 것이 미국의 정책이어야 한다고 믿는다")과, 동일한 미국 대통령이, 군사적 야심을 너무 멀리 밀고 나간 한국전쟁(1950-53) 시 미군 사령관 더글러스 맥아더 장군을 해임했던 1951년 4월 사이가 될 것이다. 이 시기는 유라시아의 비소련권 내에서의 사회적 붕괴 내지 혁명에 대한 미국의 공포가 전적으로 근거 없지는 않은 시기 —— 어쨌든 1949년에는 공산주의자들이 중국을 장악했던 것이다 —— 였다. 역으로 소련은, 핵무기의 독점권을 누리고 반공주의의 전투적, 위협적 선언을 증가시키는 미국에 맞서게 되었고 또한 티토의 유고슬라비아가 이탈함으로써(1948) 소련권 진영의 결속에서 최초로 균열이 발생했다. 게다가 1949년부터 줄곧 중국을 통치한 정부는 한국에서의 대전쟁에 기꺼이 뛰어들었을 뿐만 아니라 —— 다른 모든 정부들과는 달리—— 실제로 핵 대학살을 벌이고 살아남을 것을 기꺼이 고려했다.[2] 무언가가 일어날지도 몰랐다.

일단 소련이 핵무기를 얻자 —— 원자폭탄의 경우는 히로시마 이후 4년 뒤(1949), 수소폭탄의 경우는 미국보다 9개월 뒤(1953)에 —— 두 초강대국 모두 전쟁을 상대방을 공격하는 정책의 도구로 쓰기를 명백히 포기 —— 전쟁은 동반자살이나 마찬가지였으므로 —— 했다. 양국이 제3국에 대한 핵무기 사용을 진지하게 고려했는지 여부 —— 미국의 경우 1951년 한국에서, 그리고 1954년 베트남에서 프랑스인들을 구제하고자 했을 때, 소련의 경우 1969년 중국에 대항하여 —— 는 그리 명백치 않지만 어쨌든 핵무기는 사용되지 않았다. 그러나 양국 모두 핵위협을 사용 —— 몇몇 경우 핵전쟁을 수행할 의도가 전혀 없었던 것이 거의 확실했지만 —— 했다. 미국의 경우

---

[2] 모택동은 이탈리아 지도자 팔미로 톨리아티에게 "누가 당신에게 이탈리아가 살아남아야 한다고 말했는가? 3억의 중국인들이 남을 것이며 인류가 지속되는 데에는 그 수로 충분할 것이다"라고 말했던 것으로 전해진다. 1957년에 "모택동은 핵전쟁의 불가피성과, 자본주의를 최종적으로 패배시키는 방법으로서 핵전쟁이 가질 수 있는 유용성을 태평스럽게 인정함으로써 다른 나라들의 동지들을 경악시켰다." (Walker, 1993, p.126)

한국과 베트남에서 평화협상을 촉진하고자 했을 때(1953, 1954), 소련의 경우 1956년 영국과 프랑스로 하여금 수에즈에서 철수하도록 강제했을 때가 바로 그러한 경우들이다. 불행하게도, 두 초강대국 중 어느 쪽도 핵 버튼을 누르기를 실제로는 **원하지** 않을 것이라는 분명한 사실 자체가 양측으로 하여금 —— 상대쪽도 전쟁을 원하지 않는다는 것을 확신하고서 —— 협상을 위해서 또는 (미국의 경우) 내정(內政)을 위해서 핵 제스처를 사용하도록 부추겼다. 이러한 확신은 정당한 것으로 드러났지만 여러 세대의 마음을 졸이게 하는 대가를 치렀다. 이러한 종류의 전적으로 불필요한 사건이었던 1962년의 쿠바 미사일 위기는 며칠 동안 세계를 불필요한 전쟁에 거의 **빠뜨릴** 뻔했고 실제로 최고 정책결정자들조차 위협하여 잠시나마 이성을 되찾게 했다.[3]

II

그렇다면, 지구가 너무도 불안정해서 세계전쟁이 언제라도 일어날지 모르며 서로의 끊임없는 전쟁억제를 통해서만 막을 수 있다는, 언제나 받아들이기 어렵고 이 경우에는 명백히 근거도 없는 가정에 기반한 40년간의 무력동원대치를 어떻게 설명할 것인가? 첫째로 냉전은, 파국의 시대가 결코 끝나지 않았으며 세계 자본주의와 자유주의 사회의 미래는 전혀 확실하지 않다는, 돌이켜보면 어리석지만 제2차 세계대전 종전 직후로서는 충분히 있을 수 있었던 서방측 생각에 기반한 것이었다. 대부분의 관찰자들은 제1차 세계대

---

3) 소련의 지도자 니키타 세르게예비치 흐루시초프는 소련 국경 너머 터키에 이미 설치된 미국 미사일을 상쇄하기 위해서 쿠바에 소련 미사일을 설치하기로 결정했다 (Burlatsky, 1992). 미국은 전쟁위협을 통해서 흐루시초프로 하여금 그 미사일을 철거하도록 강제했으나 터키에서 자신의 미사일도 철거했다. 당시에 케네디 대통령이 보고받았듯이 소련 미사일은 대통령의 공보활동에는 상당한 영향을 주었지만 전략상의 균형에는 전혀 영향을 주지 않는 것이었다(Ball, 1992, p.18 ; Walker, 1988). 또한 철거된 미국 미사일은 '노후한' 것으로 평가되었다.

전 종전 후에 일어났던 것에서 유추하여 미국에서조차 전후에 심각한 경제위기가 발생할 것을 예상했다. 나중에 노벨 경제학상을 받게 될 어떤 이는 1943년에 미국에서 "어떠한 경제도 접한 바 없는 최대의 실업 및 산업혼란 시기"가 도래할 가능성에 관하여 말했다(Samuelson, 1943, p.51). 실제로 미국 정부의 전후계획은 전쟁 재발의 방지보다 대공황 재발의 방지 —— 전쟁에서 승리하기 전에는 워싱턴이, 분열되고 임시적인 관심만을 기울였던 문제인—— 에 대해서 훨씬 더 구체적으로 관심을 기울였다(Kolko, 1969, pp.244-46).

워싱턴이 "세계의 사회적, 정치적, 경제적 안정"을 침식할 "전후의 대혼란"을 예상했다면(Dean Acheson, Kolko, 1969, p.485), 그 이유는 전쟁이 끝났을 때 미국을 제외한 교전국들이 미국인들에게, 굶주리고 절망적이고 아마도 급진화되었을 국민들 —— 미국과 세계를 구제할 자유기업과 자유무역 및 투자의 국제체제와 양립할 수 없는 사회혁명과 경제정책의 호소에 기꺼이 귀를 기울이는 —— 로 보이는 사람들이 사는 폐허였기 때문이었다. 게다가 전전(戰前)의 국제체제는 붕괴했고 그럼으로써 미국은 유럽의 넓은 지역과 비유럽 세계의 훨씬 더 넓은 지역에서, 막강해진 공산주의 소련과 대치해야 했다. 비유럽 세계의 정치적 미래는 매우 불확실해 보였다. 이 폭발적이고 불안정한 세계에서 일어나는 일이라면 그 어떤 것도 아마도 자본주의와 미국 둘 다 약화시키고, 혁명에 의해서 혁명을 위해서 생겨난 권력을 강화할 것이라는 사실을 제외하고는 말이다.

해방된 나라들과 점령된 나라들 중 많은 수에서 종전 직후의 상황은 온건파 정치가들의 위치를 잠식하는 것으로 보였다. 온건파 정치가들은 서방의 맹방들을 제외하고는 지지하는 세력이 거의 없었고, 정부 안팎에서 공산주의자들 —— 종전 이후 도처에서 과거 어느 때보다도 훨씬 더 강력해지고 때때로 그들 나라의 최대 정당과 최다득표 세력으로 부상한 —— 에 의해 포위당했다. 프랑스의 수상(사회주의자)은 워싱턴에 가서, 경제적 지원을 해주지 않는다면 자신이 공산주의자들에게 질 것 같다고 경고했다. 1946년의 끔찍한 흉작과 뒤이은 1946-47년의 지독한 겨울로 인해 유럽의 정치가들과 미국의 대통령 고문들 양쪽 모두 더더욱 신경과민이 되었다.

이러한 상황에서, 이제 각자의 세력권의 우두머리가 된 자본주의 강대국과 사회주의 강대국 사이의 전시동맹(戰時同盟)이 깨진 것은, 훨씬 덜 이질적인 동맹도 전쟁이 끝나면 깨지는 경우가 매우 흔했으므로 놀랄 만한 일이 아니다. 그러나 이는 미국의 정책 —— 워싱턴의 동맹국들과 피보호국들(아마도 영국은 제외하고)은 훨씬 덜 과열되어 있었다 —— 이 왜 적어도 공적 언명에서, 즉각 세계정복을 할 준비가 된 모스크바 초강대국이 언제라도 자유세계를 전복하려고 하는 불경한 '세계적 공산주의 음모'를 벌인다는 악몽 같은 시나리오에 입각해야 했는지를 설명하는 데에는 충분히 명확치 않다. 또한 영국의 수상 해럴드 맥밀런이 "우리의 현대 자유사회 —— 새로운 형태의 자본주의"(Horne, 1989, vol. II, p.283)라고 부른 것이 아마도 즉각 난관에 빠질 것이라고는 말할 수 없었던 때인 1960년에 J. F. 케네디가 선거유세중 썼던 수사(修辭)를 설명하는 데에는 훨씬 더 부적절하다.[4]

왜 종전 직후에 "국무부 전문가들"의 전망은 "묵시록적"인 것으로 묘사될 수 있었는가?(Hughes, 1969, p.28) 또한 소련을 나치 독일과 비교하는 것을 철저히 거부했던 차분한 영국 외교관조차 왜 당시에 모스크바에서, 세계는 "이제, 소련 공산주의가 서구 사회민주주의 및 미국판 자본주의와 세계지배를 다툴 현대판 16세기 종교전쟁이 일어날 위험에 직면해 있다"라고 보고했는가?(Jensen, 1991, pp.41, 53-54 ; Roberts, 1991) 소련이 팽창주의적 —— 침략적이지 않았던 것은 말할 것도 없고 —— 이지도 않았고, 1943-45년의 정상회담들에서 합의되었다고 생각된 것을 조금이라도 넘어서는 공산

---

[4] "적(敵)은 공산주의체제 그 자체 —— 무자비하고 만족할 줄 모르고 끊임없이 세계지배를 추구하는 —— 다.……이는 단지 군사적 패권을 다투는 투쟁만이 아니다. 그것은 서로 싸우는 두 이데올로기 —— 신 아래의 자유 대(對) 무자비하고 무신론적인 전제(專制) —— 사이의 패권을 다투는 투쟁이기도 하다."(Walker, 1993, p.132)

주의 확산을 꾀하지도 않았다는 것은 오늘날 명백한 사실로 드러났고 1945-47년에조차 다소 타당하게 보이는 사실이었다. 사실상, 모스크바의 통제를 받은 피보호체제들과 공산주의운동들은 명확히, 소련 모델에 기반한 국가의 건설이 **아니라** 다당제 의회민주주의—'프롤레타리아 독재'와 명확히 구별되며 일당독재와는 '더더욱' 구별되는—하의 혼합경제를 표방했다. 프롤레타리아 독재와 일당독재는 "유용하지도 필요하지도 않다"라고 당내문서에 기록되었다(Spriano, 1983, p.265). (이러한 노선을 따르기를 거부한 공산주의 체제는, 스탈린의 적극적인 만류에도 불구하고 모스크바의 통제권 밖에서 혁명이 이루어진 체제들—이를테면 유고슬라비아—뿐이었다.) 게다가, 그리 주목받지 않은 사실이지만 소련은 자신의 부대—소련의 주된 군사적 자산—를 거의 미국만큼이나 빨리 해산함으로써, 절정기인 1945년에 거의 1,200만 병력이었던 적군(赤軍)이 1948년 말까지 300만 병력으로 줄었다(*New York Times*, 1946년 10월 24일자, 1948년 10월 24일자).

어떠한 합리적 평가로도, 소련은 적군(赤軍) 점령군의 세력권 밖에 있는 어느 누구에게도 당장의 위험이 되지 않았다. 종전 후 소련은 고갈되고 피폐한 폐허였고, 평화시의 경제는 갈가리 찢긴 상태였으며, 정부는 주민을 믿지 않았다. 주민들 중 상당수는 대(大)러시아 밖에 사는 사람들로서 체제에 대한 열성이 당연하게도 현저히 부족했다. 서쪽 변두리 지역에서는 우크라이나 및 여타의 민족주의 게릴라들이 몇 년 동안 계속해서 분쟁을 빚었다. 소련은, 자신이 직접 지배하는 영토 안에서 무자비한 만큼이나 그 영토 밖에서는 위험을 극도로 싫어한다는 것을 입증한 한 명의 독재자, 즉 I. V. 스탈린에 의해서 통치되었다(제13장을 보라). 그 나라는 얻을 수 있는 모든 경제적 원조를 필요로 했고, 따라서 그러한 도움을 줄 수 있는 유일한 강대국인 미국을 적으로 돌리는 것은 단기적인 이익이 전혀 없는 것이었다. 의심할 바 없이 스탈린은 공산주의자로서 자본주의가 불가피하게 공산주의로 대체될 것임을 믿었고, 그런 만큼 두 체제의 어떠한 공존도 영원하지 않을 것이라고 믿었다. 그러나 소련의 경제계획자들은 제2차 세계대전이 끝났을 때 자본주의 그 자체가 위기에 빠졌다고 보지 않았다. 그들은 자본주의가 미국──그 부와 힘이 막강해졌음이 너무도 명백했던──의 헤게모니 아래 오랫동안 지속될 것임을 의심치 않았다(Loth, 1988, pp.36-37). 사실상 그것은 소련이 수상쩍어하고 두려워했던 것이다.[5] 종전 이후 소련의 기본자세는 공격적이 아니라 방어적인 것이었다.

그러나 양쪽 진영 모두 그들의 상황으로부터 대결정책이 나왔다. 자신의 위치에 대한 불확실성과 불안정성을 의식한 소련이, 중부와 서부 유럽의 불확실성과 불안정성 및 아시아 상당 부분의 불확실한 미래를 의식한 미국이라는 세계적 강대국과 대치했다. 대결은 아마도 이데올로기가 없었더라도 진행되었을 것이다. 워싱턴이 열렬히 채택한 '봉쇄'정책을 1946년 초에 공식화한 미국 외교관 조지 케넌은 러시아가 공산주의를 위해서 십자군운동을 벌이고 있다고 믿지는 않았으며──그의 이후 경력이 입증하듯이──그 자신 (아마도 민주주의 정책들──그가 신통치 않게 생각했던──에 반대했다는 점은 제외하고) 또한 이데올로기적 십자군 전사가 전혀 아니었다. 그는 단지, 차르 러시아이건 볼셰비키 러시아이건 러시아를, '러시아인의 전통적이고 본능적인 불안정한 감정'에 의해서 움직이는 자들이 통치하는 후진적이고 야만적인 사회──항상 외부세계와 단절되어 있고, 항상 독재자들이 지배하고, 항상 경쟁국과의 접촉과 타협이 아니라 경쟁국의 전면적 파괴를 위한 끈질기고 집요한 투쟁을 통해서만 '안정'을 추구하고, 그 결과 항상 이성이 아니라 '힘의 논리'에만 반응하는──로 보는, 구식 무력외교의 유능한 러시아 전문가──유럽의 외무부서들에는 그러한 자들이 많았다──에 불과했다. 물론 공산주의는, 그의 의견에 따르면, 유토피아적 이데올로기들 가운데 가장 무자비한 세계정복 이데올로기에 의하여 강대국들 가운데 가장 야수적인 강대국을 강화함으로써 구(舊)러시

---

5) 소련은 미국 합동참모본부가 종전 이후 10주 내에 20개의 소련 주요 도시들에 원자폭탄을 떨어뜨릴 계획을 세웠다는 것을 알았다면 훨씬 더 의심을 나타냈을 것이다(Walker, 1993, pp.26-27).

아를 더욱 위험하게 만들었다. 그러나 이러한 명제의 함의는, 러시아가 공산주의 국가가 아니었다고 해도 러시아의 유일한 '경쟁국'인 미국이 비타협적인 저항을 통해서 러시아의 압력을 '억제'해야 할 것이라는 것이었다.

반대로 모스크바의 관점에서 볼 때, 국제적 강대국이라는 거대하지만 깨지기 쉬운 새로운 지위를 방어하고 활용할 수 있는 유일한 합리적 전략은 정확히 동일한 것 ── 비타협 ── 이었다. 자신이 얼마나 취약한 패를 가지고 게임을 해야 했는지를 스탈린보다 더 잘 알았던 이도 없었을 것이다. 히틀러를 패배시키는 데에 소련의 힘이 반드시 필요했고 일본을 패배시키는 데에도 반드시 필요하다고 여전히 생각되었을 때, 루스벨트와 처칠이 제안한 지위에 관한 협상은 있을 수 없었다. 소련은 1943-45년의 정상회담들(특히 얄타회담)에서 합의되었다고 생각된 경계선 너머에 있는 곳 ── 이를테면 1945-46년에 이란 및 터키와의 국경지대 ── 이라면 어느 곳으로부터도 물러날 용의가 있었던 것 같지만, 얄타 회담을 재개하려는 어떠한 시도도 단호히 거부했다. 실제로, 얄타 회담 이후 모든 국제회의에서의, 스탈린의 외무부 장관 몰로토프의 '노(No)'는 악명 높은 것이 되었다. 미국인들에게는 힘이 있었다. 비록 이제 막 가지게 된 것이기는 하지만 말이다. 1947년 12월이 되어서야 12개의 이용가능한 원자폭탄이나 그것을 조립할 수 있는 군인을 나를 수 있는 비행기가 등장했던 것이다(Moisi, 1981, pp.78-79). 소련에게는 그것이 없었다. 워싱턴은 양보에 대한 보답으로서를 제외하고는 어떤 것도 거저 주지 않으려 했지만, 모스크바는 몹시도 필요했던 경제적 원조 ── 어쨌든 미국인들은 소련이 얄타 회담 이전에 전후(戰後) 차관을 요구했던 내용의 문서를 "둔 곳을 잊어버렸다"라고 주장하며 소련측에 경제적 원조를 제공하고 싶어하지 않았다 ── 에 대한 보답으로서조차 바로 그러한 양보를 할 여력이 없었다.

요컨대 미국은 미래의 언젠가 소련이 세계에 대한 패권을 쥐게 될지 모르는 위험에 관해서 걱정했던 반면, 모스크바는 현재 미국이 적군(赤軍)에 의해 점령되지 않은 지구 전지역에 대해 행사한 실제적 헤게모니에 관해서 걱정했다. 고갈되고 가난해진 소련이, 당시에 세계의 나머지 모든 곳을 합친 것보다도 강력했던 미국 경제의 또 하나의 종속지역으로 바뀌는 데에는 그리 많은 시간이 걸리지 않을 것이었다. 비타협성은 논리적으로 타당한 전술이었던 셈이다. 모스크바의 허세에 도전할 테면 해보라.

그러나 상호 비타협성의 정치 —— 끊임없는 무력경쟁의 정치조차 —— 가 일상적인 전쟁위험을 의미하지는 않는다. 차르 러시아의 팽창주의 충동이 케넌 식으로 계속 '억제되어야' 한다는 것을 당연시한 19세기 영국의 외무대신들은 공개대결의 순간은 드물며, 전쟁위기는 훨씬 더 드물다는 것을 아주 잘 알고 있었다. 상호 비타협성은 생사투쟁이나 종교전쟁의 정치는 더더욱 의미하지 않는다. 그러나 두 가지 상황적 요소가 대결을 이성의 영역에서 감정의 영역으로 이동시키는 데에 일조했다. 미국은 소련과 마찬가지로 하나의 이데올로기 —— 대부분의 미국인들이 세계를 위한 모델이라고 진심으로 믿은 —— 를 대표하는 강국이었던 동시에 소련과 달리 민주주의 국가였다. 불행하게도 이 두 요소 중 두번째 것이 아마도 더욱 위험했다는 점을 말하고 넘어가야 한다.

소련 정부는 역시 전세계의 적대자들을 악마로 보기는 했지만 국회에서나 대통령 선거와 국회의원 선거에서 표를 얻는 데에 신경 쓸 필요가 없었고, 미국 정부는 그것에 신경을 써야 했던 것이다. 묵시록적 반공주의는 두 목표(국회에서의 표결과 선거에서의 득표/역주) 모두에 대해 유용했고, 따라서 자신의 수사(修辭)를 진정으로 확신하지 않은 정치가들 —— 또는 트루먼 대통령의 해군장관인 제임스 포레스털(1882-1949)처럼 임상적으로 미쳐버려 병원 창문을 통해 러시아인들이 오고 있는 환상을 보고 자살한 정치가 —— 에게조차 매력적인 것이었다. 미국을 위협하는 외부의 적은, 이제 미국이 세계적 강국 —— 사실상 단연 세계최대의 강국 —— 이 되었다고 옳게 결론을 내리고 '고립주의'나 방어적인 보호무역주의를 여전히 국내의 주된 장애물로 보는 미국 정부들에게 편리한 존재였다. 미국 자체가 안전하지 않다면 제1차 세계대전이 끝난 뒤처럼 세계를 지도할 책임 —— 과 그에 따르는 보상 —— 을 포기한다는 것은 있을 수 없었다. 보다 구체적으로는, 공공의 히스테리 덕분에 대통령들로서는 세금 내기를 싫어하기로 이름난 시민들로부터 미국 정책에 요구되는 막대한 액수의 돈을 걷기가 보다 쉬워졌다. 또한 개인주의와 사기업 위에 세워진 나라 —— 국민 자체가, 사실상 공산주의의 정반대로 정의될 수 있는 순이데올로기적 표현('미국주의')으로 정의되는 —— 에서 반공주의는 진정으로 그리고 체질상 인기 있는 것이었다(소비에트화된 동유럽에서 이민 온 자들이 던진 표 역시 잊어서는 안 된다). 반(反)빨갱이 마녀사냥이라는 비열하고 비이성적인 광란을 개시한 것은 미국 정부가 아니라, 내부의 적을 대대적으로 비난하는 데에서 정치적 가능성을 발견한 선동정치가들 —— 그러지 않았더라면 미미한 존재였을 —— 이었다.[6] 그들 중 일부—— 악명 높은 상원의원 조지프 매카시처럼 —— 는 각별히 반공주의자였던 것도 아니었다. 관료로 출세할 가능성은 오래 전에 존 에드거 후버(1895-1972) —— 사실상 종신직의 FBI 국장 —— 가 발견한 바 있다. 냉전의 주요 기획자들 중 하나가 '원시인들의 공격'이라 부른 것(Acheson, 1970, p.462)은 특히 중국에서의 공산주의자들의 승리—— 당연히 모스크바 탓으로 돌려진 —— 직후 몇 년 동안 워싱턴의 정책을 극단까지 밀고 나감으로써 그 정책을 촉진한 동시에 제한했다.

동시에, '공산주의자들의 침략' 물결을 격퇴하는 동시에 돈을 절약하는 동시에 미국인들의 안락에 대한 방해를 최소화해야 하는 정책에 대한, 득표에 민감한 정치가들의 정신분열적 요구 때문에 워싱턴과 나머지 동맹국들은 기본적으로 사람보다 폭탄을 더 중시하는 핵전략에 몰두했을 뿐만 아니라 1954년에 공표된 불길한 '대량보복' 전략에 몰두했다. 잠재적 침략자는 제한된 재래식 공격을 해올 경우까지도 핵무기로 위협받을 것이었다. 요컨대 미국은 공격적인 자세를 확고히 취했고, 전술적인 유연성은 극히 적었다.

---

6) 마녀사냥꾼들의 하계(下界)로부터 부상한, 현실적으로 비중 있는 유일한 정치가는 전후 미국의 대통령들 중 가장 불쾌한 인물인 리처드 닉슨(재임 1968-74)이었다.

따라서 양쪽 편 모두, 상호파괴에 이르는 미친 듯한 군비경쟁——직업상 그것이 미친 짓임을 깨닫지 못하는 핵 장성들과 핵 지식인들이라는 부류를 낳은—— 에 몰두했던 것이다. 또한 양쪽 편 모두, 내향적인 대통령 아이젠하워 —— 스스로는 광기에 그리 물들지 않은 채 이러한 광기로의 전락을 이끈 구식의 온건파 군인인 —— 가 '군산복합체'라고 부른 것, 즉 전쟁준비로 먹고 사는 사람들과 자원들의 갈수록 커지는 집합체를 유지하는 데에 몰두했다. 강대국간의 안정적 평화기의 군산복합체는 전의 어느 때보다도 큰 이권세력이었다. 예상한 대로 양국의 군산복합체 모두, 동맹국들과 피보호국들을 끌어들이고 무장시키는 데에 그리고 특히, 수익성 있는 수출시장을 얻는 데에 —— 핵무기는 물론 최신의 무기들은 다른 나라들에게 주지 않으면서 —— 월권을 행사하도록 자국정부에 의해서 고무받았다. 실제로 초강대국들은 핵무기를 계속 독점했다. 영국인들은 아이러니컬하게도 미국에 대한 의존도를 완화하려는 목표로 1952년에 자신들의 핵폭탄을 획득했고 프랑스인들(그들의 핵무기 공장은 실제로 미국으로부터 독립해 있었다)과 중국인들은 1960년대에 그것을 가지게 되었다. 냉전이 지속되는 동안에는 이들 중 아무도 중요성을 띠지 않았다. 1970-80년대에는 몇몇 나라들 —— 특히 이스라엘과 남아프리카 공화국 그리고 아마도 인도 —— 이 더, 핵무기를 만들 능력을 가지게 되었지만 그러한 핵확산은 1989년에, 양극의 초강대국이 지배하던 세계질서가 끝나고 나서야 심각한 국제문제가 되었다.

그러면 냉전은 누구의 책임이었는가? 이 문제에 관한 논쟁은 오랫동안, 배타적으로 소련을 비난하는 쪽과 우선적으로 미국의 잘못이었다고 말하는 (주로 미국 내) 반대파 사이의 일종의 이데올로기적 핑퐁 게임 양상을 띠었으므로, 서로에 대한 공포가 대치상태로부터 점차 확대되어 두 "무장진영이 서로 적대적인 두 깃발 아래 동원되기 시작하기"(Walker, 1993, p.55)에 이른 것으로 냉전을 설명하려는 역사적 중재자들의 편에 서고 싶은 마음이 생기기 마련이다. 이는 명백히 사실이지만, 완전한 진실은 아니다. 그것은 1947-

49년 전선의 '동결'이라고 불린 것, 1947년부터 1961년 베를린 장벽의 설치에 이르기까지의 단계적인 독일 분할, 서방측 반공주의자들이 미국이 지배하는 군사동맹에 완전히 통합되기를 피하는 데에 실패한 것(프랑스의 드골 장군은 제외하고), 분계선 동쪽 진영 사람들이 모스크바에 대한 완전한 종속을 피하는 데에 실패한 것(유고슬라비아의 티토 원수는 제외하고)을 설명해준다. 그러나 그것은 냉전의 묵시록적인 **음조**를 설명해주지는 못한다. 그러한 음조는 미국에서 나왔다. 커다란 공산당이 국내에 있건 없건 서유럽의 모든 정부들은 예외없이 진심으로 반공적이었고, 있을지 모르는 소련의 군사적 공격으로부터 자신을 보호하기는 데에 단호했다. 어떤 정부도 미국과 소련 중에서 하나를 선택할 것을 요구받는다면 망설이지 않았을 것이다. 역사나 정책이나 협상을 통해서 중립을 공언한 정부들조차 그랬다. 그러나 '공산주의 세계의 음모'는, 적어도 전쟁 직후 시기가 지난 뒤에는, 정치적 민주주의 국가라고 불릴 만한 자격이 약간이나마 있는 어떠한 나라에서도 국내정치의 심각한 요소가 아니었다. 민주주의 국가들 중에서 대통령이 (1960년의 J. F. 케네디처럼) 공산주의에 대한 반대로 선출된 것은 미국 —— 그 나라에서 공산주의란 국내정치의 견지에서 볼 때 아일랜드에서의 불교만큼이나 대수롭지 않은 존재였다 —— **뿐**이었다. 누군가가 국제적 무력 대결의 현실정치에 십자군적 요소를 도입했고 그 요소를 계속 유지했다면, 그 장본인은 워싱턴이었다. 실제로 케네디가 선거운동에서 쓴 수사는 문제가 공산주의의 세계지배라는 비현실적인 위협이 아니라 현실적인 미국 패권의 유지였음을 명쾌한 웅변 솜씨로 보여주고 있다.[7] 그러나, 나토 동맹의 정부들이 미국의 정책에 전혀 만족하지 않았지만 혐오스러운 정치체제의 군사적 침탈 —— 그러한 체제가 계속해서 존재하는 한 —— 로부터 보호받는 대가로 미국의 패

---

7) "우리는 우리의 힘을 만들어낼 것이고 다시 첫번째가 될 것이다. 조건부의 첫번째나 제한적인 첫번째가 아니라 절대적인 첫번째다. 나는 세상 사람들이 흐루시초프 씨의 행동에 놀라기를 원하지 않는다. 나는 세상 사람들이 미국의 행동에 놀라기를 원한다."(Beschloss, 1991, p.28)

권을 받아들일 준비가 되어 있었다는 점을 덧붙여야만 한다. 그들은 워싱턴과 마찬가지로, 소련을 신뢰할 준비가 되어 있지 않았던 것이다. 요컨대 공산주의의 파괴가 아니라 '봉쇄'가 모든 이의 정책이었다.

III

냉전의 가장 명백한 모습은 군사적 대결과 서방에서의 갈수록 미친 듯한 핵무기경쟁이었지만, 이것이 냉전의 주된 영향은 아니었다. 핵무기는 사용되지 않았다. 핵보유국들은 세 번의 큰 전쟁에 개입했다(서로와의 전쟁은 아니었지만). 중국에서의 공산당 승리에 놀란 미국과 (국제연합으로 위장한) 그 동맹국들은 1950년에, 분단된 나라의 북쪽 공산주의체제가 남쪽으로 확산되는 것을 막기 위해서 한국에 개입했다. 결과는 무승부였다. 그들은 동일한 목표로 베트남에 다시 한번 개입했고 패배했다. 소련은 아프가니스탄에서, 미국의 지원을 받고 파키스탄으로부터 물자를 공급받는 게릴라에 대항하여 친소련적인 정부를 8년 동안 군사적으로 지원한 끝에 1988년에 철수했다. 요컨대 초강대국이 경쟁한 값비싼 첨단기술설비는 결정적이지 않은 것으로 드러났다. 끊임없는 전쟁위협은 기본적으로 핵무기를 반대하는 국제적인 평화운동을 낳았다. 그 운동은 때때로 유럽 일부지역에서 대중운동이 되었고, 냉전 십자군전사들에 의해서 공산주의자들의 비밀무기로 간주되었다. 핵군축운동 역시 결정적이지 않은 것이었다. 특정한 반전운동, 즉 베트남 전쟁(1965-75)에 징집되는 데에 반대한 미국 청년들의 운동은 보다 효과적이었던 것으로 드러나기는 했지만 말이다. 냉전이 끝났을 때 이러한 운동들은 훌륭한 대의에 대한 기억과 몇몇 기묘한 주변적 유물들 —— 1968년 이후 대항문화가 반핵 로고를 채택한 것이라든가, 어떠한 종류의 핵 에너지도 반대하는 환경론자들의 뿌리깊은 편견과 같은 —— 을 뒤에 남겼다.

훨씬 더 명백한 것은 냉전의 정치적 결과였다. 냉전은 거의 즉각적으로, 초강대국들이 통제하는 세계를 뚜렷이 나누어진 두 개의 '진영'으로 양극화했다. 종전 직후 전(全)유럽(의미심장하게도 3대 교전국인 소련, 미국, 영국은 제외하고)을 이끌었던 거국적인 반파시스트 연합 정부들은 1947-48년에 동질적인 친공산주의체제와 반공주의체제로 분열되었다. 서구에서는 공산주의자들이 정부에서 사라졌고 영구적으로 정계에서 추방당했다. 미국은 1948년 이탈리아 선거에서 공산당이 승리할 경우에 군사적 개입을 할 것을 계획했다. 소련 역시 다당제 '인민민주주의'에서 비공산주의자들을 배제함으로써 상대방의 예를 따랐다. '인민민주주의'는 이제 '프롤레타리아 독재', 즉 공산당 독재로 다시 분류되었다. 기묘하게 제한되고 유럽 중심적인 공산주의 인터내셔널('코민포름[Cominform]', 즉 공산주의 정보국)이 미국에 맞서기 위해서 창설되었으나, 국제 정세의 열기가 가라앉은 1956년에 조용히 해산되었다. 기묘하게도 핀란드를 제외한 동유럽 전역에서 소련의 직접통제가 확고히 유지되었다. 소련에 의해서 운명이 좌우되었던 핀란드는 1948년에 자신의 정부로부터 강력한 공산당을 쫓아냈다. 스탈린이 왜 그곳에 위성정부를 수립하기를 삼갔는가 하는 것은 여전히 불분명하다. 아마도 핀란드인들이 (1939-40년과 1941-44년에 그랬듯이) 다시 한번 무기를 들 가능성이 높았다는 점이 그러한 조치를 단념시켰을 것이다. 스탈린은 확실히, 걷잡을 수 없게 될지도 모르는 전쟁의 위험을 감수하고 싶지 않았던 것이다. 또한 그는 티토의 유고슬라비아에 소련의 통제를 부과하고자 했으나 실패했고, 그 결과 유고슬라비아는 1948년에 다른 쪽 진영에 가담하지 않은 채 모스크바와의 관계를 끊었다.

이제부터 공산권의 정치는 예상대로 단일체적인(monolithic) 것이 되었다. 그 단일체(monolith)가 깨지기 쉽다는 것은 1956년 이후 갈수록 분명해졌지만 말이다(제16장을 보라). 미국 쪽에 줄을 선 유럽 국가들의 정치는 덜 균일했다. 왜냐하면 공산당을 제외한 각국의 사실상 모든 당들이 소련에 대한 혐오로 단결했기 때문이다. 대외정책의 견지에서 볼 때 누가 집권할 것인가는 중요하지 않았다. 그러나 미국은 두 전(前) 적국인 일본과 이탈리아에서 영구적 일당제와 다름없는 것을 창출함으로써 문제를 단순화했다. 미국은 동경에서는 자유민주당의 창당(1955)을 고무했고, 이탈리아에서는 선천적 야당 —— 마침 공산당이었으므로 —— 을 권력에서 완전히 배제할 것을 주장함으로써 그 나라를 기독교 민주당 —— 경우에 따라 자유당, 공화당 등의 선택된 군소정당들이 추가되기도 했다 —— 에 넘겨주었다. 1960년대 초부터는, 일정 규모를 갖춘 유일한 다른 당인 사회당이 1956년 이후 공산당과의 오랜 동맹관계에서 이탈하여 연립정부에 들어갔다. 이 두 나라 모두에서의 결과는 공산당(일본의 경우 사회당)을 주요 야당으로 안정시킨 동시에 제도적으로 부패한 정부체제를 수립한 것이었다. 부패의 규모는 너무도 깜짝 놀랄 만한 것이어서 그 진상이 1992-93년에 결국 드러났을 때 이탈리아인들과 일본인들까지도 충격을 받았다. 이렇듯 움직일 수 없을 정도로 경직되어 있던 정부와 야당 둘 다, 그러한 상태를 유지시켜온 초강대국간의 균형이 깨짐과 동시에 붕괴했다.

미국은 개혁적인 반(反)독점정책 —— 루스벨트의 고문(顧問)들이 초기에, 점령된 독일과 일본에 부과했던 —— 을 곧 취소했지만, 미국 동맹국들의 마음의 평화를 위해서는 다행스럽게도 전쟁은 국가사회주의와 파시즘과 노골적인 일본 민족주의 그리고 정치 스펙트럼상의 우익 및 민족주의 부분 중 상당수를, 용인할 수 있는 공적 무대에서 제거해버렸다. 따라서 더할 나위 없이 효과적인 이들 반공집단들 —— 복귀한 독일의 대기업들과 일본의 재벌들 같은 —— 을 '전체주의'에 맞선 '자유세계'의 투쟁에 동원하기란 아직까지는 불가능했다.[8] 그리하여 냉전기 서구정부들의 정치적 기반은 전전(戰前)의 사회민주주의계 좌파에서부터 전후의 비민족주의계 온건 우파에까지 걸쳐 있었다. 이 점에서 카톨릭 교회와 연관된 정당들이 특히 유용한 것으로 드러났다. 왜냐하면 카톨릭 교회의 반공주

---

8) 그러나 전(前) 파시스트들은 정보부 업무와 공적으로 드러나지 않은 여타 업무들에 처음부터 조직적으로 활용되었다.

의적, 보수주의적 명성은 타의 추종을 불허했지만 그 교회의 '기독교 민주'당들(제4장을 보라)은 확고한 반파시스트적 경력과 (비사회주의적인) 사회적 강령 둘 다를 가졌기 때문이다. 따라서 이러한 정당들이 1945년 이후 서구의 정치에서 —— 프랑스에서는 일시적으로, 독일과 이탈리아와 벨기에와 오스트리아에서는 보다 영속적으로 —— 중심적인 역할을 수행했다(p. 393도 보라).

그러나 유럽의 국제정치에 대한 냉전의 영향이 그 대륙의 국내정치에 대한 영향보다 더 두드러졌다. 냉전은 '유럽 공동체' —— 와 그것의 모든 문제들 —— 를 낳았다. 그것은 다수의 독립된 국민국가들의 경제들을 통합하고 어느 정도는 법적 체제들까지 통합하는 영속적인(또는 적어도 장기적인) 구조라는, 전적으로 전례 없는 형태의 정치적 기구였다. 그것은 처음에(1957) 6개국(프랑스, 서독, 이탈리아, 네덜란드, 벨기에, 룩셈부르크)으로 구성되었고, 그 체제가 냉전의 다른 모든 산물들처럼 흔들리기 시작한 단기 20세기 말까지 6개국(영국, 아일랜드, 스페인, 포르투갈, 덴마크, 그리스)이 더 가입했다. 그것은 이론상, 경제적인 통합뿐만 아니라 훨씬 더 긴밀한 정치적 통합까지 공언했다. 이는 '유럽'을 위한 영속적인 연맹 또는 동맹 수준의 정치연합에 이를 것이었다.

'유럽 공동체'는 1945년 이후에 생긴 유럽의 다른 많은 기구들과 마찬가지로 미국에 의해서인 동시에 미국에 맞서서 창출되었다. 그 기구는 미국의 힘과 모호성 그리고 한계를 동시에 보여주고 있을 뿐만 아니라, 반소(反蘇) 동맹을 유지시키는 공포의 힘도 보여준다. 이 공포는 소련에 대한 공포만이 아니었다. 프랑스의 경우, 독일이 여전히 주된 위험요소로 남았던 반면, 유럽의 다른 전(前) 교전국들이나 피점령국들은 중부 유럽에서의 거대한 강국의 부활 가능성에 대한 우려를 덜 공유했다. 이 나라들 모두가 이제는 나토(NATO, 북대서양조약기구) 동맹을 통해서 미국과, 경제적으로 부흥하고 재무장된 독일 —— 다행히도 일부가 잘리기는 했지만 —— 둘 다와 묶이게 되었다. 물론, 미국에 대한 공포 역시 존재했다. 미국은 소련에 대항하는 데에 없어서는 안 될 동맹국이었지만 신뢰할 수 없기 때문에 의심스러운 동맹국이기도 했다. 다른 모든 이해관계 ―― 미국의 동맹국들의 이해관계를 포함하여 ―― 보다 미국의 세계패권에 대한 이해관계를 우선시하는 경향이 있는 ―― 당연한 일이지만 ―― 동맹국임은 물론이고 말이다. 전후세계에 관한 모든 계산과 전후의 모든 결정에서 "모든 정책 입안자들의 전제가 미국의 경제적 우위였다"라는 것을 잊어서는 안 된다(Maier, 1987, p.125).

미국의 동맹국들에게는 다행스럽게도 1946-47년의 서유럽 상황이 너무도 절박한 것으로 보여서, 워싱턴은 강력한 유럽 경제의 발전과 약간 뒤에는 강력한 일본 경제의 발전이 가장 절박한 우선적 사항이라고 느끼게 되었고 그에 따라 1947년 6월에 대대적인 유럽 부흥계획인 마셜 플랜이 개진되었다. 마셜 플랜은, 명백히 침략적인 경제외교의 일부였던 이전의 원조와는 달리 주로 차관보다는 보조금의 형태를 취했다. 역시 미국의 동맹국들에게 다행스럽게도, 미국이 지배하는 자유무역, 자유태환, 자유시장이라는 전후 세계경제를 위한 미국의 원래 계획은 매우 비현실적인 것으로 드러났다. 언제나 부족한 달러에 굶주린 유럽과 일본이 직면한 절망적인 지불문제가, 무역과 지불을 자유화할 전망이 당장은 없다는 것을 의미한다는 이유만으로도 그랬다. 미국은 유럽 국가들에게 단일한 유럽 계획 ―― 번영하는 자유기업경제라는 면뿐만 아니라 정치구조라는 면에서도 미국을 모델로 한 단일한 유럽을 가급적 지향하는 ―― 이라는 자신의 이상을 부과할 만한 위치에 있지도 않았다. 자국을 여전히 세계적 강국으로 보는 영국인들도, 강력한 프랑스와 약하고 분할된 독일을 꿈꾸는 프랑스인들도 그러한 계획을 좋아하지 않았다. 그러나 미국인들로서는, 마셜 플랜에 대한 논리적 보충물인 반소 군사동맹 ―― 1949년의 나토 ―― 의 구성요소로서의 효과적으로 복구된 유럽은 현실적으로, 독일의 재무장에 의하여 강화된 독일의 경제력에 기반해야만 했다. 프랑스인들이 할 수 있었던 최선의 일이란 서독 문제와 프랑스 문제를 뒤얽히게 함으로써 그 두 오랜 적대국 사이의 충돌을 불가능하게 하는 것이었다. 그리하여 프랑스인들은 그들 자신의 유럽 연합 형태인 '유럽 석탄철강공동체'

(1950)를 제시했다. 이는 '유럽 경제공동체 또는 공동시장'(1957)으로 발전했고, 나중에는 간단히 '유럽 공동체', 1993년부터는 '유럽 연합'이 되었다. 그것의 본부는 브뤼셀에 있었으나, 프랑스와 독일의 단결이 그 핵심이었다. 유럽 공동체는 미국의 유럽 통합계획에 대한 **대안**으로 수립되었던 것이다. 냉전의 종식은 유럽 공동체가 세워지고 프랑스와 독일의 협력이 이루어졌던 토대를 또다시 침식할 것 —— 특히, 1990년의 독일 재통일과 그것이 낳은 예기치 않은 경제혼란을 통해서 양국간의 균형을 깨뜨림으로써 —— 이었다.

미국은 자신의 정치적, 경제적 계획을 유럽인들에게 철저히 부과할 수는 없었지만, 그들의 국제적 행동을 지배할 정도로는 충분히 강력했다. 반소 동맹의 정책도 미국의 정책이었고, 반소 동맹의 군사계획도 미국의 계획이었다. 독일은 재무장되었고, 유럽 중립주의에 대한 열망은 확고히 억제되었으며, 서구열강이 미국의 정책으로부터 독립된 세계정책을 개시한 유일한 시도인, 1956년에 영국-프랑스가 이집트와 벌이고자 한 수에즈 전쟁 시도는 미국의 압력으로 무산되었다. 동맹국이나 피보호국이 할 수 있는 최대한의 일이란 (드골 장군처럼) 군사동맹을 실제로 떠나지 않은 채 그 동맹에 완전히 통합되는 것을 거부하는 것이었다.

그러나 냉전시대가 길어짐에 따라 동맹에 대한 워싱턴의 압도적인, 군사적이고 따라서 정치적인 지배와 미국의 점차 약화되어 가는 경제적 우위 사이의 괴리가 갈수록 커졌다. 세계경제의 경제적 무게중심은 이제 미국에서 유럽과 일본의 경제 —— 미국이 자신이 구제하고 재건해주었다고 생각한 —— 로 옮아갔다(제9장을 보라). 1947년에는 그렇게도 부족했던 달러가 미국으로부터 갈수록 억수같이 흘러나왔다. 미국사상 가장 야심적인 사회복지 프로그램뿐만 아니라 전지구적인 군사활동 —— 특히 베트남 전쟁(1965년 이후)—— 에 드는 엄청난 비용으로 인한 미국의 적자재정 경향에 의해서 그러한 유출은 가속화 —— 특히 1960년대에 —— 되었다. 미국이 계획하고 보장한 전후 세계경제의 초석인 달러는 갈수록 약화되었다. 이론상, 세계 정화(正貨) 준비액의 거의 4분의 3을 보유해온 포트 녹스(Fort Knox : 미국 켄터키 주의 연방 금괴저장소 소재지/역주) 의 지금(地金)에 의해서 뒷받침된 달러는 현실적으로는 갈수록 넘쳐흐르는 지폐나 수표로 이루어졌다. 그러나 달러의 안정은 일정량의 금과의 관계에 의해서 보장되었으므로, 극도로 조심성 있고 지금(地金) 지향적인 프랑스인들을 비롯한 조심성 있는 유럽인들은 평가절하될 가능성이 있는 지폐를 견실한 금괴로 바꾸기를 더 좋아했다. 따라서 포트 녹스로부터 금이 흘러나왔고, 그것에 대한 수요가 증가함에 따라 그 가격이 상승했다. 1960년대 대부분의 기간 동안 달러와 국제지불제도의 안정은 더 이상 미국 자체의 보유고에 기반한 것이 아니라, 유럽 중앙은행들측에서 —— 미국의 압력으로 —— 자신의 달러를 금으로 바꾸지 않을 의향과 금의 시장가격을 안정시키기 위해서 '골드 풀(Gold Pool)'에 참가할 의향에 달려 있었다. 그러한 안정은 지속되지 않았다. 고갈된 '골드 풀'은 1968년에 분해되었다. 사실상 달러의 태환성(兌換性)은 끝났다. 그것은 1971년 8월에 공식적으로 포기되었고 그것과 함께 국제지불제도의 안정성과 미국이나 다른 어떤 단일한 국가경제에 의한 국제지불제도 통제도 끝났다.

냉전이 끝났을 때 미국의 경제적 헤게모니 중에서 남은 것은 너무도 적어서 군사적 헤게모니조차 더 이상 그 나라 자체의 자원으로 유지될 수 없을 정도였다. 기본적으로 미국의 군사행동이었던 1991년 이라크와의 걸프 전쟁은, 자진해서든 마지못해서든, 워싱턴을 지지한 다른 나라들이 비용을 댔다. 이 전쟁은 실제로 한 강대국이 수익을 올린 드문 전쟁에 속했다. 그 전쟁은 관련된 모든 이 —— 불행한 이라크 주민들을 제외하고 —— 에게 다행스럽게도 며칠 만에 끝났다.

IV

냉전은 1960년대 초에 잠시 동안 건전한 방향으로 몇 걸음 움직이기를 시도했던 것으로 보인다. 1947년부터 한국전쟁이라는 극적인 사건(1950-53)에 이르기까지의 위험했던 몇 년간은 세계적인 폭발 없이 지나갔다. 스탈린 사망(1953) 이후 특히 50년대 중반에 소련권 진영을 뒤흔든 지진에 가까운 격변 역시 그러했다. 서유럽의 나라들은 사회적 위기와 싸우기는커녕, 예기치 않은 전반적 번영의 시대 —— 다음 장에서 보다 충분히 논의할 —— 를 실제로 살고 있다는 것을 깨닫기 시작했다. 긴장완화는 구식 외교관들의 전통적 전문어로 '데탕트'였다. 세계는 이제 친밀하게 된 것이다.

데탕트는 스탈린 사후의 난투 끝에 니키타 세르게예비치 흐루시초프(재임 1958-64)가 소련에서 대권을 쥐었던 1950년대 말에 처음으로 나타났다. 개혁과 평화공존의 신봉자 —— 덧붙여 말하자면 스탈린의 정치범수용소를 비운 —— 인, 다듬어지지 않았으나 뛰어난 자질을 가진 이 감탄할 만한 인물이 다음 몇 년간 국제무대를 지배했다. 그는 또한 아마도 지금까지 주요 국가를 통치한 유일한 시골 사내이기도 했다. 그러나 데탕트는 우선 흐루시초프의 허세를 부리고 충동적인 결정을 내리기를 좋아하는 성향과 금세기의 가장 과대평가된 미국 대통령인 J. F. 케네디(재임 1960-63)의 제스처 정책 사이의 유별나게 팽팽한 대결을 한동안 통과해야 했다. 따라서 —— 지금은 상기하기 어려운 사실이지만 —— 자본주의 서방이 공산주의 경제 —— 1950년대에 서방 자신의 경제보다 빠른 속도로 성장한 —— 보다 뒤처지고 있다고 느꼈을 때, 위험수위 높은 두 운영자가 두 초강대국을 이끌었던 셈이다. 공산주의 경제는 소련의 인공위성과 우주비행사의 극적인 승리를 통해서 미국에 대한 (단명한) 기술적 우위를 막 입증하지 않았던가? 더욱이 —— 모두에게 놀랍게도 —— 공산주의가 플로리다에서 몇십 마일밖에 떨어지지 않은 나라인 쿠바에서 막 승리하지 않았던가(제15장을 보라)?

역으로 소련은 워싱턴의 모호하지만 종종 너무도 호전적인 수사(修辭)뿐만 아니라 중국과의 근본적인 관계단절에 대해서 우려했다. 중국은 이제 모스크바를 자본주의에 대해서 호의적이라고 비난했고 그럼으로써, 평화지향적이던 흐루시초프로 하여금 서방에 대해서 공적으로 보다 비타협적인 태도를 취하도록 몰고 갔다. 동시에 탈식민화와 제3세계 혁명의 갑작스러운 가속화(제7, 12, 15장을 보라)는 소련인들에게 유리해 보였다. 따라서 신경과민이 되었으나 자신만만한 미국이, 자신만만하나 신경과민이 된 소련과 베를린, 콩고, 쿠바를 놓고 대결하게 된 셈이다.

실제로 이러한 상호위협 및 극단정책 국면의 최종결과는 비교적 안정된 국제체제와, 양대 초강대국이 서로와 세계를 놀라지 않게 하기로 한 암묵적 합의였다. 이제(1963) 백악관과 크렘린을 연결하게 된 전화 '핫라인'의 개설이 그러한 합의를 상징했다. 베를린 장벽(1961)은 유럽의 동과 서를 가르는 최후의 확정되지 않은 경계선 문제를 해결했다. 미국은 자신의 문턱에 위치한 공산주의 쿠바를 인정했다. 라틴 아메리카에서 쿠바 혁명에 의해 불붙고 아프리카에서 탈식민화 물결에 의해 불붙은 해방 및 게릴라 전쟁의 작은 불꽃들은 산불로 발전하지 않고 깜빡거리며 꺼질 것 같았다(제15장을 보라). 케네디는 1963년에 암살당했고, 흐루시초프는 1964년에, 덜 맹렬한 정책추구를 선호한 소련의 주류세력에 의해서 쫓겨났다. 60년대와 70년대 초에는 실제로 핵무기를 통제하고 제한하는 몇몇 중요한 진전이 있었다. 핵실험 금지조약, 핵확산을 중단시키려는 시도들(이미 핵무기를 가졌거나 앞으로 핵무기를 가지기를 전혀 기대할 수 없는 나라들은 받아들였으나, 중국, 프랑스, 이스라엘처럼 자신의 핵무기공장을 새로 짓고 있는 나라들은 받아들이지 않은 시도들), 미국과 소련 사이의 전략무기 제한조약(SALT, Strategic Arms Limitation Treaty), 심지어는 양쪽의 미사일 요격용 미사일(ABMs, Anti-Ballistic Missiles)에 관한 일정한 합의가 그러한 예들이다. 보다 중요한 사실로, 1960년대가 1970년대로 바뀜에 따라 미국과 소련간의 무역 —— 양측이 그렇게도 오랫동안 정치적으로 억제해온 —— 이 번창하기 시작했다. 전망은 밝아 보였다.

그러나 실제로는 밝지 않았다. 1970년대 중반에 세계는 제2차 냉전이라고 불리는 시대에 들어갔다(제15장을 보라). 제2차 냉전은 세계경제의 큰 변화, 즉 1973년부터 20년간을 특징지었고 1980년대 초에 절정에 달했던 장기적 위기의 시기와 일치했다(제14장을 보라). 그러나 경제적 기후의 변화는 초기에 양대 초강대국에게 그리 주목받지 못했다. 산유국 카르텔인 OPEC —— 미국의 국제적 지배력이 약화되었음을 암시하는 것으로 보이는 몇몇 결과물들 중 하나인 —— 의 성공적인 일격이 낳은 에너지 가격의 급등은 제외하고 말이다. 두 초강대국 모두 자기 경제의 건실함에 대해서 꽤 만족해했다. 미국은 새로운 경기후퇴의 영향을 유럽보다 명백히 덜 받았고, 소련 —— 신들이 처음에는 흡족해하며 만들었다가 이제는 파괴하고 싶어하는 —— 은 모든 것이 제대로 돌아가고 있다고 느꼈다. 특히, 1960년대 중반 이래 소련에서 새로 발견되었던 거대한 매장량의 석유 및 천연가스의 국제시장가격이 1973년의 석유파동으로 인해 이제 막 4배로 올라갔으므로 흐루시초프의 후임자인 레오니드 브레주네프 —— 소련의 개혁가들이 '정체의 시대'라고 부르게 될 20년간을 지배한 —— 가 미래에 대해서 낙관했던 것도 그렇게 무리는 아니었던 것으로 보인다.

그러나 경제상태를 차치한다면, 상호 관련된 두 가지 사태 전개가 초강대국간의 균형상태를 변화시킨 것으로 보였다. 그 첫번째 것은 미국의 패배와 불안정화로 보이는 것 —— 그 나라가 대전쟁에 뛰어들었을 때 —— 이었다. 베트남 전쟁은 텔레비전에 비친 폭동과 반전시위 장면이 보여주듯이 미국 국민의 사기를 꺾었고, 국론을 분열시켰으며, 한 미국 대통령을 파멸시켰고, 10년(1965-75) 끝에 널리 예상된 패전과 퇴각으로 끝났고, 훨씬 더 중요한 사실로는 미국의 고립을 입증했다. 미국의 유럽 동맹국들 중 단 한 나라도 미군 옆에서 싸울 명목적인 부대조차 파병하지 않았던 것이다. 미국이 동맹국과 중립국 그리고 소련조차 모두 경고했음에도 불구하고[9] 불운한 전쟁에 휩쓸리게 된 이유를 이해하기란 냉전의 주역들이 자신의

---

9) "원한다면 베트남 정글에 가서 싸워라. 프랑스인들은 거기서 7년 동안 싸웠지만 결국 떠나야 했다. 아마도 미국인들은 좀더 오래 버틸 수 있겠지만 결국 그들 역시 떠나야 할 것이다." 1961년에 흐루시초프가 딘 러스크에게 보낸 서한(Beschloss, 1991, p.649).

길을 여는 과정에서 통과했던 몰이해, 혼란, 편집증이라는 먹구름의 일부로 보지 않는 한 거의 불가능하다.

또한 베트남이 미국의 고립을 입증하는 데에 충분하지 않았다면, 중동에서 미국의 가장 가까운 동맹국이 될 것을 인정받은 이스라엘과, 소련으로부터 무기를 공급받은 이집트 및 시리아 군대 사이에 벌어진 1973년의 제4차 중동전쟁은 미국의 고립을 훨씬 더 분명하게 드러냈다. 비행기와 탄약의 부족으로 곤경에 빠진 이스라엘이 미국에게 물자공급을 서둘러줄 것을 호소했을 때, 유럽 동맹국들은, 전전(戰前) 파시즘의 마지막 보루인 포르투갈 단 한 나라를 제외하고는, 미국 비행기들이 그들 나라에 있는 미국 공군기지를 바로 그러한 목적으로 사용하기를 허락하는 것조차 거부했던 것이다 (보급품들은 아조레스 제도를 경유해 이스라엘에 도착했다). 미국은 자신의 극히 중대한 이해관계가 걸려 있다 —— 그 이유는 그리 알려져 있지 않다 —— 고 믿었다. 실제로 미국의 국무장관 헨리 키신저(그의 대통령 리처드 닉슨은 다른 식으로 행동했으나 탄핵을 피하지 못했다)는 쿠바 미사일 위기 이래 처음으로 핵경보를 선포했다. 이는 이 유능하고 냉소적인 운영자의 야수적인 위선을 잘 드러내는 행동이었다. 그러한 행동은 미국의 동맹국들을 동요시키지 않았다. 동맹국들은 미국의 다소 지역적인 책략 —— 워싱턴이 공산주의에 대항하는 전지구적 투쟁에 필수적이라고 주장했으나 설득력이 없었던 —— 을 지지하기보다는 중동에서 석유를 공급받는 데에 훨씬 더 관심이 있었던 것이다. 왜냐하면 중동의 아랍 국가들이 OPEC을 통해서 석유공급을 줄이고 석유수출을 금지하겠다고 위협하는 등, 이스라엘에 대한 지지를 막는 데에 전력을 다했기 때문이다. 그들은 그러한 행동을 통해서 세계의 유가(油價)를 배가시킬 수 있는 능력이 자신들에게 있음을 발견했다. 또한 세계 각국의 외무부들은 전능한 미국이 그점에 관해서 하고 있는 일이나 즉각 할 수 있는 일이 전혀 없다는 사실에 주목할 수밖에 없었다.

베트남과 중동은 미국을 약화시켰다. 비록 그 자체가 초강대국간의 세계적 균형상태나 지역적인 여러 냉전무대에서의 대결의 성격을 바꾸지는 않았지만 말이다. 그러나 1974-79년에 새로운 혁명 물결이 지구상의 상당 지역에서 솟구쳤다(제15장을 보라). 이번 물결, 즉 단기 20세기에서 제3라운드에 해당하는 그러한 격변으로 인해서 실제로 초강대국간의 균형상태가 미국에 불리한 쪽으로 기우는 것처럼 보였다. 왜냐하면 아프리카와 아시아, 심지어 아메리카 대륙의 땅 자체에서조차 수많은 체제들이 소련 진영에 끌렸고, 보다 구체적으로는 소련에게, 육지로 둘러싸인 핵심지역 밖의 군사기지── 특히 해군기지 ── 들을 제공했기 때문이다. 제2차 냉전은 이러한 세계혁명의 세번째 물결이 미국의 공적 실패 및 패배의 시기와 일치함으로써 발생한 것이다. 또한 이 두 측면 모두 1970년대 브레주네프 소련의 낙관주의 및 자기만족과 시기가 일치함으로써 제2차 냉전을 공고히 했다. 이번 국면의 투쟁은 일단의 제3세계 국지전들 ── 이제는, 자신의 부대를 직접 보냈던 베트남 실책의 반복을 피하고자 미국이 간접적으로 싸우는 ── 의 결합과 핵무기경쟁의 엄청난 가속화를 통해서 수행되었다. 전자가 후자보다 명백히 덜 분별없는 것이었다.

유럽 상황이 그리도 명백히 안정되었고 ── 심지어 1974년의 포르투갈 혁명도, 스페인에서의 프랑코 체제 종식도 그러한 상황을 바꾸지 않았다 ── 경계선이 그리도 명확히 그어졌으므로 사실상 두 초강대국 모두 자신들의 경쟁무대를 제3세계로 옮겼다. 유럽에서의 데탕트는 닉슨(재임 1968-74)과 키신저가 이끄는 미국에게 두 가지의 중요한 성공을 기록할 기회를 주었다. 이집트에서의 소련인들의 축출과, 훨씬 더 중요한 것으로서 중국을 반소 동맹에 비공식적으로 끌어들인 것이 그것이다. 새로운 혁명 물결 ── 그 혁명들 모두, 미국을 세계적 수호자로 하는 보수주의체제에 대항하는 성향의 것이었다 ── 은 소련에게 주도권을 회복할 기회를 주었다. 무너져간 포르투갈령 아프리카 제국(앙골라, 모잠비크, 기니-카보베르데)이 공산주의자들의 지배하에 들어가고 에티오피아 황제를 타도한 혁명이 동쪽으로 기욺에 따라, 급성장한 소련 해군이 인도양 양쪽에서 새로운 주요 기지를 획득함에 따라, 그리고 이란의 샤가 몰락함에 따라, 히스테리에 가까운 분위기가 미국의 공적, 사적 토론을 지배했다. 소련군의 아프가니스탄 진입이 곧 인도양과 페르시아 만까지 갈 소련측 전진의 첫 단계를 나타낸다는, 당시에 진지하게 개진된 미국의 견해(부분적으로는 아시아 지형학에 대한 경이적인 무지에 의한)를 달리 어떻게 설명할 수 있을까?[10](p.656를 보라)

소련인들의 충분한 근거가 없는 자기만족이 그러한 우울증을 고무했다. 미국의 선전가들이 미국이 어떻게 자신의 적대국을 파산시킴으로써 냉전에서 승리하기 시작했는지를 사후적으로 설명하기 훨씬 전에 이미 브레주네프 체제는 군비증강 프로그램 속으로 뛰어듦으로써 자신을 파산시키기 시작했다. 그 프로그램은 방위비 지출을 1964년 이후 20년 동안 (실질적으로) 연평균 4-5퍼센트씩 증가시켰다. 경쟁은 무의미한 것이었다. 비록 그 경쟁 덕분에 소련은, 미사일 발사대 수의 경우 1971년에 미국과 같아졌고 1976년에는 미국보다 25퍼센트가 더 많다고(탄두의 수는 여전히 미국보다 훨씬 적었다) 만족스럽게 주장할 수 있게 되었지만 말이다. 소련의 작은 핵무기고만으로도 쿠바 위기 동안에 미국의 대응을 단념시켰고, 양쪽 모두 상대방을 완전히 황폐화시킬 능력을 보유한 지 오래되었다. 전세계의 바다 위에 —— 보다 정확히 말하자면, 해군의 주력이 핵잠수함에 있었으므로 바다 밑에 —— 존재하는 해군을 만들려는 소련의 체계적 노력은 전략적 차원에서 현명한 것이라기보다는 적어도, 전세계에서 자신의 깃발을 휘날릴 권리를 주장하는 세계적 초강대국의 정치적 제스처로 이해될 수 있었다. 그러나 소련이 더 이상 자신의 지역적 유폐를 받아들이지 않았다는 사실 자체가 미국의 냉전전사들에게는, 무력시위를 통해서 서방의 우위를 재확언하지 않는다면 그 우위가 끝날 것이라는 명백한 증거로 보였다. 모스크바로 하여금 국제문제에 대한 흐루시초프 실각 이후의 신중한 태

---

10) 니카라과의 산디니스타들(Sandinistas : 1961년에 결성되어 1979년 소모사 독재정권을 무너뜨리고 혁명에 성공한 니카라과 민족해방전선의 구성원/역주)이 텍사스 주 경계에서 트럭으로 가는 데 며칠밖에 안 걸리는 곳에서 군사적 위험을 초래했다는 견해는 학교지도(學校地圖) 지정학의 또 다른 특징적인 예였다.

도를 버리게 한 자신감의 증가가 미국 냉전전사들의 생각을 굳혔다.

워싱턴의 히스테리는 물론 현실적인 추론에 기반한 것이 아니었다. 실제로, 미국의 위신과 구별되는 것으로서의 미국의 힘은 여전히 소련의 힘보다 명백하게 더 컸다. 두 진영의 경제와 과학기술로 말하자면, 서방(및 일본)의 우위는 계산할 수도 없을 정도였다. 불굴의 거친 소련인들이 엄청난 노력을 통해서 1890년대형 경제로서는 세계 어느 곳보다도 우수한 경제를 건설해냈는지 모르지만(Jowitt, 1991, p.78), 1980년대 중반에 미국보다 80퍼센트 많은 강철과 미국의 2배에 해당하는 선철과 5배에 달하는 트랙터를 생산했다는 사실이, 실리콘과 소프트웨어에 의존하는 경제에 적응하는 데에 실패한 소련에게 과연 얼마나 도움이 되었겠는가(제16장을 보라)? 소련이 전쟁을 원했다는 증거나 가능성은 (아마도 중국과의 전쟁은 제외하고) 전혀 없었으며 서방에 대한 군사적 공격을 계획하고 있었다는 증거나 가능성은 더더욱 없었다. 1980년대 초에 서방의 동원된 냉전전사들과 정부선전을 통해서 나온 흥분된 핵공격 시나리오들은 자체적으로 생산된 것이었다. 그러한 시나리오들은 실제로 소련에 대한 서방측의 핵 선제공격이 가능하거나 심지어 ── 1983년의 몇몇 시기에 그랬듯이 ── 임박했다는 사실을 소련인들에게 확신시켜 주고(Walker, 1993, chap. 11), 유럽에 새로운 미사일 실험장을 배치하는 데에 반대하는 운동인 냉전기 유럽 최대의 대중적 반핵 평화운동을 촉발시키는 효과가 있었다.

1970-80년대에 대한 생생한 기억으로부터 멀리 떨어진 21세기의 역사가들은 미국 정부들 ── 특히 로널드 레이건 대통령(재임 1980-88) 집권 초기의 ── 의 이러한 폭발적인 군사적 열광이 보여주는 명백한 광기, 묵시록적 수사(修辭), 종종 기이한 국제적 행동에 당혹해할 것이다. 21세기의 역사가들은 1970년대에 미국의 정치지도층을 괴롭혔던 패배, 무기력, 공적 수치(羞恥)가 남긴 주관적 상처의 깊이를 제대로 인식해야 할 것이다. 그 상처는, 닉슨이 추문으로 사임해야 했고 두 명의 대수롭지 않은 후임자들이 뒤이었던 시기의 미국 대통령 지위의 명백한 혼란으로 더더욱 고통스럽게 되었다.

그 상처의 고통은 혁명 이란에서 미국 외교관들이 인질로 잡히는 굴욕적인 에피소드, 중미의 두 작은 나라(니카라과와 엘살바도르/역주)에서 일어난 적색혁명, 제2차 국제석유파동 —— OPEC이 유가를 다시 한번 사상 최고점까지 올린 —— 으로 절정에 달했다.

1980년에 대통령으로 선출된 레이건의 정책은, 미국은 상처 입을 수 없으며 미국의 패권은 도전받을 수 없다는 것을 입증함으로써 —— 필요하다면, 카리브 해의 작은 섬나라 그레나다에 대한 침공(1983), 리비아에 대한 대대적인 해상 및 공중 공격(1986), 훨씬 더 대대적이었지만 효과 없었던 파나마 침공(1989)과 같이 공격하기 쉬운 표적에 대한 무력시위를 통해서 —— 굴욕이라는 오점을 완전히 지워버리려는 시도로 볼 때에만 이해될 수 있다. 레이건은 아마도 다름 아닌 평범한 헐리우드 배우였기에 자국국민의 감정과 그들의 자존심이 입은 상처의 깊이를 더욱 잘 이해했을 것이다. 결국 그 상처는 미국을 유일한 전지구적 강대국으로 남게 한, 대(大)적대국의 예기치 않았고 예상치 않았던 최종적인 붕괴로써만 치료되었다. 그리고 나서도 우리는 1991년 이라크에 대한 걸프 전쟁에서 1973년과 1979년의 지독했던 시기 —— 지구상의 최대 강국이, 석유공급을 억제하겠다고 위협하는 제3세계 약소국들의 연합체에 대응할 길 없었던 —— 에 대한 뒤늦은 보상을 감지할 수 있다.

따라서, 레이건 대통령의 정부가 —— 적어도 공적으로 —— 정력을 바쳤던, '악의 제국'에 대항한 십자군은 세계적인 세력균형을 재확립하려는 실제적 시도로보다는 미국을 위한 상처 치료로 계획된 것이었다. 실제로, 세계적인 세력균형을 재확립하려는 시도는 1970년대 말에 조용히 실행되었다. 당시에 나토 —— 미국의 민주당 대통령, 독일의 사회민주당 정부, 영국의 노동당 정부가 이끌었던 —— 는 재무장하기 시작했으며, 아프리카에서의 새로운 좌파국가들의 수립은 미국이 후원하는 운동이나 국가들에 의해서 처음부터 저지되었다. 미국이 남아프리카 공화국의 무시무시한 아파르트헤이트 체제와 함께 행동할 수 있었던 중남부 아프리카에서는 그 저지가 꽤 성공을 거두었고, 아프리카의 뿔 모양 지역에서는 덜 성공했다

(두 지역 모두에서 러시아인들은 쿠바가 보낸 원정군 —— 피델 카스트로의 소련과의 동맹뿐만 아니라 제3세계 혁명에 대한 헌신을 입증하는 —— 으로부터 너무도 귀중한 도움을 받았다). 냉전에 대한 레이건주의의 기여는 이와는 다른 종류의 것이었다.

그것은 실제적이라기보다는 이데올로기적인 것 —— 황금시대가 끝난 뒤 세계가 빠져들어간 것으로 보이는 어려움과 불확실성의 시대의 난관에 대한 서방측 반응의 일환(제14장을 보라) —— 이었다. 황금시대의 경제·사회정책이 실패한 것으로 보임에 따라 중도파와 온건 사회민주주의 세력이 장기간 지배하던 시기가 끝났다. 극단적인 형태의 상업이기주의와 자유방임주의에 전념한 이데올로기적 우파정부들이 1980년 전후에 여러 나라에서 들어섰다. 이들 중에서 레이건과, 영국의 자신만만하고 무서운 마거릿 대처 여사(재임 1979-90)가 가장 두드러졌다. 이 새로운 우파에게, 1950년대와 1960년대의 국가가 후원하는 복지 자본주의 —— 1973년 이후 더 이상 경제적 성공으로 뒷받침되지 않은 —— 는 언제나 사회주의의 변종(경제학자이자 이데올로그인 폰 하이에크의 표현에 따르면 "농노제에 이르는 길") —— 소련이 그것의 논리적인 최종결과물로 인식된 —— 으로 보였다. 레이건주의적 냉전은 해외의 '악의 제국'뿐만 아니라 국내의 프랭클린 루스벨트에 대한 기억을 겨냥했다. 즉, 침입하려는 다른 어떤 국가뿐만 아니라 복지국가를 공격대상으로 삼았던 것이다. 공산주의 못지 않게 자유주의('L ——'이 대통령 선거운동에 사용되어 큰 효과를 보았다)가 그러한 냉전의 적이었다.

소련은 레이건 시대가 끝난 직후에 무너졌으므로 미국의 정치평론가들은 자연스럽게, 그 나라가 전복된 것은 소련을 쳐부수고 파괴하자는 호전적인 운동에 의한 것이라고 주장할 것이었다. 미국은 냉전을 이끌어서 승리했고 자신의 적을 완전히 패배시켰다. 우리는 1980년대의 이러한 십자군전사들의 견해를 진지하게 받아들일 필요가 없다. 미국 정부가 소련의 임박한 붕괴를 기대했다거나 상상했다는 흔적은 없으며, 그러한 붕괴가 일어날 것에 어떤 식으로든 대비했다는 흔적도 없다. 미국 정부는 물론 소련 경제가 압박을 받기를 원했지만, 자신의 정보기관으로부터 소련 경제가 상태가 좋으며 미국과의 군비경쟁을 유지할 능력이 있다는 (잘못된) 보고를 받았다. 소련은 1980년대 초에도 여전히 자신만만한 전지구적 공격에 몰두하고 있는 것으로 (역시 잘못) 인식되었다. 실제로 레이건 대통령 자신은, 그의 연설문 작성자들이 그에게 제시한 수사(修辭)가 어떠한 것이었든 그리고 항상 명석했던 것은 아닌 그의 머리 속에서 무슨 일이 벌어졌든지 간에 미국과 소련의 공존 —— 단, 혐오스러운 서로의 핵공격에 대한 공포의 균형에 기반하지는 않을 공존——을 좋다고 생각했다. 그가 꿈꾼 것은 핵무기가 전혀 없는 세상이었다. 또한 1986년 가을, 북극에 가까운 아이슬란드의 음울한 분위기 속에서 열린 낯설고 흥분된 미소 정상회담에서 분명하게 드러났듯이, 신임 소련 공산당 서기장 미하일 세르게예비치 고르바초프 역시 그러한 세상을 꿈꾸었다.

  냉전은 두 초강대국들 중 하나 또는 모두가 핵무기경쟁의 불길한 불합리성을 인식했을 때 그리고 양국 중 하나 또는 모두가 그러한 경쟁을 끝내고 싶어하는 상대국의 소망을 진지한 것으로 받아들였을 때 끝났다. 이 방면에서 앞장서기는 아마도 소련 지도자 쪽이 미국 지도자의 경우보다 쉬웠을 것이다. 왜냐하면 모스크바는 냉전을 결코 워싱턴에서처럼 십자군적인 견지에서 보지 않았기 때문이며 또한 아마도 흥분한 여론을 고려할 필요가 없었기 때문이었다. 한편 바로 이러한 이유로, 소련 지도자가 서방측에게 자신이 진심이라는 것을 확신시키기가 더욱 어려웠을 것이다. 바로 이러한 점이 세계가 고르바초프에게 그리도 막대한 빚을 지고 있는 이유다. 그는 이러한 일에 앞장섰을 뿐만 아니라, 미국 정부와 여타 서방정부들에게 자신이 말하는 바가 진심이라는 것을 확신시키는 데에 단독으로 성공했다. 그러나 레이건 대통령의 기여를 과소평가하지는 말자. 그의 순진한 이상주의는 그를 둘러싼 이데올로기 신봉자들, 열광자들, 출세주의자들, 무법자들, 직업적 전사들로 이루어진 유별나게 짙은 안개를 뚫고 자신의 주장을 설득시키는 데에 성공했던 것이다. 사실상 냉전은 레이캬비크(1986)와 워싱턴(1987)에서 열린 두 차례 정상회담을 통해 끝났다.
　냉전의 종식이 소련 체제의 종식을 수반한 것인가? 두 현상은 명백히 서로 관련된 것이지만 역사적으로 서로 분리할 수 있다. 소련형 사회주의는 자본주의 세계체제에 대한 전지구적 대안을 자임해 왔다. 자본주의는 무너지지 않았거나 무너지고 있는 것으로 보이지 않았으므로 —— 1981년에 모든 사회주의권 채무국과 제3세계 채무국이 단결하여, 전에 서방에게 빌렸던 차관을 동시에 갚지 않기로 했다면 무슨 일이 일어났을지 모르겠지만 —— 세계적 대안으로서의 사회주의의 전망은 세계 자본주의 경제와 경쟁할 수 있는 능력에 달려 있었다. 대공황과 제2차 세계대전 이후에 개혁되었고 1970년대에 정보 및 통신 기술의 '탈산업'혁명을 통해서 변모한 자본주의 경제와 말이다. 사회주의가 갈수록 큰 폭으로 뒤지고 있다는 것은 1960년 이후에 명백해졌다. 사회주의는 더 이상 경쟁력이 없었다. 이 경쟁이 두 정치적, 군사적, 이데올로기적 초강대국들 사이의 대결이라는 형태를 취하는 한, 이러한 열세는 파멸적인 것이 되었다.
　두 초강대국 모두, 대대적이고 엄청나게 비용이 많이 드는 무기경쟁을 통해서 자신의 경제를 혹사시키고 찌그러뜨렸지만 세계 자본주의 체제는, 이전까지 세계최대의 채권국이었던 미국이 1980년대에 빠진 3조 달러의 빚더미 —— 본질적으로 군사비에 들어간 —— 를 흡수할 수 있었다. 국내에서나 국외에서나 소련의 지출에 무기경쟁만큼의 압박을 가한 것은 없었다. 어쨌든 군사비는 소련의 생산액에서 미국의 경우 —— 1980년대 중반에 군사비는 미국의 엄청난 GDP 액수의 7퍼센트였다 —— 보다 훨씬 더 높은 비율 —— 아마도 4분의 1 —— 을 차지했던 것이다. 미국은 역사적 운과 정책의 결합을 통해서 자신의 의존국들이 미국의 경제를 능가할 정도로 번창한 경제로 바뀌는 것을 보았다. 1970년대 말에 이르면 유럽 공동체의 경제와 일본의 경제를 합친 규모가 미국 경제보다 60퍼센트 더 컸다. 한편, 소련의 동맹국들과 의존국들은 결코 제 발로 걷지 못했다. 그 나라들에서는 여전히 매년 수백억 달러에 달하는 막대한 액수가 꾸준히 소련에 유출되었다. 혁명에 동원됨으로써 언젠가는 자본주의의 세계적 우위를 무너뜨릴 것임을 모스크바가 희망했던 세계의 후진국들은 지리 및 인구상으로 세계의 80퍼센트를 차지했다. 경제적인 면에서 그 나라들은 주변국들이었다. 과학기술로 말하자면 서방의 우위가 거의 기하급수적으로 증대함에 따라 경쟁이 전혀 존재하지 않게 되었다. 요컨대 냉전은 처음부터, 동등하지 않은 세력 사이의 전쟁이었다.

그러나 사회주의의 토대를 침식한 것은 자본주의 및 그 초강대국과의 적대적인 대결이 아니라, 사회주의 자체의 갈수록 명백해지는 심각한 경제적 결함들과, 훨씬 더 역동적이고 선진적이고 우세한 자본주의 세계경제의 사회주의 경제에 대한 가속화되는 침탈의 결합이었다. 냉전의 수사(修辭)가 자본주의와 사회주의, '자유세계'와 '전체주의'를, 서로 연결할 수 없는 대협곡의 양쪽 끝으로 보고 양자를 연결하려는 어떠한 시도도 거부했던 한[11], 핵전쟁이라는 동반자살 가능성을 제외한다면 그러한 수사가 오히려 약한 쪽 경쟁자의 존속을 보장했다고까지 말할 수 있을지도 모른다. 왜냐하면 철의 장막으로 바리케이드를 친 뒤에서는, 중앙에서 계획된 비효율적이고 늘어지는 통제경제조차 생존이 가능했기 때문이다. 그 경제는 아마도 느리게 약화되었지만 결코 곧 무너질 것 같지는 않았다.[12] 사회주의를 상처 입기 쉽게 만든 것은 1960년대부터 계속된, 소련형 경제와 자본주의 세계경제 사이의 상호 작용이었다. 1970년대에 사회주의 지도자들이 자신들의 경제체제를 개혁한다는 어려운 문제에 정면으로 대처하기보다는 새로 이용할 수 있는 세계시장 자원들(유가[油價], 얻기 쉬운 차관 등)을 활용하는 쪽을 택했을 때 그들은 자기 자신의 무덤을 판 셈이었다(제16장을 보라). 냉전의 역설은 소련을 패배시키고 결국 파산시킨 것이 대결이 아니라 데탕트였다는 데에 있었다.

---

11) 미국에서 '핀란드화(Finlandization)'라는 말을 욕으로 썼던 사실을 참조하라.
12) 극단적인 사례를 들자면, 알바니아라는 작은 공산주의 산악 공화국은 가난하고 후진적이었지만, 자신을 사실상 세계로부터 봉쇄한 30여 년 동안 존속할 수 있었다. 자신을 세계경제로부터 막아준 벽이 무너졌을 때에야 비로소 그 나라는 붕괴하여 잡석더미의 경제로 전락했다.

그러나 한 가지 의미에서 워싱턴의 냉전 극우파가 전적으로 틀리지만은 않았다. 실질적 냉전은, 사후적으로 쉽게 알 수 있듯이 1987년의 워싱턴 정상회담에서 끝났지만, 소련이 명백히 더 이상 초강대국 내지 사실상 어떠한 종류의 강대국도 아니게 되었을 때에야 비로소 냉전이 끝났다는 것이 보편적으로 인정될 수 있었다. 공포와 불신의 40년, 군산복합체가 분쟁의 씨앗을 뿌리고 그 열매를 거둔 40년은 그리 쉽게 뒤집힐 수 없었다. 전쟁제조기 부서들의 바퀴는 양쪽 편 모두 계속 돌아갔다. 직업상 편집증적인 정보부들은 계속해서 상대방의 모든 움직임에 대해서, 적에 대한 경계를 풀게 하려는 교활한 책략 —— 상대방을 패배시키는 보다 나은 방식 —— 이 아닐까 의심했다. 아무것도 변한 것이 없다고 믿는 것은 물론이고 그렇게 가장하는 것조차 불가능하게 한 것은 1989년 소련 제국의 붕괴와 1989-91년 소련 자체의 분해와 해체였다.

V

그러나 정확히 무엇이 변했는가? 냉전은 세 가지 점에서 국제무대의 모습을 바꾸어놓았다. 첫번째, 냉전은 제2차 세계대전 이전에 세계정치를 형성했던 한 가지를 제외한 모든 종류의 경쟁 및 갈등을 완전히 제거하거나 약화시켰다. 이들 중 몇몇 종류는 제국시대의 제국들이 사라졌고 그와 함께 그들 지배를 받던 속국영토를 둘러싼 식민열강간의 경쟁도 사라졌기 때문에 사라졌다. 또 다른 종류들은, 두 나라를 제외한 모든 '강대국들' —— 국제정치의 두세번째 서열로 전락한 —— 과 그들 상호간의 관계가 더 이상 자율적이 아니거나 사실상 국지적인 중요성만을 가지게 되었기 때문에 사라졌다. 프랑스와 독일(서독)은 1947년 이후에 오랜 적대관계를 청산했는데, 그 이유는 프랑스와 독일 간의 싸움을 생각할 수도 없게 되었기 때문이 아니라 —— 프랑스 정부는 언제나 그것을 생각했다 —— 양국이 미국 진영에 다 같이 속했고 서유럽에 대한 워싱턴의 헤게모니가 유지되었다는 상황으로 인해서 독일이 통제를 벗어날 수 없었기 때문이었다. 그러나 대전쟁들이 끝난 뒤 국가들의 주된 관심사 —— 즉 패전국들의 회복계획에 대한 승전국들의 우려와, 어떻게 자신의 패배를 만회할 것인가 하는 패전국들의 계획 —— 가 어떻게 그렇게도 급속히 시야에서 사라졌는가 하는 것은 놀라운 일이다. 서구에서, 핵무기는 가지지 않았지만 무장한 서독과 일본이 —— 두 나라 모두 실제로 미국 동맹의 종속적인 구성원이었던 한 —— 강대국의 지위로 극적으로 복귀하는 것에 대해서 심각하게 생각한 나라는 거의 없었다. 소련과 그 동맹국들조차, 그들이 모질게 당했던 독일의 위험성에 대해서 비난하기는 했지만, 현실적 우려에서라기보다는 선전으로서 비난한 것이었다. 모스크바가 두려워했던 것은 독일 군대가 아니라 독일 땅에 있는 나토 미사일이었다. 냉전이 끝난 뒤에 가서야 다른 종류의 세력갈등이 나타날 수 있었다.

두번째, 냉전은 국제상황을 얼어붙게 했으며 그렇게 함으로써, 본질적으로 고정되지 않고 임시적인 사태인 것을 안정시켰다. 독일이 가장 명백한 예였다. 46년 동안 독일은 계속해서 —— 오랜 시기 동안 법률적으로는 아니더라도 사실상 —— 네 부분으로 나뉘어져 있었다. 서부는 1949년에 독일연방공화국이 되었고, 중부는 1954년에 독일민주공화국이 되었으며, 오데르-나이세 강 경계선 너머의 동부는 대부분의 독일인들을 내쫓고 폴란드와 소련의 일부가 되었다. 냉전이 끝나고 소련이 분해되자 서쪽 두 부분은 다시 합쳐졌고, 소련에 합병되었던 고립된 동프로이센 지역은 이제 독립국이 된 리투아니아에 들어감으로써 나머지 러시아로부터 분리되었다. 폴란드인들에게는 1945년의 경계선을 받아들이기로 한 독일의 약속이 남아 있었지만 그 약속이 그들을 안심시키지는 않았다. 안정화가 평화를 의미하지는 않았다. 유럽에서의 경우를 제외하면 냉전은 싸움이 잊혀진 시대가 아니었다. 1948-89년에 꽤 심각한 무력충돌이 어느 곳에선가 일어나지 않았던 해는 거의 없었다. 그럼에도 불구하고 싸움들은 그것이 초강대국간의 전쟁 —— 즉 핵전쟁 —— 을 촉발할지도 모른다는 우려에 의해서 통제되거나 억제되었다. 쿠웨이트 —— 페르시아 만 끄트머리에 있는, 석유가 풍부한 작은 영국 보호령이었다가 1961년 이후 독립한 —— 에 대한 이라크의 요구는 오래된 것이었고 끊임없이 반복되었다. 그 요구는 페르시아 만이 더 이상, 거의 자동적으로 초강대국간의 대결을 촉발할 화약고가 아니게 되었을 때에야 비로소 전쟁으로 이어졌다. 1989년 전에는, 이라크의 주된 무기제조국인 소련이 이 지역에서의 어떠한 바그다드 모험주의도 강력히 단념시켰을 것임이 확실하다.

물론 국가들의 국내정치의 전개는 이와 동일하게 동결되지는 않았다. 국내정치의 변화로 그 국가의 충성대상 —— 그 국가를 지배한 초강대국 —— 이 바뀌게 되거나 바뀌게 될 것으로 보이는 곳은 제외하고 말이다. 소련이 헝가리와 체코슬로바키아처럼 의견을 달리하는 정부가 들어선 형제국들에 군대를 보낼 권리를 포기할 준비가 되어 있지 않았던 것과 마찬가지로, 미국은 이탈리아, 칠레, 과테말라에서 공산주의자들이나 친공산주의자들이 집권하는 것을 용인할 용의가 없었다. 소련이 자신의 우방체제와 위성체제들에서 다양성을 훨씬 덜 용인한 것은 사실이지만, 다른 한편 그러한 체제들 내에서 자신의 의사를 관철할 능력 역시 훨씬 작았다. 1970년 이전에조차 소련은 유고슬라비아, 알바니아, 중국에 대해서 줄곧 행사해온 통제력을 완전히 상실했고, 쿠바와 루마니아 지도자들의 매우 개인주의적인 행동을 묵과해야 했으며, 소련이 무기를 공급해주었고 이해관계의 공유는 차치하더라도 미 제국주의에 대한 소련의 적대감을 공유한 제3세계 나라들에 대해서는 실질적인 지배력을 전혀 행사하지 못했다. 그러한 제3세계국들 중 거의 어느 나라도 자국 공산당의 합법적인 존재조차 용인하지 않았다. 그럼에도 불구하고 무력, 정치적 영향력, 뇌물수수, 양극화와 반제국주의의 논리가 결합되어 세계의 분할이 다소 안정적으로 유지되었다. 중국을 제외하면 어떠한 주요 국가도 —— 미국이 1970년대에 깨달았듯이 초강대국들이 일으킬 수도, 막을 수도 없었던 토착적인 혁명을 통하지 않고는 —— 실제로 편을 바꾸지 않았다. 1969년 이후 동방정책 문제에서의 독일 정부의 경우처럼, 자신의 정책이 갈수록 미국과의 동맹에 의해서 구속받고 있음을 발견한 미국 동맹국들조차 갈수록 성가시게 된 제휴관계를 떠나지 않았다. 정글 같은 국제현실에서 살아남을 능력이 없는, 정치적으로 무력하고 불안정하고 스스로 방어할 수 없는 정치체들 —— 홍해와 페르시아 만 사이의 지역은 그러한 정치체들로 가득 차 있었다 —— 은 그럭저럭 계속 존재했다. 핵폭발 버섯구름의 그림자는 서유럽의 자유민주주의 국가들이 아니라 사우디아라비아나 쿠웨이트와 같은 체제들의 존속을 보장했던 것이다. 냉전은 극소국가(極小國家)가 되기에 가장 좋은 시대였다. 냉전이 끝난 뒤에, 해결된 문제와 해결이 보류된 문제 사이의 차이가 명백해졌던 것이다.

세번째, 냉전은 신념을 무력화(無力化)할 정도로 많은 무기들로 세계를 가득 채웠다. 이는 주요 공업국들이 언제라도 터질지 모르는 전쟁에 대비해 스스로를 무장하는 데에 끊임없이 경쟁해온 40년, 때때로 큰 충돌을 수반한 '저강도' 전쟁이 끊임없이 일어난 40년은 물론이고, 초강대국들이 전세계에 무기를 배급함으로써 우방국을 얻고 다른 나라 국민들에게 영향을 끼치는 데에 경쟁한 40년의 당연한 결과였다. 상당히 군사화되었고, 어쨌든 거대하고 유력한 군산복합체를 지닌 경제는 자신의 생산물을 국외로 파는 데에 경제적 관심을 가졌다. 군산복합체가 천문학적인 수치의 경제적으로 비생산적인 군사비예산 —— 자신을 계속 가동시키는 —— 을 삼키고 있지**만은** 않다는 증거로써 정부를 위로하기 위해서라도 말이다. 군사정부의 전례 없는 세계적 유행(제12장을 보라)이 반가운 시장을 제공해주었고 그 시장은 초강대국의 후한 재정지원에 의해서뿐만 아니라 —— 유가혁명(油價革命) 이후 —— 제3세계의 술탄과 족장이었던 사람들의, 상상력을 뛰어넘을 정도로 늘어난 수입(收入)에 의해서 유지되었다. 모든 이들이 무기를 수출했다. 사회주의 경제국들과, 영국 같은 쇠락해가는 몇몇 자본주의 국가들로서는 세계시장에서 경쟁력 있는 수출품이 무기 외에는 거의 없었다. 무기거래의 대상은 정부만이 사용할 수 있는 대형 무기만이 아니었다. 게릴라전과 테러의 시대는, 적절히 파괴적이고 살인적인 가벼운 휴대형 무기들 역시 개발해냈고, 20세기 말 도시들의 암흑가 역시 그러한 생산물을 위한 민간시장을 제공할 수 있었다. 그러한 상황에서 우지 기관총(이스라엘), 칼라슈니코프 라이플 총(러시아), 셈텍스 폭발물(체코)은 잘 알려진 이름이 되었다.

냉전은 이러한 식으로 자신을 영속시켰다. 한 초강대국의 피보호국과 다른 초강대국의 피보호국 사이에서 일단 벌어진 소규모 전쟁들은, 지역적 차원에서의 기존 분쟁이 끝난 뒤에도, 전쟁을 시작했다가 이제는 끝내기를 원하는 세력에 대항하여 계속되었다. 앙골라의 UNITA(National Union for the Total Independence of Angola, 앙골라 전면독립 민족동맹/역주) 반군은 여전히 정부군과 싸움을 벌였다. 남아프리카인들과 쿠바인들이 그 불운한 나라에서 철수하고 미국과 UN이 그 반군을 인정하지 않고 상대쪽을 인정했지만 말이다. 그들 반군은 무기가 부족하지 않을 것이었다. 에티오피아 황제가 미국 편에 섰을 때 러시아인들에 의해서 무장되었다가 혁명에티오피아가 모스크바에 의지하자 미국에 의해서 무장되었던 소말리아는, 무정부적인 부족간 전쟁이 끊이지 않고 기근에 시달리는 지역으로서 탈냉전시대를 맞았다. 그 나라는 거의 무제한으로 공급된 총, 탄약, 지뢰, 군용 수송선을 제외한 모든 것이 부족했다. 미국과 UN이 그곳에 식량과 평화를 가져다주기 위해서 동원되었는데, 그러한 사업은 그 나라를 총으로 가득차게 한 일보다 어려운 것으로 드러났다. 아프가니스탄에서 미국은 소련의 제공권(制空權)을 상쇄하리라고 계산하고서 —— 그러한 계산은 옳았다 —— 휴대용 '스팅어(Stinger)' 대공미사일 및 발사기를 반공주의 부족 게릴라에게 대량으로 공급했다. 러시아인들이 철수한 뒤에도 전쟁은, 마치 아무것도 변한 게 없는 양 —— 비행기가 없어졌으므로 이제는 부족민들 자신이 스팅어 미사일에 대한 높은 수요를 이용해 국제 무기시장에서 이윤을 많이 남기며 팔 수 있게 되었다는 점을 제외하고 —— 계속되었다. 미국은 절망 끝에 그 미사일을 한 개에 10만 달러씩 쳐서 다시 사들이겠다고 제안했으나 보기 좋게 실패했다(*International Herald Tribune*, 1993년 7월 5일자, p.24 ; *Repubblica*,

1994년 4월 6일자). 괴테의 마법사 도제(徒第)가 외쳤듯이 "나는 내가 불러낸 유령을 팔 수 없을 것이다."

냉전의 종식은 국제구조와 —— 아직은 제대로 인식되지 않은 정도로 —— 세계의 국내정치체제의 구조를 지탱해온 지주(支柱)를 갑자기 제거했다. 그리고 남은 것은 혼란스럽고 부분적으로 붕괴된 세계였다. 왜냐하면 제거된 지주를 대체할 만한 것이 전혀 없었기 때문이다. 미국의 대변인들이 잠시 지녔던 생각인, 기존의 양극적 질서가, 여전히 존재하고 따라서 어느 때보다도 강하게 보이는 단일한 초강대국에 기반한 '새로운 세계질서'로 대체될 수 있다는 생각은 급속히 비현실적인 것으로 드러났다. 냉전 이전의 세계로 돌아갈 수는 없었다. 너무도 많은 것이 변했고 너무도 많은 것이 사라졌던 것이다. 모든 경계표지가 쓰러졌고, 모든 지도가 변경되어야 했다. 한 종류의 세계에 익숙한 정치가들과 경제학자들은 또 다른 종류의 문제들의 본질을 파악하는 것이 어렵거나 불가능하다는 것을 깨닫기까지 했다. 1947년에 미국은 서유럽 경제를 부흥시키기 위해서 즉각 거대한 계획을 수립할 필요성을 인정했는데, 그 이유는 이 경제를 위협하는 것으로 가정된 것 —— 공산주의와 소련 —— 이 쉽게 정의되었기 때문이었다. 소련과 동구의 붕괴의 경제적, 정치적 결과는 서유럽이 겪은 어려움보다 훨씬 더 극적이었고 훨씬 더 멀리까지 미치는 것으로 드러날 것이었다. 그러한 결과는 1980년대 말에 충분히 예측 가능했고 눈에 보이기까지 했으나, 부유한 자본주의 경제국들 중 어느 나라도 이러한 임박한 위기를, 강력한 조치를 긴급하게 필요로 하는 전지구적 비상사태로 다루지 않았는데, 그 이유는 그러한 위기의 정치적 결과가 그리 쉽게 규정되지 않았기 때문이었다. 그 나라들은, 아마도 서독을 제외하고는, 느리게 대응했고 독일인들조차 그 문제의 본질을 전적으로 오해했고 과소평가했다. 동독과의 합병으로 그들에게 생긴 문제들이 입증하게 되었듯이 말이다.

어쨌든 냉전 종식의 결과는, 그 종식이 자본주의 세계경제의 대위기 그리고 소련 및 그 체제의 최종적인 위기와 시기가 일치하지 않았더라도, 아마도 엄청났을 것이다. 역사가가 다루는 세계는 실제로 일어났던 것이지, 사정이 달랐더라면 일어났을지도 모르는 것이 아니므로 우리는 다른 시나리오들의 가능성을 고려할 필요가 없다. 냉전의 종식은 국제분쟁의 종식이 아니라, 한 시대의 종식인 것으로 드러났다. 동구에게만이 아니라 전세계에게 말이다. 당대인들조차 한 시대의 끝을 표시하는 것으로 인정할 수 있는 역사적 순간들이 존재한다. 1990년 전후의 해들이 명백히 그러한, 한 세기에 한 번 정도 있을 전환점이었다. 그러나 모든 이들이 낡은 시대가 끝났다는 것을 알 수 있었지만, 새로운 시대의 성격과 전망은 전혀 불확실했다.

이러한 불확실성 속에서 단 한 가지 사실만이 확고하고 뒤집을 수 없는 것으로 보였다. 세계경제와 그에 따라 인간사회가 냉전이 시작된 이후 겪어온 유별나고 전례 없고 근본적인 변화가 그것이다. 이러한 변화는 세번째 천년기의 역사책들에서 한국전쟁, 베를린 위기와 쿠바 위기, 크루즈 미사일보다 훨씬 더 큰 위치를 차지할 것이거나 차지해야 한다. 이제 바로 이러한 변화에 주의를 돌릴 차례다.

제9장 황금시대

모데나(이탈리아 북부 에밀리아로마냐 지방의 도시/역주)가 실로 비약적인 발전을 이룬 것은 지난 40년간이다. 이탈리아 통일부터 그 시기 이전까지의 시대는 변화가 빛의 속도로 빨라지기 전의 오랜 기다림의 시대 또는 느리고 간헐적인 부분적 변화의 시대였다. 민중들은 이제, 이전에는 소수 엘리트에게 국한되었던 생활수준을 누리게 되었다.

―― G. 무치올리(1993, p.323)

맑은 정신의 굶주린 사람에게는 마지막 남은 돈을 먹을 것 이외의 것에 쓰라고 설득할 수 없을 것이다. 그러나 잘 먹고 잘 입고 잘 자고 다른 점에서도 좋은 생활을 누리는 사람에게는 가령 전기면도기와 전기칫솔 중에서 고를 것을 설득할 수 있다. 가격이나 비용과 함께 소비자의 수요도 경영의 지배를 받게 된다.

―― 존 케네스 갤브레이스, 「새로운 산업국」(1967, p.24)

I

대부분의 사람들은 역사가처럼 행동한다. 즉, 자기 경험의 특성을 사후적으로만 인식한다. 1950년대에, 특히 갈수록 부유해지는 '선진'국들의 많은 사람들은 ―― 특히 그들의 기억이 제2차 세계대전 이전 시기까지 미치는 경우 ―― 그 시대가 실제로 두드러지게 개선되었다는 것을 알게 되었다. 영국의 한 보수당 수상(해럴드 맥밀런, 1957-63년의 영국 수상/역주)은 1959년 선거에서 "지금처럼 좋은 시절은 결코 없었다"라는 슬로건으로 싸워서 이겼다. 그것은 의심할 바 없이 옳은 말이었다. 그러나 관찰자들 —— 우선적으로 경제학자들 —— 이 세계, 특히 선진자본주의 세계가 자신의 역사에서 전적으로 예외적인 국면, 아마도 유일한 국면을 막 통과했음을 깨닫기 시작한 것은 대호황이 끝난 뒤 —— 외상성(外傷性)의 1980년대를 기다리는 혼란스런 1970년대 —— 에서야였다. 그들은 그러한 국면을 묘사할 이름들을 모색했다. 프랑스인들의 "영광의 30년(les trente glorieuses)"과 영미인들의 4반세기 황금시대가 그것이다(Marglin and Schor, 1990). 황금은 뒤이은 위기의 몇십 년이 음울하거나 어두웠던 것과 대조됨으로써 더더욱 밝게 빛났다.

그 시대의 예외적인 성격을 인정하는 데에 그렇게도 시간이 오래 걸린 데에는 몇 가지 이유가 있다. 제2차 세계대전 종전 이후 세계 경제를 지배한 미국으로서는 그 시대가 그다지 혁명적이지 않았다. 그 시대는, 앞서 보았듯이 그 나라에게만 유리했던 전시(戰時)의 팽창이 계속된 데에 불과했다. 미국은 어떠한 피해도 입지 않았고, GNP는 3분의 2가 늘었으며(Van der Wee, 1987, p.30), 종전 시에는 세계 공업생산고의 거의 3분의 2를 생산했다. 게다가 미국 경제의 바로 그 규모와 선진성 때문에 황금시대 동안의 미국 경제의 실제적 성취는 훨씬 더 작은 토대에서 출발한 다른 나라들의 성장률만큼 인상적이지 않았다. 1950-73년에 미국 경제는 영국을 제외한 다른 어떤 공업국보다도 느리게 성장했고, 보다 중요하게는 그 성장률이, 가장 역동적이었던 이전 시기보다 높지 않았다. 반면, 부진한 영국까지 포함한 다른 모든 공업국에서 황금시대는 이전의 모든 기록을 깼다(Maddison, 1987, p.650). 사실, 미국에게 이 시대는 경제 면에서나 과학기술 면에서나 전진이라기보다는 상대적 후퇴의 시대였다. 미국과 다른 나라들 사이의, 1인의 시간당 생산성의 차이는 줄어들었고, 1950년에 미국의 1인당 국부(GDP)는 프랑스와 독일의 2배, 일본의 5배 이상, 영국의 1.5배 이상에 달했지만 다른 나라들이 재빨리 따라잡기 시작했으며 1970-80년대에도 계속 따라잡았다.

유럽 국가들과 일본에게는 전쟁으로부터의 회복이 최우선적인 문제였고, 1945년 이후 첫 몇 년간 그 나라들은 자신의 성공도를 단순히, 미래가 아니라 과거를 기준으로 잡은 목표에 얼마나 근접했는가로 평가했다. 비공산주의 국가들에서 회복은 전쟁과 레지스탕스의 유산인 사회혁명과 공산주의 세력확대에 대한 공포를 물리치는 것 역시 의미했다. (독일과 일본을 제외한) 대부분의 나라들이 1950년까지는 전전(戰前)의 수준으로 돌아갔지만, 초기의 냉전과 프랑스와 이탈리아에서의 강력한 공산당의 존속은 행복감에 젖는 것을 방해했다. 어쨌든 성장의 물질적 이득이 느껴지는 데에는 약간의 시간이 걸렸다. 영국에서는 1950년대 중반이 되어서야 그러한 이득이 느껴지게 되었다. 그때 이전에는 어떠한 정치가도 해럴드 맥밀런의 슬로건으로 선거에서 이길 수 없었다. 이탈리아의 에밀리아로마냐같이 눈부시게 번영한 지역에서조차 '풍요한 사회'의 이득은 1960년대가 되어서야 일반화되었다(Francia, Muzzioli, 1984, pp.327-29). 게다가 **대중적** 풍요를 누리는 사회의 비밀무기인 완전고용도 1960년대가 되어서야 일반화되었다. 1960년대 서유럽의 평균 실업률은 1.5퍼센트였다. 이탈리아는 1950년대까지도 실업률이 거의 8퍼센트에 달했다. 요컨대, 1960년대가 되어서야 유럽은 자신의 엄청난 번영을 당연시하게 되었다. 사실상 그때에 이르면 단순하지 않은 관찰자들은 경제상의 모든 것이 어떻게든지 해서 영원히 전진하고 상승할 것이라고 주장하기 시작했다. "기저에 깔린 성장추세가 1970년대 초중반에도 1960년대와 마찬가지로 계속될 것임을 의심할 만한 특별한 이유가 전혀 없다"라고 1972년의 국제연합 보고서가 썼다. "유럽 경제의 외부환경을 철저히 변화시킬 특별한 영향은 현재 전혀 예상할 수 없다." 선진자본주의 산업경제국들의 클럽인 OECD(경제협력개발기구)는 1960년대가 경과됨에 따라 예상 성장률을 상향 조정했다. 1970년대 초에 이르면 예상 성장률이 ('중기적[中期的]으로') 5퍼센트를 넘을 것으로 기대되었다(Glyn, Hughes, Lipietz, Singh, 1990, p.39). 실제로는 그렇게 되지 않을 것이었다.

황금시대가 본질적으로 선진자본주의 국가들의 것이었다는 점은 이제는 명백해진 사실이다. 그 나라들은 이 몇십 년 내내 전세계 생산고의 약 4분의 3과 전세계 공산품 수출액의 80퍼센트 이상을 차지했던 것이다(OECD, Impact, 1979, pp.18-19). 그 시대의 이러한 특수성이 늦게서야 인정된 또 하나의 이유는, 1950년대에 경제의 급성장이 경제체제와 무관하게 세계규모로 이루어진 것처럼 보였다는 데에 있었다. 실제로 초기에는 세계의 새로 확대된 사회주의 지역이 보다 유리한 것처럼 보였다. 1950년대 소련의 성장률은 서구의 어느 나라보다도 높았고 동유럽의 경제는 서구 나라들과 거의 같은 속도로 ── 그때까지 후진적이었던 나라들에서는 보다 빨리, 이미 공업화되었거나 부분적으로 공업화된 나라들에서는 보다 느리게 ── 성장했다. 공산주의 동독은 비공산주의 서독보다 뒤처졌지만 말이다. 동구권의 경제성장속도는 1960년대에 떨어지기는 했지만 1인당 GDP는 황금시대 전기간 내내 주요 자본주의 공업국들보다 약간 더 빨리(소련의 경우에는 약간 느리게) 성장했다(IMF, 1990, p.65). 그러나 1960년대에는 사회주의보다는 자본주의가 서서히 선두로 나서고 있음이 분명해졌다.

그럼에도 불구하고 황금시대는 전세계적인 현상이었다. 전반적인 풍요는 대다수 세계인구 ── UN의 전문가들이 외교상의 완곡한 표현을 붙이고자 한 빈곤과 후진성의 나라들에 사는 사람들── 의 시야에 결코 들어오지 않았지만 말이다. 그러나 제3세계의 인구는 눈부신 속도로 증가했다. 아프리카인, 동아시아인, 남아시아인의 수는 1950년 이후 35년 동안에 2배 이상이 되었고, 라틴 아메리카인의 수는 훨씬 더 빠른 속도로 증가했다(World Resources, 1986, p.11). 1970-80년대는 다시 한번 대기근에 익숙해지게 되어, 그것의 고전적인 모습인 굶어죽어가는 외국 아이들이 매일 저녁마다 서방의 텔레비전 화면에 나타났다. 반면, 황금시대 몇십 년 동안에는 전쟁과 정치적 광란 ── 중국에서의 경우와 같은(pp.639-40을 보라) ── 의 산물로서를 제외하면 대규모 아사가 없었다. 실제로, 인구가 증가함에 따라 기대수명은 평균적으로 7년 ── 1930년대 말과 1960년대 말을 비교한다면 17년까지 ── 정도 연장되었다

(Morawetz, 1977, p.48). 이는 식량생산이 인구보다 더 빨리 증가했음을 의미한다. 선진지역과 비산업세계의 모든 주요 지역 양쪽 모두에서 그러했다. 1인당 식량생산고는 1950년대에 라틴 아메리카를 제외한 모든 '개발도상국' 지역에서 1년에 1퍼센트 이상씩 증가했고, 라틴 아메리카에서조차 보다 근소하게지만 증가했다. 1960년대에도 여전히 1인당 식량생산고는 비산업세계 모든 지역에서 증가했지만 (역시 라틴 아메리카 —— 이번에는 나머지 지역보다 앞섰다 —— 를 제외하고는) 아주 약간만 증가했다. 그럼에도 불구하고 1950-60년대에 빈국들의 식량 총생산고는 선진국들보다 더 빨리 증가했다.

1970년대에는 서로 다른 지역의 빈국들간의 차이가 벌어져 이러한 세계적 수치가 무용하게 되었다. 그때가 되면 극동과 라틴 아메리카 같은 일부 지역의 식량생산고는 인구보다 훨씬 빨리 증가했던 반면 아프리카는 (식량생산고 증가율이 인구증가율보다/역주) 1년에 1퍼센트 이상씩 뒤졌다. 1980년대에 빈국들의 1인당 식량생산고는 남아시아와 동아시아(이 지역조차 몇몇 나라들 —— 방글라데시, 스리랑카, 필리핀 —— 은 1인당 식량생산고가 1970년대보다 낮았다) 밖에서는 전혀 증가하지 않았다. 몇몇 지역 —— 특히 아프리카, 중앙 아메리카, 아시아의 근동 —— 은 1970년 수준에 훨씬 못 미치는 상태에 머물렀거나 계속 하락하기까지 했다(Van der Wee, 1987, p.106 ; FAO, The State of Food, 1989, Annex, 표 2, pp.113-15).

한편 선진세계의 문제는, 잉여식량을 너무 많이 생산하는 바람에 그 식량을 어떻게 처리해야 할지 모를 정도였으며, 1980년대에는 훨씬 덜 재배하거나 아니면 (유럽 공동체처럼) '버터 산(山)'과 '우유 호수'를 비용보다 낮은 가격으로 덤핑하기로 —— 그럼으로써 빈국들 생산자들의 가격도 내렸다 —— 결정했다는 데에 있었다. 네덜란드 치즈를 네덜란드에서 사는 것보다 카리브 해 섬들에서 사는 것이 더 싸게 되었다. 한쪽에 잉여식량이 존재하고 다른 쪽에 굶주린 사람들이 존재하는 대조적인 상황은 1930년대의 대공황기에는 세계를 그렇게도 격분시켰는데 20세기 말에는 기묘하게도 논평을 덜 야기했다.

그러한 사실은, 부유한 세계와 가난한 세계 사이의 벌어지는 격차 —— 1960년대부터 갈수록 분명해진 —— 의 한 측면이었다.

물론 산업세계는 모든 곳 —— 자본주의 지역과 사회주의 지역, 그리고 '제3세계' —— 에서 확산되어갔다. 서방 구세계에서는 스페인과 핀란드 같은, 산업혁명의 극적인 사례들이 있었고, '현존 사회주의' 세계에서는(제13장을 보라) 불가리아와 루마니아 같은 순농업국들이 대규모의 공업부문을 얻었다. 제3세계의 경우, 이른바 '신흥공업국(NICs, Newly Industrialising Countries)'의 가장 극적인 발전은 황금시대가 끝난 뒤에 이루어졌지만 도처에서, 주로 농업에 의존하던 —— 적어도, 나머지 세계로부터의 수입품에 대한 값을 치르는 데에 —— 나라들의 수가 급격히 줄었다. 1980년대 말에 이르면 15개국만이 농산물 수출로 수입품의 절반 내지 그 이상의 값을 해결했는데, 그러한 나라들 가운데 한 나라(뉴질랜드)만 제외하고 모두가 사하라 사막 이남의 아프리카와 라틴 아메리카에 속했다(FAO, The State of Food, 1989. Annex, 표 11, pp.149-51).

따라서 세계경제는 폭발적인 속도로 성장하고 있던 셈이다. 1960년대에 이르면 그러한 상황이 전례 없는 것임이 명백해졌다. 전세계의 공산품 생산고는 1950년대 초와 1970년대 초 사이에 4배로 증가했고, 훨씬 더 인상적인 사실로는 공산품의 세계 교역량이 10배로 늘었다. 앞서 보았듯이 세계의 농업생산고 역시 —— 그리 눈부실 정도는 아니었지만 —— 급증했다. 농업생산고의 증가는 (과거에 매우 자주 그랬듯이) 경작지를 새로 늘림으로써보다는 생산성을 높임으로써 이루어졌다. 헥타르당 곡물 수확량은 1950-52년과 1980-82년 사이에 거의 2배로 —— 북미, 서유럽, 동아시아에서는 2배 이상 —— 늘었다. 세계 수산업의 어획고는 같은 시기에 3배로 늘었다가 다시 떨어졌다(World Resources, 1986, pp.47, 142).

이러한 엄청난 폭발적 성장의 한 가지 부산물은, 당시까지는 별로 주목받지 않았으나 사후적으로는 이미 위협적으로 보이게 된 공해와 생태계의 악화였다. 황금시대에 그러한 현상은 야생생물광(狂)과 인간 및 자연의 희귀종에 대한 여타 보호자를 제외하고는 거의 주목하지 않았는데, 그 이유는 진보라는 지배적 이데올로기가, 자연에 대한 인간의 지배력 증가가 인류진보의 척도 그 자체라는 것을 당연시했기 때문이었다. 사회주의 국가들의 공업화는 이러한 이유로, 철과 연기에 기초한 다소 구식의 공업체제를 대규모로 건설하는 것의 생태학적 결과에 대해서 특히 눈이 어두웠다. 서방에서조차, "쓰레기가 있는 곳에 돈이 있다(즉 환경오염이 돈을 의미한다)"라는 19세기 사업가의 오래된 좌우명은 특히 도로 건설업자와 부동산 '개발업자' ── 장기적인 붐의 시대에, 잘못될 수 없는 투기로 믿을 수 없을 정도의 이윤을 얻을 수 있다는 사실을 재발견한 ── 에게 여전히 설득력 있었다. 부동산 개발업자는 적절한 건축부지의 가격이 하늘 높이까지 치솟기를 기다리기만 하면 되었다. 이제, 위치를 잘 잡은 건물 한 채만으로도 사실상 비용을 전혀 들이지 않고 ── 앞으로 세워질 건물을 담보로 돈을 빌릴 수 있고 그 건물(세워졌건 세워지지 않았건, 사용하건 사용하지 않건)의 가격이 계속 올라감에 따라 계속 돈을 더 빌릴 수 있었으므로 ── 억만장자가 될 수 있었다. 결국 어떤 시대와도 마찬가지로 폭락이 있었지만 ── 황금시대는 이전의 호황들과 마찬가지로 부동산-금융업의 폭락으로 끝났다 ── 폭락 전까지 세계 전역에서 크고 작은 도시 중심지들이 따로 분리되어 '개발' ── 덧붙여 말하자면 영국의 우스터와 같은 중세 대성당 도시나 페루의 리마와 같은 스페인 식민지 수도를 파괴함으로써 ── 되었다. 동구와 서구 모두의 당국들은 또한, 공공주택을 빠르고 싸게 짓는 데에 공장제와 같은 방식을 사용할 수 있음을 발견하고는 도시의 변두리를 말할 수 없이 위협적인 고층 아파트 단지로 채웠으므로, 1960년대는 아마도 인류의 도시화 역사에서 가장 비참한 시기로 기록될 것이다.

사실, 이러한 환경에 대해서 우려하기는커녕 자족할 만한 이유가 있었던 것으로 보인다. 19세기 공해의 결과가 20세기의 과학기술과 생태학적 의식에 굴복했던 것이다. 1953년부터 런던에서 석탄을 때는 것을 금지한 것만으로, 찰스 디킨스의 소설들에서 그리도 친숙하게 볼 수 있었던 뚫고 들어갈 수 없는 연무(煙霧) ── 주기적으로

도시의 전면을 뒤덮었던 ── 를 단숨에 없애지 않았던가? 몇 년 뒤에는 연어가, 한때 죽었던 템스 강을 또다시 헤엄쳐 올라오지 않았던가? 이전에 '공업'을 의미했던, 연기에 싸인 거대한 공장 대신에 더욱 깨끗해지고 더욱 작아지고 더욱 조용해진 공장들이 농촌에 확산되었다. 운송을 대표하는 전형적 건축물로서 공항이 철도역을 대체했다. 농촌이 비게 됨에 따라 사람들, 적어도 중간계급 사람들은 버려진 촌락과 농장으로 이사감으로써 자신이 자연과 어느 때보다도 더 가까워졌다고 느낄 수 있었다.

그러나 인간의 활동이 자연에 미친 충격 ── 주로 도시와 공업에서의 충격이었지만 결국 인식되었듯이 농업에서의 충격이기도 했다 ── 이 세기 중반부터 급증했음은 부인할 수 없다. 이는 주로 화석연료(석탄, 석유, 천연가스 등) 사용의 엄청난 증가에 기인한 것이었다. 그러한 연료의 고갈 가능성은 19세기 중반부터 계속해서 이전의 미래 주시자들을 걱정시켜왔다. 새로운 자원이 발견되는 속도는 사용될 수 있는 속도보다 빨랐다. 에너지 총소비량이 급증했다는 사실 ── 미국에서는 1950-73년에 실제로 3배로 늘었다(Rostow, 1978, p.256, 표 III, p.58) ── 은 전혀 놀랄 만한 일이 아니다. 황금시대가 황금시대였던 이유들 중 하나는 사우디아라비아의 석유 1배럴의 가격이 1950-73년의 전시기 동안 평균 2달러도 안 되어서 에너지 가격을 터무니없이 싸게 만들었고 그 시기 내내 떨어졌다는 데에 있었다. 아이러니컬하게도, 이에 따른 가솔린 교통기관의 폭증 ── 자동차가 보편화된 지역(특히 아메리카 대륙) 대도시들의 하늘을 이미 어두워지게 한 ── 의 결과에 대해서 생태계 보호자들이 심각하게 주목한 것은 산유국들의 카르텔인 OPEC이 결국, 현재 상황이 허락할 만한 가격을 매기기로 결정한 1973년 이후가 되어서였다(pp.648-49를 보라). 스모그가 당면한 골칫거리였고 이는 이해할 만한 일이었다. 그러나, 대기를 온난화한 이산화탄소의 방출량이 1950-73년에 거의 3배로 늘었다. 공기 중에서 이 기체가 차지하는 비율이 1년에 거의 1퍼센트씩 증가한 셈이다(World Resources, 표 11.1, p.318; 표 11.4, p.319; V. Smil, 1990, p.4, 그림 2).

오존층에 영향을 미치는 화학제품인 클로로플루오로카본(chlorof-luorocarbon : 탄소, 수소, 염소, 불소로 구성된 각종 화합물로서 스프레이의 분사제, 냉각제 등에 사용됨/역주)의 생산량은 거의 수직으로 치솟았다. 종전(終戰) 무렵에는 그것이 거의 쓰이지 않았으나, 1974년까지 매년 클로로플루오로카본에 속하는 한 화합물이 30만톤 이상, 같은 종류의 또 다른 화합물이 40만 톤 이상 공기 중으로 방출되었다(World Resources, 표 11.3, p.319). 서방의 부국들이 당연히 이러한 공해의 가장 큰 몫을 낳았지만 소련의 유별나게 불결한 공업화는 미국과 거의 같은 양의 이산화탄소를 낳았고 1985년에는 1950년의 거의 5배를 낳았다(물론 1인당 배출량은 미국이 여전히 훨씬 앞섰다). 영국만이 이 시기 동안에 주민 1인당 배출량이 실제로 떨어졌다(Smil, 1990, 표 I, p.14).

II

이러한 경제의 놀라운 폭발적 성장은 처음에는 단순히, 이전에 진행되었던 것의 거대한 확대판으로 보였다. 말하자면, 1945년 이전 미국 상태의 세계화 —— 그 나라를 자본주의 산업사회의 모델로 삼은 —— 로 말이다. 어느 정도는 실제로 그랬다. 자동차의 시대는 북아메리카에서 오래 전에 도래했으나 전후(戰後)에 유럽에게, 그 뒤에는 보다 정도가 약했지만 사회주의 세계와 라틴 아메리카 중간계급에게 찾아왔다. 한편, 싼 연료 덕분에 트럭과 버스가 지구상의 대륙 대부분에서 주된 교통수단이 되었다. 서방의 풍요한 사회의 부상이 자가용의 증가를 통해서 측정될 수 있었다면 —— 이탈리아에서 자가용은 1938년에 75만 대였는데 1975년에 1,500만 대로 늘었다(Rostow, 1978, p.212 ; UN Statistical Yearbook, 1982, 표 175, p.960) —— 많은 제3세계 국가의 경제발전은 트럭의 수가 증가한 비율을 통해서 인식될 수 있었다.

따라서 세계적 대호황은 상당 부분, 따라잡기였거나 미국의 경우 이전의 추세가 계속된 것이었던 셈이다. 헨리 포드의 대량생산 모델이 대양을 넘어 신흥 자동차공업으로 확산되었던 한편, 미국에서는 포드주의 원리가 주택건축에서 정크 푸드(junk food : 칼로리는 높으나 영양가가 낮은 인스턴트 식품 등을 지칭함/역주)(맥도널드 햄버거는 전후[戰後]의 성공담이었다)에 이르기까지 새로운 종류의 생산으로 확대되었다. 이전에는 소수에게 국한되었던 상품과 서비스가 이제 대중시장을 위해서 생산되었다. 햇빛 찬란한 해변으로 떠나는 대중들의 바캉스 분야처럼 말이다. 전쟁 전에는 어느 해에도 중앙 아메리카와 카리브 해 연안으로 여행 간 북아메리카인들이 15만 명을 넘은 적이 없었지만, 1950-70년에 그들의 수는 30만 명에서 700만 명으로 늘었다(US Hist Statistics I, p.403). 유럽의 수치가 훨씬 더 극적이었음은 놀랄 만한 일이 아니다. 1950년대 말까지는 사실상 대중관광이란 것이 전혀 없었던 스페인은 1980년대 말에 연간 5,400만 명 이상 —— 이는 이탈리아의 5,500만 명에 약간 못 미치는 수다 —— 의 외국인들을 맞았다(Stat. Jahrbuch, 1990, p.262). 한때 사치품이었던 것이 이제는 —— 어쨌든 부유한 나라들에서 —— 표준적인 생활편리품으로 생각되었다. 냉장고, 가정용 세탁기, 전화가 그 예다. 1971년에 이르면 세계 —— 압도적으로 북아메리카와 서유럽 —— 에 전화가 2억7,000만 대 이상 있었고, 그 확산이 가속화되어 10년 뒤에는 그 수가 거의 두 배로 늘었다. 선진 시장경제국들에서는 주민 2명당 1대 이상의 전화가 있었다(UN World Situation, 1985, 표 19, p.63). 요컨대 그러한 나라들의 보통 수준의 시민은 이제, 그들 부모 시대에 매우 부유한 자들만이 살았던 방식으로 살 수 있게 되었다. 물론 이제는 기계화가 하인이라는 사람들을 대체했다는 사실은 제외하고 말이다.

그러나 이 시기에 대해서 가장 인상적인 것은 경제의 급성장이 기술혁명으로부터 힘을 얻은 것으로 보이는 정도(程度)다. 기술혁명은 기존의 종류를 개량한 제품뿐만 아니라 아예 전례 없는 제품 —— 그 중 많은 것은 전쟁 전에는 사실상 상상도 못했던 것이다 —— 도 증가시켰던 것이다. '플라스틱'으로 알려진 합성재료와 같은 몇몇 혁명적 제품은 전간기에 개발되었거나, 나일론(1935), 폴리스티렌, 폴리에틸렌처럼 상업용 생산에 들어가기까지 했다. 텔레비전과 녹음기 같은 몇몇 제품은 당시 실험단계에서 겨우 벗어난 상태였다. 첨단기술을 요구하는 전쟁은 나중에 민간용으로 쓰일 수많은 혁명적 공정을 마련해주었다. 이는 과학에 열심인 독일인들보다는 오히려 영국(뒤이어 미국) 쪽에 더욱 들어맞는 사실이었지만 말이다. 레이더와 제트 엔진 그리고 전후(戰後)의 전자공학과 정보기술에 대한 토대를 마련한 다양한 사고와 기술이 그 예다. 그러한 것들이 없었다면 트랜지스터(1947년 발명)와 최초의 민간 디지털 컴퓨터(1946)는 틀림없이 훨씬 뒤에서야 등장했을 것이다. 처음에는 전시(戰時)에 파괴를 위해서 동원되었던 핵 에너지는 어쩌면 다행히도, 계속해서 주로 민간경제 밖에 머물렀다. 세계의 전기 에너지 생산에 대한 (아직까지는) 주변적인 기여 —— 1975년에 약 5퍼센트 —— 를 제외하고는 말이다. 이러한 혁신들이 전간기나 전후의 과학에 기반한 것인지, 전간기의 기술개척이나 심지어 상업적 개척에 기반한 것인지, 아니면 1945년 이후의 급속한 대전진 —— 1950년대에 개발된 집적회로, 1960년대의 레이저, 우주 로켓 공학의 다양한 부산물 —— 에 기반한 것인지 하는 것은 우리의 목적에 별로 중요하지 않다. 한 가지 점을 제외하고는 말이다. 황금시대는 가장 선진적이고 종종 심원한 과학적 연구에 이전의 어느 시기보다도 많이 의존했고, 그러한 연구는 이제 몇 년 내에 현실에 적용되었다. 공업과 심지어는 농업까지도 처음으로 19세기 과학기술의 한계를 결정적으로 뛰어넘었다(제18장을 보라).

이러한 과학기술상의 지각변동에 관해서 세 가지 점이 관찰자의 주의를 끈다. **첫째**, 그 변동은 부유한 세계와 —— 정도는 덜 하지만 —— 가난한 세계에서까지도 일상생활을 완전히 바꾸어놓았다. 라디오는 이제 트랜지스터와 수명이 긴 소형건전지 덕분에 가장 외딴 마을까지 보급될 수 있었고, '녹색혁명'이 쌀과 밀 경작을 변화시켰으며, 플라스틱 샌들이 맨발을 대신했다. 이 책을 읽는 어떤 유럽인도 잠깐 자신의 개인소유물들을 조사한다면 이 점을 확인할 수 있을 것이다. 냉장고나 냉동기(1945년에는 대부분의 가정이 이 둘 중 어느 것도 소유하지 않았을 것이다) 안의 내용물 대부분이 새로운 것이다. 비행기로 지구를 반쯤 돌아 신선한 그대로 수입한—— 1945년에는 불가능했겠지만 —— 생산물은 말할 것도 없고 냉동건조식품, 공장식 농장에서 생산된 가금(家禽) 고기, 맛을 바꾸기 위해서 효소와 다양한 화학제품을 뿌린 고기, 심지어는 "뼈를 발라낸 질 좋은 고깃조각처럼 보이게" 가공한 고기(Considine, 1982, pp. 1164 ff.)가 바로 그러한 예들이다.

1950년과 비교해볼 때, 우리의 부엌, 가구, 개인의류에서 자연적인 재료나 전통적인 재료 —— 목재, 구식의 방식으로 처리된 금속, 천연섬유나 천연씨실, 심지어 요업제품까지 —— 가 차지하던 몫은 급격히 줄어들었다. 개인 건강 및 미용 산업이 모든 것에 대해서 과대선전을 하는 바람에, 엄청나게 늘어나고 다양해진 생산물의 새로운 정도가 (체계적인 과장을 통해서) 가려졌지만 말이다. (1950년대에 진가를 인정받은) 합성세제에서 랩탑 컴퓨터에 이르기까지 모든 것에서 새롭다는 것이 판매에 대한 주된 호소력을 갖게 될 정도로 기술혁명이 소비자의 의식 속에 들어왔다. 이에 깔린 가정은, '새롭다'라는 것이 더 낫다는 것뿐만 아니라 완전히 혁명적으로 바뀌었다는 것과 같다는 것이었다.

기술상의 새로움을 눈에 띄게 대표하는 제품들로 말하자면 그 목록은 끝이 없으며 어떠한 설명도 필요로 하지 않는다. 텔레비전, 비닐 레코드(LP 판은 1948년에 등장했다), 뒤이어 녹음 테이프(카세트는 1960년대에 나타났다)와 콤팩트 디스크, 소형의 휴대용 트랜지스터 라디오(필자는 이것을 1950년대 말에 일본인 친구로부터 선물받아 처음 가지게 되었다), 디지털 시계, 포켓용 전자계산기, 일반 전지와 태양열 전지, 그밖의 가전제품들, 사진 및 비디오 장비가 그 예이다. 이러한 혁신적인 제품들이 보여주는 적잖이 중요한 측면은 그러한 제품들이 체계적인 소형화과정을 거쳐 **들고 다닐 수 있게** 되었다는 점이다. 이는 해당 제품의 잠재적인 사용범위와 시장을 크게 확대시켰다. 그러나 기술혁명은 아마도 이러한 점에 못지 않게, 유람선처럼 겉으로는 바뀌지 않은 것처럼 보이지만 제2차 세계대전 이후 머리끝에서 발끝까지 바뀌어온 제작품들로도 상징되었다. 유람선의 돛대와 선체, 돛과 삭구(索具 : 배에서 쓰이는 로프 및 쇠사슬 따위의 총칭/역주), 항해장비는 모양과 기능을 제외하고는 전간기의 배와 공통점이 거의 또는 전혀 없었다.

둘째, 관련된 기술이 복잡하면 복잡할수록, 발견이나 발명에서 생산에 이르는 길도 더욱 복잡해졌고 그 길을 통과하는 과정은 더욱 정교해지고 더욱 비용이 많이 들게 되었다. '연구와 개발(R & D, Research and Development)'이 경제성장의 중심적 요소가 되었고, 나머지 지역에 대한 '선진 시장경제' 지역의 이미 엄청났던 우위가 이 때문에 더욱 강화되었다(제16장에서 보게 되듯이 기술혁신은 사회주의 경제에서 꽃피지 않았다). 전형적인 '선진국'에는 1970년대에 인구 100만 명당 1,000명 이상의 과학자와 기사(技士)가 있었지만, 브라질은 약 250명, 인도는 130명, 파키스탄은 약 60명, 케냐와 나이지리아는 약 30명이었다(UNESCO, 1985, 표 5.18). 게다가 혁신과정은 매우 지속적이게 되어서, 새로운 제품을 개발하는 비용이 생산비용에서 차지하는 몫이 갈수록 커지고 필요불가결하게 되었다. 돈이 목표가 아니라는 것이 명백한 군수산업이라는 극단적인 경우에는, 새로운 장비가 실사용에 적합해지자마자 훨씬 더 선진적인(물론 훨씬 더 비싸기도 한) 장비 때문에 고철이 되었고 이는 관련 회사에 재정적으로 상당한 이득을 주었다. 제약산업(製藥産業)과 같은 보다 대중시장 지향적인 산업에서는, 진정으로 필요해진 새로운 약이 특히 특허권을 통해서 경쟁으로부터 보호받는 경우―― 그 생산자가 그 약이 다음 연구에 절대적으로 필요하다고 잘 둘러댐으로써 ―― 여러 번 인기를 누릴 수도 있었다. 보호받기가 보다 어려웠던 혁신자들은 다른 제품들이 시장에 들어오자마자 가격이 바닥으로 떨어졌으므로 보다 빨리 큰 돈을 벌어야 했다.

세째, 새로운 기술은 압도적으로 자본집약적이었고 (고도로 숙련된 과학자와 기술자에 대해서를 제외하고는) 노동절약적이거나 심지어 노동대체적이었다. 황금시대의 주된 특징은 끊임없이 대규모

투자를 필요로 한다는 것과, 갈수록 소비자로서를 제외하고는 사람들을 필요로 하지 않는다는 것이었다. 그러나 경기고조의 기세와 속도가 너무도 커서 한 세대 동안 그러한 특징이 명백히 드러나지 않았다. 오히려 그와 반대로, 경제가 너무도 빨리 성장해서 공업국들에서조차 취업인구 중 산업노동계급이 차지하는 비율이 유지되거나 증가하기까지 했다. 미국을 제외한 모든 선진국들에서는, 전전(戰前)의 불황과 전후의 동원해제 동안에 형성되었던 예비노동력이 고갈되었고, 새로운 노동력이 외국에서 온 이주민들과 자국농촌으로부터 공급되었으며, 이전까지는 노동시장 밖에 머물렀던 기혼여성들이 갈수록 많이 노동시장에 들어왔다. 그럼에도 불구하고 황금시대가 열망한 이상(理想)은 —— 점진적으로만 실현되었지만—— 무인 생산 또는 심지어 무인 서비스였다. 자동차를 조립하는 자동화된 로봇, 동력의 출력을 통제하는 줄지어 늘어선 컴퓨터들로 가득 찬 조용한 공간, 기관사 없는 기차가 그 예이다. 인간은 그러한 경제에 한 가지 측면 —— 재화와 용역의 구매자라는 —— 에서만 필수적인 존재였다. 바로 여기에 그러한 경제의 중심문제가 있었다. 그러나 황금시대에 그러한 문제는, 빅토리아기의 과학자들이 인류에게 경고했던, 엔트로피에 의한 장래 우주의 사멸처럼 여전히 비현실적이고 먼 장래의 일로 보였다.

   사실은 그와 정반대였다. 파국의 시대에 자본주의를 괴롭혔던 모든 문제가 해소되고 사라진 것 같았다. 전간기에 그토록 살인적이었던, 무섭고 불가피한 호황-불황주기는 케인즈주의 경제학자들의 총명한 거시경제적 관리 덕분에 —— 또는 이제 정부에 조언을 하게 된 케인즈주의 경제학자들이 그렇게 확신했다 —— 일련의 가벼운 파동들로 바뀌었다. 대량실업? 유럽의 실업률이 평균 1.5퍼센트였고 일본이 1.3퍼센트였던 1960년대에 선진세계 어디에서 대량실업을 볼 수 있었는가(Van der Wee, 1987, p.77)? 북아메리카에서만 그것이 아직 제거되지 않았다. 빈곤? 물론 대부분의 인류는 여전히 빈곤했지만, 기존의 산업노동 핵심지역에서 인터내셔널 가(歌)의 "굶주린 자들아, 잠에서 깨어나라"라는 가사가, 이제 자가용을 가지려하고 매년 유급휴가를 스페인의 해변에서 보내려 하는 노동자들에게 무슨 의미를 가질 수 있었을까? 또한 그들이 어려운 처지에 빠지면, 갈수록 보편화되고 후해지는 복지국가가 그들을 질병, 재난, 심지어는 빈민들의 두려운 노후생활 등의 위험으로부터 보호해 ─ 전에는 꿈도 못 꾼 일이지만 ─ 주지 않겠는가? 그들의 수입은 해마다 거의 자동적으로 올라갔다. 그 수입은 영원히 계속해서 오르지 않을까? 생산적인 체제가 제공하고 그들이 이용할 수 있는 재화와 용역의 범위는 이전에 사치였던 것을 일상적인 소비의 일부로 만들었다. 그 범위는 해를 거듭할수록 확대되었다. 몇몇 국가들의 혜택받은 국민들이 이미 누린 이득을, 지구상에서 아직 '개발'과 '근대화'에 들어가지 못한 지역의 불운한 주민들 ─ 확실히, 아직도 인류의 대다수를 차지하는 ─ 에게로 확대하는 것 외에 무엇을 물질적인 면에서 인류가 더 바랄 수 있었겠는가?

무슨 문제가 아직도 해결되지 않았는가? 지극히 지적이고 저명한 영국의 한 사회주의 정치가는 1956년에 다음과 같이 썼다.

> 전통적으로 사회주의사상은 자본주의가 제기하는 경제적 문제들, 즉 빈곤, 대량실업, 더러움, 불안정, 심지어는 체제 전체의 붕괴 가능성에 의해서 지배되어왔다.……자본주의는 옛 모습을 찾아볼 수 없을 정도로 개혁되어왔다. 때때로 가벼운 경기후퇴와 국제수지의 위기가 찾아옴에도 불구하고 완전고용과 적어도 견딜 수 있는 안정수준은 유지될 것으로 보인다. 또한 남은 어떠한 생산부족 문제도 자동화가 꾸준히 해결해줄 것을 기대할 수 있다. 앞날을 보자면, 우리의 현재 성장률대로 갈 경우 국민생산고가 50년 내에 3배로 오를 것이다(Crosland, 1956, p.517).

III

반세대 동안 파멸 직전에 있었던 것으로 보인 체제의 이렇듯 유별나고 전혀 예기치 않은 승리를 어떻게 설명할 것인가? 물론 설명이 필요한 것은 경기팽창과 복지의 긴 시기가 경제 및 여타 분야의 어려움과 혼란의 비슷하게 긴 시기에 뒤이어 도래했다는 단순한 사실이 아니다. 약 반세기 길이의 '장기파동'의 그러한 연속은 18세기 말 이래 자본주의 경제사의 기본 리듬을 형성해온 것이다. 앞서 보았듯이(제2장) 파국의 시대에는 이러한 유형의 장기적 파동이 주의를 끌었는데 그 파동의 본성은 여전히 불분명한 상태다. 그 파동은 일반적으로 러시아 경제학자의 이름인 콘드라티예프로 알려져 있다. 장기적인 시각에서 볼 때 황금시대는 1850-73년의 빅토리아기 대호황 —— 기묘하게도 그 연대는 한 세기 간격으로 거의 일치하고 있다 —— 이나 빅토리아 시대 말기 및 에드워드 시대(에드워드 7세의 시대〔1901-10〕/역주)의 '좋은 시절(belle époque)'과 마찬가지로, 바로 또 한번의 콘드라티예프 상승국면이었다. 이전의 그러한 상승국면들처럼 '하강국면'이 황금시대의 앞뒤에 존재했다. 설명이 필요한 것은 이러한 사실이 아니라 이 장기호황의 이례적인 규모와 깊이 —— 바로 앞 시대의 위기와 불황의 이례적인 규모 및 깊이와 일종의 짝을 이루는 —— 이다.

자본주의 세계경제의 이러한 '대약진'의 엄청난 규모와 그러한 약진의 전례 없는 사회적 결과에 대해서는 진정으로 만족스러운 설명이 전혀 없다. 20세기 초 산업사회의 모델 경제인 미국 —— 대공황으로 잠깐 흔들리기는 했지만 전쟁으로도 패전으로도 승리로도 황폐화되지 않은 나라 —— 을 다른 나라들이 따라잡을 여지가 엄청나게 컸음은 물론이다. 다른 나라들은 사실상 미국을 모방하고자 체계적으로 시도했다. 새로운 기술을 발명하기보다는 기존의 기술을 개량하는 쪽이 언제나 더욱 쉬웠으므로 이러한 모방과정은 경제발전을 가속화시켰다. 새로운 기술의 발명은 일본의 예가 보여주게 될 것처럼 나중에 이루어질 수 있었다. 그러나 대약진에는 명백히 이러한 점 이상의 것이 있었다. 자본주의의 상당한 개조 및 개혁과, 자본주의 경제의 세계화 및 국제화의 매우 눈부신 진전이 그것이다.

첫번째 것은 '혼합경제'를 낳았다. 혼합경제는 양쪽 진영 모두,

국가들이 경제적 근대화를 계획하고 수행하는 것을 보다 쉽게 해주었고 또한 수요를 엄청나게 늘렸다. 전후(戰後) 자본주의 국가들의 경제적 대성공담들은 아주 드문 예(홍콩)를 제외하고는, 유럽의 프랑스와 스페인에서 일본, 싱가포르, 남한에 이르기까지 정부가 지원, 감독, 지도하고 때때로 계획, 수행한 공업화 이야기다. 동시에, 완전고용과 ── 정도는 덜하지만 ── 경제적 불평등의 완화에 대한 정부들의 정치적 몰두, 즉 복지와 사회보장제도에 대한 몰두가 사치품에 대한 대중소비자시장을 처음으로 제공했다. 사치품은 이제 필수품으로 받아들여질 수 있었다. 가난한 사람일수록 자신의 수입 중에서 음식 같은 필수품을 사는 데에 지출해야 하는 비율이 높아지는 법인데('엥겔 법칙'으로 알려진 상식적인 견해), 부유한 미국에서조차 1930년대까지만 해도 여전히 가계 지출의 약 3분의 1이 먹을 것에 쓰였으나, 1980년대 초에 이르면 13퍼센트만이 그러한 비용으로 지출되었고 나머지는 다른 지출에 쓰일 수 있었다. 황금시대는 시장(市場)을 민주화했던 것이다.

　두번째 것은 훨씬 더 정교하고 복잡한 국제적 분업을 가능케 함으로써 세계경제의 생산력을 증가시켰다. 처음에는 이러한 분업이 주로 이른바 '선진 시장경제국' 집단, 즉 미국 진영의 나라들에 국한되었다. 세계의 사회주의 지역은 대체로 이로부터 따로 떨어져 있었고(제13장을 보라), 1950년대에 가장 역동적으로 발전한 제3세계 나라들은 수입공산품을 자국제품으로 대체하기 위해서, 격리되고 계획된 공업화를 선택했다. 물론 서방 자본주의 핵심국들은 외부세계와도 무역을 했는데, 무역조건이 그 나라들에게 유리했으므로 ── 즉 그 나라들은 원료와 식량을 더욱 싸게 얻을 수 있었다 ── 이는 매우 유리한 무역이기도 했다. 그러나 진정으로 폭증한 것은 주로 핵심공업국들간의 공산품무역이었다. 세계의 공산품무역량은 1953년 이후 20년 동안 10배 이상 늘었다. 19세기 이래 세계무역에서 다소 변하지 않는 비율 ── 반이 약간 못 되는 ── 을 차지해온 공산품이 이제 60퍼센트 이상으로 급증했다(W. A. Lewis, 1981). 황금시대는 여전히 순수히 양적인 면에서조차 자본주의 핵심국들의 경제에 확고히 닻을 내린 것이었다. 1975년에 전세계 승용차의 4분의 3과, 거의 같은 비율의 전화가 자본주의 7대국(캐나다, 미국, 일본, 프랑스, 서독, 이탈리아, 영국)에 집중되었다(UN Statistical Yearbook, 1982, pp.955 ff, 1018 ff). 그럼에도 불구하고 새로운 산업혁명은 어떠한 지역에도 국한될 수 없는 것이었다.

자본주의의 개조와 경제적 국제화의 진전이 핵심적이었다. 많은 기술혁명들이 이루어졌지만, 기술혁명이 황금시대를 설명해주는지는 그다지 분명치 않다. 앞서 보았듯이 이 몇십 년간의 새로운 공업화의 상당 부분은 구식 기술에 기반한 구식 공업화가 새로운 나라들에 확산된 것이었다. 즉, 석탄, 철, 강철의 19세기식 공업화가 사회주의 농업국들에, 석유 및 내연기관의 20세기 미국 공업이 유럽국가들에 확산되었다. 고도의 연구가 낳은 기술이 민간공업에 미친 영향은 아마도 1973년 이후의 '위기의 몇십 년'이 되어서야 강력해졌던 것으로 보인다. 그 시기에 미지의 세계로의 수많은 도약뿐만 아니라 정보기술과 유전공학의 비약적 발전이 주로 이루어졌던 것이다. 거의 전쟁이 끝나자마자 세계를 뒤바꾸기 시작한 가장 중요한 혁신은 아마도 화학과 약학의 혁신일 것이다. 그러한 혁신이 제3세계의 인구에 미친 영향은 즉각적인 것이었다(제12장을 보라). 그 혁신의 문화적 효과는 대단한 것은 아니지만 약간 늦게 나타났다. 성병을 쉽게 치료해줌으로써 난잡한 성행위로 생길 큰 위험을 제거한 것으로 보이는 항생제 —— 제2차 세계대전 이전에는 알려지지 않았던 —— 와 1960년대에 폭넓게 보급된 피임약을 통해서 1960-70년대의 서구 성혁명이 가능해졌던 것이다(섹스의 위험성은 1980년대에 AIDS를 통해서 다시 돌아올 것이었다).

그러나, 혁신적인 첨단기술이 곧 대호황의 상당 부분을 차지하게 되었으므로 그것은 그 자체를 결정적인 요인으로 보지는 않더라도 어떠한 설명에도 포함되어야 한다.

전후(戰後)의 자본주의는 의심할 바 없이, 앤소니 크로슬랜드의 인용문이 말하고 있듯이 "옛 모습을 찾아볼 수 없을 정도로 개혁된" 체제였거나, 영국 수상 해럴드 맥밀런이 말했듯이 "새로운" 형태의 구체제였다. 실제로 일어난 일은, 전간기의 피할 수 있었던 몇몇 "오류들"에서 "높은 고용수준을 유지하는 동시에……무시할 수 없는 경제성장률을 누리는" "정상적인" 기록으로 그 체제가 복귀하는 것(H. G. Johnson, 1972, p.6) 훨씬 이상이었다. 실제로 일어난 것은 본질적으로 일종의, 경제적 자유주의와 사회민주주의의 결합(또는 미국적 표현을 쓰면, 루스벨트적 뉴딜 정책)이었다. 이는 경제계획이라는 사고를 개척해온 소련으로부터 상당 부분 차용한 것이었다. 이러한 사실이 1970-80년대 —— 앞서 말한 결합에 기반한 정책이 더 이상 경제적 성공에 의해서 보호받지 못했던 —— 에 자유시장 숭배자들의 반발이 그렇게도 격렬하게 될 이유였다. 오스트리아의 경제학자 프리드리히 폰 하이에크(1899-1992) 같은 사람들은 자유방임주의를 방해하는 경제활동이 제대로 기능할 것이라는 점을 (마지못해서라도) 납득할 준비가 된 실용주의자가 결코 아니었다. 물론 그들은 그러한 경제활동이 제대로 기능할 수 있다는 것을 미묘한 논의로 부정했지만 말이다. 그들은 '자유시장=개인의 자유'라는 등식의 신봉자였고, 따라서 자유시장으로부터의 어떠한 이탈도 —— 하이에크의 1944년 저서 제목을 빌리자면 —— "농노제에 이르는 길"이라고 비난했다. 그들은 대공황 때 시장의 순수성을 지지했었다. 그들은 또한, 세계가 갈수록 부유해졌고 자본주의(와 정치적 자유주의)가 시장과 정부의 혼합에 기반하여 다시 번창했을 때, 황금시대를 황금시대이게 한 정책들을 계속해서 비난했다. 그러나 1940-70년대에는 아무도 그러한 보수파 신도들(Old Believers : 이 말은 원래 '17세기에 전례[典禮] 개혁을 거부하여 러시아 정교회에서 분리된 보수적인 종파의 교도'를 가리키는 것으로, 여기서는 비유적으로 쓰였다/역주)의 말에 귀를 기울이지 않았다.

우리 역시 자본주의가 대체로, 미국과 영국에서 그러한 일을 할 수 있는 위치에 있는 사람들에 의해서 전시(戰時) 말년에 의식적으로 개혁되었다는 것을 의심할 수 없다. 사람들이 역사에서 결코 배우지 않는다고 가정하는 것은 잘못이다. 전간기의 경험, 특히 대공황은 너무도 파국적이어서, 제1차 세계대전 종전 이후의 많은 공직자들과는 달리 아무도 공습경보 사이렌이 울리기 전의 시대로 가능한 한 빨리 돌아간다는 것을 도저히 꿈꿀 수 없었다. 자신들이 원하는 전후(戰後) 세계경제의 원칙과 세계 경제질서의 미래상을 그린 모든 남자들(여자들은 아직 1급의 공직생활에 거의 받아들여지지 않았다)이 과거에 대공황을 겪은 사람들이었다. 존 메이너드 케인스 같은 몇몇 사람들은 1914년 이전부터 공직생활을 해왔다. 또한 1930년대 경제에 대한 기억이 자본주의를 개혁하려는 욕구를 심화할 정도로 충분치 않았더라도 그렇게 하지 않는 데에 따르는 치명적인 정치적 위험이, 이제 막 히틀러의 독일 —— 대공황의 산물인 —— 과의 싸움을 끝냈고 공산주의와 소련 세력이, 제대로 기능하지 않는 자본주의 경제의 폐허를 가로질러 서진(西進)할 것이라는 전망에 직면한 모든 이에게 명백히 인식되었다.

이들 정책결정자들에게 네 가지 사실이 명백해 보였다. 결코 재발해서는 안 되는 전간기의 파국은 세계 무역 및 금융 체계가 무너지고 그에 따라 세계가, 자급자족을 자임하는 국민경제들이나 제국들로 분해된 데에 주로 기인한 것이었다. 이전에 세계 무역 및 금융 체계는 영국 경제와 영국 통화인 파운드의 헤게모니 내지 적어도 중심성에 의해서 안정되었었다. 양차 세계대전 사이에 영국과 파운드는 더 이상 이러한 부담을 질 만큼 강력하지 않게 되었고 이제 그 부담은 미국과 달러에 의해서만 인계될 수 있었다(이러한 결론은 당연히 워싱턴에서 다른 어느 곳보다도 높은 열의를 낳았다). 세번째, 대공황은 무제한적인 자유시장의 실패에 기인한 것이었다. 이제부터 시장은 공공계획과 경제관리에 의해서 보강되거나 그러한 틀 내에서 작동해야 할 것이었다. 마지막으로, 대량실업의 재발은 사회적, 정치적 이유에서 억제되어야 했다.

앵글로색슨 국가들 밖의 정책결정자들은 세계 무역 및 금융 체계의 재건에 대해서 할 수 있는 일이 거의 없었지만, 기존의 자유시장 자유주의를 거부하는 것이 적합하다고 인식했다. 경제문제에 대한 국가의 강력한 지도와 계획은 프랑스에서 일본에 이르기까지 몇몇 나라에서는 새로운 것이 아니었다. 국가의 기업 소유 및 경영조차 꽤 익숙한 것이었고 1945년 이후 서구 나라들에서 광범위하게 확산되었다. 국가의 기업 소유 및 경영은 사회주의자와 반(反)사회주의자가 특별히 대립할 만한 문제가 결코 아니었다. 전시(戰時) 레지스탕스 정치의 전반적인 좌경화 —— 이를테면 1946-47년 프랑스와 이탈리아의 정체(政體)에서처럼 —— 로 인해서 그러한 소유와 경영이 전쟁 전보다 더 두드러지게 되기는 했지만 말이다. 일례로, 사회당 정부가 15년간이나 집권한 뒤인 1960년의 노르웨이가, 국유화에 몰두한 나라가 아니었던 서독보다 공공부문이 상대적으로(물론 절대적으로도) 작았다.

전후 유럽에서 그렇게도 두드러졌던 사회주의당들과 노동운동으로 말하자면, 그들은 새로운 개혁자본주의에 기꺼이 동조했다. 왜냐하면 실제로 그들은, 권력을 장악하고 나서 소련 모델을 따른다는 정책을 가진 공산주의자들을 제외하고는 그들 자신의 경제정책을 전혀 가지지 못했기 때문이다. 실용주의적인 스칸디나비아인들은 민간부문을 건드리지 않았다. 1945년의 영국 노동당 정부는 민간부문을 전적으로 내버려두지는 않았지만, 자본주의의 개혁을 위해서 어떠한 일도 하지 않았고 계획경제에 대하여 관심부족을 드러냈다. 이러한 관심부족은 특히 동시대 (비사회당계) 프랑스 정부의 열렬한 근대화계획 수립과 대비해볼 때 매우 놀랄 만한 것이었다. 실제로 좌파는 자신의 노동계급 유권자들의 생활조건을 개선하는 데에 집중했고 그러한 목표로 사회개혁에 집중했다. 좌파는 자본주의의 폐지 —— 어떠한 사회민주주의 정부도 폐지하는 방법을 몰랐거나 폐지를 시도하지 않았다 —— 를 요구하는 것 외에 어떠한 대안책도 없었으므로 자신의 목표 수행에 자금을 대기 위해서, 부를 창출하는 강력한 자본주의 경제에 의존해야만 했다. 실제로, 노동계와 사회민주주의 세력이 품은 열망의 중요성을 인정한 개혁자본주의는 그러한 목표에 매우 잘 들어맞는 것이었다.

요컨대 다양한 이유들로 전후 서방의 정치가들, 관리들, 심지어는 많은 사업가들조차 자유방임주의와 개조되지 않은 자유시장으로 돌아간다는 것은 있을 수도 없는 일이라고 확신했다. 몇몇 정책

목표들 —— 완전고용, 공산주의의 봉쇄, 뒤떨어지거나 쇠퇴하거나 파멸한 경제의 근대화 —— 에 최우선권이 부여되었고, 이는 가장 강력한 정부의 존재를 정당화했다. 경제적, 정치적 자유주의에 헌신한 체제들조차 이제는 자신의 경제를, 이전 같으면 '사회주의적'이라고 거부했을 방식으로 운영할 수 있었고 그렇게 해야만 했다. 어쨌든 그러한 방식은 영국과 심지어 미국조차 자신의 전시경제를 운영했던 방식이다. 미래는 '혼합경제'에 있었다. 재정상의 정확성, 통화의 안정, 물가의 안정이라는 기존의 정통적 요소들이 여전히 중시되는 시기가 몇 번 있었지만, 그러한 요소들조차 더 이상 절대적인 것은 아니었다. 인플레이션과 적자재정이라는 허수아비가 1933년 이후에는 경제라는 들판에 새들이 들어오는 것을 더 이상 막지 못했지만 농작물은 계속해서 자랄 것으로 보였다.

이는 사소한 변화들이 아니었다. 확고한 자본주의 신임장을 받은 한 미국 정치가 —— 에이버렐 해리먼 —— 가 1946년에 그의 동포들에게 "이 나라 사람들은 더 이상 '계획' 같은 말을 두려워하지 않는다.……사람들은 이 나라에서 개인들뿐만 아니라 정부도 계획을 세워야만 한다는 사실을 인정했다"(Maier, 1987, p.129)라고 말한 것도 이러한 변화들 때문이었다. 또한 경제적 자유주의의 투사이자 미국 경제의 찬미자인 장 모네(1888-1979)가 자연스럽게 프랑스 경제계획의 열렬한 후원자가 된 것도 이러한 변화들 때문이었다. 한때 케인스에 맞서 정통교리를 옹호했고 런던 경제학회에서 하이에크와 함께 세미나를 이끌기도 했던 자유시장 경제학자 라이오넬 로빈스 경이 반(半)사회주의적인 영국 전시경제의 지휘자로 바뀐 것도 이러한 변화들 때문이었다. 약 30년 동안 '서방의' 사상가들과 정책결정자들 특히 미국의 사이에서는, 비공산주의 진영의 다른 나라들이 무엇을 할 수 있는지, 보다 정확히 말해서 무엇을 할 수 없는지를 결정한 하나의 합의가 존재했다. 그들 모두가 생산고가 상승하고 대외무역이 증가하는 세계, 완전고용과 공업화와 근대화의 세계를 원했고, 필요하다면 정부의 체계적인 통제와 혼합경제의 운영을 통해서 그리고 조직된 노동운동 —— 공산주의적이 아닌 한 —— 과 협동함으로써 그러한 세계를 이룰 준비가 되어 있었다. 자본주의의 황금시대는 이러한 합의가 없었더라면 불가능했을 것이다. 사기업 ('자유기업'이란 이름이 보다 선호되었다)[1] 경제가 자신의 수렁에서 구제되어 살아남는 데에 그러한 합의가 필요했던 것이다.

그러나, 자본주의가 확실히 자신을 개혁하기는 했지만 우리는, 지금까지 생각도 할 수 없었던 것을 하려는 준비가 전반적으로 되어 있었다는 사실과, 새로운 경제라는 레스토랑의 주인들이 고안한 새로운 특수처방들의 실제적인 효율성을 명확히 구분해야 한다. 이러한 구별은 어려운 일에 속한다. 정치가들처럼 경제학자들은 언제나 성공을 자신들 정책의 현명성 덕분으로 돌리기를 좋아하며, 영국 경제와 같은 취약한 경제조차 번창하고 성장한 황금시대에는 자축할 여지가 많은 것으로 보였다. 더욱이, 사려 깊은 정책은 의심할 바 없이, 인상적인 성공을 몇 번 기록했다. 이를테면 1945-46년에 프랑스는 프랑스의 산업경제를 근대화하기 위한 경제계획 수립 및 실행 과정에 의식적으로 돌입했다. 자본주의 혼합경제에 대한 소련식 사고의 이러한 적용이 다소 효과를 보았음에 틀림없다. 그때까지 경제적 지체의 대명사였던 프랑스가 1950-79년에 다른 어떤 주요 공업국보다도 —— 심지어 독일보다도 —— 성공적으로 미국의 생산력을 따라잡았던 것이다(Maddison, 1982, p.46). 그러나 다양한 정부들의 다양한 정책들(1946년에 사망한 케인스라는 이름과 대체로 연관된)의 득실과 효능을 철저히 따지는 것은 특히 논쟁하기 좋아하는 족속인 경제학자들에게 맡겨두어야 할 것이다.

---

1) '자본주의'란 말은 '제국주의'처럼 대중들에게 부정적인 것을 연상시켰기 때문에 공적 담론에서 회피되었다. 1970년대가 되어서야 정치가들과 정치평론가들은 스스로를 '자본주의자'라고 자신있게 선언하게 된다. 이러한 관행은 1965년부터, 미국 공산주의자들이 잘 쓰는 말을 뒤집어 스스로를 '자본가의 도구'로 표현하기 시작한 사업가 잡지 「포브스(Forbes)」의 모토에서 약간 예시된 바 있다.

IV

폭넓은 의도와 세부적인 적용 사이의 차이는 국제경제를 재건하는 데에서 특히 명백하게 나타난다. 왜냐하면 이 분야에서 대공황의 '교훈(1940년대의 담론에 끊임없이 등장한 말)'이 적어도 부분적이나마, 구체적인 제도적 장치로 표현되었기 때문이다. 물론 미국의 패권이 하나의 확고한 사실이었다. 많은 사고와 발의가 영국에서 나왔을 때에조차 행동에 대한 정치적 압력은 워싱턴으로부터 나왔고, 새로운 국제통화기금(IMF)을 둘러싸고 케인스와 미국 대변인 해리 화이트[2]가 벌인 논쟁의 경우처럼 의견이 서로 달랐을 때 미국의 견해가 우세했다. 그러나 세계의 새로운 자유주의적 경제질서에 대한 원래의 계획은 스스로를 새로운 국제정치질서 —— 국제연합으로 역시 전시 말년에 계획된 —— 의 일환으로 간주했다. 1944년의 브레턴우즈 협정으로 실제로 설립된 단 두 개의 국제기구인 세계은행(국제부흥개발은행)과 IMF —— 둘 다 계속 존재했다 —— 가 미국 정책에 사실상 종속된 것은 UN의 원래 모델이 냉전기에 붕괴한 뒤에서야였다. 그 기구들은 장기적인 국제투자를 촉진하고, 국제수지 문제를 다룸으로써 환율의 안정도 유지할 것이었다. 국제적 계획에서의 다른 사안들은 특별한 기구(이를테면 1차 상품의 가격을 통제하기 위한 기구나 완전고용을 유지하는 국제적 조치를 위한 기구)를 낳지 않았거나 불완전하게만 실행되었다. 국제무역기구를 설치하자는 제안은 훨씬 더 평범한 관세 및 무역에 관한 일반협정(GATT) —— 주기적인 교섭을 통해서 무역장벽을 낮추기 위한 틀 —— 을 맺는 것으로 끝났다.

요컨대, 훌륭한 신세계의 계획자들이 자신들의 계획을 현실화하기 위해서 일단의 활동기구들을 건설하고자 했던 점만큼은 실패했던 셈이다. 종전 이후 세계의 모습은 다변적인 자유무역-지불의 국

---

[2] 아이러니컬하게도 그는 뒤에 가서, 공산당 비밀 동조자라는 혐의로 미국판 마녀사냥의 희생물이 되었다.

제체계가 작동하는 형태가 아니었고, 그러한 체계를 확립하려는 미국의 움직임은 승전한 지 2년 만에 좌초되었다. 그러나 국제연합과 달리 국제 무역-지불체계는 애초에 예상했거나 의도한 방식으로는 아니었지만 작동했다. 실제로 황금시대는 전시(戰時)의 계획수립자들이 생각했던 자유무역과 자본의 자유이동과 안정된 통화의 시대였다. 이는 의심할 바 없이 미국과 달러의 압도적인 경제적 지배에 주로 기인한 것이었다. 그러한 지배는 1960년대 말과 1970년대 초에 그러한 체계가 무너지기 전까지 특정한 양의 금과 연관된 것이었으므로 더더욱 안정장치로서 잘 기능했다. 1950년에 미국 혼자서 모든 자본주의 선진국들의 주식자본 전체의 60퍼센트 내외를 보유했고 생산고 전체의 60퍼센트 내외를 생산했으며, 황금시대의 절정기(1970)까지도 이 나라들 모두의 총 주식자본의 50퍼센트 이상을 보유했고 생산고의 거의 절반을 생산했다는 사실을 항상 염두에 두어야 한다(Armstrong, Glyn, Harrison, 1991, p.151).

이는 또한 공산주의에 대한 공포에도 기인한 것이었다. 왜냐하면 미국인들의 확신과는 반대로, 국제 자유무역 자본주의 경제에 대한 주된 장애물은 외국인들의 보호무역주의 본능이 아니라 미국 내의 전통적인 고관세와 미국의 광대한 수출확대 성향의 결합이었던 것이다. 워싱턴의 전시 계획수립자들은 이 양자의 결합을 "미국에서 효과적이고 완전한 고용을 달성하는 데에 필수적"(Kolko, 1969, p.13)이라고 보았다. 공격적인 팽창은 명백히, 전쟁이 끝나자마자 미국의 정책결정자들이 품었던 생각이었다. 그들에게, 장래의 경쟁국들을 가능한 한 급속하게 성장하도록 도와주는 것이 정치적으로 긴급하다는 사실을 납득시킴으로써 보다 장기적인 견해를 가지도록 고무한 것은 냉전이었다. 이러한 점에서 냉전이 세계 대호황의 주된 동력이었다는 주장까지 있다(Walker, 1993). 이는 아마도 과장된 것으로 봐야겠지만, 엄청난 규모의 마셜 원조(pp.337-38를 보라)는 확실히, 근대화를 위해서 원조금을 사용하고자 한 수령국(受領國)들 —— 오스트리아와 프랑스가 조직적으로 그랬듯이 —— 의 근대화를 도와주었으며, 미국의 원조는 서독과 일본의 변모를 가속화하는 데에 결정적이었다. 서독과 일본이 어떠한 경우에도 경제대국이 되었을 것임에는 의심할 바 없다. 이 나라들이 패전국으로서 자신의 대외정책을 마음대로 펴지 못했다는 단순한 사실이 그 나라들에게 이점을 주었다. 그러한 사실로 인해서 그 나라들은 군사비라는 밑빠진 독에 최소한의 자원 이상을 퍼부을 마음이 생기지 않았던 것이다. 그럼에도 불구하고, 독일 경제의 부흥을 두려워하는 유럽인들에게 그 경제의 회복이 맡겨졌다면 독일 경제가 어떻게 되었을까라는 질문을 던져야 한다. 미국이 일본을 한국전쟁과 —— 1965년 이후에 또다시 —— 베트남 전쟁을 위한 공업기지로 삼지 않았다면 일본 경제가 어떠한 속도로 회복되었을까? 미국은 1949-53년에 일본의 제조업 생산고를 2배로 늘리는 데에 자금을 댔으며, 1966-70년이 일본의 성장이 절정에 달한 시기 —— 연간 14.6퍼센트나 되었다 —— 였던 것은 우연이 아니다. 따라서 냉전의 역할은 과소평가되어서는 안 된다. 국가들이 엄청난 자원을 군비경쟁에 유용(流用)한 것이 경제에 미친 영향은 장기적으로 해로운 것이었지만 말이다. 소련이라는 극단적인 경우 그 영향은 아마도 치명적인 것이었다. 그러나 미국조차 군사적 힘을 얻는 댓가로 경제가 점점 더 약화되어갔다.

이처럼 자본주의 세계경제는 미국을 중심으로 발전했다. 그 경제는 빅토리아 중기 이래 다른 어떤 경제보다도 생산요소의 국제적 이동에 대한 장애물이 적었다. 한 가지 사실만을 제외하고 말이다. 국제적 이주는 전간기의 질식상태로부터 느리게 회복되었던 것이다. 이는 부분적으로는 착각이다. 황금시대의 대호황은 전(前) 실업자들의 노동뿐만 아니라 큰 물결의 국내 이주 —— 농촌에서 도시로, (특히 가난한 고지대 지역의) 농업지역과 가난한 지역에서 부유한 지역으로 —— 로부터도 연료를 얻었던 것이다. 일례로 이탈리아의 남부인들이 롬바르디아와 피에몬테의 공장들에 밀어닥쳤고, 20년 동안 40만 명의 토스카나 소작인들이 자신들의 보유지를 떠났다. 동유럽의 공업화는 본질적으로 그러한 대량이주 과정이었다. 게다가 이들 국내 이주민들 중 일부는 사실상 국제 이주민들이었다. 그들이 원래 구직자로서가 아니라 1945년 이후 난민과 추방된 주민으로서의 끔찍한 대탈출의 일환으로, 그들을 받아들인 나라에 왔다는 점을 제외하면 말이다.

그럼에도 불구하고, 눈부신 경제성장과 심화되어가는 노동력 부족의 시대에 경제상의 자유로운 이동에 몰두한 서방세계에서 정부들이 자유로운 이주에 반대했다는 점 그리고 (법적으로 영국인이므로 정착할 권리가 있었던 카리브 해 주민들과 영연방의 여타 주민들의 경우처럼) 정부가 이주를 사실상 허용하고 있음을 깨달았을 때 그 이주를 중단시켰다는 점은 주목할 만하다. 대체로 덜 발전된 지중해 연안국들에서 온 그러한 이주민들은 많은 경우, 조건부의 일시적인 체재만이 허용되어서 쉽게 본국으로 송환당할 수 있었다. 유럽 경제공동체가 몇몇 이주민 출신국들(이탈리아, 스페인, 포르투갈, 그리스)로 확대됨으로써 이러한 본국 송환이 보다 어려워지기는 했지만 말이다. 그래도 1970년대 초까지 약 750만 명이 유럽 선진국들로 이주했다(Potts, 1990, pp.146-47). 황금시대에조차 이민은 정치적으로 민감한 문제였다. 1973년 이후의 어려운 몇십 년 동안에는 그 문제가 유럽에서 대중적인 외국인 혐오증의 급증을 낳을 것이었다.

그러나 황금시대의 세계경제는 여전히 **초국적**이라기보다는 **국제적**이었다. 나라들이 서로 교역을 벌인 정도는 어느 때보다도 컸다. 제2차 세계대전 이전에는 대체로 자급적이었던 미국조차 1950-70년에 세계의 나머지 지역에 대한 수출액을 4배로 증가시켰을 뿐만 아니라, 1950년대 말부터 줄곧 소비재의 대량 수입국이 되었으며, 1960년대 말에는 자동차까지 수입하기 시작했다(Block, 1977, p.145). 이렇듯 공업경제국들이 서로의 생산품을 갈수록 많이 사고 팔기는 했지만 그들의 경제활동 태반은 여전히 자국 중심적이었다. 황금시대 절정기에 미국은 GDP의 8퍼센트가 좀 안 되는 비율만을 수출했고, 더욱 놀랄 만한 사실로, 수출지향적인 일본 역시 그보다 약간 더 높은 비율만을 수출했던 것이다(Marglin and Schor, p.43, 표 2.2).

그럼에도 불구하고, 갈수록 초국적이 되어가는 경제 —— 경제활동에 대해 국토와 국경이 기본적인 틀이 아니라 번거로운 요소에 불과하게 된 체제 —— 가 특히 1960년대부터 계속 부상하기 시작했다. 극단적인 경우, 명시할 수 있는 영토상의 토대나 경계선이 실제로 전혀 없는 '세계경제'가 생겨나고 있다. 그러한 세계경제는, 매우 크고 강력한 국가의 경제조차 무엇을 할 수 있는지에 대해서 결정하고 보다 정확히 말해서 한계를 설정한다. 그러한 초국적 경제는 일찍이 1970년대 초에 전지구적으로 효력을 발휘하게 되었고, 1973년 이후 위기의 몇십 년 동안에는 오히려 전보다 더 급속하게 계속 성장했다. 실제로 그러한 경제의 부상이 주로 이 몇십 년간의 문제들을 낳았다. 물론 그 부상은 **국제화**의 진전과 병행되었다. 전세계 생산물 중에서 수출에 들어간 비율은 1965-90년에 두 배가 될 것이었다(World Development, 1992, p.235).

이러한 초국적화는 특히 세 가지 측면을 명백히 보여주었다. (종종 '다국적회사'로 알려진) 초국적회사, 새로운 국제적 분업, 오프쇼어(offshore) 금융의 부상이 그것이다. 이들 중 세번째 것은 초국적주의의 최초 형태 중 하나가 발전한 것일 뿐만 아니라, 자본주의 경제가 일국적인 통제나 다른 어떤 통제에서도 벗어나는 방식을 가장 생생하게 보여주는 것이기도 했다.

'오프쇼어'라는 말은 일찍이 1960년대에 일반인의 공공어휘에 들어온 것으로서 사업체의 법적 소재지를, 대체로 작고 재정적으로 관대한 일정한 영토 —— 기업가들로 하여금 그들 자신의 나라가 부과하는 세금 및 여타의 구속을 피할 수 있게 해주는 —— 에 등록하는 관행을 표현하는 것이다. 세기 중반까지, 어떠한 진지한 국가나 영토도 아무리 이윤창출의 자유에 헌신한다 해도 자국국민의 이익을 위하여 합법적인 사업 운영에 대해 일정한 통제와 제한을 가해왔던 것이다. 적당한 초소형 영토 —— 이를테면 쿠라사오, 버진아일랜드, 리히텐슈타인 —— 의 기업법과 노동법의 허점들을 적절히 복잡하고 교묘하게 결합시키는 일이 해당 기업의 대차대조표에 놀랄 만한 수익을 기록할 수 있었다. 왜냐하면 "오프쇼어의 정수는 막대한 수의 허점들을 존립 가능하지만 규제받지 않는 기업구조로 변화시키는 데에 있기"때문이다(Raw, Page and Hodgson, 1972, p.83). 분명한 이유들로 오프쇼어는 특히 금융업무에 유용했다. 파나마와 라이베리아가 다른 나라들의 상선 —— 그 소유주들이 노동 및 안전에 대한 자국의 규제가 너무 부담스럽다고 느낀 —— 을 등록해주는 데에서 나오는 수입으로 자국 정치인들을 오랫동안 매수해왔지만 말이다.

일찍이 1960년대에는 '유럽 통화' —— 주로 '유로달러' —— 를 발명하는 작은 재간으로, 오래된 국제적 금융중심지인 런던 시가 세계의 주요 오프쇼어 중심지로 변모했다. 주로 미국 은행법의 규제를 피하기 위해서 비(非)미국 은행에 예치된 채 본국으로 돌아오지 않은 달러가 유통 가능한 금융수단이 되었다. 미국인들의 해외투자 증가와 미국 정부의 막대한 정치적, 군사적 지출 덕분에 엄청난 양이 축적된, 이러한 부동성(浮動性) 달러가 주로 단기차관의 형태로, 전혀 통제받지 않는 세계시장의 토대가 되었다. 그러한 세계시장의 부상은 매우 극적인 것이었다. 순수 유럽 통화시장의 규모는 1964년에는 약 140억 달러 정도였는데 1973년에는 약 1,600억 달러 가량으로, 그로부터 5년 뒤에는 거의 5,000억 달러로 증가했다. 이제 그 시장은 OPEC 국가들이 어떻게 쓰고 어떻게 투자해야 할지를 갑자기 고민하게 된 엄청난 석유이윤을 재순환시키는 주된 기제가 되었다(p.648를 보라). 미국은, 빨리 얻을 수 있는 이윤을 찾아 이 통화 저 통화로 온 지구를 휩쓰는, 고정되지 않은 자본의 이러한 거대하고 갈수록 커져가는 물결에 자신의 운명이 좌우된다는 것을 깨달은 첫번째 나라였다. 결국 모든 정부가 환율과 세계화폐공급에 대한 통제력을 잃음으로써 그러한 자본의 희생물이 될 것이었다. 1990년대 초에 이르면 주도적인 중앙은행들에 의한 공동행동조차 무력한 것으로 드러났다.

한 나라에 본거지를 두었지만 여러 나라에서 활동하는 기업들이 자신의 활동을 확대한 것은 매우 당연한 일이었으며, 그러한 '다국적기업들'이 새로운 것도 아니었다. 이러한 종류의 미국 기업들의 외국 지사(支社)들 —— 주로 서유럽과 서반구에 위치한 —— 은 1950년에 약 7,500개였는데 1966년에 이르면 2만3,000개 이상으로 늘어났다(Spero, 1977, p.92). 그러나 갈수록 많은 수의 다른 나라 기업들도 미국의 예를 따랐다. 일례로 독일의 화학회사 회히스트(Hoechst)는 1950년 이후 거의 여섯 번에 걸쳐 45개국에서 117개의 공장을 세우거나 그 공장들과 관계를 맺었다(Fröbel, Heinrichs, Kreye, 1986, 표 IIIA, p.281 ff.). 새로운 점은 오히려 이러한 초국적체들의 엄청난 사업규모에 있었다. 1980년대 초에 미국의 초국적기업들이 그 나라 수출액의 4분의 3 이상과 수입액의 거의 절반을 차지했고, (영국과 외국 둘 다의) 초국적기업들이 영국 수출액의 80퍼센트 이상을 차지했다(UN Transnational, 1988, p.90).

한 가지 점에서 이러한 수치들은 무의미하다. 그러한 기업들의 주된 기능이 '국경을 넘어 시장들을 내재화하는 것', 즉 시장들 자체를 국가 및 그 영토로부터 독립시키는 것이었기 때문이다. (여전히 기본적으로 국가별로 수집되는) 통계가 수입이나 수출로 표시하는 것의 상당 부분은 실제로, 40개국에서 활동하는 제너럴 모터스 같은 초국적체 안에서 이루어지는 **내부**교역이다. 이러한 식으로 활동할 수 있는 능력은 자본이 집중되는 경향 —— 카를 마르크스 이래 친숙해진 —— 을 당연히 강화했다. 1960년에 이미 (비사회주의) 세계의 200대 기업의 판매고가 그 지역 GNP의 17퍼센트에 달하는 것으로 추정되었고, 1984년에 이르면 26퍼센트에 달했던 것으로 전해진다.[3] 그러한 초국적기업들 대부분이 상당 수준의 '선진'국들에 본사를 두었다. 실제로 '200대 기업'의 85퍼센트가 미국, 일본, 영국, 독일에 본사를 두었으며, 나머지 회사들은 그외 11개국에서 나온 것이었다. 그러한 초대형 기업들이 자국정부와 가지는 연계가 긴밀한 경향이 있었던 것은 사실이지만, 황금시대가 끝날 무렵에 이르면 일본 기업들과 몇몇 기본적으로 군사적인 기업들을 제외하고 그러한 기업들 중에서 자국 정부나 국민과 이해관계가 **일치한다**

---

[3] 그러한 추정치들은 신중하게 이용되어야 한다. 단순히 규모의 정도를 나타내는 것으로 취급하는 것이 제일 좋다.

고 자신있게 말할 수 있는 기업이 하나라도 있을지 의문이다. 미국 정부에 들어간 디트로이트의 한 실업계 거물의 말처럼 '제너럴 모터스에게 좋은 것이 미국에게 좋은 것'이라는 사실이 더 이상 이전처럼 자명하지 않았다. 본국에서의 활동이 이를테면 모빌 오일 사(社)의 경우처럼 100개의 시장이나 다임러-벤츠 사의 경우처럼 170개의 시장 가운데 하나에서의 활동에 불과한 상황에서 그러한 말이 어떻게 성립할 수 있겠는가? 사업의 논리는 국제 석유회사로 하여금 모국에 대한 전략과 정책을 사우디아라비아나 베네수엘라에 대해서와 똑같은 방식으로 계산하도록 강제했을 것이다. 즉, 한편으로는 손익이라는 측면에서, 다른 한편으로는 회사의 힘과 정부의 힘의 비교라는 측면에서 전략과 정책을 계산했던 것이다.

공업생산이, 공업화와 자본주의의 발전을 선도해온 유럽과 북미 나라들로부터 처음에는 느리게 그러나 갈수록 빠른 속도로 벗어나기 시작함에 따라 상거래와 기업활동 —— 결코 소수의 거대기업만이 아니었다 —— 이 전통적인 국민국가의 틀에서 벗어나는 경향이 훨씬 더 두드러지게 되었다. 유럽과 북미 나라들은 여전히 황금시대 성장의 발전소였다. 공업국들은 1950년대 중반에 수출공산품의 약 5분의 3을, 1970년대 초에는 4분의 3을 서로에게 팔았다. 그러나 1970년대 초에 상황이 바뀌기 시작했다. 선진세계는 나머지 세계에 약간 더 많은 공산품을 수출하기 시작했지만 —— 보다 중요한 사실로 —— 제3세계가 공산품을 선진공업국들에 상당 규모로 수출하기 시작했다. (OPEC 혁명 이후 광물연료를 제외하고) 후진지역의 전통적인 1차 산업 수출품이 쇠퇴함에 따라 그러한 지역이 비체계적이지만 급속하게 공업화되기 시작했다. 세계 공업수출액에서 제3세계가 차지하는 몫 —— 그때까지 약 5퍼센트에 머물렀던 —— 은 1970-83년에 2배 이상으로 늘었다(Fröbel et al, 1986, p.200).

그러므로 새로운 국제분업이 기존의 국제분업을 잠식하기 시작한 셈이다. 독일 회사 폴크스바겐은 아르헨티나, 브라질(3개의 공장), 캐나다, 에콰도르, 이집트, 멕시코, 나이지리아, 페루, 남아프리카 공화국, 유고슬라비아에서 자동차공장을 —— 일반적으로 그랬듯이 주로 1960년대 중반 이후에 —— 세웠다. 새로운 제3세계 공업은 팽창하고 있는 국내시장뿐만 아니라 세계시장에도 상품을 공급했다. 제3세계 공업이 이러한 역할을 할 수 있었던 것은 (대부분이 1970년까지는 기존의 공업국에서 '개발도상'국으로 이미 이동한 섬유공업처럼) 자국공업에 의해서 완전히 만들어진 제품을 수출하는 동시에 **초국적인 제조과정의 일부를 담당했기** 때문이었다.

이러한 점이 황금시대의 결정적인 혁신이었다. 비록 그 진가는 나중에 가서야 충분히 발휘되었지만 말이다. 교통 및 통신의 혁명이 없었더라면 그러한 혁신은 일어날 수 없었을 것이다. 교통 및 통신 혁명 덕분에 단일한 제품의 생산장소를 이를테면 휴스턴, 싱가포르, 타이로 나누어서 이 생산지에서 저 생산지로 반제품(半製品)을 공수(空輸)하고, 전(全)과정을 중앙에서 현대 정보기술을 통해 통제하는 것이 가능한 동시에 경제적으로도 적합한 것이 되었던 것이다. 주요 전자산업 생산자들은 1960년대 중반부터 세계화되기 시작했다. 생산 라인은 이제 단일한 장소의 거대한 창고들 사이를 움직이는 것이 아니라 지구를 한 바퀴 돌았다. 그러한 라인들 중 일부는 초영토적인 '자유생산지역'이나 오프쇼어 공장들에서 멈추었다. 그러한 장소는 단일한 국가의 통제를 벗어나기 위한 또 하나의 새로운 장치로서, 이제 압도적으로 빈국들 —— 노동력이 값싸고 주로 젊은 여성들로 구성되는 —— 에서 확산되기 시작했다. 일례로, 그러한 장소로서 가장 초기의 것에 속하는 마나우스 —— 아마존 정글 깊숙히 자리한 —— 는 미국, 네덜란드, 일본의 회사들을 위해서 직물, 장난감, 종이제품, 전자제품, 디지털 시계를 제조했다.

이 모든 것이 세계경제의 정치구조에 역설적인 변화를 낳았다. 지구가 현실적인 단위가 됨에 따라 커다란 국가들의 국민경제가 그러한 오프쇼어 중심지들 —— 구(舊)식민제국들이 해체되면서 알맞게 늘어난 소형 또는 초소형 국가들에 대체로 위치한 —— 에게 길을 내주게 되었던 것이다. 세계은행에 따르면 단기 20세기 말에 세계에는 인구가 250만 명도 안 되는 경제가 71개(이 중 18개 지역의 인구는 10만 명도 안 되었다) 존재했다. 이는 공식적으로 '경제'로 취급된 모든 정치단위의 5분의 2에 해당하는 수치이다(World Development, 1992). 제2차 세계대전 이전에는 그러한 단위들이 경제학적인 농담거리로 간주되었으며 사실상 전혀 현실적인 국가가 아니었다.[4] 그러한 단위들은 정글과 같은 국제사회에서 자신의 명목상의 독립을 지킬 역량이 없었고 확실히 지금도 그렇지만, 황금시대에 들어와 세계경제에 직접 기여함으로써 커다란 국민경제만큼이나 —— 때때로 그보다 더 —— 번영할 수 있다는 것이 명백해졌다. 그리하여 중세를 끝으로 더 이상 번창하지 않았던 정치체 형태인 도시국가들이 새로 부상했고(홍콩, 싱가포르), 페르시아 만의 사막 땅조각이 세계 투자시장의 주요 주자로 변모했으며(쿠웨이트), 국가법으로부터의 피난처로서 많은 오프쇼어 지역이 부상했던 것이다.

바로 이러한 상황이, 독립 코르시카나 독립 카나리아 제도의 경우처럼 생존능력이 있다는 주장이 별 설득력이 없는, 20세기 말 민족주의의 민족분리운동들을 증가시킬 것이었다. 설득력이 없는 이유는 분리에 의해서 성취되는 독립이 그러한 영토가 이전에 관계를 맺었던 국민국가로부터의 분리에 불과했기 때문이다. 경제적으로, 그러한 분리는 그 영토를 초국적체 —— 그 영토의 경제문제에 대한 결정권이 갈수록 커가는 —— 에 더욱 의존하도록 만들 것임이 거의 확실하다. 다국적기업이라는 거인들이 살기에 가장 좋은 세계는 난장이 국가들이 사는 세계이거나 국가가 전혀 없는 세계다.

V

공업이 노동력의 비용이 많이 드는 지역에서 저렴한 지역으로 이동하는 —— 이러한 이동이 기술적으로 가능해지고 비용효율적이 되자마자 —— 것은 당연한 일이었고, 일부 비백인 노동력이 적어도

---

4) 1990년대 초가 되어서야 유럽의 오래된 소국들 —— 안도라, 리히텐슈타인, 모나코, 산마리노 —— 이 국제연합의 잠재적 구성원으로 다루어졌다.

백인 노동력만큼이나 숙련되고 교육받았다는 (별로 놀랄 것이 없는) 사실은 첨단기술산업에게 추가적인 보너스가 될 수 있었다. 그러나 황금시대의 호황이 오래 전에 공업화된 중심부 국가들로부터의 공업의 이탈을 낳게 된 데에는 특별히 설득력 있는 이유가 있었다. 그 이유란, 완전고용되고 갈수록 좋은 임금을 받고 제대로 보호받는 노동인구의 대량소비에 기반한 자본주의 경제에서의 경제성장이라는 독특한 '케인스주의적' 결합이었다.

이러한 결합은 앞서 보았듯이 정치적 구조물이었다. 그것은 대부분의 '서방'국들에서 우파와 좌파 사이의 효과적인 정책 합의에 기반했다. 파시스트-초민족주의적 극우파는 제2차 세계대전으로 정치무대에서 제거되었고, 공산주의라는 극좌파는 냉전으로 제거되었다. 케인스주의적 결합은 또한, 노동자의 요구는 이윤을 잠식하지 않는 범위 내로 제한하고 이윤의 장래전망은 막대한 투자를 정당화할 정도로 높게 유지하기로 한, 고용주들과 노동자조직들 사이의 암묵적, 명시적 합의에도 기반했다. 막대한 투자가 없었다면 황금시대에 노동생산성의 눈부신 성장이 이루어질 수 없었을 것이다. 실제로, 공업이 가장 발달한 16대 시장경제국들에서는 투자가 1년에 4.5퍼센트씩의 비율로 증가했는데, 이는 1870년부터 1913년까지 시기의 약 3배에 달하는 수치이다. 총평균을 떨어뜨리는, 북미의 다소 덜 인상적인 증가율을 참작하더라도 말이다(Maddison, 1982, 표 5.1, p.96). 합의는 실제로 3자간의 합의였다. 정부가 공식적, 비공식적으로 자본과 노동 사이의 제도화된 협상을 주재했던 것이다. 자본과 노동은 이제, 적어도 독일에서는 습관적으로 '사회적 파트너'로 묘사되었다. 황금시대가 끝난 뒤에 이러한 합의는 부상하는 자유시장 신학자들로부터 '코포라티즘'이라는 이름 —— 반쯤 잊혀졌고, 전적으로 부적절한 사실이지만 전간기 파시즘과 관련성을 가졌던 말(pp.162-63를 보라) —— 으로 맹렬히 공격받았다.

이는 3자 모두가 받아들일 수 있는 거래였다. 높은 이윤의 장기적인 호황기에 고임금에 별로 개의치 않은 고용주들은 앞으로의 계획 수립을 더욱 쉽게 해주는 예측가능성을 환영했다. 노동자들은 정규적으로 인상되는 임금과 특별급여 그리고 꾸준히 확대되고 더욱 후해진 복지국가를 얻었다. 정부는 정치적 안정, 공산당의 약화(이탈리아는 제외), 거시경제적 경영 —— 이제는 모든 국가가 실행한 —— 을 위한 예측 가능한 조건을 얻었다. 또한 자본주의 공업국들의 경제는 눈부신 성과를 보였다. 완전고용과 정규적으로 상승하는 실질소득에 기반하고 사회보장제도 —— 공공수입의 증가로 제시간에 그 비용이 충당된 —— 로 보강된 대량소비경제가 (북미와 아마도 오스트랄라시아 밖에서는) 처음으로 출현했다는 점만으로도 그러한 평가를 내릴 수 있다. 실제로, 행복감에 젖은 1960년대에 경솔한 몇몇 정부들은 실업자들 —— 당시 거의 없었던 —— 에게 그들의 이전 임금의 80퍼센트를 주겠다고 약속하기까지 했다.

1960년대 말까지 황금시대의 정치는 이러한 상황을 반영했다. 종전 이후 도처에서 강력히 개혁주의적인 정부들이 들어섰다. 미국에는 루스벨트주의적인 정부가 들어섰고, (1949년 이전까지는 독립된 제도도, 선거도 없었던) 점령된 서독을 제외한 서유럽의 사실상 전(前) 교전국들 모두에서 사회주의가 우세하거나 사회민주주의적인 정부가 들어섰던 것이다. 1947년까지는 정부에 공산주의자들까지 있었다(p.334를 보라). 레지스탕스 시기의 급진주의는 새로 부상한 보수주의 정당들에까지 영향을 미쳤거나 —— 서독의 기독교민주당은 1949년까지도 자본주의가 독일에게 나쁘다고 생각했다(Leaman, 1988) —— 적어도 시류에 역행하는 것을 어렵게 만들었다. 영국의 보수당은 1945년 노동당 정부의 개혁을 자신의 공로라고 주장했다.

다소 놀랄 만한 일은 개혁이 곧 후퇴했다는 점이다. 비록 합의는 후퇴하지 않았지만 말이다. 1950년대의 대호황은 거의 모든 곳에서 온건 보수파 정부들이 이끈 것이었다. 미국(1952년부터), 영국(1951년부터), 프랑스(짧았던 일시적 연립정부를 제외하고), 서독, 이탈리아, 일본에서 좌파는 권력에서 완전히 밀려났다. 스칸디나비아가 여전히 사회민주주의로 남았고, 몇몇 다른 소국들에서 사회주의당이 연립정부에 참가했지만 말이다. 좌파가 후퇴했다는 것은 의심할 여지가 전혀 없다. 사회당과 공산당이 주된 노동계급 정당이었던 프랑스와 이탈리아에서 이러한 후퇴는 사회주의자들이나 심지어 공산주의자들의 대대적인 지지 상실에 기인한 것이 아니었다.[5] 아마도, 사회민주당(SPD)이 자국의 단결이라는 면에서 '붉은'했던 독일과, 사회당이 여전히 공산당과 동맹관계에 있었던 이탈리아의 경우를 제외하고는 좌파의 후퇴가 냉전에 기인한 것도 아니었다. 공산주의자들을 제외한 모두가 믿을 만한 반(反)러시아 세력이었다. 호황의 1950년대의 분위기는 좌파에 불리한 것이었다. 당시는 변화를 추구할 때가 아니었던 것이다.

1960년대에 합의의 무게중심은 좌파를 향하여 이동했다. 아마도 부분적으로는, 벨기에와 서독처럼 완강하게 반집산주의적(反集産主義的)인 나라에서조차 케인스주의적인 경제운영 앞에서 경제적 자유주의가 갈수록 후퇴했기 때문이었고, 부분적으로는 자본주의 체제의 안정화와 부흥을 이끌어온 노신사들이 무대를 떠났기 때문이었다. 1960년에 드와이트 아이젠하워(1890년생)가, 1965년에 콘라트 아데나워(1876년생)가, 1964년에 해럴드 맥밀런(1894년생)이 각각 세상을 떠났다. 결국 1969년에 위대한 드골 장군(1890년생)조차 세상을 떠났다. 정치의 일정한 회춘이 이루어졌다. 실제로 황금시대의 절정기는, 다시 한번 여러 서유럽 국가들에서 집권한 온건 좌파에게 적합한 것으로 보였다. 1950년대가 그들에게 부적합했던 것만큼이나 말이다. 이러한 좌파로의 이동은 서독, 오스트리아, 스웨덴에서처럼 부분적으로는 선거결과의 변화에 기인한 것으로서, 1970년대와 1980년대 초의 훨씬 더 두드러진 이동을 예기했다. 1970년대와 1980년대 초에 프랑스의 사회당과 이탈리아의 공산당 둘 다 창당 이래 최고기록을 얻었으나 투표유형은 본질적으로 변함 없었다. 선거제도는 비교적 작은 변화도 과장하는 경향이 있었다.

---

5) 그러나 모든 좌파정당들이 선거상으로 소수파 —— 큰 소수파이기는 했지만 —— 였다. 그러한 정당이 기록한 최고의 득표율은 1951년에 영국 노동당이 얻은 48.8퍼센트였다. 아이러니컬하게도 이 선거에서는 기묘한 영국 선거제도 덕분에 보수당이 약간 더 적은 득표수를 가지고 승리했다.

그러나 좌파로의 이동은, 60년대에 이루어진 공적(公的) 부문에서의 가장 중요한 발전인, 문자 그대로의 복지국가의 등장과 명백히 병행되었다. 복지국가란, 복지비 지출 —— 소득보조금, 보호, 교육 등 —— 이 정부 지출액 전체의 대부분을 차지하게 되고 복지활동 종사자가 최대의 공공 고용집단 —— 이를테면 1970년대 중반에 영국의 경우 40퍼센트, 스웨덴은 47퍼센트(Therborn, 1983) —— 을 이루는 국가를 의미했다. 이러한 의미의 최초의 복지국가들은 1970년을 전후해서 등장했다. 물론 데탕트 시기의 군사비 감소가 자동적으로 다른 항목의 지출비율을 증가시켰지만 미국의 예는 진정한 변화가 있었음을 보여준다. 베트남 전쟁이 한창이었던 1970년에 미국의 교직원 수가 처음으로 '군인 및 민간인 국방업무 인원'의 수를 크게 넘었다(Statistical History 1976, II, pp. 1102, 1104, 1141). 1970년대 말에 이르면 모든 선진자본주의 국가들이 그러한 '복지국가'가 되었고 그 중 여섯 국가는 공공지출 전체의 60퍼센트 이상을 복지에 썼다(오스트레일리아, 벨기에, 프랑스, 서독, 이탈리아, 네덜란드). 이는 황금시대가 끝난 뒤에 상당한 문제들을 낳을 것이었다.

한편 '선진 시장경제국들'의 정치는 졸릴 정도는 아니었지만 고요했던 것으로 보인다. 공산주의, 핵전쟁의 위험, 해외에서의 제국주의 활동에 의해서 그들의 문제로 유입된 위기 —— 1956년 영국의 수에즈 모험, 프랑스의 알제리 전쟁(1954-61), 1965년 이후 미국의 베트남 전쟁처럼 —— 말고 정열을 가질 만한 일이 뭐가 있었겠는가? 바로 그러한 상황이, 1968년과 그해 전후(前後)에 갑자기 학생들의 급진주의가 거의 전세계적으로 분출한 것이 정치가들과 고참 지식인들을 그렇게도 많이 놀라게 했던 이유이다.

그 사건은 황금시대의 균형상태가 더 이상 지속될 수 없다는 징후였다. 경제적으로 이 균형상태는 생산성의 증가와 소득의 증가 사이의 조화 —— 이윤을 안정적으로 유지시키는 —— 에 달려 있었다. 생산성의 지속적 증가추세의 약화와/또는 지나친 임금상승이 불안정화를 낳을 것이었다. 황금시대의 균형은 또한 양차 대전 사이에 그렇게도 극적으로 결여했던 균형, 즉 생산물의 증가와 그것을 사는 소비자들의 능력 사이의 균형에 기반한 것이었다. 임금은 시세의 상승을 유지할 정도로 빨리, 그러나 이윤을 잠식할 정도로 빠르지는 않게 상승해야 했다. 그러나 노동력이 부족한 시대에 임금을 어떻게 통제할 것이며, 보다 일반적으로, 수요가 예외적으로 급등하는 시대에 물가를 어떻게 통제할 것인가? 바꿔 말하면 인플레이션을 어떻게 통제할 것인가? 또는 인플레이션을 적어도 어떻게 일정한 한계 내에 유지시킬 것인가? 끝으로, 황금시대는 세계경제를 안정시키고 보증하는 역할을 했던 —— 때때로 의도하지 않은 채 —— 미국의 압도적인 정치적, 경제적 지배에 기반했다.

1960년대 동안에 이 모든 것이 마모의 조짐을 보였다. 미국의 헤게모니가 쇠락했고, 그것이 사라짐에 따라 금-달러에 기반한 세계 통화제도도 붕괴했다. 여러 나라에서 노동생산성의 증가가 둔화되는 몇몇 조짐들이 나타났고, 공업의 호황을 유지시켜온 국내 이주집단이라는 커다란 노동공급원이 거의 고갈되었다는 조짐이 명백히 나타났다. 20년 뒤에 새로운 세대는 성인이 되었는데 그들에게 전간기의 경험 —— 대량실업, 불안정, 정체되거나 떨어지는 물가 —— 은 경험의 일부가 아니라 역사였다. 그들은 자신의 기대수준을 그들 연령집단의 유일한 경험인 완전고용과 지속적인 인플레이션의 경험에 맞추었다(Friedman, 1968, p.11). 1960년대 말에 '전세계적인 임금폭발'을 촉발한 특정한 상황이 무엇이었든지간에 —— 노동력 부족이든, 실질임금의 인상을 억제하려는 고용주들의 노력의 증가이든, 프랑스와 이탈리아에서처럼 학생들의 대반란이든 —— 그러한 상황들 모두가, 일자리를 가지거나 찾는 데에 익숙해진 노동자 세대가, 그들의 노조가 그렇게도 오랫동안 협상을 통해서 정기적으로 획득해 온 환영받았던 임금인상이 실제로는 시장에서 짜낼 수 있는 양보다 훨씬 적었다는 사실을 발견한 데에 기반한 것이었다. (1968년 이후 '신좌파'의 많은 사람들의 생각처럼) 시장현실에 대한 이러한 인식에서 계급투쟁으로의 복귀를 발견하든 그렇지 않든 간에, 1968년 이전에 임금협상이 온건하고 평온하게 이루어지던 시기와 황금시대 말년 사이에 분위기가 현저하게 변화했음에는 틀림없다.

노동계 분위기의 변화는 경제가 돌아가는 방식과 직접 관련된 것이므로 1968년과 그해 전후에 일어난 학생소요의 대폭발보다 훨씬 더 중요한 것이었다. 학생들이 대중매체에는 더욱 극적인 재료를, 논평자들에게는 훨씬 더 많은 얘깃거리를 제공했지만 말이다. 학생반란은 경제와 정치 밖의 현상이었다. 그것은 주민들 중 특수한 소수집단을 동원한 것이었다. 그 집단은 아직까지는 특별한 공공생활 집단으로 거의 인정되지 않았고, 록 음악 레코드의 구매자로서를 제외하면 대체로 경제 밖에 위치한 —— 대부분의 구성원들이 아직 교육을 받고 있는 중이었으므로 —— 집단, 즉 (중간계급) 청년이었다. 학생반란은 문화적 의의가 정치적 의의보다 훨씬 더 컸다. 정치적 의의는 제3세계 독재국들에서의 유사한 운동들과는 달리 지극히 일시적인 것이었다(p.461와 p.610를 보라). 그러나 학생반란은 자신들이 서구사회의 문제들을 영원히 해결했다고 거의 믿었던 세대에게 경고를 하는, 즉 일종의 죽음의 경고를 하는 역할을 했다. 황금시대 개혁주의의 주된 교과서들인 앤소니 크로슬랜드의「사회주의의 미래(The Future of Socialism)」, 존 케네스 갤브레이스의「풍요한 사회(The Affluent Society)」, 구나르 뮈르달의「복지국가를 넘어서(Beyond the Welfare State)」, 다니엘 벨의「이데올로기의 종언(The End of Ideology)」은 모두 1956-60년에 쓰어진 것으로서 사회 —— 개선 가능하지만 기본적으로 만족스러운 —— 의 내적 조화가 갈수록 증대한다는 가정에 기반한 것, 다시 말해서 조직된 사회적 합의의 경제에 대한 자신감에 기반한 것이었다. 그러나 그러한 합의는 1960년대가 끝난 뒤까지 지속되지는 않았다.

따라서 1968년은 끝이나 시작이 아니라 징후에 불과했다. 임금 폭발, 1971년 브레턴우즈 국제금융체제의 붕괴, 1972-73년의 1차 상품 붐, 1973년의 OPEC 석유위기와는 달리 1968년은 황금시대의 종식에 관한 경제사가들의 설명에서 큰 위치를 차지하지 않는다. 그 시대의 종식은 그리 뜻밖의 일은 아니었다. 치솟는 인플레, 세계 통화공급량의 급증, 미국의 막대한 적자에 의해서 촉진된 1970년대 초의 경기팽창은 열병에 가까운 것이 되었다. 경제학자들의 전문용어를 빌리면 체제는 '과열'되었다. 1972년 7월부터 12달 동안에 OECD 국가들의 실질 GDP는 7.5퍼센트, 실질 공업생산은 10퍼센트 증가했다. 빅토리아 중기의 대호황이 어떻게 끝났는가를 잊지 않았던 역사가들이 체제가 떨어지기 알맞게 올라가고 있는 것은 아닐까라고 생각한 것도 무리가 아니었다. 그들의 생각은 옳았던 것으로 드러날 것이었다. 비록 어느 누구도 1974년의 하락을 예상하거나 아마도 그 하락을 실제 드러난 것처럼 심각한 것으로 받아들이지는 않았던 것으로 생각되지만 말이다. 왜냐하면, 선진공업국들의 GNP가 실제로 상당히 **떨어지기는** 했지만 —— 그러한 일은 전쟁 이래 일어난 적이 없었다 —— 사람들은 여전히 경제위기를 1929년에 비추어서 생각했으며 파국이 일어날 징후도 전혀 없었던 것이다. 충격을 받은 당대인들의 즉각적인 반응은 여느 때처럼 이전 호황이 무너진 특별한 이유들, OECD의 표현을 인용하면 "동일한 규모로 반복될 것 같지 않은 불운한 교란들 —— 피할 수 있었던 몇몇 실책들로 그 충격이 더욱 악화된 —— 의 유별난 집중"(McCracken, 1977, p.14)이 일어난 이유들을 찾는 것이었다. 보다 순진한 사람들은 이 모든 것을 OPEC 석유족장들의 탐욕 탓으로 돌렸다. 세계경제의 주된 지형 변화를 불운과 피할 수 있었던 사고 탓으로 돌리는 역사가는 생각을 바꿔야만 할 것이다. 이는 커다란 변화였던 것이다. 세계경제는 무너진 뒤에 예전의 보폭을 되찾지 못했다. 한 시대가 끝난 것이다. 1973년 이후의 몇십 년은 다시 한번 위기의 시대가 될 것이었다.

이제 황금시대의 도금이 벗겨졌다. 그럼에도 불구하고 황금시대는 역사에 기록된, 인간사에서의 가장 극적이고 가장 급속하고 가장 심원한 혁명을 시작했고 사실상 대체로 성취했다. 이제 바로 이러한 혁명에 주의를 돌릴 차례다.